扬州大学·大运河文库

阮元碑刻撷华

以大运河文化带为主要视角

罗加岭 著
邗江区政协教文卫体委 编

扬州大学中国大运河研究院开放课题项目

广陵书社

图书在版编目（CIP）数据

阮元碑刻撷萃 : 以大运河文化带为主要视角 / 罗加岭著 ; 邗江区政协教文卫体委编. -- 扬州 : 广陵书社, 2024. 12. -- ISBN 978-7-5554-2336-2

Ⅰ. K877.42

中国国家版本馆CIP数据核字第2024X2U932号

书　　名　阮元碑刻撷萃：以大运河文化带为主要视角

著　　者　罗加岭 著　邗江区政协教文卫体委 编

责任编辑　戴敏敏

出 版 人　刘　栋

出版发行　广陵书社

扬州市四望亭路 2-4 号　　邮编　225001

（0514）85228081（总编办）　　85228088（发行部）

http://www.yzglpub.com　　E-mail:yzglss@163.com

印　　刷　扬州皓宇图文印刷有限公司

开　　本　787 毫米 × 1092 毫米　1/16

印　　张　28.75

字　　数　585 千字

版　　次　2024 年 12 月第 1 版

印　　次　2024 年 12 月第 1 次印刷

标准书号　ISBN 978-7-5554-2336-2

定　　价　180.00 元

《阮元碑刻撷萃》编委会

蔡升初《仪征相国八十三岁画像》（南京博物院收藏）

《历山铭》石刻

《三台石》石刻

移建安淮寺碑

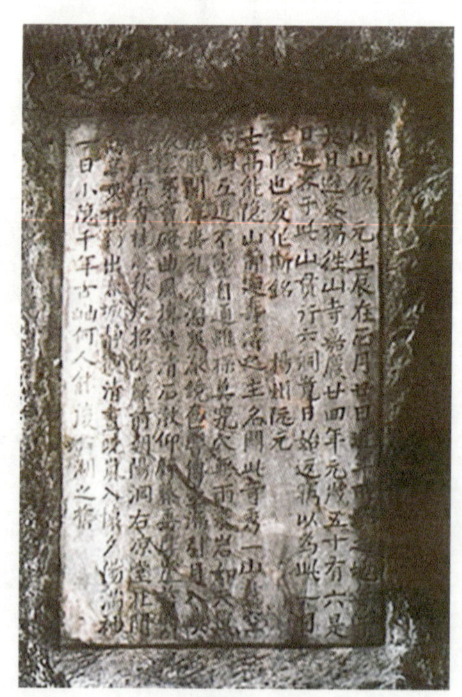
《隐山铭》石刻

广东清远峡“云台”石刻

江苏兴化李园“吟香”石刻

“古茱萸湾” 题额

“栝苍古道” 石刻

广西桂林“三元及第”石坊

邗江区公道中学三碑亭

阮元

扬州阮氏

扬州阮伯元章

伯元父印

伯元父印

阮伯元氏

阮元伯元父印

臣元之印

阮元观

阮元私印

阮元私印

阮元私印

阮伯元

阮伯元

阮元印

阮元之印

阮元之印

阮元之印

云台

云台

云台

云台

芸台

芸台

节性斋

节性斋老人

揅经老人

雷塘庵主

雷塘庵主

万柳堂

南万柳堂

澹宁精舍

湖光山色阮公楼

白乐天正月廿日生我与之同

家住扬州文选楼随曹宪故里

己亥

兵部侍郎都察院右副都御史

臣元奉敕审释内府金石文字

壬寅

琅嬛仙馆

琅嬛仙馆

琅嬛仙馆

文选楼

文选楼

文选楼

奉敕编定内府书画

管领湖山

管领湖山

阮伯元藏钟鼎文字

阮元琅嬛仙馆收藏印

扬州阮氏琅嬛仙馆藏书印

扬州阮伯元氏藏书处曰琅嬛仙馆
藏金石处曰积古斋藏砚处曰谱砚斋
著书处曰揅经室

扬州阮氏琅嬛仙馆珍藏金石书画之印

不了工夫

亮功锡祜

癸卯年政八十

怡志林泉

退思补过

心境虚融

序

碑刻自宋欧阳修《集古录》、赵明诚《金石录》专著行世，至清王昶《金石萃编》集其大成。踵其后有孙星衍、邢澍《寰宇访碑录》、赵之谦《补寰宇访碑录》、刘喜海《金石苑》、缪荃荪《艺风堂文字目》《寰宇贞石录》等，皆属补苴之业，虽日渐丰富，论著纂录，浩如烟海，然而有清一代能与王昶相轩轾者当数阮元。阮元有《山左金石志》、《两浙金石志》、《积古斋钟鼎彝器款识》、《滇南古金石录》(当为阮元、阮福父子合著)、《广东金石略》(《广东通志》分辑)之编纂，诚金石一大家。又有《北碑南帖论》《南北书派论》之阐发，对"碑学"的创立可谓发之先声，继之践行。阮元"碑学"的研究是书法理论先行，用于指导书法实践的肇始。阮元的"碑学"概念不局限于魏碑，囿于魏碑是对"北碑"的狭义理解；广义的理解是囊括北朝及此前中原大地流行的书体，尤以隶书为主体，篆书亦在其列。这实际上是为"碑刻"与"碑学"画了分界线。吾生此念，乃因罗加岭先生出示新著《阮元碑刻撷萃》索序，通览全书后，结合先前阐发过的一些书法论见，而顿下此界定。

就碑刻而论，诸家多有阐说，详略不均，分类有异，概念亦有含糊之处，非不能断定也，实乃放眼中国人的智慧在石头上雕花镌果，真是"石林"中交柯接叶，百花摆阵，不一而足。依据罗加岭书所述实况，余删繁就简，厘为两类：碑石、刻石。碑者，非"碑学"所指之"碑"，实指树碑立传者，若功德碑、纪念碑、记事碑，囊括庵观寺庙、书院祠堂、楼台馆阁、名胜古迹、桥路工程、墓铭神道诸处立碑。凡原刻，由原刻之拓片翻刻者，乃至重书原碑新刻者皆隶属之；至于新文、新书、新刻者亦隶属于此。由原刻衍生者，如《汉延熹西岳华山碑》即为显例；新文、新书、新刻之三新者，如阮元撰文之《广州大虎山新建炮台碑铭》《新建南海县桑园围石堤碑记》即属此例。

余者，皆可视为刻石。如摩崖刻石、石阙、石柱、石幢、告示、公私法规，以及地莂(墓莂)、界至(界碑)、井阑、桥柱、诗文、联额、题名，乃至造像、画像之题字，即便为历朝皇权奉为国之重宝的"石经"，皆是此属。举《石鼓文》十碣，虽贵为"石刻之祖"，终是刻在石墩上，无树立之意，亦界入刻石；俞樾书唐张继《枫桥夜泊》墨迹为好事者刻石立碑，谓为"诗碑"，但是不属碑石，当隶属于刻石。

乾嘉年间是清代学术鼎盛时期，乾嘉学派肇始于清初顾炎武、黄宗羲等学人，而延绵、发展于江南省，尤以苏州、徽州、扬州、常州四地为高发地。四地同期皆有先导人物，仅是以某一阶段、某一学者声望卓著而约定俗成一提法：前期以惠栋为领袖的吴派、中期以戴震为领袖的皖派、晚期以阮元为领袖的扬州学派、后期以庄存与为主力的常州学派，以及北方一派（纪昀领其先，后继者郝懿行、许瀚皆扬州学派传人）。以阮元为领袖，焦循、凌廷堪为辅弼的三巨头时期，将扬州学派推上顶峰，使扬州学派成为乾嘉学派集大成者。

乾嘉学派之学术，以经学为载体，行汉宋持平、今古文兼采、中西汇通之实，践行于通经致用、经世致用之途。该学派深究专研者皆博大精湛、综括百家之学人。至于金石之学，亦登峰造极，然而让人意料不到的是惠栋、戴震与阮、焦、凌并无师生之谊，也缺失接触；戴震的学术思想更是隔代为阮、焦、凌传承；叫人惊羡的唯独与吴、皖两派有交接的领袖式人物钱大昕将学术的接力棒交给阮元，其中金石学也是他人难以沾边的传承。扬州学派先导汪中虽有涉猎，但势单力薄；后继者虽有刘宝楠、吴让之对金石学有所关切，但已是强弩之末，风头早被阮元一扫而光，包揽殆尽。

吾素爱石墨，深羡翁方纲“石墨楼”之珍藏，亦仰慕阮元为撰写《南北书派论》《北碑南帖论》，“所见所藏北朝石碑不下七八十种”，其他则不胜枚举，而额其斋为“石墨书楼”。兼及深究“阮元学”，荏苒四十余年，有老大迟暮之戚。今读罗加岭兹编，实获吾心。置案头循览月余，以为“阮元研究”又有新拓展。

整幅布料制衣，裁剪方便，划粉一挥而就；百衲之衣，摭古拾残，寻他千百度，全靠真功夫。《阮元碑刻撷萃》乃百衲之本，其中难处，不经此事不知也。吾著《阮元年谱》，二十年前已行世，其后日积月累又补缀近百万字，自然触及到阮元“碑石”“刻石”之迹，估量之不下数百余种，虽条分缕析，依时序辑入《谱》中，然求其“石墨”（拓片、拓本）则如摘星。罗加岭治画学、书学、碑帖学有年，又涉足“阮元学”，故于涉及阮元的碑石、刻石特别关注，搜讨于各公私藏家，或寻幽探险于山野荒郊，采访于地方通人，采集到文本、拓本、拓片大几百种，今采撷数百种以飨阮元研究者、碑刻研究者，并爱好者。

罗加岭在茫无涯涘的碑石、刻石之原石与拓本、拓片中寻觅，探讨涉及阮元的资料，以“大运河文化带”作手卷，将“石墨”宝卷连缀其上，以省区稍作划分，按序览之，品赏这文化清茗、艺术醇酒，其乐无穷。

前述碑石、刻石之界定，细分其类已是星光灿烂，目不暇接；而目光移入《阮元碑刻撷萃》可谓若合符节。这固然是阮元在碑石、刻石上的实践高超而宽广，更见罗加岭收罗之博大且精细。书中所云涉阮元最早之刻石当数北京国子监的进士题名录，该刻石乾隆五十四年己酉科条目下镌“二甲第三名阮元”，瞬间带入扬州人的高光时刻。次之，阮元参加石经的校勘，有心于历朝石经，其中有乾隆五十六年十月，以詹事奉诏充石经校勘官，于汉、唐、宋石经悉心校勘，比幼时所校更加详备。罗加岭书中嘉庆七年《阙里石刻〈孝经〉〈论语〉后记石刻》，嘉庆十九年《苏州文庙〈孝经〉〈论语〉等石经题跋石刻》，道光十八年《〈中庸说〉石刻》，皆有详赡的解读。

碑石，则为书中大宗，无其不包。乾隆六十年《重修郑公祠碑》，镌石立碑，此举属阮元修葺郑玄祠、墓系列工程之一。《祠碑》有云“惊沙坐见其飞积”“承节摹碣，埋蚀于泥土”，旋有《金承安重刻唐万岁通天史承节撰〈后汉大司农郑公碑〉》重见天日。阮元依据此碑文中文字纠范晔《后汉书》之误，为以碑文证史之范例。嘉庆四年《重修扬州会馆碑铭》，则是讴歌扬州文风遐畅、人才辈出的杰作。碑文讲及扬州士子摘取嘉庆三年戊午科江南文武解元、嘉庆四年己未科会元、殿试一甲第三名之探花。叙古颂今，谓为名人、名事、名馆舍、名写手、名碑当不诬。嘉庆五年《重修会稽大禹陵庙之碑》，更是顶天立地之构。碑文不但赞颂大禹治水的丰功伟绩，更借大禹巡狩江南，逝于道途，葬会稽山，推崇三代时期薄葬的俭朴风气。阮元以为“非隶书不足以被丰碑而凿贞石也”，隶属于丰碑的《大禹陵庙之碑》，文出其自撰，书丹上石亦当亲为。苦于当时海警与灾荒并聚浙江省，刚实授巡抚的阮元实难分身。幸得幕中书、刻高手钱泳代劳，成就此一功德。碑上因署衔需要，以示隆重，故镌“阮元撰并书”。罗加岭从钱泳《写经楼金石目》、田家英《小莽苍苍斋藏清代学者书札》等文献资料中爬梳出证据，考定《大禹陵庙之碑》乃钱泳隶之。旧时，代撰、代书乃常行之事，阮元不以钱泳泄露此情为忤，反倒成书坛一佳话。

墓志铭、神道碑在该书中也占有很大的篇幅。其中最有故事的当属阮元为其恩师朱珪撰《神道碑》所派生出来的足充谈资的事。朱珪卒于嘉庆十一年十二月五日，其子朱锡经即致函阮元乞求其父《神道碑铭》，适逢阮元丁父忧，不作韵文。翌年五月，阮元将撰成的《神道碑》文送焦循审阅，足证慎重。迁延至十月，阮元服阕，方补上铭文成完璧，然寄达朱寓已迟数十日。朱锡经因父柩入葬，迫不及待，即委吴鼒代阮元撰文刊石立碑，及阮元文送达，《神道碑》早已竖立。朱、阮师生情谊甚深，兼及弟子声望正隆，且文笔为世人所重，朱锡经岂能束之高阁，旋于嘉庆十三年请秦承业书丹，黄钺篆额，成“碑林”一大观。

佳碑复佳话，不厌其烦，尚得说说孙星衍与阮元的贞石之缘。孙星衍年长阮元九岁。乾隆五十一年丙午科江南省乡试，孙、阮皆由主考官朱珪拔为举人，又同赴次年会试，孙中式，阮落榜。孙旋经殿试荣膺榜眼。越明年，阮中乾隆五十四年己酉科进士，与孙同为馆阁成员。阮元巡抚浙江时，创立诂经精舍，即聘孙星衍并王昶为主讲，足见关系密切。嘉庆十年六月十九日，孙星衍祖母卒于其山东督粮道任所，遂扶柩返乡祔葬于祖父一凤孙公墓，驰书阮元为之撰《一凤孙公暨妻许恭人墓表》。同年闰六月十五日，阮元父阮承信卒，则命使者赶赴孙星衍寓第，请其撰《阮公湘圃暨妻林太夫人合葬墓志铭》。日后，入土为安，刊石立碑，阮、孙如愿。又十三年，孙星衍卒。阮元未为其撰《墓志铭》，而为之《传》，意欲将其传提供给国史馆采用。

阮元长期外放疆吏，每到一地皆把教育放在重要地位，于教育机构倍加关注。该书介绍的教育机构之碑石有嘉庆五年《西湖诂经精舍记》石碑、嘉庆九年《玉环新建学宫记》石刻、《镇海县新建灵山书院记》石碑、嘉庆十年《宁波府重修学宫碑铭》石碑、嘉庆二十一年《江西改建贡院号舍碑记》石碑、《南昌府进贤县考棚记》石碑、道光二年《重建贡院碑记》(入《集》题《改建广东乡试闱舍碑记》)石碑、道光四年《新修鹤山县学宫碑记》石碑等。

此处仅举"玉环厅"一地之事论之，有管窥蠡测之效。玉环厅未有专学，而且孤悬海外，士子航海负笈，涉历风涛，多有不便，兼以应试人众，取进额少，亦不足以示鼓励。阮元会同浙江学政文宁请创学宫，添设进学额数，文生八员、武生四员、廪膳生八员、增广生八员，三年一贡，以励人才。原先玉环士子皆涉历风涛赴温州应试，旅途危险，份额有限，俱无便利。经阮元倡举，不但争取到县学一级的待遇(吸纳生员人数)，且避免了风涛之险。旋建学宫，使士子有安逸的学习环境。此《碑》记事之颠末，谓为史实也。阮元无心垂名于此《碑》，但此《碑》之纪事实彰显阮元办学之旨趣，及关怀士子、便宜行事之良苦用心。

雁声鸿爪，乐石留踪。论及阮元事功，丰功伟绩不胜枚举，大者！且与碑刻有涉者略举二事叙之。最关民生当数与杭州西湖苏堤、白堤比肩的阮公墩；由阮公墩推演出一件西湖水利大工程。嘉庆十四年二月，阮元兴工重浚西湖，将湖中淤泥堆积于湖心亭西北面，筑成一个小岛，与三潭印月、湖心亭鼎足而立，有"蓬莱、瀛洲、方丈"三神山之誉。杭人为感恩计，将小岛美名为"阮公墩"。先是嘉庆九年四月，阮元倡议捐俸，集资疏浚杭州水道，次年正月工竣。此乃以西湖与湖城杭州水系为施工项目的大工程，与前述浚湖属同一系列工程。阮元关注西湖湖区与杭城水道的水利建设，减免水灾祸民，深得人心。阮元乐见其成，复提议"自兹以后，每岁十一月浚治一次，毋减工，毋累民"。并警示"勿久而废塞"，特意撰《重浚杭城水利记》刊石立碑，以示久远。此碑得罗加岭搜得拓片，图文并茂，诚一水利史之大典。

最具国魂，则是《广州大虎山新建炮台碑铭》。阮元是清代疆臣中以实际行动禁烟第一人。嘉庆二十二年十月二十二日，阮元抵广州接两广总督任。下车伊始，即赴海口阅兵。在水师提督陪同下，乘兵船过零丁、鸡颈诸外洋，以为英国等殖民主义者的商船时有兵船混迹其中，图谋不轨，若不加强海防建设，势必临战失措。阮元勘查内港之大黄窖地方有水道直通广州，若不设防，不足以严守国门。故提出于大虎山脚增建炮台，与前沿旧设形成重门之势。旋于翌年正月破土，四月竣工。阮元感叹道："此台之外，有沙角炮台为第一门户，进而横档、镇远为第二门户，此大虎为第三门户。又于大虎之内新建猎德、大黄二炮台为第四门户。方今海宇澄平，无事于此，此台之建，聊复尔耳。然安知数十年后，不有惧此台而阴弭其计者！数百年后，不有过此台而遽取其败者！”阮元借感言发挥之，草就《广州大虎山新建炮台碑铭》，镌石竖立，扬我国威。

该书亮点甚多，就刻石而论，大者幅度超常，样式新颖，左图右史，是水火难毁之典籍；小者仅咫尺之面积，文字仅得数言，却蕴含大智慧，指示佳山佳水好方位。其中最切经国济世者，当属《粮船量米捷法说》刻石。中国历代政治中心多在北方，但北方粮食匮乏，而江、浙、湖、广粮食丰盛，出于政治和经济上的目的，历代统治者将南粮北调视为大事，京杭间勾通五水的大运河的开挖，正是为了漕运。清嘉庆年间，漕运积弊日益严重，营私中饱之事屡禁不止。加之沿途关卡盘剥，运丁、水手多有所累。嘉庆十七年，阮元受命于艰难之际，走马漕督任。刚抵任，就遇上江北长淮四两帮漕船亏短漕粮案。历年漕督盘查漕船有五千余艘，每船十余舱，舱载米数十石至百余石不等，以尺量舱之宽、长、深而得载米重量。漕之书吏以“三乘四因”之法，依据营将所报尺寸，用算盘计算，陋而繁，如此计量漕粮岂能不误。阮元创立《粮船量米捷法说》，颁行各省，并刻石嵌漕院壁间，为国脉转输公粮作保障。

阮元题写的“空前绝后”的刻石，是如今航拍都难入镜头的《清漓石壁图》。有云“桂林山水甲天下，阳朔山水甲桂林”。“清漓石壁”即位于阳朔大磉汛下二里许，明目者见之，以为摩天巨画。阮元过此，在画旁书巨大之五字“清漓石壁图”，长二丈余，又写“道光三年阮元题”七字，刻石。仰天长歌：“上古巨图，今始题款。”（时有《清漓石壁图歌》七古十二韵）阮元复行舟其下观之，叹曰：“犹嫌其小。”吾以为此书一出，惊得阳朔人大悟，速清除杂树野草，显露出阮元刻石，又增文旅一大观。

再谈阮元摩崖小刻石一件“荔峰”，也是世间奇事。民国间还负盛名的杭州荔枝山，百年不到竟湮没无闻，鲁迅老师章太炎的墓曾葬在斯地，乱中被毁，待重修时，原葬地荔枝山已失踪，只好将就改址落地。2018年，西湖景区花港管理处员工探幽南屏山，循古道，披荆斩棘，意外发现“荔峰”刻石，落款“阮元”，至此大悟荔峰即荔枝山。南屏乃群峰总称，而形如荔枝的小山头夹在两峰之间，玩了一出“印象消失”，幸得阮元刻石，复兴胜迹，文化之谜顿解。

与阮元有涉的碑石、刻石，无论从哪个角度上认知，都具备极大的价值，《阮元碑刻撷萃》正是展示这种价值的平台。热衷于“阮元学”的学人，深究涉及阮元之碑石、刻石者，都能从该书中获得珍贵而切用的资料。吾在此所言之碑（碑石、刻石）非彼碑（碑学之碑），属一界定之说、约定之说，但两者之间却有万千的关切。研究“碑学”者、研究阮元“二论”者，若能细观此书，定得大惊喜。因为能从众多、明示、翔实的阮元书写的碑石、刻石作品中，探究到阮元碑学理论形成的原因，也能确认他不但是一个书法理论大家，也是一个书法大家，切勿停滞在“阮元只有理论，没有实践”的模糊中。

《阮元碑刻撷萃》无庸吾多论，实因读之感悟良多，见猎心喜，而放言一通。罗加岭于此书接历方勤，当有余力更继斯学。况且君之知识宽广，又年富力强，正续事对扬州画派、扬州学派、阮元文化的研究，祝其硕果累累，吾拭目以待。

王章涛

2024年10月于竹西三星斋

前 言

毛远明在《碑刻文献学通论》一书中认为:"从狭义上讲,凡是以石质为书写材料,镌刻、书写在石头上,承载了一定语言内容的所有语言信息资料,都称为'碑刻文献'或'石刻文献'。"同时,他又认为,称为"碑刻"难以涵盖石阙铭文、摩崖石刻等,称为"石刻",又要包括进石质材料的雕塑、画像等非语言文字信息。他按照形制将碑刻分成碑碣、石阙、摩崖、墓志、经幢、石柱铭刻、造像题记、石刻画像题字等;按照文献的内容则分为记事赞颂碑刻、哀诔纪念碑刻、祠庙寺观碑刻、诗歌散文碑刻、图文碑刻、应用文碑刻、石经、题名题记以及诅盟符策碑、帖书碑几种特殊的碑刻等。本书所说的碑刻,以碑为主,兼及其他石刻,所以是一个广义的概念。

碑刻具有时代性强、地域性强、保存性久等特性,能够为史学研究提供真实可靠的第一手资料,因而具有十分重要的文献价值。但是,随气候环境的变化,异常气候增多,温差加大,太阳暴晒及急雨情况频发,现泰山碑刻风化程度逐年加大,石刻表面及字口有大量起片现象。尤其是露天放置的碑刻,由于自身碑体单薄,四面裸露,受风吹日晒雨淋,又加上本身字体偏小,多数碑刻字体已逐步风化、剥蚀,并变得模糊不清,甚至消失。

刻碑的程序一般都是先写后刻,也偶有直接"以刀代笔"刻字的。碑石内容十分广泛,有纪事、颂德、颁令及墓葬、祭祀等。碑刻技术与汉字书写原为两件事,但如果碑刻技术与书法相结合,毫无疑问会对书法产生一些影响。在石上刻字的主要目的是使所刻文字留之久远,但经过刀凿的刻石文字不可避免要走样,即与原来手写的字样有区别。正因为如此,石刻文字反而呈现出一些毛笔写法所无法涵盖的意趣,这种刀与笔的结合所创作的碑石书法具有独特的艺术魅力,一些善书者为追求这种意趣便探索出了新的毛笔运笔方法。所以说碑刻在某种程度上促进了书法艺术的提高。碑刻书法具有体积大、易于观赏等特点,且可以长久保存,与其他载体的书法作品相比,具有独特的文化传播功能。

与丰富的石质文物相伴随且并行于世的是在文物本体上拓印出来的纸质文本——拓片。拓片是一种比较特殊的中国传统技艺产品,它使用宣纸和墨汁将石质文物或青铜器铭文上的文字或图案,通过一系列的工序,清晰复制出来的一种工艺产品。拓片以

1∶1的比例,真实反映了原物的面貌,在不能接触原物或灭失的情况下起到了替代原物的作用。拓片包涵了丰富的历史文化,是保存文献、考证史传、增补遗闻的重要资料,还是研究书法史的珍贵实物标本。

作为乾嘉金石学的后劲人物,阮元一生致力于碑版的搜访、研究,并进而探究书法源流,写成了《南北书派论》和《北碑南帖论》,对清代碑学理论的建立有开山之功。阮元也是书法家,篆隶行楷都擅长。他的书法创作,远不如他在理论上的成就,但因专心研究金石碑版,耳濡目染,气格亦自不凡。赵彦偁云:“阮太傅亦未致力于书,然偶尔落笔,便见淳雅清古,不求工而自工。亦金石书籍之所成也。”其行书古拙清雄,摇曳洒落,深得鲁公三昧;其隶书仿《乙瑛碑》《天发神谶碑》纵横飞动;其篆书以方正坚劲为特点,晚清学者伍崇曜在《石渠随笔》跋文中称“郁盘飞动”。阮元又是金石学家,他对钟鼎彝器、石刻碑版有着强烈嗜好,一生致力于金石的搜访、著录与研究,有《山左金石志》《两浙金石志》《积古斋藏器目》和《积古斋钟鼎彝器款识》等金石著作。

阮元一生宦游地域广泛,有“九省疆臣”之誉。阮元的石刻遍布全国,书体丰富,书风多样,郁盘飞动,醇雅清古,体现了阮元书法水平的全面与高超。有些石刻作品是阮元撰写,由其他书家书写,而部分作品没有收入其诗文集《揅经室集》。有些是阮元寻访到的古碑,他在碑上留下题跋、题记。这些石刻成为中国书法宝库中的重要组成部分,对充实阮元书法研究资料、补充阮元文集之缺、完善阮元的年谱和深化阮元研究工作等来说,都是大有裨益的。

本书收录的与阮元有关的碑刻主要包括:阮元自撰并书写的碑刻,如“栝苍古道”石刻、《隐山铭》石刻等;阮元自撰,由其他名人书写的碑刻,如《历山铭》石刻、《重修表忠观碑记》石刻等;还有一些与阮元有密切关系,并不是阮元撰、书的石刻,如《诂经精舍题名碑记》、“隋炀帝陵”等石刻。绝大部分碑刻历经数百年依然存在,一部分只有拓本传世,如《登江中孤屿谒文丞相祠》诗碑、《甘泉山获石记》等。此外,部分碑刻此前鲜见著录,如“泰山大观峰题记”石刻、《镇海县新建灵山书院记》石刻、“沈在宫墓碑”石刻等。

碑刻集历史、文学、艺术于一体,是人类文明的重要载体,蕴含有丰富的文化信息,具有极高的史料价值、文物价值、艺术价值和学术研究价值。

1. 史料价值

碑刻是一部石头史书,碑刻上面的文辞是用于记事的。实际上,碑刻是继古代岩画、甲骨文、陶文、竹简、帛书、金文之后又一种经久不衰的“图书”,作为一种承载文化内容的方式,它与发明造纸术后在纸上写字的方式并行存在了一千多年。南宋初年大史学家郑樵曾一语点破碑刻的这一记事文化属性,他在所著《通志·金石略》中说:“三代而上,惟勒鼎彝。秦人始大其制，而用石鼓；始皇欲详其文，而用丰碑。自秦迄今，惟用石刻。”这是说铜器刻辞的历史较短(局限于商、周)，而石刻的历史则很长，从而说明了碑刻在古代中国刻辞中占据的主导地位。作为一种记事文化，碑刻是我国古代记载史实、保存和传播文化的特殊载体，具有极其重要的史料价值。

2. 文物价值

抛开碑刻及拓片所记载内容的价值不说，碑刻及拓片本身具有较高的文物价值。尤其是经过时代变迁，遭受战乱等情况，有些碑刻及拓片已经被损坏，甚至消失，因此原碑、原拓可以完整保存下来的并不是很多，尤其是名人、名拓的数量更少，可以说，现存的碑刻及拓片都是非常宝贵的文物。泰山大观峰题记、《张浚过严子陵钓台诗碑》题刻、平湖市乍浦“龙湫”石刻、西湖“荔峰”题名石刻及《镇海县新建灵山书院记》碑等都是首次见诸书刊，可以填补阮元《揅经室集》、王章涛《阮元年谱》中缺失的史料。

3. 学术价值

碑刻及拓片中记录了古代历史、政治、文化、经济、地理、军事等十分丰富的资料，几乎包罗了我国古代历史文明的所有内容。研究碑刻及拓片，在一定程度上相当于研究当时整个历史时期的社会形态、经济状况以及文明程度，这对于历史研究来讲，具有十分高的学术价值，可以为历史学术研究提供难得的重要资料。它们不仅有助于补充传世文献的缺略，还有助于订正传世文献的讹误。阮元《青田石门洞天铭》等对阮元书法风格的形成提供了实物证明。《爨龙颜碑》题记为阮元在云南金石学研究、《王崧墓碑序》为阮元与王崧的关系等研究提供资料。根据苏州文庙《孝经》《论语》等石经题跋石刻，得知这些石经原名为“阙里石刻”。乾隆五十八年至嘉庆元年，钱泳有刻“阙里石刻”的念头。嘉庆七年(1802)三月至七月，阮元捐俸银助钱泳刻《孝经》；八月，钱泳自费刻《论语》前十三篇。后因经费问题而暂停。一直等到嘉庆十九年(1814)，两淮巡盐御史阿克当阿见《论语》石经未完工，“复捐奉，倩钱君续刻七篇以足成之”，直到嘉庆十九年四月告成。在《孝经》《论语》二石经将竣之时，阮元撰《〈孝经〉〈论语〉石刻记》。这样就纠正了王章涛《阮元年谱》将此文归入“乾隆五十八年谱”的瑕疵。

4. 艺术价值

在古代，很多书法家和画家都留有碑刻作品，而这些碑刻及拓片都具有十分高的艺术价值。相比于纸质书画，碑刻的保存时间更长，更有利于研究我国古代艺术的发展历程。

阮元的碑刻遍布全国，有擘窠大字如浙江省丽水市的“栝苍古道”、广西贡院端礼门(今桂林市正阳门)上的“三元及第”坊；也有小字碑刻，如浙江石门洞题诗、桂林《隐山铭》；甚至还有浓缩到一块石砚上的字。书体则有篆收、隶书、行书、楷书等。有部分阮

元题写的碑刻已消失，只能从流传下来的拓片才能欣赏他题写的内容及书法艺术。

一些有关地方为纪念阮元新立的碑刻以及阮元家庙内的碑刻、阮元家族墓地内的碑刻，这些碑刻有助于对阮元的人生经历、巨大功绩、家族资料的进一步了解。本书编著过程中参照了《阮元山水诗赏读集》对阮元人生历程按省份划分的方法，特此鸣谢。

凡　例

一、本书是对与阮元有关的碑刻进行系统收集、整理和研究的专著。碑刻以立石地址或撰写地址进行分类，主要以阮元宦迹先后省份为标准，山东、北京、浙江、河南、山西、江西、湖北、湖南，此部分阮元任职时间较短，因而合为“五省”（广东、广西，此部分合为“两广”；云南、贵州，此部分合为“云贵”）；江苏是阮元成长、求学与致仕休养之地，也被单独列为一编。又以是否属于大运河流域分为上下两编，故“江苏篇”列入上编；“五省篇”中的河南也列入上编，其余四省列入下编。阮元家庙、阮元家族墓与阮公祠由于与阮元关系密切，碑刻较多，故独立成章介绍。同一个章节，能考证出时间的，以时间先后为序；不能考证出时间的，列入篇末。

二、本书辑录体例，包括图版和文字两部分。图版尽量采用原石照片或拓本照片。文字包括碑刻名称、释文、碑刻介绍等。其中，碑刻介绍包括刊刻年代、有关人物生平、碑刻产生的背景及评价等，并利用地方志书、公私文集等文献资料，对相关史事进行考辨，便于读者更好地理解碑刻的内涵。部分碑刻因无实物及拓本流传，根据有关志乘及文集等文献辑录。

三、碑文中有一些俗字、异体字，其中还有一些书丹者随意增减笔画的写法，酌改为规范字。

四、本书使用现代通行标点符号。缺字或残损不可辨者用“□”号表示，残缺较多则用“……”号。残泐但可辨者用“[ ]”号括注表示。

目　录

上编　阮元在大运河流域的碑刻

下编 阮元在非大运河流域的碑刻

上编　阮元在大运河流域的碑刻

一 山东篇

乾隆五十八年(1793)六月二十五日,时任詹事府詹事的阮元奉旨接替翁方纲出任山东学政。七月十五日,在同乡好友顾子明、堂叔阮鸿的陪同下,阮元离开京师,奔赴山东。八天后,阮元一行到了济南。和前任山东学政翁方纲一样,到济南后不久,阮元即偕顾子明、阮鸿等人出试青州、莱州等府。从青州、莱州等返回后没几天,阮元又偕焦循等人先后入曲阜孔庙观礼,登岱赋诗,视学济宁。

乾隆五十九年(1794)正月二十一日,阮元又一次离开济南,过青州,出试莱州;二月,经潍县,过高密;三月,按试登州;四月,按试青州、武定;四月二十四日试竣,二十六日开始返济。回到济南后,阮元几乎"日日在大明湖水木明瑟轩中坐卧,尚饶清趣"。此后不久,阮元赋《山左学署八咏》五绝八首,依次咏"学署八景"中之四照楼、濯缨桥、小石帆亭、海棠洪、玉玲珑、钟楼、石芝、积古斋,并嘱同年王学浩绘图,朱文藻、刘大观各作同题五绝八首以和。此后,阮元又于五月十五日出试泰安,登岱顶,二十九日返回济南,六月试济南府。是年夏秋间,阮元常偕友泛舟过小沧浪亭,"茶灶书床,流连竟日",并书"水木明瑟"匾其后轩,作五古《小沧浪亭》十八韵。自十月初一日,阮元又出试沂州,途中登峄山,谒孟庙,主祭孔庙。十二月十二日,阮元返回济南后,开始在朱文藻、何元锡、武亿、段松苓等人的帮助下修纂《山左金石志》。《山左金石志》奠定了阮元金石学大家的地位。

乾隆六十年(1795)正月上旬,阮元在济南接待了来访的友人孙韶。自正月二十一日起,阮元先后出试东昌、临清,至二月底返回省城济南。闰二月初三这天,阮元又招友人焦循等于小沧浪雅集修禊。自三月初十日,阮元又在阮鸿、焦循、孙韶的陪同下出试青州、莱州、登州、武定四府。四月末,阮元偕诸友回省,刻《仪礼石经校勘记》成,并让焦循为之作后序。五月初,阮元邀焦循、马履泰、徐大榕、颜崇规、孙韶、江安等友人再次雅集于小沧浪亭,阮元、焦循、马秋药等人皆有诗唱和记事。五月初五,阮元再次招集颜崇规、段松苓诸友人雅集于濯缨桥,马秋药因疾未赴,送诗至,阮元依其韵和诗一首。初六,焦循别阮元归扬州,初九,武亿再度来济南访阮元。七月初一,阮元再次游历山,并勒铭于山石,即《历山铭》。八月初,阮元闻孙星衍将赴山东兖沂曹道观察任,即招朱文藻、桂馥、武亿、颜崇规、马履泰等人雅集于小沧浪,作诗促孙星衍尽快来山东上任。不久,孙星衍即回诗以报。初八,阮元又招马履泰、桂馥、颜崇规(以上三人当时寓泺源书院)、武亿(当时寓小沧浪亭)、朱文藻(当时寓四照楼)诸友人游汇波楼,过南丰祠,归集积古斋。

乾隆六十年(1795)八月二十四,朝廷降旨,调阮元为浙江学政。在接到调任之旨后不久,阮元和其在济南的友人孙星衍、余鹏年、周隽、陆绳、吴文征、郑光伦、段松苓、郭敏磐等人多次宴集于小沧浪亭。十月初三,阮元交印离开了济南,启程赴浙江学政任。

阮元在山东两年多,"主祭阙里,又得佳士百余人,录金石千余本"。他在山东开始刻碑、寻碑、录碑,初显"碑学大家"的风采。此阶段阮元的碑刻呈现小型化、拘谨化的特点,显示他初涉政坛的低调姿态。

因山东曲阜孔氏是阮元的岳父家,他晚年的《中庸说》石刻与孔宪增墓碑等也列入此篇。

东汉《熹平断碑》题记石刻 乾隆五十八年(1793)

【释文】

乾隆癸丑十月,元按试至曲阜,黄司马易访得此石于东关外,告元,掘土出之。审视得七十三字,不全者六字,其“熹平二年十一月乙未”下“遘”字存少半。此卒之年月,非立碑年月。如鲁峻卒于熹平元年□月,碑立于二年四月也。因移置孔子庙,以贶学者。学使、詹事府詹事,仪征阮元识。

东汉《熹平断碑》又曰《熹平残碑》,因碑文中有“熹平二年”(173),故名。碑残存中段左侧,残高69厘米,残宽79厘米,厚21厘米,石灰岩质。残文7行,首行存7字,末行存半字,余行存13字至14字,隶书,阴刻。碑文残存78字。残文中可见“熹平二年十一月”,当为墓碑,墓主不详。该碑书法淳朴敦实,既有《张迁碑》之拙,又不乏《曹全碑》之秀,以方笔为主,运笔爽健。

《熹平残碑》发现于乾隆五十八年(1793),始为黄易在曲阜东关外访得,后阮元移入孔庙,现置曲阜市汉魏碑刻陈列馆。碑文左边有清阮元、翁方纲、孔昭薰等人题记。阮元跋文记载了碑的发现经过。

《熹平断碑》拓片,为清拓片。长67厘米,宽64.5厘米,马衡捐赠,北京故宫博物院藏。

黄易(1744—1802),字大易、大业,号小松、秋盦,别署秋影庵主、散花滩人、莲宗弟子等。浙江仁和人。工诗文、书画、篆刻,擅长碑版鉴别考证,著有《小蓬莱阁金石文字》《秋影庵主印谱》等。

《乾隆癸丑仲冬上丁祭曲阜孔庙文》石碑 乾隆五十八年(1793)

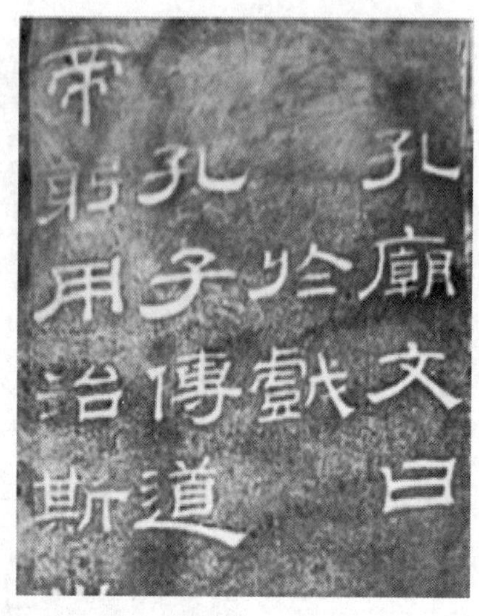

【释文】

乾隆癸丑仲冬上丁,提督山东学政、詹事府詹事阮元主祭孔庙文曰:

於戏孔子,传道帝躬。用治斯世,斯道乃隆。尧舜贤远,文轨大同。帝敬孔子,礼备仪崇。幸鲁释奠,讲学临雍。教被瀛漠,岂惟域中。元奉帝命,视学于东。津逮洙泗,仰止圣宫。凛承时祭,癸丑仲冬。瞻俎习礼,循墙慕恭。宗庙既入,百官景从。坛杏化雨,庭桧古风。虡鸣金石,壁振丝桐。两楹之间,三献既终。辙无叹凤,室拜蹲龙。神志虽肃,精诚讵充。圣道如天,敢希格通。惟圣之裔,子孙其逢。惟圣之乡,多士质忠。以元谫陋,秉铎何功。圣人佑之,启秀发蒙。斯文在兹,天下所宗。帝方吁俊,圣惟达聪。

旧时,每年于仲春、仲夏、仲秋、仲冬之上旬丁日祭祀孔子,叫"丁祭",也叫"祭丁"。按曲阜旧例,四时祭,凡学使者按临,时逢上丁,皆亲主祭,衍圣公陪祭。乾隆五十八年(1793)十一月初八日,是时衍圣公宪培初薨,阮元代为主祭,并撰祭文。此石立于乾隆五十八年(1793)。今见石刻二方,一石长98厘米,一石长96厘米,均高38厘米,隶书,40行,行8字,字径2.5厘米。现位于孔庙十三碑亭西北墙上层,东起第1石。

此文录自《揅经室集·四集》卷二。

汉永寿元年《孔君碑》题记石刻 乾隆五十八年（1793）

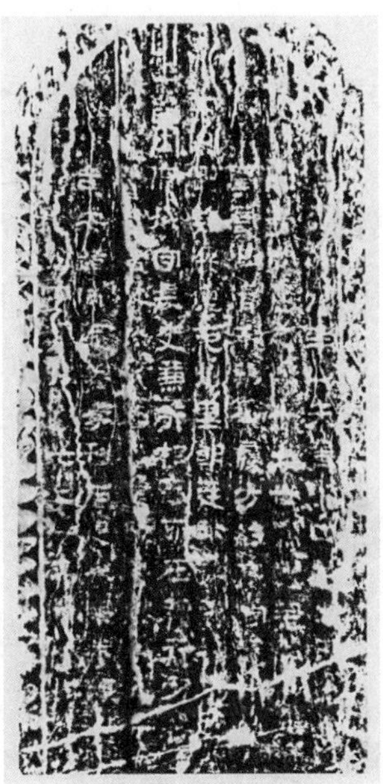

【释文】

汉孔君碑，其目见于《金石录》，证其"元年乙未"之上，当为"永寿"二字。乾隆癸丑三月，钱塘何元锡、教授颜崇规于圣林红墙外见之，移置圣庙同文门，别立碑以志其处。□月，扬州阮元书志。

《孔君碑》又名《孔少垂碑》。此碑著录见于赵明诚《金石录》。清乾隆五十八年（1793）春，何元锡、颜崇规得之于孔林墙外，移置于孔庙同文门下北面西侧，并在发现此碑处立一标志存证。现存汉魏碑刻陈列馆。碑通高150厘米，宽48厘米，厚23厘米。圆头，边饰花纹。上半部刻碑文，刻字处高103厘米，下半部前后均未细加工，比上部厚约27厘米。额题"孔君之墓"四字，二行，行二字，篆书，东汉桓帝永寿元年（155）立。碑阳有隶书八行，行十五字，漫漶大半，呈竖向的水冲痕迹，但仍有可识文字五十余。书法淳厚苍劲，字体方整，笔画古朴。碑下端为清翁方纲、阮元、黄易题记。黄易另有《林外得碑图》。

曲阜汉府门之倅大石人题字石刻 乾隆五十九年(1794)

【释文】

乾隆甲寅,阮元移置。

石人原在曲阜东南五里许张曲庄西一汉墓前。二石人雕像端庄肃穆,高鼻合口,双目平视,眉毛尾均上起。乾隆五十九年(1794)春,阮元命颜崇规、冯策将鲁王墓二石人运至曲阜孔庙西之矍相圃内,洗拓其文,得数字。阮元在《金石十事记》中记载:“汉府门之倅大石人之二,仆于野,为樵牧所残,余连车运至曲阜矍相圃中,并立之。”并将此事列为他的“金石十事”之八。方朔在《枕经堂题跋》中记载该石人有“乾隆甲寅阮元移置”八字,隶书。1953年,石人移入孔庙,名其亭曰“汉石人亭”。1998年,移入汉魏碑刻陈列馆。

泰山大观峰题记石刻 乾隆五十九年(1794)

【释文】

乾隆甲寅,学使阮元试毕泰安,登此。益都段松苓□书。

此题记石刻位于泰山玉皇顶前、平顶峰下的大观峰。峰上最著名的石刻是唐玄宗《纪泰山铭》,又叫唐摩崖碑,高 13.3 米,宽 5.3 米,刻序言、铭文及额款共一千字,是唐玄宗封禅泰山的纪事碑。再往西是云峰,上有康熙帝题“云峰”,其下有乾隆帝诗刻《夜宿岱顶作》。大观峰和云峰上题刻遍布,重重叠叠,能认出来的有 80 多处,唐刘仁愿、宋赵明诚、元徐世隆、明朱衡、清阮元及施闰章等名流题刻历历在目。

段松苓(1745—1800),字劲伯、赤亭。益都(今山东青州)人。性耽掌故,尤癖金石。阮元誉为“山左宿学无过此人”,于《山左金石志》的编著,致力尤多。著有《山左碑目》《益都金石记》《赤亭金石跋》。

阮元题记

泰山大观峰历代摩崖石刻

济宁孟府《过邹宿国模世长第作》石刻 乾隆五十九年(1794)

孟府见山堂前太湖石刻拓片

【释文】

甲寅冬日,敬谒亚圣庙,暮宿国模世长第中诗一首。

霸王代谢百年间,夫子风尘又辙环。若使灵台开晋国,岂能秦石上邹山?遗书赖有邠卿注,古庙常余博士闲。今夜断机堂外住,主人清话敞松关。

同馆世弟阮元。

孟府、孟庙位于山东省邹城市南门外,庙、府毗邻。孟府位于孟庙西侧,门楣正中悬有“亚圣府”贴金巨匾,是孟子嫡系后裔居住的宅第,同时也是历代祭祀孟子之所。始建于北宋,金、元、明、清重修多次。现存建筑为清康熙年间重建。

孟府见山堂前有一玲珑精美的太湖石,中上部内凹稍平处刻有阮元手书行草《甲寅冬日过邹宿国模世长第作》诗。另一面刻有清代书法家、孔子六十九代孙孔继涑的手书诗文。此石高175厘米,周围172厘米。共8行,每行字数不等。因石面为自然形成,太湖石又非刻字佳材,故字迹有些模糊。落款后盖方印两枚。

此诗又刻于孟府缘绿楼前廊下石头上,题作《甲寅冬日敬谒亚圣庙暮宿国模世长第中》。此石已残为7块。经拼接,全诗似刻于三石之上。第一块从中间斜断为两块,残一字,高32厘米,长74厘米,共6行,每行4字;第二块已断为4块,且缺一块,缺2字,高32厘米,长64厘米,共5行,每行4字;第三块已断为三块,缺一块,缺末句诗及落款,高32厘米,长94厘米,共7行,每行4字。孟府藏旧拓,全幅总长250厘米,高亦为32厘米,其行书气势磅礴,极富神韵。石刻阴面刻董其昌行草二幅。后跋为隶书,共6行,每行20字。

缘绿楼前廊下石刻不同于见山堂前太湖石上题诗石刻。两石虽题诗内容相同,但题首与题款均有异,且书法各具特色。

本篇释文据缘绿楼前廊下石刻拓片。

孟国模,名传梿,字国模。孟子六十八代孙,世袭翰林院五经博士。乾隆四十五年(1780),孟国模承袭世职,主奉祀事。

孟府缘绿楼前廊下石刻(局部)

孟府缘绿楼前廊下石刻拓片

蓬莱天后宫“三台石”石碑 乾隆五十九年(1794)

【释文】

三台石。六石相比为三,如星象也。乾隆五十九年,扬州阮元名之。

烟台市蓬莱区丹崖山上天后宫戏楼两侧有六尊赭红色巨石。乾隆五十九年(1794),阮元任山东学政时,以六石相比如三台星象,因此以“三台”名之。“三台”为星宿名,也叫“三能”,属太微垣。《晋书·天文志》记载:“三台六星,两两而居……西近文昌二星曰上台。次二星曰中台。东二星曰下台。”阮元《小沧浪笔谈》云:“蓬莱阁侧,天后宫前,有巨石六,大如屋,两两相比而南,余名之曰‘三台石阙’。”

“三台石”石碑嵌于天后宫前殿东围墙墙壁。碑高 95 厘米,宽 39 厘米,大理石质地,隶书阴刻。

“浴佛池”题名石刻 乾隆六十年(1795)闰二月

【释文】

浴佛池。乾隆六十年闰二月,仪征阮承信偕同里季尔庆、江安、焦循、林报曾、弟鸿、子元,游佛谷,访唐石刻,遂登灵台,下观林汲泉,憩此池上,因以名之。

济南龙洞,位于城市东南的龙洞山上。相传,唐尧时,有孽龙于此兴风作浪,造成水患,大禹治水,前来捉拿,孽龙钻山逃遁,至今留下深洞。这里有丰富的自然景观与人文景观,宋代就成为游览胜地。孙星衍咏诗赞曰:“我游龙洞惊奇绝,画不成图口难说。”龙洞东侧为佛峪,景色优美,泉源丰富,名列济南七十泉之一的林汲泉在佛峪钓鱼台东的崖壁上。泉上方石壁间镌隶书“林汲泉”三字,旁有清乾隆五十四年(1789)题记,至今尚依稀可辨。水盛时,泉水从崖壁泻下,形成飞瀑。泉水落于崖下石潭,潭水澄澈,巨石横出,石上刻隶书“浴佛池”三个大字及阮承信等人的题字。此题名文字从左至右书写,共见7人名字。

阮承信(1734—1805),字得中,号湘圃。阮元父亲。终生未仕。娴于武略,通文史。贫困时,他能洁清自守,且笃于义行。阮元发达后他,告诫儿子警钟长鸣。

江安、季尔庆、焦循、林报曾、阮鸿是阮元在山东的最初幕僚。江安(生卒年不详),字定甫,江立(1732—1780)子,安徽歙县人,移籍仪征,工诗,见载于《扬州画舫录》卷十二。乾隆六十年(1795),阮元出试山东临清,江安、焦循均在临清试院。阮元《小沧浪笔谈》卷四:“予与江定甫、焦里堂在临清试院,曾赋《盆梅联句》……”季尔庆,字廉夫,江苏泰兴人。少负清誉。入都,为纪昀赏识,曾馆于其家。阮元任浙江学政后,季尔庆追随左右。阮元辑《淮海英灵集》,邀其征诗。著有《理学阐微》《静思堂初稿》等。焦循(1763—1820),字里堂、理堂,江苏甘泉(今扬州)人。自青年起即训蒙授徒。曾入阮元山东学政、浙江学政幕府，参与阅卷和诂经精舍的创建。嘉庆六年（1801）举人，翌年应礼部试不第，遂绝意于科举。归居家乡，构“雕菰楼”，专意著述，于经史、历算、声韵、训诂之学都有研究，尤长于《易》学。著有《天元一释》《古文尚书辨》《加减乘除释》《里堂诗集》《里堂词集》等。林报曾，字珮琚，号小桐。江苏江都（今扬州）人。林闰之子，阮元表兄弟。国学生。曾入阮元山东学政、浙江学政幕府。历官直隶大兴县典史、河南正阳县典史、朱仙镇巡检、南阳府经历。阮鸿（1760—1843），字逵阳，又字湘南，号北渚，七十后号蛰室老人。江苏仪征人。县学生员。阮元从叔。曾入阮元山东、浙江学政幕府。绩学工诗。著《蛰室集》《山左笔记》等。

灵岩寺涤公《开堂疏》题记石刻 乾隆六十年(1795)仲冬

【释文】

乾隆甲寅仲冬,侍家严至此,观诸石刻。乙卯季春,命段生松苓手拓以归。学使詹事阮元题。

灵岩寺,位于山东省济南市长清区,地处泰山西北。创建于东晋时期,自唐代起就与浙江国清寺、江苏栖霞寺、湖北玉泉寺并称“天下四大名刹”。现为全国重点文物保护单位。

此碑在灵岩寺般舟殿前,立于金大定二十三年(1183)。碑通高200厘米,宽100厘米。额篆“开堂疏”3字横列,字径16厘米。碑身刻文13行,凡240字,字径5厘米,楷书。此疏请者为平章政事蒲察通。平章政事,即丞相之副手。蒲察通主笔请涤公长老住持济南府灵岩寺,可见其礼之隆。僧义瑄楷书并镌字,额篆书。附刻有乾隆六十年三月阮元正书跋及嘉庆二年正月黄易等隶书题名。

重修郑公祠碑 乾隆六十年(1795)

【释文】

重修郑公祠碑

元尝博综遗经,印述往哲,行臧契乎孔、颜,微言绍乎游、夏,则汉大司农高密郑公其人矣。公当炎祚陵夷,清流沉锢,泊然抱道,邃情贲典。却谢车服,隐德弥修。所学《易》《书》《诗》《礼》《春秋》《论语》《孝经》,笺注百余万言。石渠会议,无以逮其详贯;扶风教授,不足拟其旨趋。又尝比核算数,甄极崧纬。两京学术,用集大成;天下师法,久而弥笃,所学固不以齐鲁域焉。今皇帝惇崇儒术,表章经学,纂定《三礼义疏》,多采郑说。是以海内学人,翕然依向。言性天道,无敢骋其虚悟;礼度书文,靡不通其原本。庶几孔壁简策,得以训言;儒生耳目,未伤瞽瞶。被公之教,斯为至矣。公墓祠在高密县西北潍水东岸,四牡结辔于郑公之乡,高车并轨于通德之门,是北海太守孔文举所开建也。元以视学,莅止斯土,展省祠墓,圮堍实甚。宰木不捍于樵采,惊沙坐见其飞积。赵商汉碑,未传于著录;承节搴碣,埋蚀于泥土。遂乃倡缙绅之夙愿,鸠木石之工材,始于乾隆五十九年冬十月,至六十年秋八月成。掘沙百尺,门防易以东向;植树四垣,飨堂翼其南荣。听事度筵,则长吏斋祀所止息也;茅庐栖畎,则贤裔耕读便蠲除也。复将擢彼秀异,用请于朝,以奉祭俎,世世勿绝。庶使大儒之祀,不致忽诸之叹;治经之士,无歉仰止之怀。居斯乡者,绩学砥行,感愤而起,不益伟与!爰树乐石,表德刊铭。其辞曰:

秦焰灭经,汉学证圣。於铄郑公,礼堂写定。网括众典,束修懿行。学徒知归,异说反正。子雍多毁,仲翔善诤。日月岂逾,蕤彼敏政。砺阜之旁,潍流汤汤。草衔有带,沙走无囊。林薄新雉,荫彼塈墙。庙貌聿崇,祀事孔明。长白之领,别启黉堂。粤惟兹土,司农之乡。

大清乾隆六十年青龍左单阏六月辛巳,起居注日讲官、文渊阁直阁事、南书房翰林纂修、国史校勘石经、詹事府掌詹事、提督山东全省学政,仪征阮元撰并题额。

历城县廪生郭敏磐书丹。

郑公祠位于潍坊市峡山区郑公街道后店西村,西临潍河,北依砺阜山,是人们为纪念东汉著名经学家郑玄建立的。郑玄(127—200),字康成,东汉高密人,汉尚书仆射郑崇八世孙,汉代经学的集大成者。曾入太学攻《京氏易》《公羊春秋》及《三统历》《九章算术》,又从张恭祖学《古文尚书》《周礼》《左传》等,最后从马融学古文经。郑玄之学以古文经学为主,兼采今文经说,遍注群经,共百万余言,世称"郑学"。

《后汉书·郑玄列传》记载:北海相孔融"深敬于玄,屣履造门。告高密县为玄特设一乡","曰郑公乡"。这才有了郑公乡这个地名。现在的这座郑公祠是乾隆六十年(1795)重建的,每逢清明节日,前来拜谒的游人络绎不绝。郑公祠,有通德门、享殿、配殿等,规模颇大。新中国建立后,1987年重修,1993年再次修缮,筑院墙环绕。院内有祠堂3间,内有泥塑坐像。龛门上方横批为"海岱宗师",楹联为"含海岱之纯异,体大雅之洪则"。

祠前石碑两座,东边一座是金承安五年(1200)重修郑公祠碑,额头篆刻"大金重修郑公祠记",记述郑玄简历及其功绩;西边一座即乾隆六十年(1795)重修郑公祠碑。

西侧碑的碑额上阳刻隶书"重修郑公祠碑",阮元撰并书额,郭敏磐书丹。郭敏磐,字小华,号云门外史,历城(今济南)人。嘉庆九年(1804)举人,官益都教谕。桂馥弟子,于隶古犹得其传。又工画,阮元称其为"山左第一",尝为阮元作《琅琊访篆图》,具山海之势。

《揅经室集·四集》卷二收录此文,题为《重修高密郑公祠碑》。阮元另有《金承安重刻唐万岁通天史承节撰后汉大司农郑公碑跋》,收录于《揅经室集·二集》卷七。

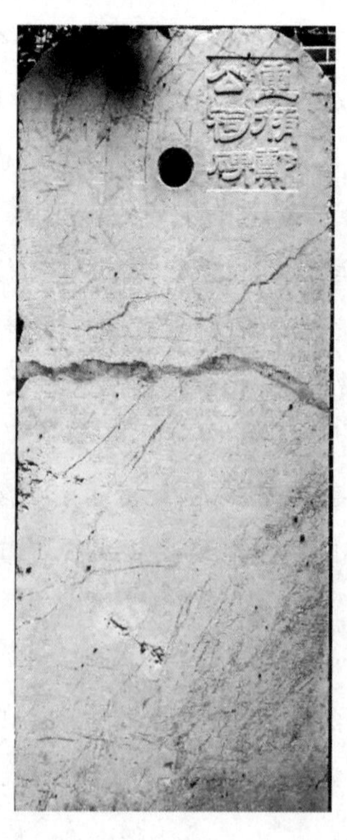

《历山铭》石碑 乾隆六十年（1795）

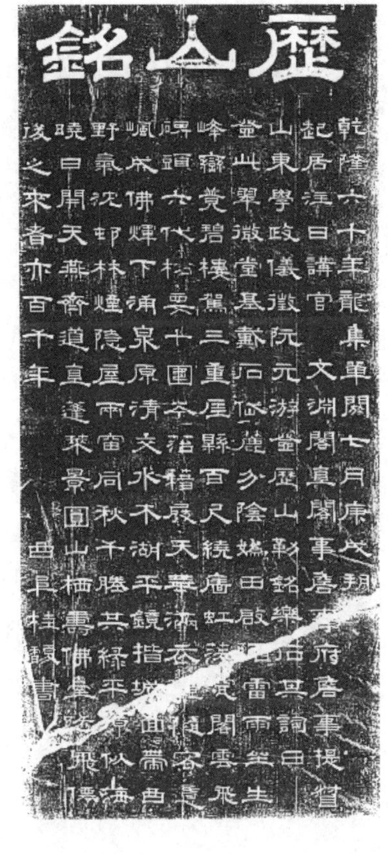

【释文】

历山铭

乾隆六十年，龙集单阏，七月庚戌朔，起居注日讲官、文渊阁直阁事、詹事府詹事、提督山东学政，仪征阮元，游登历山，勒铭乐石。其词曰：

登此翠微，堂基戴石。岱麓分阴，妫田启陌。雷雨坐生，峰峦竞碧。楼驾三重，崖悬百尺。绕墙虹落，穿阁云飞。碑头六代，松要十围。岑苔籍屐，天华满衣。磴随客意，岚成佛辉。下涌泉原，清交水木。湖平镜揩，城回带曲。野气沈村，林烟隐屋。两岫同秋，千塍共绿。平原似海，晓日开天。燕齐道直，蓬莱景圆。山栖寿佛，台降飞仙。后之来者，亦百千年。

曲阜桂馥书。

《历山铭》石刻，在济南千佛山历山院西门门坊内。乾隆六十年（1795）七月，阮元登千佛山，即兴写下气势恢宏的《历山铭》。该铭文由书法大家桂馥书写，刻石为念。碑高118厘米，宽56厘米。

桂馥（1736—1805），字未谷，一字东卉，号雩门。山东曲阜人。乾隆五十五年（1790）进士，知云南永平县，卒于官。自幼博涉群书，潜心小学，精通许慎《说文》之学。工诗书画，隶书名重于世。著述甚丰，有《说文解字义证》《晚学集》《未谷诗集》等。

此铭文又收录于《揅经室集·四集》卷二。

王文简公士禛墓道碑 乾隆六十年(1795)

王士禛(1634—1711),死后因避雍正讳(胤禛),改名士正,乾隆时诏命改称士祯,字贻上,号阮亭,又号渔洋山人。山东新城(今桓台县)人。顺治十五年(1658)进士,官至刑部尚书。他作诗推崇唐人,尤宗王孟韦柳,衔华佩实,重风度而不尚褥缛,雍容澄淡,七言绝句尤为擅长。转移一时风气,成为"神韵派"的代表作家。被誉为"一代正宗""文坛领袖"。有《带经堂集》《渔洋诗集》《渔洋山人精华录》等。

康熙五十年(1711)五月,王士禛病故,十月葬于梧河之阳王氏祖茔之次。友人文渊阁大学士兼礼部尚书王掞作《皇清诰赠资政大夫经筵讲官刑部尚书王公神道碑铭》碑文,缅怀王士禛一生的人品、文品与政声,后勒石于墓前左侧。墓前为吏部尚书加太子少师宋荦所作《资政大夫刑部尚书阮亭王公暨配张宜人墓志铭》。在该碑左右,依次排有杨绳武、翁方纲、孙星衍等清代诗文大家为王士禛所撰墓志铭。

乾隆六十年(1795)七月,阮元为王士禛立墓道碑,有《为新城王文简公书立墓道碑》七律一首记其事。据翁方纲《复初斋诗集》卷四十六《新城王文简公墓碑今始书丹寄阮学使为立石》,可知此墓道碑为翁方纲书丹,阮元立石。

20 世纪 30 年代后期,王士禛墓遭破坏。60 年代后期,王士禛墓被挖掘,故址后夷为农田。1997 年被公布为淄博市级文物保护单位。

《小沧浪亭雅集诗序》石刻 乾隆六十年(1795)

【释文】

小沧浪亭雅集诗序

小沧浪亭,在明湖西北隅,即昔之北渚也。鱼鸟沉浮,水木明瑟,白莲弥望,青山向人。每至此,渺然有江湖之思。乙卯夏,马秋药前辈、桂未谷、颜运生两广文同在泺源书院。武虚谷寓此亭,朱朗斋寓四照楼,二君与元同纂《山东金石》。适孙渊如同年前辈拜兖沂曹济观察之命,元以诗促其速之官,云:"济南池馆傍湖开,湖上西风且漫催。万朵荷华五名士,一时齐望使君来。"观察报诗云:"扶容池馆报华开,驿骑传诗一夕催。不为时需访碑使,也应天与聚星来。"未谷和诗云:"湖里莲华四照开,道旁驿骑递相催。人间天上中秋近,可要承槎犯斗来。"缘湖中花事将残,最后得碧莲一枝,四朵并蒂,适观察以足疾迟至。秋半,始由天津泛舟来济南,未谷诗后二语似豫为兆者。八月中旬,元又奉命移任浙江,与观察诸君子屡宴此亭。惟未谷以赴铨北上,而余伯扶、周曼亭两同年,元和陆直之,钱塘何梦华,歙县吴南芗、郑研斋,益都段赤亭,历城郭小华,一时同为坐上之客。斯时,秋芦作华,湖山清敛,相与捧手题衿,极一时诗酒之盛。此后,观察与曼亭将之兖州,元与朗斋、梦华南下,秋药、运生北行,虚谷、伯扶诸君多有去历下者,湖亭风月属之后来者管领。人生聚散之感最多,斯其一矣。因属小华作图,并记事迹,凡有作者,继此书之。仪征阮元书。

《小沧浪亭雅集诗序》石刻,石长183厘米,高97厘米。隶书32行,满行15字。字径4.3厘米。此石现在济南大明湖畔铁公祠,嵌于西长廊下。笔画劲秀,结体谨严,有古雅风貌。

阮元任山东学政时,曾主持诗文会社,对济南名胜古迹多有吟咏,尤以歌咏大明湖诗章较多。曾出资租下"小沧浪亭",任职两年期间一直住在这里,并题"小沧浪"和"水木明瑟"匾额。他在离任时,特邀"五名士"前来饮酒赋诗,并作《小沧浪亭雅集诗序》,刻石以记,镶嵌在回廊的墙壁上。

小滄浪亭即阜詩序
小滄浪亭在明湖西北隅郎吾之北渚
也魚鳥沉浮水木明瑟白蓮彌望青山
鬱人每至此渺然有江湖之思乙卯夏
馬秋藥前輩桂未古頖運生兩廣文同
在濼源書院姜臺古寓此亭朱朗齋寓
四照樓二君與元同纂山東金石適孫
淵如同年前輩拜兗沂曹濟觀察之
命元以請使畢還之官去濟南池館傍
湖開湖上西風且漫僅濕朵荷華五右

出一時齊望使君來觀察賦詩云扶容
池館敍新開驛騎傳詩一夕催不為時
宮淵榭從迎恋天與深皇來未苦和詩
云湘裏上恭四照開道旁驛騎遲相催
人間天上中秋近可要承桂一紀凡來緣
湖中華事持殘宿後得碧蓮一枝四朵
彝齋邊觀察以足疾遲至秋半始由天
津八月來濟南未苦詩後二語似讖為
兆春六月中旬元又奉
命移使浙江與觀察諸君子屢宴此亭
惟未古以赴銓北上宛令伯扶風晏亭
齋同年元和陸貫之錢書何夢華歙縣

吳寧鄉鄭汧齋益都段赤亭盧城郭水
華一時同為望上之客縣時秋盦佐華
湖山清淑相與捧手題詮極一時詩酒
之盛此後觀察與晏亭將之交州元丘
朗齋夢華南下秋藥運生北行雲古伯
扶諸君多有去庶下春湖亭風月目之
後來番晉鎮[illegible][illegible]聚散之感最多斯出
一吾因屬小華繪圖并記事題凡有仁
者繪此書之
儀徵阮元白

五峰山阮元篆额残碑 嘉庆元年(1796)

【释文】

……记事之碑

……命抚两浙,敬用勒石,以纪复集选句……播芳烈,发号荣晷,纬昭应山……席折琼枝,以为芳集于礼神之……神具醉止,降福穰穰……皇恩过隆,神物仪兮。感溽暑之伊……无崖兮……嘉庆元年十二月,诰授荣禄大夫、兵部侍郎兼都察……诰授资政大夫、内阁学士兼礼部……南书房行走、文渊阁直阁事、提督浙江全省……仪征阮元……

五峰山,因有五个山峰环联错列而得名,位于山东省济南市长清区东南五峰山镇境内。五峰山与泰山相连,金元时建洞真观于此,后遂与泰山、灵岩山并称"三山"。

残碑是2021年山东工艺美术学院组建的2021年度三下乡社会实践考察团——清代金石书法家济南行迹考察团在济南访碑时发现的。原碑已残为五块,仔细拼凑辨识,此碑乃是嘉庆元年(1796)济南知府得太上皇赐字,在五峰山祈雨记事并请阮元篆额之碑。

《仲子祠寝殿碑记》石碑 嘉庆二十年(1815)

仲夫子之墓

【释文】

仲子祠寝殿碑记

自嘉庆十七年壬申九月，予奉命督漕务，舟过仲浅闸，敬谒先贤仲子祠，其翰博恬庵公以先贤寝殿碑文属予。予思自古帝王之孝，以天下养，宗庙享之。帝王以下，至于庶士，生则致其养，祭则致其敬，庙制虽有差，孝子之道则一。然岁履霜露，感怀风木，丰祭不如薄养，此先贤仲子所以累茵列鼎，欲为亲负米而不可得也。先贤从孔子适四国，未能一遇，其后仕卫以终，曾不获从大夫列，尊养之隆，未之逮也。

今先贤之殁二千岁矣，唐始封仲子为卫侯，建祠于济宁州南运河之滨；明加封号，曰“卫公”；国朝称“先贤”而不爵，弗臣之义也。初立庙，为殿三楹，唐任城令贺公所作也。崇祯间，奉敕建修，规模始大。国朝以来，监政顾公彩，抚军明公兴、铁公保，复嗣修之，门塾更新，而寝殿犹缺焉。施公鸾坡，江南名翰林也，嘉庆丁卯主任城书院讲席，谒先贤庙，议建寝殿，遂捐赀二千金，十月五日经始，越次年正月告成。追祀先贤四世，各立主于其中，且颜其堂曰“鼎裀”。

夫古之庙制，前庙后寝，庙可居神，寝藏衣冠也。上治祖祢，宜各一庙，然后世报祀先贤，不能备庙数，追崇上世，合祀于寝，殆“礼以义起”与？于时春秋肆祀，合食一堂，修上祀之肇岁，展先贤之孝思。曾子曰：“孝子之身，终终身者，非终父母之身，终其身也。”若仲子之永怀负米，虽终其身，犹未终也。自寝殿成，千百世俎豆不废，一如先贤之灵，奉膳堂上，而孝子之志以成，孝子之身乃终矣。斯其与古帝王飨亲同揆，而施公尊贤好义之举，亦并传不朽云。爰走笔以应之，其词曰：

於惟仲子，圣道干城。既叙十哲，从祀上丁。乃建崇佑，肇禋维祯。越千余载，厥貌崇闳。不有寝殿，奚妥先灵。爰始爰谋，卜日经营。栋起檐飞，垩壁丹楹。施公所作，奕奕寝成。惟祢惟祖，高曾陟庭。崇祀报本，先贤以宁。昔也致养，今也荐诚。孝子之心，至性至情。仁者之粟，其香也馨。鼎裀堂上，殽嘉酒清。百世不祧，养亲如生。

仲子祠坐西朝东，依山势而建，以大门、二门、仲子祠正殿为中轴线，对称而列，形成一个结构严谨的建筑群。正殿为硬山式建筑，鳞瓦盖顶，滴水钩檐，四山龙头仰天，龙身呈波浪式，状若游飞。大殿雕梁画栋，气势雄伟，南北配殿亦十分壮观。

据《济州金石志》卷五载：“嘉庆二十年先贤仲子庙寝殿记碑（记见艺文）。江西巡抚、仪征阮元撰文。甲子科举人郑勉书丹。先贤六十七代孙、世袭翰林院五经博士仲贻熙勒石。按：此碑八分书，文十八行，年月、题名四行。在仲庙寝殿内。”

此碑记录自徐宗干、卢朝安等纂〔道光〕《济宁直隶州志》卷五之二。

《中庸说》石刻 道光十八年(1838)

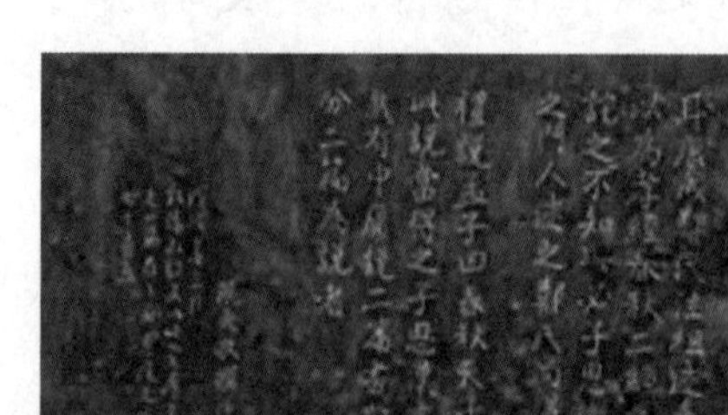

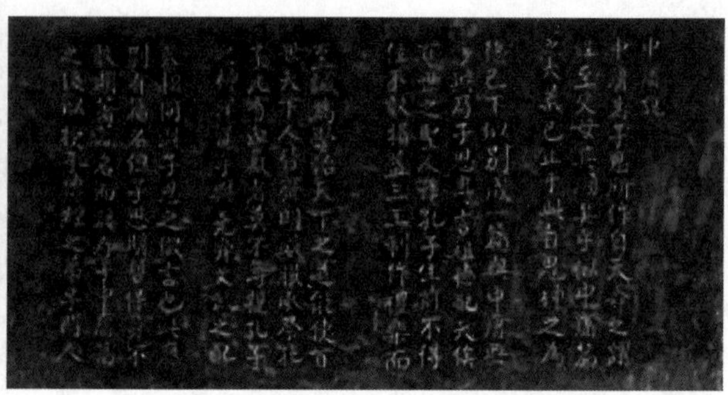

【释文】

《中庸》说

《中庸》为子思所作,自“天命之谓性”至“父母其顺矣乎”,似《中庸》篇之大义已止于此。自“鬼神之为德也”已下,似别成一篇,与《中庸》无涉。此乃子思专言祖德配天,俟百世之圣人,虽孔子生前不得位,不敢损益三王制作礼乐,而至诚为学,治天下之道,能使百世天下人皆齐明盛服,承祭孔子。凡有血气者,莫不尊崇孔子之神,洋洋乎与尧、舜、文、武之配天相同。此子思之微言也。此应别有篇名,但子思明哲保身,不敢明著篇名,而接于《中庸》篇之后,以授于传经之弟子门人耳。康成郑氏注“祖述尧舜”四句,以为《孝经》《春秋》二经之事。浅人诧之,不知此必子思微言,传礼之门人述之,郑氏尚得之于古礼说。孟子曰:“《春秋》,为天子之事也。”此说当得之子思。《汉书·艺文志》载有《中庸说》二篇,书虽不传,似分二篇为说者。

阮元敬撰并书。

戊戌春三月,孔绣山叔丈以此笺属书,爰录旧文一篇,存之阙里。阮元并识,时年七十有五。

道光十八年(1838),阮元应叔丈孔宪彝之嘱,书录旧文,刻石存于孔庙。石刻共2块,前石长61.5厘米、高32.2厘米,后石长47.5厘米、高32.6厘米。楷书,字径2厘米。现位于孔庙十三碑亭西北墙,上层西起第1、2石。

孔宪彝,字叙仲,号绣山,一号秀珊,山东曲阜人。孔子七十二代孙,阮元叔丈。道光十七年(1837)举人,官内阁中书。工诗、画、篆刻。著《对岳楼诗录》。

此篇文字又见于《揅经室集·续一集》卷一。

孔宪增墓碑 道光十九年(1839)

【释文】

敕授修职郎、世袭翰林院五经博士、增封光禄大夫、衍圣公、孔子七十二代孙怡斋先生墓。

诰授光禄大夫、经筵讲官、太子太保、体仁阁大学士,子婿阮元顿首拜题。

道光十九年,岁次乙亥孟春之月穀旦,孝男庆銮率孙男繁洙、繁沂立石。

孔宪增墓碑位于孔林内东北墓区,孔毓圻墓以北崖山。孔宪增因长子孔庆镕袭封衍圣公之故,卒后被赠封衍圣公,因而该碑硕大,制作考究,特别气派,方首方趺。碑首浮雕四螭龙,额中篆书“皇清”,周边浮雕云龙纹饰。通高390厘米,其中碑身269厘米,宽110厘米,厚37厘米。此碑正题、边款皆为篆书。篆额“皇清”二字字径17厘米左右。正题字高11厘米,宽10厘米,边款字高7厘米,宽4.5厘米。这是阮元晚年所书,书法技艺更趋精湛,字体结构严谨,笔画圆润,凝重典雅,气势非凡。

孔宪增(1758—1812),字如川,号怡斋。七十一代衍圣公孔昭焕次子。能诗,有《凝祉堂诗》。有二子一女,长子孔庆镕,次子孔庆銮;女孔璐华(1777—1832),字经楼,为阮元继室,工绘画,善诗词,著有《唐宋旧经楼诗稿》。

桂馥墓碑 道光二十八年(1848)

【释文】

皇清赐进士出身、敕授文林郎、云南永平县知县,未谷桂先生之墓。

诰授光禄大夫、太子太保、体仁阁大学士,仪征阮元拜题。

道光二十八年岁次戊申三月穀旦,子常丰、常清、常祝、孙显询、显谊、显说、显誧立。

桂馥墓位于曲阜城南姜家村西50米处桂氏林内。是一座中型墓。墓碑现藏曲阜孔庙。碑背面刻《皇清敕授文林郎赐进士出身云南永平县知县未谷桂公墓表》,17行,行39字,蒋祥墀撰,孔继堋书丹,孔昭埙摩勒上石,孙宪彝、颜士鋆立石,孔传宣镌字。是碑圆顶,起边线,碑高241厘米,宽97厘米,厚33厘米。

二 北京篇

北京是阮元仕途的起点、低谷点与终点。乾隆五十四年(1789)三月,阮元会试中式第二十八名;四月,圆明园复试,旋殿试,列二甲第三名,赐进士出身。选翰林院庶吉士,充史馆纂修官等职。这是阮元仕途的起点。乾隆五十六年(1791)二月,他大考翰詹第一,升授詹事府少詹事,南书房行走,充日讲起居注官。嘉庆三年(1798)九月十二日,阮元浙江学政任职期满回京,先后任兵部右侍郎、礼部右侍郎、兵部左侍郎、户部左侍郎,充经筵讲官、会试副总裁。嘉庆四年(1799)十月三日出任浙江巡抚。嘉庆十四年(1809)九月三日,第二次任职浙江巡抚的阮元,因学政刘凤诰科举舞弊案牵连,被革职解京,后任职编修,补授翰林院侍讲、詹事府少詹事。这是阮元仕途中的一个低谷。后补授内阁学士兼礼部侍郎、工部右侍郎。道光十五年(1835)八月二十日,阮元到京,以体仁阁大学士管理兵部,兼署都察院左都御史。道光十八年(1838)八月二十四日致仕离京。这是阮元仕途的终点。

因为北京在天子脚下,阮元无论在仕途起点还是终点都是小心谨慎,更不要说在仕途低谷期。因此阮元在北京期间留下碑刻极少。嘉庆四年(1799),他为家乡会馆撰《重修扬州会馆碑铭》;道光十七年(1837),他致仕前撰《东岳庙斗坛延寿殿碑》。

乾隆五十四年进士题名碑 乾隆五十四年(1789)

【释文】

己酉科题名碑

奉天承运,皇帝制曰:乾隆五十四年四月二十一日,策试天下贡士。钱楷等九十八名,第一甲赐进士及第,第二甲赐进士出身,第三甲赐同进士出身。故兹诰示。

乾隆五十四年四月。

(余略)

阮元　江南仪征县人。

(余略)

乾隆五十四年(1789)四月制。碑在北京东城区孔庙。拓片碑身高160厘米,宽78厘米;额高26厘米,宽23厘米。楷书,额“己酉科题名碑”篆书。首列制诰一道。阮元在此科列第二甲第三名。

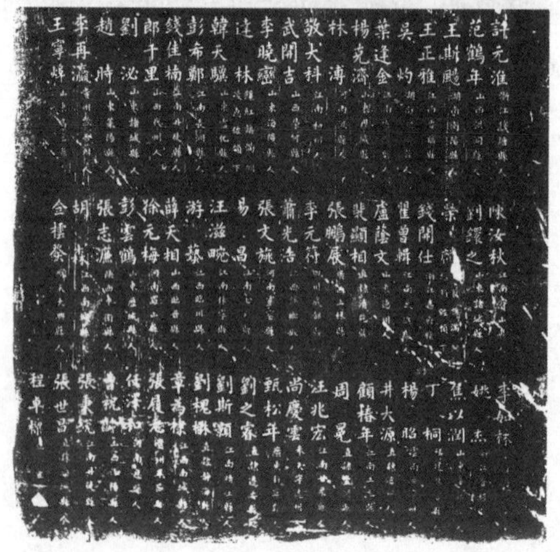

《重修扬州会馆碑铭》石碑及碑阴 嘉庆四年（1799）

《重修扬州会馆碑铭》拓片

【释文】

重修扬州会馆碑铭

仪征阮元撰

江都史致俨书

京师宣武门外扬州会馆，始建于乾隆初年，汪君从晋出白金四千，金君门诏益金而成之者也。其事详于旧碑。六十年来，颓坏日甚，虽屡有修葺，而莫能新之。和会堂、联星堂地势甚卑，邻水来浸，夏不能居，墙圮柱倾，公车罕至。嘉庆元年，郑君宗彝官吏部郎，请于其叔郑君鉴元，得白金四千，黄君枏、鲍君志道、张君绪增又各出白金一千，乃合赀重修之。和会堂、联星堂暨东、西箱，筑基增高三尺许，治其井匽，水有所归。第三、四两院，以次修立。复建阁于联星堂之东，以祀神位焉。先是，屡欲修而未成，今嘉庆四年己未乃集事。读旧碑，乃知创修者，己未岁也，殆亦有数存其间乎？工既成，乃刊石纪名，兼载图事，俾后之人知今义举之盛，必将有踵而行者，使旧基无废，新构益增也。勒以铭曰：

江淮合域，牛斗垂躔。灵秀隩区，人文出焉。棫棫人文，济济甲第。魏阙联班，春明并骑。斯馆肇修，己未之春。输奂增美，桑梓同邻。堂开和会，门接宣武。公车之来，于时处处。岁深垣圮，莫芋莫宁。屋尘积草，庭潦生萍。又六十年，岁周己未。惟我乡人，兴废举坠。乃构其堂，乃高其基。庖湢井厩，具无不宜。嘉树可誉，甘棠勿拜。藤垂紫绶，药翻金带。礼神之阁，峙于其东。文昌下照，其光熊熊。孟夏之月，星珠联瑞。鸠工庀材，适当其会。惟我广陵，运会日昌。元甲天下，解领江乡。作此铭词，以刊乐石。后有作者，永永无极。

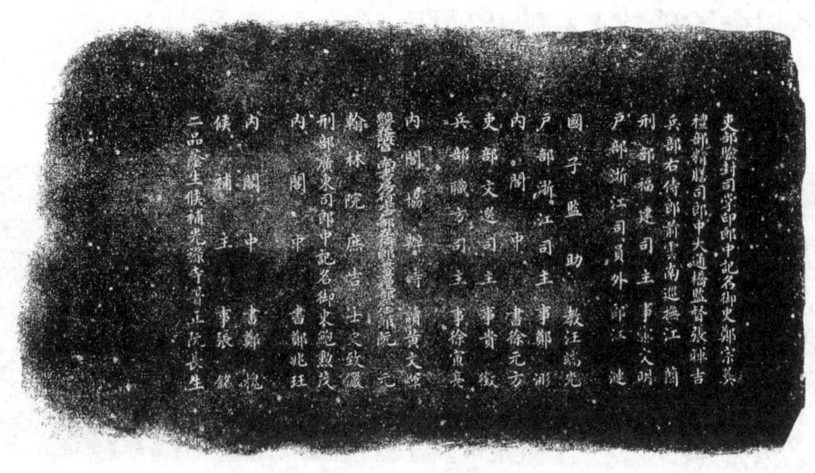

《重修扬州会馆碑铭》碑阴拓片

【释文】

吏部验封司掌印郎中、记名御史郑宗彝；

礼部精膳司郎中、大通桥监督张晖吉；

兵部右侍郎、前云南巡抚江兰；

刑部福建司主事郑文明；

户部浙江司员外郎江涟；

国子监助教汪端光；

户部浙江司主事郑淜；

内阁中书徐元方；

吏部文选司主事贵徵；

兵部职方司主事徐寅亮；

内阁协办侍读黄文辉；

经筵讲官、南书房行走、户部左侍郎兼署礼部左侍郎阮元；

翰林院庶吉士史致俨；

刑部广东司郎中、记名御史鲍勋茂；

内阁中书郑兆珏；

内阁中书郑槐；

候补主事张铭；

二品荫生、候补光禄寺署正阮长生。

《重修扬州会馆碑铭》写于嘉庆四年(1799)四五月之交,此时阮元36岁。写此碑之前,阮元充会试副总裁。此文备叙扬州会馆于京城之地理位置,初建、重修之时间,主要参与者以及重修原因、目的,并以铭赞之。极力讴歌扬州文风畅达,人才辈出。据文得知,扬州会馆位于宣武门外,始建于乾隆初年,嘉庆元年集资重修。嘉庆四年会馆重修完毕,这一年扬州举子连夺文武科前三元,因此铭中写道:“维我广陵,运会日昌,元甲天下,解领江乡。”(《揅经室集》原注:是科文武解元、会元、探花皆出扬州。)抒发了对扬州人文荟萃的自豪之情。碑阴是重修扬州会馆的赞助人员名单,其中有阮元及其长子阮长生。

此年阮元还为扬州会馆撰联:“二千里远引江淮,凡甲乙科同在中朝,皆敦乡谊;尺五天近临韦杜,当己未岁重新上馆,更启人文。”据胡君复编《古今联语汇选三集》,此联有跋:“嘉庆四年三月己未朔,仪征阮元撰书。此为江都、甘泉、仪征三邑旅京士子所居,故称扬州上馆。后因高邮、宝应诸邑颇有违言,遂改上馆为老馆,而别建新馆于珠巢街云。”

扬州会馆建有“和会堂”“联星堂”及东西两厢。会馆影壁刻有汪中的《广陵对》,联星堂东有阁,以祀神位,数处院落间种花木果树,宽敞幽雅。第三进院中种竹百竿,有轩屋,以“宛然禅智西,亭外千竿绿”之意题“小竹西”。第四进院中种海棠、桃、杏等花草树木,用唐人“春风得意”诗意,题其额“看花馆”。

扬州会馆给家乡来京的学子提供了方便之所。仪征人张集馨《道咸宦海见闻录》记载道:“壬午二十三岁(道光二年,1822)春间,公车到京,咸集会馆……四月,会闱揭晓,公车四散,复至会馆,仍住联星堂,与堂叔元裳同爨。”

史致俨(1760—1838),字容庄,号望之,又号问山,七十后自号榕庄老人、樗翁。江苏江都(今扬州)人。嘉庆四年(1799)进士。历任四川学政、内阁学士、刑部侍郎、左都御史、礼部尚书等职。卒赠太子太保。著有《樗寿山房辑稿》。

阮长生(1788—1833),一作常生,字彬甫、寿昌,号小云。阮嗣琳长子,阮元嗣长子。嘉庆元年(1796),阮长生恩旨得二品荫生,考荫后分户部,历任户部福建、陕西司主事,实录馆详校官,山东、山西司员外郎,云南司郎中。后升任清河道、直隶按察使。为官清廉正直。工书法,精钟鼎大小诸篆,工楷法,尤精擘窠书,得柳公权笔意,隶书浑厚,铁笔古雅。著有《后汉洛阳宫室图考》《团云书屋诗钞》等。

此篇又见于《揅经室集·四集》卷二。

重刻明成化敕建文昌帝君庙碑及碑阴 嘉庆六年(1801)

【释文】

敕建文昌帝庙碑记

(余略)

嘉庆六年岁次辛酉五月二十日。

经筵讲官、南书房行走、上书房总师傅、户部尚书,臣朱珪奉敕恭撰。

懋勤殿行走、户部云南司额外主事,臣黄钺奉敕敬书。

【释文】

(余略)

浙江巡抚,阮元三百两。

(余略)

拓纸碑阳高158厘米、宽66厘米;额高27厘米、宽22厘米;碑阴高155厘米、宽68厘米。行款碑阳20行、行54字,额3行、行4字;碑阴题名行字不等,总字数2479字。

《重刻文昌帝君庙碑》是阮元座师朱珪所撰。朱珪(1731—1807),字石君,号南崖,晚号盘陀老人。与其兄朱筠,时称"二朱"。祖籍萧山(今浙江杭州萧山区),后随父侨居顺天府大兴县(今北京市),遂入籍顺天。乾隆十二年(1747)中进士。历任福建粮道、福建按察使、湖北按察使、山西布政使、福建学政、礼部侍郎、两广总督以及吏、兵、户部尚书等职。朱珪曾充任《四库全书》总阅、实录馆总裁、国史馆正总裁、会典馆正总裁。有《知足斋诗文集》传世。

碑阴是重刻文昌帝君庙碑的赞助人名单,其中有"浙江巡抚,阮元三百两"。

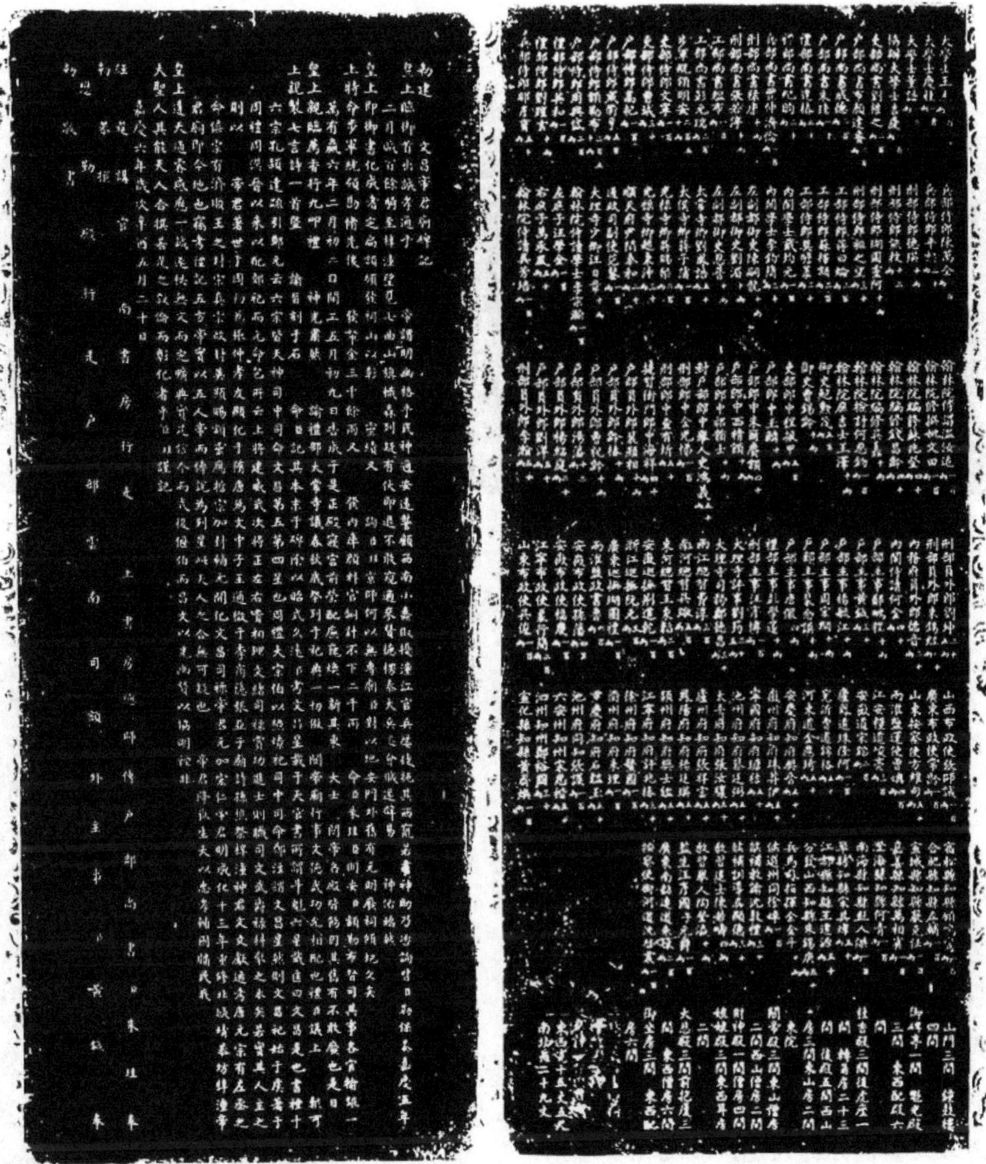

碑阳拓片　　碑阴拓片

汪中旧藏《定武兰亭》题记拓本 道光八年(1828)

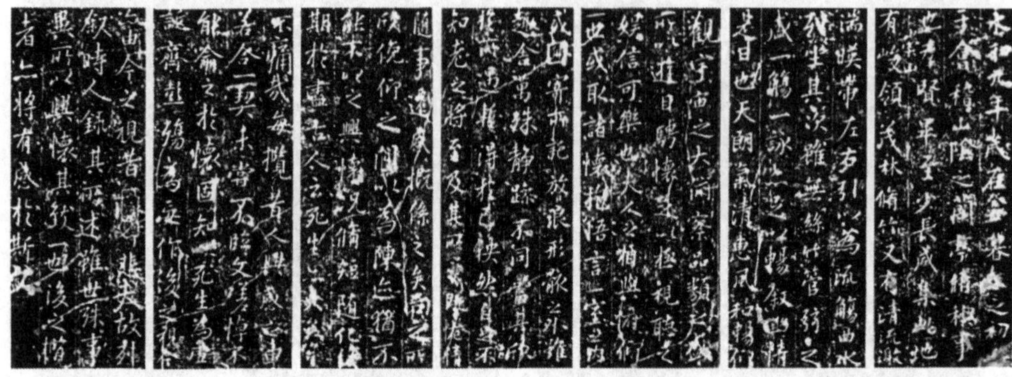

汪中旧藏《定武兰亭》(钟摹本)

【释文】

道光八年除夕，阮元观于京师寓斋。

乾隆五十年(1785)，扬州学派中坚汪中无意中寻得一份《定武兰亭》“五字未损”的拓本，特为之作《定武兰亭跋》。在此跋中，汪中认为“世所存‘定武本’以此为第一”。汪中去世后，此本为汪中之子汪喜孙所藏。汪喜孙延请多人鉴赏并为之题跋。阮元于道光八年(1828)除夕观赏此本，并题跋。此本后被钟淮、钟毓麟父子，张丙炎、完颜景贤、朱翼庵等收藏。民国年间流入日本。

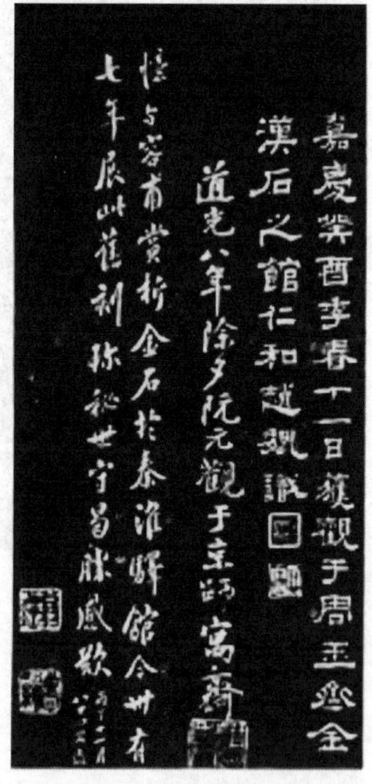

汪中旧藏《定武兰亭》题记(局部)

太傅体仁阁大学士大兴朱文正公神道碑 嘉庆十三年(1808)

【释文】

太傅体仁阁大学士大兴朱文正公神道碑

懿夫！唐虞之际，仲尼致叹；尧舜之道，孟氏所陈。然则际两朝授受之盛，备元辅公孤之隆，谟明弼谐，非道不言，圣天子纳所启沃，以为帝德，且极尊师重道之诚，彻乎始终，孚于中外者，非太傅朱文正公，曷克膺此！

公讳珪，字石君，号南崖，晚号盘陀老人。元至元间，远祖福三居浙东。明洪武间，德三迁萧山黄阁河，遂为黄阁河朱氏。八传至公高祖尚絅，明末官游击。曾祖必名。祖登俊，我朝官湖北长阳县知县、中书科中书。父文炳，陕西盩厔县知县，始迁籍于顺天大兴。三世皆以公贵，赠光禄大夫、太子少保、户部尚书。曾祖母白，祖母何、冯，母徐，皆一品夫人。

公以雍正九年正月十二日生于盩厔县，有兄三：堂、垣、筠。公祖与高安朱文端公同省为知县，相友善，清名亦相埒。公父受经于高安，故公十一岁即传高安之学。年十三，丁母艰，孺哀毁瘠。服除，补附学生。年十七，科试第一，举于乡。与叔兄齐名，震都下，公卿争延之。次年，会试中式，赐梁国治榜进士出身，改庶吉士，习国书。座师阿文勤公、刘文正公、鄂刚烈公，皆以学行重之。乾隆十六年，散馆第一，授编修。明年，大考二等，授侍讲。二十三年，大考二等，授侍读学士。公所撰进文册，陈宫中，高宗纯皇帝亟赏异之，特达之知，实始于此。二十四年，主河南乡试，复命，旋奉使告祭南岳，登祝融峰。明年，充会试同考官。秋，授福建粮驿分巡道。抵闽，兼摄福州府事，毁和合等诸淫祠，民大惊服。二十八年，特旨擢福建按察使兼署布政司。闽人裘自位，假平台湾功鬻武职，狱连数十人，公诛正犯一人，诸受欺者皆不坐。有告家谱妄逆者，谳之，仅戮一撰谱者尸，不坐其子孙。二十九年秋，丁父忧，戴星奔至京口阻风，哀号祭，江风骤转，抵京，治葬于二老庄阡。

三十二年，服除，补湖北按察使。时缅甸用兵，公司驿务无迟误，无扰累。楚北乱民聚众，公鞫之不少纵，然胁从者皆得免。三十三年，调山西按察使。明年，授山西布政司。秋，奏立保固城工法，令后任随时修护，如隤在三十年内，与原筑官分赔，下部议行。三十六年，暂代巡抚事，奏改吉州为散州，与乡宁并隶平阳府；改霍州为直隶州，以赵城、灵石隶之。又奏拨归化、绥远二城谷十万余石，配放兵粮，以省采买而免红朽。奏免土默特蒙古私垦之罪，以所垦无碍牧地三千一百余顷，许附近贫苦兵民认耕纳租，岁六千余两，增官兵盘费。奏太仆寺牧地苦寒，宜改征本色为折色，以便民除弊。皆下部议行。三十八年，勘归化城水灾，奏抚恤之，且予修费，借谷种，其民种蒙古之地，并请恤之。三十九年，按察司黄检奏公终日读书，于地方事无整顿。明年，入觐，授翰林院侍讲学士。四十一年，命尚书房行走，侍今皇帝学。时初置文渊阁官，特授公直阁事。主福建己亥乡试。四十五年，督福建学政，将行，上五箴于今皇帝藩邸，曰养心，曰敬身，曰勤业，曰虚己，曰致诚。上力行之，及亲政，亦常置座右。四十八年冬，还朝。明年，扈跸南巡，授内阁学士兼礼部侍郎，阅浙江、江苏召试卷。五十一年，授礼部侍郎，主江南乡试，督浙江学政。五十四年，置萧山祭田百亩，作《圭田记》。冬，还朝，充经筵讲官。五十五年，经筵进讲，时诸皇子侍班听讲，高宗纯皇帝顾今上曰："此汝师傅讲之善。"春，总裁会试。秋，授安徽巡抚，命驰驿赈水灾。乃携仆五人乘小舟，与村民同渡，赈宿、砀山、灵壁、泗、五河、盱眙民以粮，借怀远、凤台、寿民以粮及种，筑决堤六十余丈，民乃安。复请展春赈，分厂亲给于民。五十七年，奏凤、颍水灾，恩赏粮种，免民欠万五千两。祁门县筑城成，轻骑往验之。至新岭，有欲巡抚怒其歙县令，属掌亭人以馇餲进者，公恬然饱之。五十九年，调广东巡抚。六十年，兼署两广总督，旋授都察院左都御史、兵部尚书，皆留巡抚任。嘆咭唎国入贡，呈土物于总督，却之。嘉庆元年，征苗，调两广兵万二千，亲调遣之。夏，授两广总督兼署巡抚。六月，降旨内召，曰将欲用为大学士也。俄以闽浙总督魁伦奏粤东艇匪驶至闽、浙，乃公总督任内不能缉捕之咎，寝前命，仍加恩补安徽巡抚。凤阳等州有水灾，蒙恩赈，亲给之，官吏无敢侵者。时楚、豫多邪教，流言安徽有隐伏者，公曰："疑而索之，是激之变也。"乃亲赴界上筹防御，遍莅颍、亳等州城乡，聚长老教劝之，遍张告示，简明谆切，民大感化，故数年间，安徽无以邪教倡乱者。明年，授兵部尚书，调吏部尚书，皆留巡抚任。宿、灵壁水，合肥、定远、巢、来安、全椒旱，亲赈之，民无逃亡冻馁之苦。明年，蒙、亳复水，恤赈如之。

高宗纯皇帝上宾于天，今皇帝初亲政，即驰驿召公。公哭且奔，先上奏曰："闻太上皇帝龙驭上升，胆裂呼天，角崩投地。钦惟大行皇帝十全功德，五福考终，传器惬心，於昭在上。我皇上纯性超伦，报天罔极。窃闻定欲躬行三年之丧，此举迈千古而钦万世。然而天子之孝，不以毁形灭性为奇，以继志述事为大。亲政伊始，远听近瞻，默运乾纲，霶施涣号，阳刚之气，如日重光，侧怛之仁，无幽不浃。思修身严诚欺之介，于观人辨义利之防。君心正而四维张，朝廷清而九牧肃。身先节俭，崇奖清廉，自然盗贼不足平，财用不足阜。惟愿我皇上恒久不忘尧、舜自任之心，臣敢不随时勉行仁义事君之道。"上嘉纳之。及至京哭临，上执公手，哭失声。旋命直南书房，管户部三库。自是,凡国家大政,有所咨询,皆造膝自陈,不草一疏,不沽直,不市恩,军机大臣不相关白。公第在外城,远且隘,赐第西华门,紫禁城骑马,加太子少保,充实录馆总裁、国史馆总裁,己未会试总裁。冬,调户部尚书。时上禁浮收漕米之弊,外省以运丁贫,仰资州县,州县取民,不得不浮。于是安徽有加赠银、江苏有加耗米之请,部议将拟行矣。公思之不寐,综其数,较原征加倍,乃决计驳曰:"小民未见清漕之益,先受加赋之害,不可行。"并令漕司以后凡事近加赋,皆议驳,以体皇上损上益下之意。长芦盐政奏盐价一斤加钱二文,公驳曰:"前芦东因钱价过贱,已三加价,又免积欠二百六十万两,余欠展三年,商力自宽。且今钱价渐贵,所奏应毋庸议。"广东布政司奏升滨海沙地赋,公驳曰:"海沙淤地,坍涨靡常,是以照下则田减半赋之。今依上、中田增赋,是与沿海民计微利,非政体。且民苦加赋,必多坍豁,别有涨地,亦不肯垦,不可行。"后仓场衙门复请预纳钱粮四五十倍,准作义监生,公驳曰:"国家正供有常经,而名实关体要,于名不正,于实有伤,断不可行。"凡驳议,皆亲属稿奏,上皆韪之。

五年秋,兼署吏部尚书。公之舆夫殴伤禁门兵,免太子少保,解三库事。复以彭文勤公堕马西华门内,公呼其舆入门舁之,违例,议降二级,仍留任。六年,陪祀祈谷坛,未曙,误行坠甬道下,伤左胯,赐医赐食,络绎于道,遣内监赉硃谕至第视病询事,公随时覆奏。三月小愈,即趋朝。夏,充会典馆总裁,阅殿试卷。七年秋,扈跸滦阳,宣制:"以户部尚书拜协办大学士,仍加太子少保衔。"公谢折云:"岂有嘉谟嘉猷,人告我后于内;勉期无欺无隐,仰惟上质于天。"八年,兼翰林院掌院学士,以原衔充日讲起居注官。春、夏皆为留京办事大臣,阅大考翰詹卷。九年春,用乾隆九年故事,幸翰林院,先期晋公太子太傅,及幸院,赐宴联句,御书"天禄储才"扁,摹刻院堂,以墨迹赐公第。公在翰林为二十四科前辈,资最深,且掌院事,领袖清班,瀛洲典故,盛且荣焉。十年正月,宣制拜体仁阁大学士,管理工部事,上以是命为遵先帝遗诏也,命诣裕陵谢。明年春,公感寒,多痰嗽,步迟蹇,肝火触右目,微眚。上曰:"此火盛也,可以游览散之。"乃赴西山吕村二老庄祭墓,过戒坛、潭柘诸寺。秋,复祭墓,游西山,时公年七十六矣。九月,奏乞休,上曰:"待八十,当为寿。"旋命户部尚书戴公衢亨赍赐诗十韵及玉鸠杖,谕:"天寒,间二三日入直,且俟日出后至南书房候召对。"每召对,则预定召对后期。十一月庚午,寒甚,乾清宫召对毕,降阶,忽痰壅。归第,上遣侍卫领医官来视疾。疾少差,赐假两月。十二月乙亥,坐外轩作《刍献》诗,有云:"天道神难测,民心惟一中。知人可安众,居所自持公。"上将亲临公第。丁卯,复命户部尚书戴公来。夜逾子,痰盛气微,遽薨,是五日戊寅也。

报闻,上震悼,泣谕朝臣,降制曰:"大学士朱珪,持躬正直,砥节清廉,经术淹通,器宇醇厚。蒙高宗纯皇帝特达之知,由词垣擢补道员,洊历两司,内用为翰林学士,特命入直上书房。朕讲贯诗文，深得其益。嗣以卿贰，出任封圻。有守有为，贤声益懋。追擢至正卿，皇考即欲用为大学士。朕亲政后，召令还朝，在南书房儤直有年，简任纶扉，深资启沃。凡所陈奏，均得大体。服官五十余年，依然寒素，家庭敦睦，动循礼法，洵不愧为端人正士。畀倚方殷，本年入秋以来，因患病稍久，气体就衰，朕优加眷念，赐杖赐舆，时加存问。朱珪感恋弥殷，时时力疾进内，朕鉴其诚悃，特行给假两月，俾得安心调养，叠遣御医诊视，冀得就痊。正拟日内亲至伊邸宅视疾，兹遽闻溘逝，深为悼惜。于初六日亲临赐奠，已派总管内务府大臣阿明阿赍赐陀罗经被，并着先派庆郡王永璘带领侍卫十员前往奠醊。追维旧学，良用轸怀，着晋赠太傅，入祀贤良祠，赏给内库银二千五百两，经理丧事。其任内一切降革处分，悉予开复。所有应得恤典，着该部察例具奏。"

己卯，上亲临奠三爵，哭不止。回宫，不待内阁拟谥，特赐谥曰"文正"。复降制曰："昨因大学士朱珪溘逝，业经降旨加恩。因思乾隆年间，惟故大学士刘统勋蒙皇考高宗纯皇帝鉴其品节，赐谥'文正'，易名之典，备极优隆。顾刘统勋于署总督任内，曾经获咎褫职，复蒙皇考施恩录用。至朱珪，立朝五十余年，外而扬历督抚，内而洊直纶扉，身跻崇要，从未稍蹈愆尤，绝无瑕玷，靖恭正直，历久不渝。犹忆伊官翰林时，皇考简为朕师傅，尔时朕于经书已皆竟业，而史《鉴》事迹，均资讲贯。其所陈说，无非唐、虞、三代之言，不特非法弗道，即稍涉时趋之论，亦从不出诸口，启沃良多。揆诸谥法，实足以当'正'字而无愧。毋庸内阁拟请，着即赐谥'文正'。本日朕亲临奠醊，见其门庭卑隘，清寒之况，不异儒素。眷念遗风，怆怀未已。着于本月初九日，由内务府办饭一桌，派二阿哥前往代朕赐奠。俟殡送时，派庆郡王永璘前往祖奠目送，以示朕眷怀旧学、哀荣备至之至意。"复撰《抒痛》诗十二韵，命南书房翰林黄公钺于殡前焚之。壬辰，命礼部尚书承恩恭侯阿拉谕祭。公第距内西华门仅半里许，御跸时出入，礼不久殡。乃以甲午启殡，庚子葬于二老庄吕村旧阡，陈夫人祔焉。明年，御制碑文刻石阡门。上巳日，上谒西陵，跸路距公墓数里，上远眺松楸，追怀怆恻，命工部侍郎英公和诣墓赐奠。《高宗纯皇帝实录》成，以公总修八年，赐祭一坛。长子锡经，服满以京卿用。祎哉，上之重贤傅、任名臣，纳哲辅之益，隆饰终之典，至矣！非公之清介忠正，师表人伦，上致君、下泽民，曷克膺乎此哉！

公丰厚端凝，中和醇粹，为仁若渴，抗义不挠，坦白公诚，绝无城府。于经术无所不通，汉儒之传注气节，宋儒之性道实践，盖兼而有之。取士务以经策较《四书》文，诚心锐力，以求朴学，经生名士，一览无遗，海内士心向往悦服。佳士之文未荐被落者，读而泣之，才士黄景仁、张腾蛟死，称悼之，通人寒士，必扬其名于朝。《秦誓》"一个臣"之心，公断断有之。公领试事，不受外僚赠遗，不留贫生银。布政数省，平余银巨万，悉不取。抚安徽，裁芜湖关陋规。闽省洋商陋规事发，钦使莅治，独公实不受一钱。公官于外，崖岸廉峻，中朝大官绝无所援。管部事，持大端，不亲细事。数十年清操亮节，人皆仰之。公以孝弟为仁之本，事父爱敬，本于天性。父杖兄，跪而以身蔽受之。恸母氏早殁，事庶母谢几如母，语子辈曰："古人祭必有尸，仿之以申吾慕，非过礼也。"庶祖母李，抚公有恩，貤赠一品夫人。事诸兄悲愉如一体，别则梦见，聚则联床。兄之丧，哭之咯血，几致毁。事寡嫂尽敬，抚诸兄子如己子。三鄘故交，靡不周恤。教子孙读书敦行，皆诚笃有公之风。公尝曰："吾三十九岁，夜坐，忽腹间自暖，由脊上贯于顶，甘液自咢下注，由是流转，至老不绝。实因自致，非关学力。乃知朱子注《参同契》，本非虚语。"公年四十余即独居，迄无一妾。御制《抒痛》诗有云："半生惟独宿，一世不贪钱。"知之深也。

公为文笔，奥博沉雄。国家有大典礼，撰进雅颂诗册文跋，高宗纯皇帝必亲览之，以为能见其大，颂不忘规。或陈坐隅，或命诸皇子皇孙写为副。圣制诗或寄示命和。公官抚督时，上在书房常颁手札，积一百三十九函，装六卷，归朝缴进。上亦书数年怀公诗数十首，为二册，上册题曰"蒹葭远目"，下册题曰"山海遥思"，以示公。公跋曰："臣之芜陋，何足以当非常眷注。惟有此心，不敢欺耳。"于《大学》义利之辨、《通鉴》治乱之由，天命呼吸可通，民情忧乐无间，反复敷宣，不以为迂阔而远于事情也。公文集□□卷，《知足斋诗集》三十余卷。元请刻公诗，公命元选为二十四卷。上命以刻本进，赐题七言律诗四首于卷首。公被先帝特赐蟒袍、笔墨、荷包等物，今上赐大珠、绿缝靴、黑狐毳袍，先帝御用四团龙卦、四开衬袍等物，其余恩赉多，不具书。

公配陈夫人，宛平人，思南府知府邦勋女。乾隆十四年来归，有妇德。四十年八月以疾卒，赠一品夫人。生二子：锡经，己亥举人，一品荫生，官刑部员外郎，迁户部郎中；次锡纬，附学生，先公卒。女子子一，适通州冯秉骢，秉骢官张掖县知县。孙涂，庚申钦赐举人。锡纬生女孙一，适萍乡刘元恩，吏部侍郎刘公凤诰子也。锡经生曾孙三：甘霖、香霖、贯霖。

元不才，为公门生，受知二十余年矣。会持父服居乡，公之子书来，命为碑文，不敢辞。秋，免巢服，当执心丧，敬按年谱及平日所知者，泣为叙。铭曰：

星精岳神，蔚为帝傅。学正文明，道深性固。先帝任公，决于一顾。授钺卜瓯，久隆知遇。公遇盛时，佐祁辅妫。君为尧舜，臣为皋夔。经邦之道，坐而论之。非帝宣纶，世秘未知。帝曰调元，资于师相。旧学交修，天工寅亮。温树之间，青蒲之上。苍生被泽，黄扉孚望。公之保民，敷政优优。公之储材，其心休休。德如霖雨，清比江流。庭不旋马，路无喘牛。公有恒言，并举二事。曰不嗜杀，曰不言利。公之讲史，长编《资治》。公之执经，十章《衍义》。皤然三公，迈荣轶光。乃不慭遗，而觐先皇。

帝凭和轼，怆眺阡冈。勒碑堕泪，西山苍苍。

朱珪神道碑撰刻可谓一波三折。嘉庆十一年（1806）十二月初五日，朱珪卒。嘉庆十二年（1807）五月，阮元受朱珪子嘱托，撰神道碑文。是年阮元在扬州居父丧，不作韵语。翌年五月，阮元将碑文撰好，并送焦循过目。后延至秋日服除，方撰铭文合为完璧，然已迟寄数十日。朱珪的儿子迫不及待，嘱吴鼒代撰文刊石，等阮元文到京，碑已刻毕。

据《北京图书馆藏中国历代石刻拓本汇编》，嘉庆十三年（1808）阮元撰《太傅体仁阁大学士大兴朱文正公神道碑》又刻，由秦承业书，黄钺篆额。石剥泐，墓主名讳缺。

秦承业（1747—1828）字补之，号易堂。江苏江宁（今南京）人。乾隆四十六年（1781）进士，散馆授编修。参与编纂《高宗实录》。嘉庆十年（1805）为旻宁（道光帝）师。道光帝继位不久，拜秦承业为翰林院侍讲学士，命其在上书房行走。逝世后，朝廷追赠其为礼部尚书，赐谥"文悫"。著有《养正书屋诗集》《瑞芝轩文集》等。黄钺（1750—1841），字左田，一字左君，安徽当涂（今安徽马鞍山）人。乾隆五十五年（1790）进士，官至礼部尚书。谥"勤敏"。著有《壹斋集》。

此文录自《揅经室集·二集》卷三。

诰封奉直大夫翰林院编修陈君墓志铭 嘉庆十五年(1810)

【释文】

诰封奉直大夫翰林院编修陈君墓志铭

君讳鹤书,字东麓。先世居闽泉州,曾祖式璜迁福州闽县。祖应瑞,父起龙,皆以农业佐儒术,起龙补县学生。君幼颖异,家贫,雄于文,试辄高等,朱文正公、纪文达公、王文端公在闽,皆赏拔之。累不举于乡,补岁贡生,教授乡里,生徒众多。尝主讲仙游、龙岩、邵武、漳平、上杭书院,皆有经法,弟子多举科名者。君恂恂端谨,守身如玉,质直好义,交不逆诈。诗集数卷,古体冲淡近陶、韦,今体绵婉近白、陆。嘉庆十五年七月干支卒,年六十有五。以子寿祺官得封,妻亦封宜人。子三人:寿祺,己未进士,翰林院编修,文渊阁校理,国史馆总纂,京察一等,记名御史;寿□、寿□,皆儒业。

寿祺幼被父教,文藻博丽,规画扬、马,通达经传,精究小学。康熙己未、乾隆初年皆有鸿博科,儒术为盛,嘉庆己未虽非制科,然如张惠言、王引之、寿祺等,拟之前人,似无让也。顾寿祺之学,皆出于其父之教,然则君之所学可知矣。寿祺为元门生,在都闻讣,星奔归葬,来请铭其墓。铭曰:

君行肫诚,君学通明。匪有金在籯,而教子惟经。子显扬其名,名重者势轻。山灵气清,郁郁乎佳城。

此墓志铭写于北京,此时阮元任翰林院侍讲、日讲起居注官。

陈寿祺(1771—1834),字恭甫,一字介祥、苇仁,号左海,又号梅修,晚号隐屏山人,福建闽县(今闽侯县)人。乾隆五十四年(1789)中举。嘉庆四年(1799)进士,阮元是该科会试副总裁。陈寿祺曾任广东和河南乡试副主考官、会试同考官。应阮元聘主讲杭州敷文书院,兼课诂经精舍生徒。又主泉州清源书院、福州鳌峰书院多年。著有《左海文集》《绛跗草堂诗集》《东观存稿》等。

此文录自《揅经室集·二集》卷五。

《桃花书屋图》题诗石刻 嘉庆十七年(1812)

【释文】

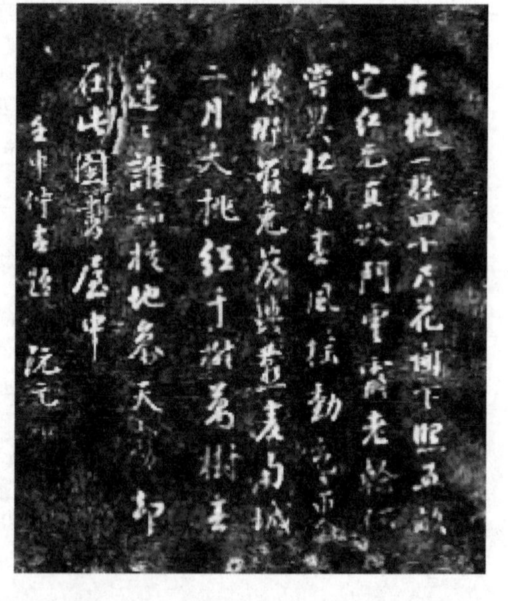

古桃一株四十尺,花开下照五亩宅。红光直欲门云霞,老干便寄吴松柏。春风摇动色更浓,那管兔葵与燕麦。南城二月天桃红,千树万树春蓬蓬。谁知拔地参天势,却在此园书屋中。壬申仲春题,阮元。

吴大冀,字云海,号子野、桃花主人,歙县昌溪人。善画。他在海岱的寓所前有一桃树,高四丈。嘉庆七年(1802)仲春,吴大冀约好友阮元、法式善、马履泰、屠倬等名士,于桃树下赏花饮酒。酒酣兴至,黄均为之作《桃花书屋图》,友人歌咏唱和。之后数年里,每到春暖花开的季节,吴大冀都要邀请同人、名士饮酒花下,先后题咏达21篇,吴大冀自跋1篇。为永久保存,吴大冀延请高手,将诗作摹刻上石,以传后世。阮元题诗为七律,行书。

此套石刻共12方,图文并茂,镌刻精致,质坚色美,甚为珍贵。后由吴大冀后人辗转运回歙县昌溪故里,1985年为歙县博物馆征集收藏,现藏歙县新安碑园内。

东岳庙斗坛延寿殿碑 道光十七年(1837)

【释文】

贞珉寿世

京师朝阳门外东岳庙，巍为古祀，庙貌常新，惟西廊内斗坛延寿殿、火祖殿日渐倾圮，住持等发愿重修。又此院内住持等，发愿修立海神、仓神左右配殿，谓此斗母主于消灾，火神永护平安，海神通于津淀，仓神保于粮储，皆赖众善之力，以祈神明之福。鸠工成立，焕然一新。住持道官马宜麟等立石，乞文书刻以垂久远。时道光十七年夏五月，经筵讲官、太子少保、体仁阁大学士、管理兵部阮元。

京師朝陽門外
東嶽廟巍為古祀廟貌常新惟西廊內
斗壇延壽殿
火祖殿日漸傾圮住持等發願重脩又此院內住持等發願脩
立
海神
倉神左右配殿謂此 斗母主於消灾 火神永護平安
海神通於津淀 倉神保於糧儲皆賴衆善之力
以祈
神明之福鳩工成立煥然一新住持道官馬宜麟等立石乞文
書刻以垂久遠時 道光十七年夏五月
經筵講官 太子少保 體仁閣大學士管理兵部阮元

此碑建于北京正一道观东岳庙内。拜斗是道士最常行的活动，每逢农历六月初六日，有为时 6 天的六皇斗；九月初九，有为时 9 天的九皇斗；十月初十，有为时 10 天的十皇斗。拜斗的地方称“斗坛”。

此碑拓片由中国台湾“中研院”史语所傅斯年图书馆收藏。

京师慈仁寺新立顾亭林先生祠堂碑记 道光二十三年(1843)

顾亭林祠

【释文】

京师慈仁寺新立顾亭林先生祠堂碑记

余昔跋顾亭林《肇域志》言:"世之推亭林者,以为经济胜于经史。"《四库书提要》论亭林之学,经史为长。然则徒以经济赞颂者,非笃论也。夫经世之务,必由于学。《昆山县志》称先生生平精力绝人,自少及老,无一刻去书。《提要》称国朝学有根柢者,以炎武为最。二书所载,皆推本于学。其自著《与友人论学》篇云:所谓圣人之道者,曰"博学于文",曰"行己有耻",自一身以至于天下国家,皆学之事也;自子臣弟友以至于出入往来、辞受取与之间,皆有耻之事也。士而不先言耻,则为无本之人;非好古多闻,则为空虚之学。以此观之,先生之经济皆学术为之。道州何太史绍基慕先生之学,以先生在京都曾寓慈仁寺,乃于道光二十四年,匄赀建祠堂于寺西偏隙地,架屋三楹,奉祀先生。落成时,平定张君穆制祭文甚美,且据车、徐两家所撰年谱,增益付刻,甚博甚精。顷以书来,请余为作祠记。先是昆山县绅士于道光二十三年呈请以先生入祀乡贤祠,经礼部奏准奉旨入祀。今于流寓之地,设位致飨,此亦本古人祠不尽在墓所之意。余愿论先生之经济者,一皆推原于博学、有耻二端,则欲论经济,舍经史末由也。书此以谂后之谒是祠者。后学阮元谨记。

顾炎武(1613—1682),南直隶苏州府昆山人。初名绛,乳名藩汉,别名继坤、圭年,字忠清、宁人。因为仰慕文天祥学生王炎午的为人,改名炎武。因其故居旁有亭林湖,学者尊为亭林先生。顾炎武是明末清初杰出的思想家、经学家、史地学家和音韵学家,与黄宗羲、王夫之并称为明末清初“三大儒”。著有《日知录》《天下郡国利病书》《肇域志》《音学五书》《金石文字记》《亭林诗文集》等。清顺治、康熙年间,顾炎武多次寓居报国寺中。道光二十三年(1843),张穆、何绍基倡议集资,于慈仁寺(又称报国寺、慈善寺)之西偏,修建顾亭林祠,阮元撰碑记。此后,每逢春秋佳日和顾炎武生日都在祠中举行祀事。这一京师士大夫自发的活动,前后延续了 80 多年。光绪二十六年(1900),八国联军寇犯北京,顾祠和报国寺一同被炮火摧毁。后张之洞改修昭忠祠,1921 年王式通等重修。现为北京市重点文物保护单位。

此碑已不存,碑文据《揅经室集·再续集》卷七录入。

三 浙江篇

阮元先后三次任职浙江，不但在平海患上建立了奇功，在文化教育方面也成绩斐然。乾隆六十年(1795)八月，阮元调任浙江学政，嘉庆三年(1798)八月补授兵部右侍郎，后又补授礼部右侍郎，前后四年光景，这是第一次来浙江任职。第二次，嘉庆五年(1800)正月，时值37岁的阮元奉谕实授浙江巡抚，嘉庆六年(1801)在杭州建立"诂经精舍"，作育英才。嘉庆十年(1805)闰六月十五日父亲阮承信卒于浙江官署，按大清律服孝，阮元解职归故里三年，任上计六年。第三次到浙江是嘉庆十三年(1808)三月二十八日，阮元守孝期满后，抵杭接印，继续担任浙江巡抚之职。次年九月，因受浙江学政刘凤诰科场舞弊案牵连被革职，尔后离开浙江。

除去嘉庆四年(1799)在京任职户部侍郎充会试副总裁(兼署礼部侍郎襄办大礼)，嘉庆十年至十二年(1805—1807)丁忧，阮元前后在浙江任职近十一年。他把人生中最精华的岁月留在了浙江，政绩非凡，在浙江的史册里铸就了辉煌的篇章。

阮元此阶段的碑刻较多，呈现大型化、多样化等特点，展现了新锐"封疆大吏"的豪气。

题“双节堂赠言墨迹”石刻 乾隆五十九年(1794)

【释文】

双节堂赠言墨迹。阮元题。

双节堂,是由汪辉祖“礼部施表两母双节,建坊如例”而来。他在老家为生母与庶母两位母亲建造了双节坊,并把旧居改为了双节堂。汪辉祖一生免于大的过错,全凭两位母亲的教诲。汪辉祖(1730—1807),字焕曾,号龙庄,晚号归庐,绍兴府萧山县(今杭州市萧山区)人。他11岁时父亲去世,迫于生计,从23岁开始幕友(师爷)生涯,先后辅佐过江浙两省18个州县衙门的16位地方官,为幕34年,其间主要担任管司法诉讼的刑名师爷,以善断疑案著称,是著名的“绍兴师爷”。乾隆四十年(1775)进士,官湖南永州宁元县知县。嘉庆元年(1796)诏举孝廉方正,坚辞不就。藏书数万卷,尤邃于史,留意姓名之学,著有《元史本证》《读史掌录》《史姓韵编》《九史同姓名略》等,其尤著者有《学治臆说》《佐治药言》等。

乾隆五十九年(1794),汪辉祖为其二母征集各家褒赞诗文,辑刻《双节堂赠言墨迹》,正帖十卷,附录二卷,共十二卷。金陵冯鸣和、江阴孔味茗摹勒。首有阮元隶书题字。

《吏部左侍郎谢公墓志铭》石碑 乾隆六十年(1795)

【释文】

吏部左侍郎谢公墓志铭

公姓谢,讳墉,字昆城,号金圃,又号东墅。先世会稽郡人,系出晋太傅庐陵郡公后。远祖讳琛一,迁嘉善县之枫泾镇。曾祖讳元一,祖讳春芳,父讳永辉,皆以孝友文学传其家,并因公贵,累赠封为光禄大夫、吏部左侍郎。

公少颖异,举止端雅如成人。读书不忘,究心实学,经史百家,靡不综览。乾隆十五年,以优行贡太学。十六年,南巡召试第一,赐举人,授内阁中书。十七年,赐士出身,改翰林院庶吉士,授编修,办翰林院事,撰翰林院文与翻书房措词并误,落职。廿四年,献《平定回部铙歌》,复原官,在尚书房行走,充起居注日讲官。丙子、庚辰顺天乡试,癸未会试,皆同考官。乙酉福建乡试正考官。洊升授翰林院侍讲、右春坊右庶子、翰林院侍读学士、内阁学士兼礼部侍郎。以父忧去官。起复,拜前官,授工部侍郎,充经筵讲官。卅九年,提督江苏学政。上东巡狩,时两金川荡平,御制告成太学碑文,特赐先睹。于是撰《平定金川说》,得旨嘉奖。四十三年春,调礼部左侍郎,会试知贡举,吏不敢欺,士皆称便。秋,充江南乡试正考官。四十五年,复充知贡举,调吏部右侍郎、国史馆副总裁。冬,吏部有捐复事,公议与大学士阿公不同,上从公议。四十六年,充会试正总裁,殿试读卷,上擢钱棨为一甲第一。钱公乡、会两元,皆出公门,至是成三元,称盛事。四十七年,转吏部左侍郎。四十八年,充江南乡试正考官,即授江苏学政。五十一年,旋京,召问时政,公疏言“洪泽湖形势日浅,昔如釜,今如槃,偏灾赈恤,请改本色为折色,银由藩司印封给发,以防吏弊”,上谕“以折色不能应饥民之急”。河务命公亲往履勘,勘知前奏误,请议处,奉旨宽免。先是,大学士阿公以公被江南传闻考试不公,对语嘲诮入告,至是召对训饬,降补内阁学士兼礼部侍郎。五十四年,京察以前事革职留任。尚书房各官旷课,上以公在内廷久,尤切责,降补翰林院编修。冬,复命在尚书房行走。和诗赐“福”字,恩遇如前。公病湿,上遣太医院堂官临治。六十年,得旨以原品休致。时公疾日笃,今皇帝既皇子、皇孙遣中使存问,公尚敬询起居,伏床叩首称谢。四月卒,距生于康熙五十八年九月,春秋七十有七。累阶至光禄大夫。

公至性孝弟,居亲丧,哀毁骨立。及通显,每遇晋阶,辄以悲继喜。逢讳日,未尝不涕泗交颐也。公事贵以礼，待下不骄。大学士傅文忠公以礼聘授馆，额附、尚书忠勇公暨文襄王皆冲龄请业。公九掌文衡，而江南典试者再，督学者再。论文不拘一格，皆衷于典雅，经义策问，尤急甄拔。丁酉拔贡科，所选皆孤寒，尤重江都汪中容甫。汪强记博闻，才气横发，贫困未知名于时。公语人曰："予之上容甫，爵也。如以学，予于容甫北面矣。"其不惜自贬以成人名如此。公再督学，元始应童子试。公奖励极力，居公第读书数年。高邮李进士惇、嘉定钱进士唐、山阳汪侍讲廷珍、仪征江侍御德量、通州胡学士长龄、阳湖孙观察星衍、甘泉焦明经循、金匮徐孝廉嵩等，识拔不可胜数。是以江淮南北怀经握椠者，靡不服公之学，愿得若公其人者再莅为幸。公所著《安雅堂文集》十二卷，以经史小学为本，虽心好沉博绝丽之文，而择言必雅，国家有大庆大功，雍容揄扬，拟诸《雅》《颂》。《安雅堂诗集》十卷，格律凝重，直溯盛唐。东墅少作及存稿《四书义》二卷，典丽独绝，尤深文律。《六书正说》四卷，发明三代造字本义，诠证秦、汉诸儒之说，刊正二徐、郑樵、戴侗、杨桓、周伯琦等谬误。尤好钟鼎古文，独追象形、象事、象意之本，谓许慎篆文乃沿秦石刻结体，校以商周尊彝、岐阳石鼓，则形、事、意三者皆所不及，指微抉奥，令人解颐。形声、转注、假借三事，亦博探《仓》《雅》，出入经训。故公之为小学也，依据许氏，而更溯其本。又尝校正《荀子》杨倞注、《逸周书》孔晁注，合之卢学士文弨所校，镂板贻学者。

公初娶费夫人，赠一品夫人。继娶金夫人，封一品夫人。子五：昌鉴，庚寅举人，蚤卒；恭铭，庚子举人，丁未进士，改翰林院庶吉士，候选八品京官；扬镇，钦赐举人；应锵，捐职州同知，卒；庆钟，太学生。女二、孙八：江、宇澄、淮、河、汉、济、泗、伏保。乾隆六十年十二月二十日，公子恭铭等葬公于嘉善县四中区藏字圩。夫人祔焉。时元督学浙江，敬勒铭曰：

吴越之间，灵秀所钟。仁德之后，必大厥宗。怀毓纯笃，实生我公。我公孝弟，禀于幼冲。推以事君，乃克竭忠。帝曰汝才，既博且鸿。用汝于文，黼黻郅隆。臣殚厥学，赓拜禁中。五花书凤，九章绘龙。其文郁郁，其光熊熊。秉鉴景衡，物无遁容。气伸隽异，泪感孤穷。士敦经术，皆公之功。惟帝育臣，千石代农。惟帝教臣，协恭和衷。惟帝爱臣，恩周始终。臣形虽阻，精诚尚充。诗书雒诵，子孙其逢。林泉冈道，佳城穹窿。云飞桓表，日冷高松。蠹书漆简，题凑共封。敬勒贞石，纳诸幽宫。

谢墉(1719—1795)，字昆城，号金圃、东墅，嘉兴府嘉善人。自幼熟读经书，乾隆十六年(1751)，乾隆皇帝南巡时，应诏试，获第一，赐举人，并授内阁中书，奉旨伴驾南巡。乾隆十七年(1752)壬申科进士。又改任翰林，南书房行走，后屡次担任乡、会试同考官。乾隆四十六年(1781)，任会试正总裁。著有《四书义》《六书正说》《安雅堂诗文集》。

乾隆四十九年(1784),谢墉督学江苏,岁试,取阮元入仪征县学第四名。乾隆五十年(1785),阮元参加科试,中一等第一名,补廪膳生。谢墉惊叹曰:“余前任江苏得汪中,此次得阮某矣。”谢墉对阮元奖掖尤加,相约馆于其江阴学使署中,为其创造进学条件。乾隆五十一年(1786)二月,阮元随谢墉出试江苏镇江、金坛等地助阅试卷。在太仓结识钱大昕、李庚芸。十月,谢任满回京时,携阮元以公车同行,获交王念孙、任大椿、邵晋涵等著名汉学家,请业有所指授。阮元初试未中,留京备考,谢墉予之多有指教。

谢墉墓志铭为梁同书书丹,碑刻现藏于安徽米公祠。梁同书(1723—1815),字元颖,号山舟,晚号不翁、石翁,九十以后号新吾长翁,钱塘(今杭州)人。大学士梁诗正之子。乾隆十二年(1747)举人,乾隆十七年(1752)特赐进士,改翰林院庶吉士,散馆授编修。后任顺天乡试同考官、会试同考官、翰林院侍讲、日讲起居注官,赐加侍讲学士衔。书法出入颜真卿、苏东坡、米芾之间,以羊毫软笔书大字,苍浑腴润。著有《频罗庵书画跋》《频罗庵论书》《频罗庵遗集》等。

此文录自《揅经室集·二集》卷三。

苏轼表忠观碑旧刻石柱题记 嘉庆元年（1796）

【释文】

嘉庆丙辰二月二日，秦小岘观察瀛、钱上舍泳同过西湖，晚谒表忠观，睹苏文忠碑，各有诗纪事。浙江督学使者，仪征阮元题。

宋熙宁十年（1077），杭州知州赵抃有感于吴越王钱镠有功于后世，遂报请朝廷，将“妙因院”废寺改建为“表忠观”，并让观中道士看护钱氏家族坟庙，供奉钱氏三世五代国王，即武肃王钱镠、文穆王元瓘、忠献王弘佐，忠逊王弘倧、忠懿王弘俶。元丰元年（1078），表忠观落成之际，赵派人请苏轼撰写《表忠观碑记》，并刻于四石上，后废。

元初兵乱中，表忠观里的墓被毁，到明代成了一个尚书的墓地。明嘉靖三十九年（1560），督抚胡宗宪将表忠观迁到涌金门外的灵芝废寺（即今钱王祠所在地）。杭州知府陈柯重刻苏轼《表忠观碑记》。明刻此文分为八块大碑，每块高224厘米，宽104厘米，每一字约占9厘米，后附陈柯的重刻题跋及钱氏三十世孙、三十二世孙重修表忠观的题记。

清朝康熙帝南巡到表忠观，亲笔题了字。雍正帝加封钱镠为诚应王。杭州知府李亨修葺表忠观，更名为“钱王祠”。乾隆四年（1739），杭州府学教授余懋秉在府学屋旁隙地觅得苏轼原刻二石，但二石均缺其下半截，每行约剩十一字。原刻字迹笔法工整俊伟，为苏轼用意之作。二残石于是被移置府学“名宦祠”内。苏碑原刻二残石，高146厘米，宽82厘米。残碑仅存二百三十余字。半块残碑经石匠加工整理，上加碑头，下用石座，左右中间维以石柱副之。柱上刻苏轼《送表忠观钱道士归杭》诗一首，及阮元、钱楷、汪志伊、梁同书等诸多题名。

明代重刻表忠观碑，现陈列于钱王祠北功臣堂内，原有一组四石，现存三石，缺第二石，尺寸相同，均高223厘米，宽101.5厘米，厚26厘米。保存相对完好，第三石左上角断裂，第四石右上角破损，下部断裂，且有残缺。

此题记见于钱泳《写经楼金石目》。

《重修表忠观碑记》石碑 嘉庆元年(1796)

【释文】

重修表忠观碑记

钱唐表忠观,宋熙宁十年赵清献公请于朝,建以祀吴越钱武肃王镠。始在龙山西南妙因山下,其旁有武肃之子与孙文穆、忠献两王墓,使钱氏之孙为道士曰"自然"者,居此俾修护之。至理宗时,官给田三百亩以旌旧功。元初遇兵燹,观、墓俱毁。明正德间,遂为江尚书兆域。

嘉靖三十九年,总督、都御史胡宗宪乃迁建于涌金门外灵芝废寺故址,为吴越时西园,即今重修之地。当时有武肃十九世孙钱德洪,自余姚来守此观,饬俎豆,辑谱牒。湖山灵爽,神实凭依,春秋肸蠁,为最盛焉。自是以来屡修屡废。国朝康熙四十四年,圣祖仁皇帝南巡赐额。雍正四年,世宗宪皇帝敕加封武肃王为诚应王。今皇帝六次南巡,屡蒙驻跸,凡五赐宸翰,褒功述事,并命有司以时致祭。盖自武肃至其孙忠懿王宋初纳土以来,未有食报增荣如今日者也。乾隆五十九年春,武肃三十世孙钱泳等以栋宇摧陨,呈请有司修治。于是巡抚吉公庆、布政司张公朝缙、盐运使阿公林保,各出俸钱,令知杭州府李君亨特董其成。增建碑亭左右六间,画廊三十六间,正殿基培高三尺,易墍垣以砖石,重肖五王像。计费白金三千四百两有奇,又增给岁修银六百两,置盐运司库发商榷子母为岁修费。始工于五月十六日,告成于八月二十四日。其明年冬,元奉命督学浙江,下车瞻拜,乐观厥成。爰以重修落成,命十一府士子赋诗纪事,凡得诗千有余首,极一时之盛。择其佳者,付泳录之。泳从金匮来钱塘,鸠工树石。实始终其事,述此大略,属元为记,且自以隶古书丹刊石者也。

内阁学士兼礼部侍郎、文渊阁直阁事、提督浙江全省学政仪征阮元记。嘉庆元年为寎之月,两浙江南都转盐运使司金匮秦震钧、浙江粮储道海丰张映玑同立石。请皇□孙忠懿王宋等……

乾隆六十年(1795),阮元来杭州做浙江学政,让十一个州府的读书人为表忠观赋诗,一部分交给钱镠的裔孙钱泳。时值表忠观重修落成,钱泳请阮元撰《重修表忠观碑记》,由钱泳以隶书书丹刻石。碑已佚,现为当代重摹,书体已变为楷书。

二十世纪六七十年代,钱王祠曾作为杭州动物园使用。1977年,新建的杭州动物园

落成。钱王祠中的动物迁至新园,钱王祠旧址被辟为聚景园。原祠中大量的碑石遭到碎毁。表忠观碑被碎毁后,只剩下明刻的三块碑石,后被移入杭州碑林。2003 年,钱王祠重建。明刻表忠观碑复又从杭州碑林移置到钱王祠内至今。

此记来源于《杭州全书 · 杭州文献集成》第 32 册《吴越史著丛编》中钱文选编撰、顾志兴标点《表忠小志》。与《揅经室集 · 三集》卷四所载略有不同。

李斯会稽刻石题名 嘉庆元年(1796)

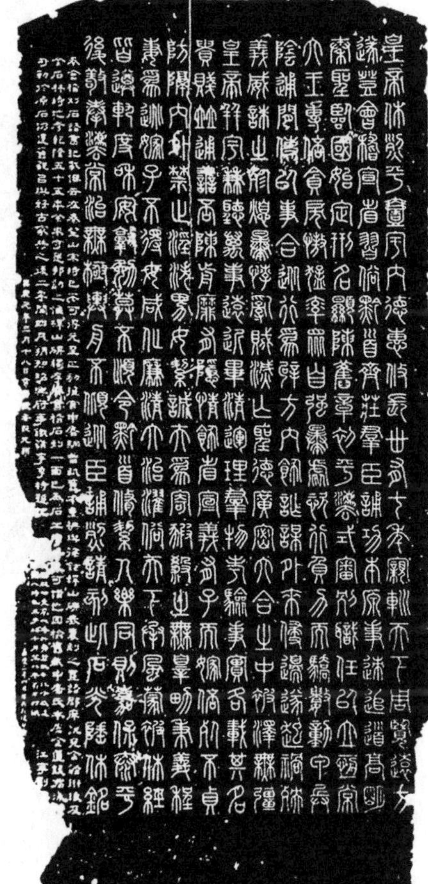

【释文】

嘉庆元年三月十八日,督学使者阮元题。

据史载,元至正元年(1341)绍兴路总管府推官申屠駉以家藏旧本摹勒李斯会稽刻石,与徐铉所摹《峄山碑》表里相刻,置于府学宫之稽古阁(今绍兴市稽山中学内),后又移置于大禹陵碑廊内。碑高220厘米,宽105厘米,上刻小篆十二行,每行二十四字。此碑在清康熙年间为石工磨损,乾隆五十七年(1792),知府李亨特嘱钱泳以申屠氏本双钩上石,由刘征重刻,立于原处,碑文后有李亨特跋及清代学者翁方纲、阮元、陈焯等题记。四题跋均为隶书阴刻。

禹陵窆石题名石刻 嘉庆元年(1796)

【释文】

嘉庆元年三月十八日,督学使者阮元题。

禹陵窆石,位于浙江绍兴会稽禹庙东侧,形状如秤锤,顶端有穿孔。原无文字,三国东吴时,有人补刻"窆石"二字于其上,年月泐。篆书,存三行,仅数字可辨。据清王昶《金石萃编》记载:"以精拓本验之,惟'日''年''王''一''并''天''文''晦''真'九字可辨。"右上方有《拜禹陵诗》九行,左方有宋、元人题名。

阮元此题记似与《李斯会稽刻石》题记为同一工匠所刻。

本觉寺石柱题记 嘉庆元年(1796)

【释文】

惟寺中唐代二幢,是峨眉山人未过前物;此壁上三律,乃空翠亭僧初梦时诗。

本觉寺,位于浙江杭州临平区塘栖镇。始建于唐大中年间(847—860),初名报本寺。宋徽宗宣和年间(1119—1125)崇道抑佛,改为神霄玉清万寿宫。南宋建炎元年(1127)恢复旧名。苏东坡与此寺方丈相好,曾三次造访此寺。南宋嘉定年间(1208—1224),僧人元澄在寺内建三过堂,刻石勒苏诗以为纪念。明洪武初,改名为报本禅寺。宣德七年(1432),僧志嵩建山门,题匾曰“万寿山”,并在山门两侧建石塔两座。乾隆二十七年(1762)第三次南巡,赐名为本觉寺。

阮亨《瀛舟笔谈》卷七载:“嘉兴本觉寺三过堂壁间,有坡公《三过诗》刻其前楹,二方石柱高二丈许,伟材也。予兄题句刻柱上云:‘惟寺中唐代二幢,是峨眉山人未过前物;此壁上三律,乃空翠亭僧初梦时诗。’按:空翠亭乃唐时僧初梦建寺时故迹,寺中唐石幢二,今尚存。坡公三过此堂,见于本集。”另何绍基《东洲草堂文钞》卷十二有《跋王觉斯兰竹草石卷》:“庚戌(道光三十年)五月廿三日,舟过槜李亭下,入本觉寺,观东坡先生《三过诗》石刻,获睹唐经幢二,阮太傅师题联云;‘寺中惟唐代二幢,是峨眉仙人未过前物;壁上有宋贤三律,乃空翠亭僧初梦时诗。’吾师往矣,语何奇脱,读之惘惘。回船后展题此卷,因并记之。”本觉寺石柱题记其实是副对联,但有两个版本。笔者以为阮亨是阮元幕僚,多年跟随阮元,所记版本应该无误,而作为阮元门生的何绍基只是一次参观,估计记忆有误。

石柱今已毁。

赠承德郎翰林院庶吉士加一级例晋朝议大夫钱君暨配屠恭人墓志铭 嘉庆元年(1796)

【释文】

赠承德郎翰林院庶吉士加一级例晋朝议大夫钱君暨配屠恭人墓志铭

君讳汝鼎,字东原,嘉兴县人。明太常寺□□,讳□□,与其季父及弟并以甲第起家,为浙西望族。曾祖赠光禄大夫,讳□□。祖赠光禄大夫,讳纶光。父廪贡生,候选训导,讳峰,前刑部尚书谥文端之次弟也。

君生四岁而孤,母任安人以节孝著。年十岁,能作径尺大书,读经史成诵。前礼部侍郎讳载者,君从子也。君师之,尽受其学。乾隆元年,以文端荫,入监读书,并遵例纳州同衔,为太学官生,缘目疾,几失明,绝意进取。钱氏旧置义田,岁入赡族,规条繁密,子姓日众。文端以君德性仁孝,才堪治剧,以赒给之事委之。君体祖宗设法之意,任文端委托之重,夙夜经营,不辞劳瘁,支分派衍,度田按口,三党欢如,宗族称孝。嗜作书,始为蝇头小楷,以目疾改学欧、柳法帖,常侍文端坐论波磔钩趯之法,文端称之。晚年书益工,缣素流传,得者宝之。卒于乾隆三十一年□月日,年□十有□。

配屠氏,同县前进士、枣强县知县讳应麟女。幼好《诗》《礼》,枣强爱之,名之曰文。事姑暨祖姑陈太夫人,体无形声,重帏悦豫。君理义田时,实左右之,尝典质簪珥以济赒给所不足。君之殁也,家计日落,至鬻屋僦居庑舍,幼子孤孙,茕茕相依。恭人课《诗》《书》,纺绩自给。后以孙贵,禄养渐充,而裙布綈絮,不改其素。久侍南楼,稔知先世事,每聚族姓,谈祖宗忠孝之德。邻媪村妇过从,必接席与语。乾隆六十年,历春秋七十有八,终于里第。

君以孙楷官,加级赠承德郎、翰林院庶吉士,今例得推赠朝议大夫。君配封太安人,例晋恭人。子三:长濬,增生,候选县丞,赠庶吉士,丙戌冬,应试在京,闻计奔归,哀毁咯血,卒于途次。妇程恭人,仰事姑,俯教子,孝慈苦节,亦如屠恭人。次淇,增生。次涵,国子监生。女六,皆适士族。孙六:长楷,即濬子,己酉会试第一,殿试二甲第一,由庶吉士历户部员外郎、军机处行走。次模。次棫,生员。次朴。次梧。次柏,生员。女三,俱幼。嘉度元年□月葬君及恭人于县南曹王庙原,祔于父阡。先是,君痛幼失怙,慎选窆地,偶泊舟城南新宇圩塘,梦神人引至高阜,指其颠有如虎踞者曰:“此非吉壤乎?”翼日卜,遂定,并诫子曰:“吾不逮事父,异日必葬我墓侧。”即今君与屠恭人合葬地。元与楷同登进士第，又同官翰林，交最笃。今视学其乡，以状来乞铭。乃为铭曰：

懿哉钱氏，世德高门。诵芬咏烈，清流远源。奕奕光禄，隐德弥敦。赁庑相春，共启后昆。生大司寇，以孝承恩。惟东原君，光禄之孙。君生少孤，蚤被慈教。故有节者，必酬以孝。重慈致欢，含饴每笑。师少宗伯，荫任国校。雏下腾声，词场名噪。於戏婴疾，几丧厥明。辉弢玉气，采匿珠光。友于为政，任党恤乡。竭劳尽哀，以持后丧。寿山协梦，用志厥祥。穆祔于昭，遗训聿长。於赫恭人，康僖云嗣。纯固敦厚，温和淑懿。视疴于寝，省膳于馈。恭人之孝，与公兼致。度田赡族，修睦重义。恭人之贤，佐公为治。家德在俭，世学维经。教子及孙，皆底于成。文冠天下，笔珥枢庭。帝锡纶言，以褒先型。马鬣吉封，虎踞佳城。下车再拜，敬勒阡铭。

钱楷(1760—1812)，字宗范，号裴山，浙江嘉兴人。乾隆五十四年(1789)会元。历官广西学政，湖北、安徽巡抚。钱楷因与阮元“同登进士第，又同官翰林，交最笃”，又因此时阮元任浙江学政，故请阮元为他祖父母撰写墓志铭。后阮元第三子阮祜娶钱楷女儿钱德容，又成为儿女亲家。钱德容去世后，阮祜又与嘉兴钱氏联姻，娶钱继芬为继室。阮祜(1804—1870)，字受卿，系侧室刘文如所生。因为其出生时的居所“受祜堂”乃康熙帝御书匾，即以此命名。其师凌曙是乾嘉道时期的经学家、礼学家，一生著述颇丰。阮祜通过道光二十二年(1842)在北京举行的恩科考试，成为举人，被道光皇帝钦点为刑部山西司郎中。咸丰时，阮祜出任四川潼州知府。阮祜与其父阮元合编有《石画记》五卷，其中后两卷为阮祜所作。

此文录自《揅经室集·二集》卷六。

《敕赐开化之寺碑》题记石刻 嘉庆二年(1797)

【释文】

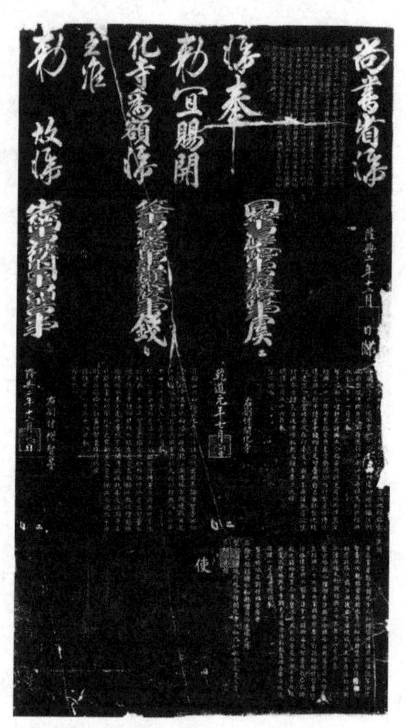

兵部侍郎兼都察院右副都御史、巡抚浙江提督军务兼理粮饷玉德发帑饬官修葺塔寺,嘉庆二年六月壬子来考厥成。署镇守浙江将军、杭州副都统成明,上驷院卿、巡视浙江盐政兼管织造苏楞额,内阁学士兼礼部侍郎、文渊阁宣阁事、提督浙江学政阮元,并策游骑,来会塔下,是日积雨快晴,江流畅泻,相轮耀日,露槃映山,农时既□,灵潮永镇。元书丹勒石藏塔记之。

《敕赐开化之寺碑》现立于杭州西湖南缘六和塔底层回廊东南侧。碑高 253 厘米,宽 114 厘米,厚 25 厘米。碑约立于南宋乾道元年(1165),碑右侧中下部稍有残缺,碑文清晰。

该碑碑额隶书“敕赐开化之寺”,3 行。下有 4 篇公文,主要记述了六和塔、开化寺重建的原因、时间和塔建成后的功效,并对住持智昙尽力自行筹资建塔的善举加以褒奖。嘉庆二年(1797),阮元与同僚同游六和塔,在碑侧加刻题记。

重摹天一阁北宋石鼓文(杭州府学本)及题记 嘉庆二年(1797)

【释文】

天下乐石,以岐阳石鼓文为最古。石鼓脱本以浙东天一阁所藏松雪斋北宋本为最古。海盐张氏燕昌曾双勾刻石,尚未精善。元于嘉庆二年夏,细审天一阁本,并参以明初诸本,推究字体,摹拟书意。属燕昌以油素书丹,被之十碣,命海盐吴厚生刻之。至于刀凿所施,运以意匠,精神形迹,浑而愈全,则仪征江氏德地所为也。刻既成,置之杭州府学明伦堂壁间,使诸生究心史籀古文者有所法焉。

内阁学士兼礼部侍郎、文渊阁直事、南书房行走、提督浙江全省学政,仪征阮元记。

赵孟頫(1254—1322),字子昂,号松雪道人,又号水晶宫道人,元湖州(今浙江吴兴)人,宋太祖赵匡胤四子赵德芳(秦王)嫡派子孙。南宋末年曾任真州司户参军。元至元二十四年(1287)授兵部郎中。此后历任集贤直学士、济南路总管府事、江浙等处儒学提举、翰林侍读学士等职,累官翰林学士承旨、荣禄大夫。卒后追封魏国公,谥文敏。著有《松雪斋文集》等。

张燕昌(1838—1814),字芑堂,号文鱼,又号文渔、金粟山人、石窗山人。浙江海盐人。乾隆四十二年(1777)优贡,嘉庆元年(1796)举孝廉方正。平生深致雅量,与俗殊趣,性好金石,鼎彝、碑碣、名家遗刻,搜集不遗余力。能诗,擅金石考据,工书善画,精篆刻。著有《金石契》《石鼓文释存》《芑堂印谱》《续鸳鸯湖棹歌》等。

江德地,生卒不详,字墨君,仪征人。江德量弟。善隶古,工篆刻。叶铭《广印人传》有传。

嘉庆二年(1797)夏,阮元视学宁波,得天一阁北宋《石鼓文》拓本。八月,刻成,置杭州府学明伦堂壁间。据阮元记可知,摹刻时刻工之一有扬州人江德地,而且所刻尤其精湛。

阮元在《金石十事记》中记载:"天一阁北宋石鼓拓本,凡四百七十二字。余摹刻为二,一置杭州府学明伦堂,一置扬州府学明伦堂。"并将此事列为"金石十事"之五。

此题记与《揅经室集·三集》卷三中《杭州扬州重摹天一阁北宋石鼓文跋》多有不同。

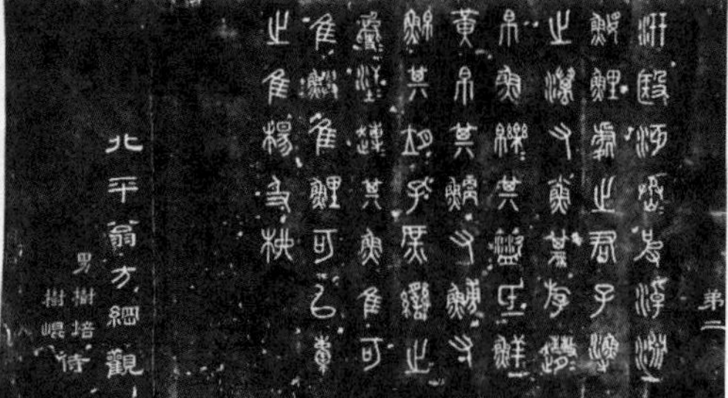
第二
北平翁方綱觀
男樹培侍
樹崐侍

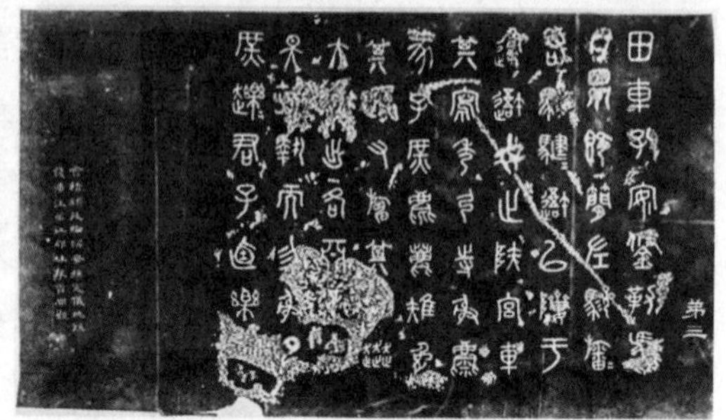
第三

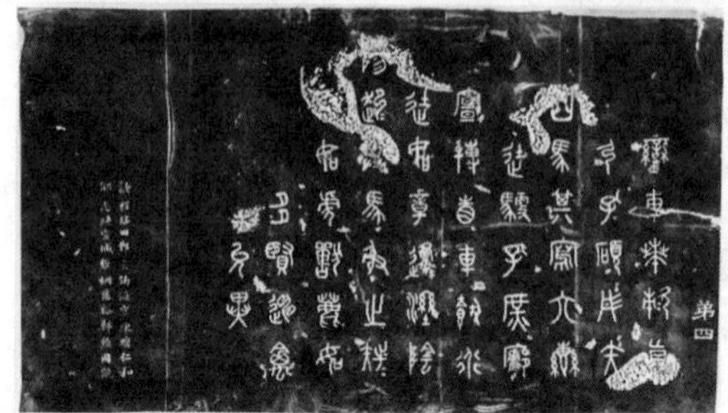
第四

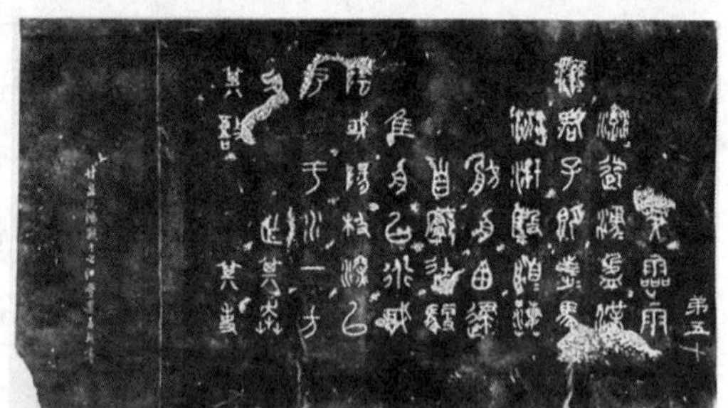
第五

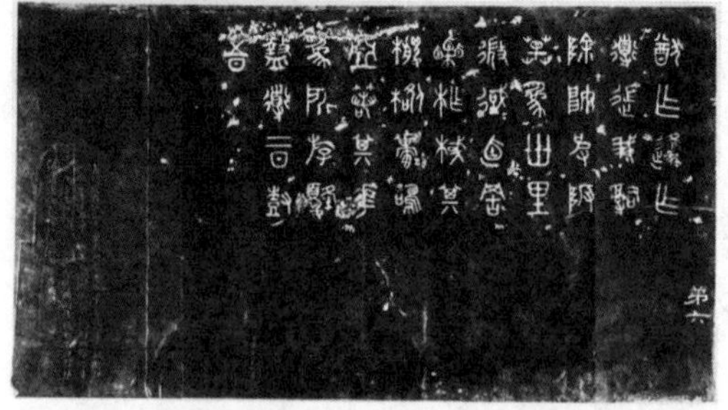
第六

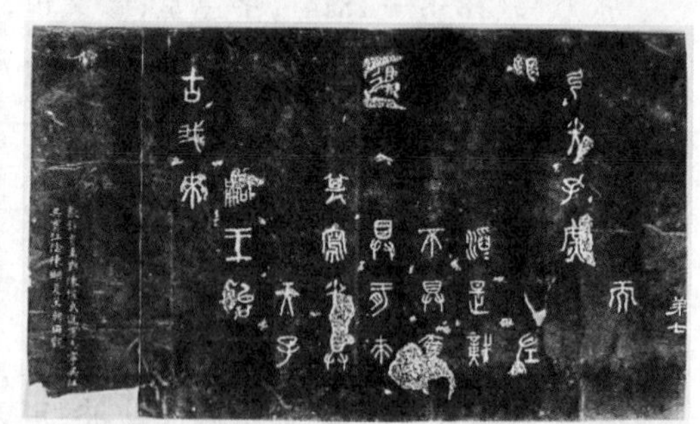
第七

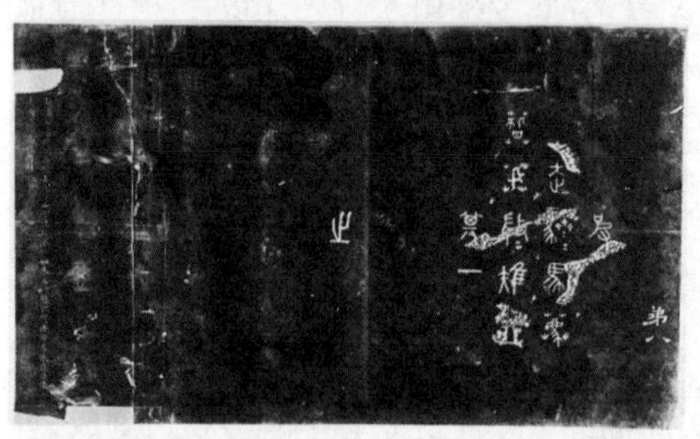
第八

第九

第十

重摹天一阁北宋石鼓文(薛氏本)及题记 嘉庆二年(1797)

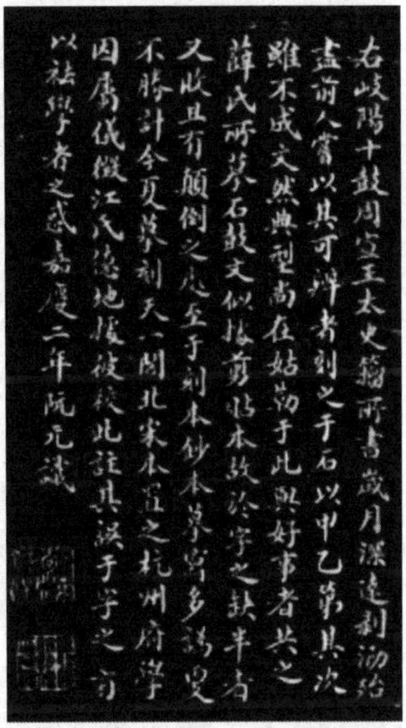

【释文】

右岐阳十鼓,周宣王太史籀所书。岁月深远,剥泐殆尽,前人尝以其可辨者刻之于石,以甲乙第其次,虽不成文,然典型尚在,姑勒于此,与好事者共之。

薛氏所摹《石鼓文》似据剪贴本,故于字之缺半者又收,且有颠倒之处。至于刻本、钞本、摹写多讹,更不胜计。今夏摹刻天一阁北宋本,置之杭州府学,因属仪征江氏德地据彼校此,注其误于字之旁,以祛学者之惑。嘉庆二年,阮元识。

嘉庆二年(1797),阮元重摹薛氏本石鼓文。石刻今已毁。

宁波天一阁博物馆藏有阮元摹刻薛氏本石鼓文拓本。在此摹刻本中,阮元完全按照薛尚功《钟鼎款识》的顺序和原字,但阮元此时已经重摹过天一阁本(杭州府学本),故发现薛氏有诸多讹误,请江德地校正并在字旁注明。阮元在摹刻第十鼓后有此题识。

薛氏,指薛尚功,生卒不详。字用敏,南宋钱塘(今浙江杭州)人。绍兴中,以通直郎佥定江军节度判官厅事。通古文字,善古篆,尤长钟鼎文字。考证其所见商、周、秦、汉金石文字,著成《历代钟鼎彝器款识法帖》。

橅薛氏本岐陽石鼓文

再到亭碑阴记 嘉庆二年(1797)

【释文】

余于乾隆六十年自山左学政移任浙江,至则使院多颓败,大堂梁柱久为虫蚀。嘉庆元年,余鸠工易而新之。冬,市中火延及鼓楼、门廨,复葺之。二年夏,二堂西厅忽倾,复葺之,题其东小室曰“澹凝精舍”。共费白金将二千两。宅内多老桂,共十株,补种梅、桂、桃、柳百余株,遭冻僵者强半。西园荷池浚之,花盛开,岁至千枝。池上石桥,余以为众影所聚,名之曰“影桥”,撰文为记。池中小亭旧无名,余用放翁诗意,名曰“定香”,命诸生撰赋,青田端木国瑚赋独出冠。时池东有屋三楹,旧名“再到亭”,余校刻书籍、碑版皆在此。有碑仆瓦砾中,余立之亭下,刊数语于碑阴,以记近年之事。若夫内外居屋多破漏,愿后来者继葺之也。

再到亭,位于浙江学政署内,有屋三间,是阮元在浙江学政任上校刻书籍、碑版的地方。现仍有《浙士解经录》再到亭刻本、《浙江诗课》再到亭刻本等存世。

此记录自《揅经室集·三集》卷二。

曝书亭楹联石刻与《百字令》石刻 嘉庆二年(1797)

【释文】

竹垞检讨集杜句,吾乡汪舟次检讨所书。

会须上番看成竹,

何处老翁来赋诗。

嘉庆二年秋,仪征阮元重书刻石。

曝书亭《百字令》石刻

康熙三十五年(1696),朱彝尊在浙江嘉兴梅溪南岸筑曝书亭,藏书 8 万卷,专事著述并终老于此。亭面北,两青石柱上镌有朱彝尊集杜甫诗句的楹联:“会须上番看成竹,何处老翁来赋诗。”原为汪楫书,重修时阮元重书刻石。联均高 126 厘米,宽 27.5 厘米。行书。下联落款后有“芸台”印(阳文)、“伯元之印”印(阴文)。

朱彝尊(1629—1709),字锡鬯,号竹垞,又号金风亭长,晚号小长芦钓鱼师。浙江秀水(嘉兴)人。康熙十八年(1679)举博学鸿词,以布衣授翰林院检讨,入直南书房,参与纂修《明史》。后出典江南省试。因疾未及毕其事而罢归。学识渊博,通经史,擅长诗词、古文。词推崇姜夔、张炎,为“浙西词派”的创始者。著有《曝书亭集》《腾笑集》《日下旧闻》等。

汪楫(1626—1689),字舟次,号悔斋,祖籍安徽休宁,生于江苏江都(今扬州)。为人刚直,好学不倦。康熙十六年(1677),以岁贡生选授赣榆训导。康熙十八年(1679),举博学鸿词,授翰林院检讨。康熙二十一年(1682),为册封正使出使琉球国,婉言谢绝馈赠。归京后,作《使琉球杂录》五卷、《中山沿革志》二卷。出任河南知府。以治绩优异,先后升任福建按察使、福建布政使等职。康熙二十八年(1689),应召入京,途中病卒。擅长诗文。著有《悔斋集》《观海集》等。

【释文】

嘉庆元年秋，试毕嘉兴，得观曹秋崖《竹垞图》，属周氏瓒摹写一帧，并录竹垞老人词跋及同时诸和作，即用百字令元韵题卷后，以要和者。

先生归矣，记江南春雨，扁舟初泊。自种垞南千个竹，老让懒云闲托。茧线牵鱼，弓枝射鸭，足伴填词乐。画图长在，肯教踪迹零落。　今日水浅荷荒，岩低桂蠹，残址难斟酌。何处墙边楼影小，曾展秋窗风幕。儒老乾坤，书悬日月，莫漫悲亭壑。重摹横卷，远山还染三角。

阮元。

元既摹《竹垞图》，和词题卷，复属伊小尹太守暨司、何二令尹重建暴书亭，立四石柱以镌文笔。嘉庆二年秋，元再至嘉兴，适当落成，太守复得其后人授以馆谷，皆佳事也。因复和《百字令》词韵一首。

南垞荒矣，问书船潞水，何人停泊。经卷诗篇零落后，魂梦向谁栖托。把酒能招，披图相慰，毕竟归来乐。结成亭子，我今重为君落。　才见五马行春，双凫漾水，携画同斟酌。尚有孙枝桐叶在，护尔秋风帘幕。叠石栽花，引墙围竹，依旧分林壑。者番题柱，夕阳休砺牛角。

仪征伯元。

曝书亭《百字令》石刻

阮元《百字令》二阕，刻于曝书亭西南角石柱北侧。高94厘米，宽27厘米。行书，分二部分镌刻。上部分刻“先生归矣”一阕，9行。末有“伯元之印”印(阴文)、“两浙督学使者”印(阴文)。下部分刻“南垞荒矣”一阕，8行。末有“阮元之印”印(阳文)、“芸台”印(阳文)、“小琅嬛仙馆”印(阴文)。

曹秋崖，生卒不详。名岳，字次岳，号秋崖。江苏泰兴(今泰州)人。山水师董其昌，远宗董源，疏秀淹润，别有秀致，朱彝尊、王士祯皆极称之。康熙八年(1669)，朱彝尊在梅里的旧宅旁买下一座住宅，因宅西翠竹丛生，命名为“竹垞”。康熙十三年(1674)，朱彝尊客居京郊潞河，请画家曹岳画《竹垞图》。周瓒，号采岩，吴县横塘人。生卒不详。擅画，人物、山水、花卉、楼阁无不精。阮元在浙江为官时，常在幕府。

此文又见于《揅经室集·续四集》卷十《题重修暴书亭册》，文字稍有不同。

吴江郭文学墓表 嘉庆二年(1797)

【释文】

吴江郭文学墓表

君讳元灏,字清源,一字海粟居士。先世籍浙之秀水,前明中叶始迁江南之吴江。芦墟,其村名也。君幼颖异,喜读书。先是君父以家累故,不得卒业,以为恨,尝诫君曰:“若第读书,无问家人生产。学之成,不若责也;家赢绌,不若责。”君以是益专心举子业。年二十二,补博士弟子员,能为诗古文词,旁及百氏之学,师事同里陆中丞耀。中丞之之官也,诸故人往谒者,或不满所欲,退为怨诽。君岁时问讯,言不及他,人以是重君之介也。方中丞以郎中出守济南,君以读书所得可施于政者,寓书以献,中丞嘉内之。人以是多中丞之能受善,而知君之学有本源,惜其不见用于世也。同里郁君文,高才负气,好陵轹人,然独心折君,亦时时规切之。师友之间,行谊敦笃,可想见其为人。君屡试不售,诸兄弟又受室分异,家益落。里居授徒以养,束脩所入,不足供甘旨,则远馆旁邑,念父母老,不能朝夕侍,恒郁郁不自得。善鼓琴,调弦雅歌,往往有激楚之音。曰:“吾以忘忧假日,而忧从中来,岂心有弗平者乎?”遭母丧,哀毁过甚,致疾,以乾隆五十一年七月七日卒,年五十有三。卒之日,父犹在堂。疾革,知不起,谓家人曰:“我死,以墨绖敛,无美材以暴我养之不终也。”吁!可以哀其志矣。配迮氏,簉室翁氏。子二人:麐、凤;女二人;孙三人:桐、漆、枏。以嘉庆二年十一月卜葬于嘉善之澄湖港。子麐,积学能文,以行略来乞表其墓。爰纪以铭曰:

城接槜李,水通具区。江山平远,伊人所庐。梅花水村,枫叶古岸。弹琴读书,高风云断。佳城郁郁,魏塘之滨。潜德未耀,曰徯后人。

郭元灏(1734—1786),吴江(今苏州)人,著有《深柳读书堂诗稿》。郭麐(1767—1831),字祥伯,号频迦、复翁、苎萝老者。因右眉全白,又号白眉生,别称郭白眉。少有神童之称,游姚鼐之门,尤为阮元所赏识。乾隆六十年(1795)参加科举不第,遂绝意仕途。专研诗文、书画,好饮酒,工诗词古文,所作清婉颖异,尤擅篆刻。著有《灵芬馆诗》《灵芬馆诗话》《蘅梦词》《浮眉楼词》《忏余绮语》《灵芬馆词话》《金石例补》等。郭麐与阮元关系密切,而求为其父撰墓表。

此墓表录自阮亨《瀛舟笔谈》卷七,另墓表书丹者为黄易。

《张浚过严子陵钓台诗碑》碑阴题记 嘉庆三年(1798)

【释文】

嘉庆三年三月四日,学使者仪征阮元六次过钓台下,华亭张子白若采、阳湖陆邵闻耀遹同来。

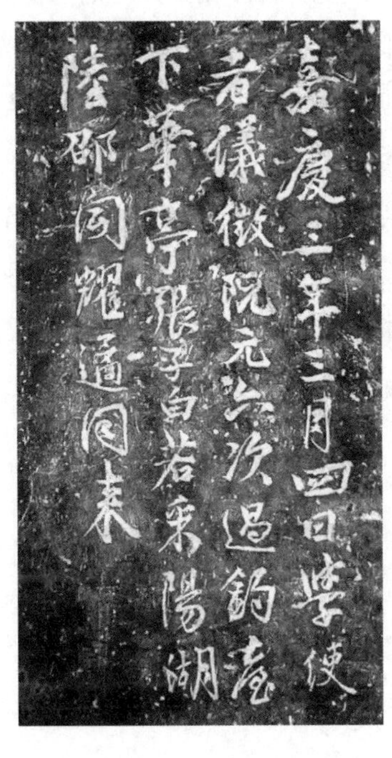

严子陵钓台,位于桐庐县七里泷附近的富春江北岸,因严子陵隐居垂钓于此而得名。严子陵,名光,东汉会稽余姚人。少时曾与刘秀同游学。刘秀即位后,他不愿出仕,遂更名隐居,"披羊裘,钓泽中"。刘秀再三盛礼相邀,授谏议大夫,仍"不屈,乃耕于富春山"。老死于家,年八十。

张浚(1097—1164),字德远,号紫岩,绵竹(今属四川)人。宋徽宗政和八年(1118)进士。高宗建炎、绍兴间,历任枢密院编修官、殿中侍御史、知枢密院事、川陕宣抚处置使、尚书右仆射同中书门下平章事等。他力主抗金,并亲自指挥过多次战役,重用岳飞、韩世忠,后被主和派排挤。张浚解甲归田,经过钓台时,用长枪大戟般的行书,写下两首绝句,后来被勒成诗碑。明代,诗碑曾被嵌于井壁。2013年此碑再现于世,已裂成九块。碑高

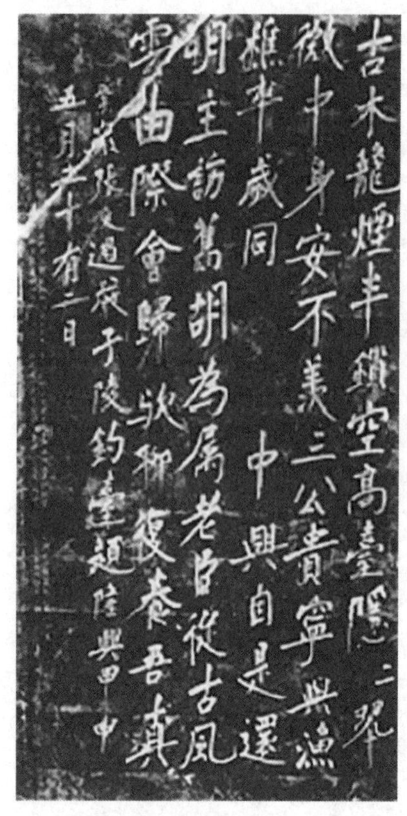

167 厘米，宽 92 厘米。拓片现藏浙江图书馆。

据阮元《定香亭笔谈》载："戊午上巳日，过桐江，风日清和，江山佳丽，同张子白、陆邵闻诸君把酒临江，赋诗终日，挂帆连舫，直至钓台。"戊午上巳日即嘉庆三年（1798）三月三日。次日，阮元于诗碑阴留下题记。历经 200 余年，题刻字迹虽稍有漫漶，但基本保持完好。张若采，字子白，号梅屋，江苏华亭人。乾隆五十五年（1790）进士，官泾州知州。著有《梅屋诗钞》四卷附《赋钞》一卷。陆耀遹（1771—1836），字绍闻，一字劭文，江苏阳湖人。与叔父陆继辂齐名，时称"二陆"。道光元年（1821）举孝廉方正，试二等。选授阜宁县教谕，至任百日，卒。工诗，嗜金石文字，尤长尺牍。所著有《双白燕堂集》十六卷，又尝补王昶《金石萃编》，成《续编》四卷。

《登江中孤屿谒文丞相祠》诗碑 嘉庆三年(1798)

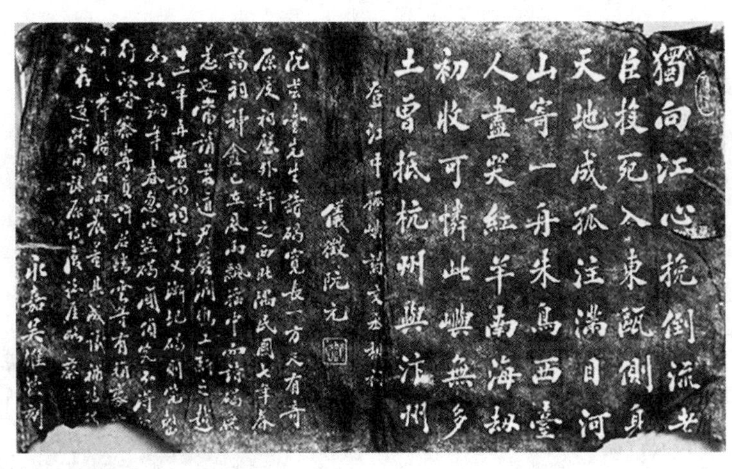

【释文】

独向江心挽倒流,老臣投死入东瓯。侧身天地成孤注,满目河山寄一舟。　　朱鸟西台人尽哭,红羊南海劫初收。可怜此屿无多土,曾抵杭州与汴州。

登江中孤屿谒文丞相祠。

仪征阮元。

江心寺文天祥祠,位于浙江省温州市江心屿。明成化十八年(1482)建祠纪念,今祠为清代重建。文天祥(1236—1283),字履善,号文山,南宋著名的文学家、政治家。南宋德祐二年(1276)任右丞相兼枢密使,受命与元军谈判,被扣留,脱险后辗转至温州,在江心屿留居一月,题壁《北归宿中川寺》。

嘉庆三年(1798)三月初,时任浙江学使的阮元,游览江心屿,谒文天祥祠,留下此诗碑。

文天祥祠内诗刻原石,今唯明吴自新的尚存,其余均已毁没,现所陈列的诗碑,皆为新刻,乃现代名人或书法家所书,已非原题诗人手迹。今阮元诗碑为王蘧常书,碑石也比原石大一倍多。

石门洞题名石刻 嘉庆三年(1798)

【释文】

嘉庆三年,学使阮元重游。

江镠、张若采、张诩、林苏门、陆耀遹、程邦宪、赵齐峄、耿弓同游。

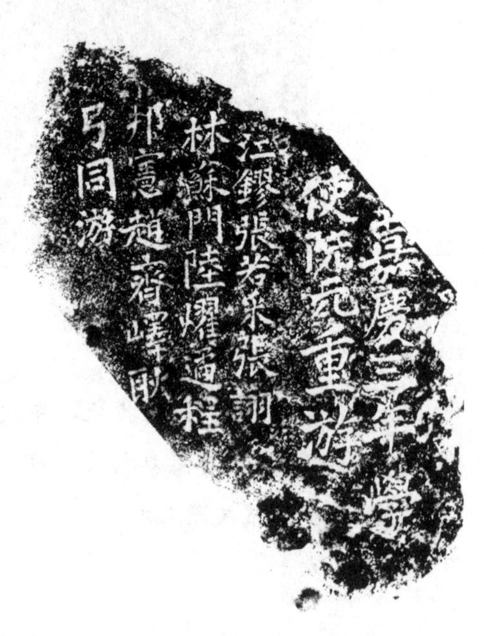

此摩崖在青田县石门洞月洞石床外左角处,自右而左,直书2行,楷书字径6厘米。后为江镠等楷书小字留题。之所以说"重游",是因为上一次于嘉庆二年(1797)二月,阮元出试处州(今浙江丽水),曾游石门洞,但没有留下石刻。

江镠是清著名学者江声(1721—1799)之子,江苏元和(今苏州)人,世传家学,邃于许氏书。据阮元《定香亭笔谈》记载,江镠时为阮元幕宾。林苏门(约1748—1809),字步登,又字啸云,号兰痴,甘泉(今江苏扬州)人。阮元舅父、业师,以学问赅博名于世。助校《四库全书》,曾在山东曲阜衍圣公府中供职。著有《邗江三百吟》《续扬州竹枝词》等。程邦宪,字穆甫,晚号拙存居士,吴江(今苏州)人。嘉庆进士,官至鸿胪寺少卿。性情恬淡,工诗,书法得晋人之法。张诩,字渌卿,山东掖县(今莱州)人。据阮元《揅经室四集》诗《题张渌卿诩露华榭稿》序云:"渌卿昔在余幕,既乃客游山左,作婿东莱,词采惊人,年华感旧,今廿年矣。《露华》词句雅近,玉田吴縠人祭酒以词题其集,有云:'付香弦,一声一咽,寻常歌吹全洗。'渌卿故不名诩,余昔有汉铜印,文曰'张诩之印',以赠渌卿。渌卿即自名为诩,此皆本事也。"赵齐峄,字岳青。江苏元和(今苏州)人。赵基之子。著有《鹤汀遗草》。耿弓无考。

石门洞题诗石刻 嘉庆三年（1798）

【释文】

嘉庆三年立夏日，重游石门观瀑布一首

石阙开双扉，未登心已羡。

沿溪溯潺湲，越谷望葱蒨。

飞瀑挂千尺，先向林表见。

敢拜天绅垂，畴与白龙战。

流素曳练轻，触石生衣溅。

雨余情弥壮，风定势犹旋。

疏响静凡喧，摇光引清眩。

兹来春夏交，岩花落如霰。

重游意更洽，坐久情逾眷。

安能构云栖，聊息水宿倦。

内阁学士、礼部侍郎、学使者，仪征阮元。

此摩崖位于石门洞月洞石床上悬崖处。自右而左，直书13行，每行6字至13字不等，行草书，字径3厘米。长、宽皆40厘米。中下部有较深裂痕。

此为阮元第二次游览石门洞时所题勒，与前一石刻同时所刻。

此诗收入《揅经室集·四集》诗卷四，文字略有不同。

灵岩寺题名石刻 嘉庆三年(1798)

【释文】

嘉庆三年四月四日,学使阮元偕客来游。

嘉庆三年(1798)四月四日,阮元偕客游雁荡山,题名勒石。林苏门等随行。

灵岩寺,始建于宋太宗太平兴国四年(979),为雁荡十八古刹之一。该寺是雁荡山灵岩景区的中心点。

此碑嵌在灵岩寺大门口墙壁间,裴绅诗碑之左。碑高120厘米、宽66厘米,字高20厘米、宽19厘米,三行,第一、二两行6字,第三行4字,隶书。碑中部横断,但凑合无缺,字迹清楚。

杭州飞来峰题名石刻 嘉庆三年(1798)

【释文】

礼部右侍郎仪征阮元常来游此。

吴厚生刻。

张鉴等《雷塘庵主弟子记》卷一载:“(嘉庆三年)八月二十二日,(阮元)奉旨补授兵部右侍郎;又奉旨,礼部右侍郎员缺,著阮元调补。”可知此石刻题写于嘉庆三年八月二十二日至九月十二日任满入都之间。

吴厚生,浙江海盐人,著名石工。阮元两次重刻天一阁宋拓石鼓文:一置杭州府学,一置扬州府学,都是吴厚生刻。《重修会稽大禹陵庙之碑》也是吴厚生所刻。

《嘉庆三年秋西湖始建苏公祠志事》石刻 嘉庆三年(1798)

【释文】

嘉庆三年秋西湖始建苏公祠志事

苏公一生凡九迁,笠屐两到西湖前。十六年中梦游遍,况今寥落七百年。西湖之景甲天下,惟公能识西湖全。公诗云:“西湖天下景,游者无愚贤。浅深随所得,谁能识其全。”公才若用及四海,德寿不驻湖山边。区区明圣一掌耳,易补缺陷开塞填。长堤十里老葑卷,北峰顿与南峰连。雨云雪月入吟袖,装抹浓淡皆鲜妍。水枕竟与山俯仰,百吏散后开风船。可怜纱縠归不得,欲居阳羡愁无田。江头斑白哭学士,碑在口上无劳镌。杭人称公,但曰学士,不称姓也。三百六十寺兴废,竟无一屋祠公焉。前载我饰书院象,聊以山水娱四贤。曩修崇文书院四贤祠,祠合祀李邺侯、白香山、苏公及林和靖四人。柏堂竹阁今尚在,一祠究竟公当专。淮海秦公世交后,办此醵出清俸钱。岁寒岩下百弓地,宅有花树池多莲。读书堂字公手迹,一匾横占屋十椽。余摹熙宁间公书张龙阁“读书堂”三字碑为匾,即以为西堂之名。

吁嗟乎!公神之来如水仙,灵风拂拂云娟娟。楼台明灭衣蹁跹,万珠跳雨生白烟。琉璃十顷青光圆,水乐惊起鱼龙眠。我歌公诗冰丝弦,秋菊荐以孤山泉。神兮归来心超然,望湖楼下湖连天。

仪征阮元。

此石刻在孤山敬一书院，石高30厘米，宽78厘米。

《揅经室集·四集》诗卷四文字与拓片有异："前载我饰书院象"作"前年我来拜公像"，"我歌公诗冰丝弦"作"我歌公句冰丝弦"，"秋菊荐以孤山泉"作"荐秋菊与孤山泉"，"神兮归来心超然"作"神归来兮心超然"。

重修会稽大禹陵庙之碑 嘉庆五年(1800)

【释文】

大禹陵庙碑

兵部侍郎兼都察院右副都御史、巡抚浙江、管理全省营务阮元撰并书。

粤昔五德代兴,纪号天中;二典递禅,立都西北。惟神禹之陟降,皆在江水;治水之终始,皆在会稽。何则?履己西夷,生薏苡于石纽,江之原也;忧民东教,封葛桐于会计,江之委也。若夫《黄帝中经》所载,宛委、覆釜所藏,登临梦发,金简玉瑑出焉。洒沉澹灾,底定者千八百国,通水之理,实始于会稽。及其会诸侯、诏群臣、诛后至者而大计其功，黧踽已甚，绞缄犹薄。迨于今，参耕之亩宛然，非古之上陇与？然则月逾庚子，年加申酉，亦终乎此矣。或谓九州修贡，山川成书，会稽主名，不著于册。然三江分派，以浙水为南支；万里岷流，指山阴为归宿。古今迁异，俗儒骇之。是知胼胝劳绩，必登茅山之巅；成旅中兴，实存大越之祀也。《吴越春秋》谓少康封庶子无余于越，春秋祠禹墓于会稽。《汉书·地理志》会稽山有禹井、禹祠，是故陵之有庙，其来已古。我朝列圣相承，缵旧绩以平水土。东南江海间，几劳大仆之驾焉。今嘉庆岁星次庚申，圣天子孝祀配天，望辩维谨，乃修阶坛，勤丹雘，用承祀事。巡抚阮元，来拜庙下，以考其成。岩壑盘郁，江海深阻。维兹庙貌，巍然镇之。蠲精玉帛，如来百神之朝；驰慕风云，或降二龙之驾。郁郁乎！苍水探穴于其初，元圭填德于其既，固夏后氏神圣之所发藏，亦吾圣天子所以稽古帝、报功德也。爰作颂诗，铭诸乐石。其辞曰：

浙为南江，地临越绝。青泥藏书，白云出穴。陵者葬陵，迹留樏橇。农不变徒，树不改列。厥有原庙，肇祀少康。山川风雨，日月阴阳。阶扶窆石，栋抗梅梁。聿新世室，载启元堂。昴星孕珠，岙山辑玉。黻冕天容，龙蛇古屋。伯益奉经，庚辰侍辇。封并苍梧，庙同岳麓。龙飞五载，障淮塞河。钱唐楗石，海无惊波。新庙奕奕，南镇峨峨。神功圣德，今古若何。马祠遗法，鸟田修祀。鬺享金鼎，符探玉笥。渐海讫声，登山刻字。被碑以文，载之赑屃。

嘉庆五年(1800)，阮元时任浙江巡抚，重修大禹陵，并撰《重修会稽大禹陵庙之碑》，位于绍兴市大禹庙东首窆石亭旁。碑高209厘米，宽91厘米。碑文记述陵庙来历及修缮、祭祀事。以隶书书写，书法庄重秀丽。海盐吴厚生刻。

倪七一在《〈重修会稽大禹陵庙之碑〉小考》考证：虽然碑文提到“阮元撰并书”，但实际碑文书丹者是钱泳。钱泳在《写经楼金石目》卷二中也提及此事：“大禹陵庙碑。嘉庆五年，浙江巡抚阮公元奉命修大禹陵，作记立石，泳为书碑。今在窆石亭下西向。”田家英《小莽苍苍斋藏清代学者书札》所收有阮元致钱泳一札，更坐实了阮元请钱泳代笔的传言。此札云：“别已匝月，想体中清胜，如远颂也。默斋详文已到，未知省中诸君曾评及否？默斋《寿雪堂诗稿》，元前有一截，题之未善，今别成一首，书以奉政，乞为致之，前诗毁之可也。再者，弟欲送人隶书屏五幅，今送来蜡笺八张，乞大笔代书。《圣主得贤臣颂》一篇，末空二行，以便落款。烦渎之至，统容回省叩谢。不一。梅溪先生侍史。弟阮元顿首。”

此碑文收入《揅经室集·四集》卷二，改名《重修会稽大禹陵庙碑》，文字略有不同。

西湖诂经精舍记 嘉庆五年(1800)

【释文】

西湖诂经精舍记

圣贤之道存于经,经非诂不明。汉人之诂,去圣贤为尤近,譬之越人之语言,吴人能辨之,楚人则否;高、曾之容体,祖、父及见之,云、仍则否。盖远者见闻终不若近者之实也。元少为学自宋人始,由宋而求唐、求晋魏、求汉,乃愈得其实。尝病古人之诂,散而难稽也,于督学浙江时,聚诸生于西湖孤山之麓,成《经籍纂诂》百有八卷。及抚浙,遂以昔日修书之屋五十间,选两浙诸生学古者读书其中,题曰"诂经精舍"。"精舍"者,汉学生徒所居之名;"诂经"者,不忘旧业,且勖新知也。诸生请业之席,则元与刑部侍郎青浦王君述庵、兖沂曹济道阳湖孙君渊如迭主之。

诸生谓周、秦经训,至汉高密郑大司农集其成,请祀于舍。孙君曰:"非汝南许洨长,则三代文字不传于后世,其有功于经尤重,宜并祀之。"乃于嘉庆五年五月己丑,奉许、郑木主于舍中,群拜祀焉。此诸生之志也。元昔督学齐鲁,修郑司农祠墓,建通德门,立其后人,是郑君有祀,而许君之祀未有闻。今得并祀于吴、越之间,匪特诸生之志,亦元与王、孙二君之志。谓有志于圣贤之经,惟汉人之诂多得其实者,去古近也。许、郑集汉诂之成者也,故宜祀也。精舍之西有第一楼,生徒或来游息于此。诗人之志,登高能赋,汉之相如、子云,文雄百代者,亦由《凡将》《方言》贯通经诂。然则舍经而文,其文无质;舍诂求经,其经不实。为文者尚不可以昧经诂,况圣贤之道乎?

诂经精舍地处浙江杭州孤山之阳,左三忠祠,右照胆台,面对西湖。由阮元于嘉庆六年(1801)正式创建。嘉庆二年(1797),阮元督学浙江,他遴选浙江能够从事经学研究的人,构屋五十间,聚居于孤山之阳,编撰《经籍籑诂》一书。次年八月书成,阮元招兵部侍郎入都。不久,又奉命抚浙,于嘉庆六年(1801)正月,在原来修书旧地,建为书院,取名"诂经精舍",招收浙江优秀生员来精舍读书。同时又在西偏筑"第一楼",为生徒游息之所。

阮元创办诂经精舍,与当时浙江的敷文、紫阳两书院以科举考试为目的办学原则不同,而是提倡培养经世致用的人材为主,指导学生研究经义,旁及词赋,多攻古体。精舍设有掌教，亦称主讲、山长或院长，亦或称讲教，一般由巡抚聘任。下设监院，职长教课，亦称学长，一般也是由巡抚委任。书院开创之初，主讲者自阮元后，有王昶、孙星衍二人。肄业生徒，初定三十二人，遴选十一郡诸生中经学修明，通于一艺者充之。道光十年（1830），改定额为三十六人，内外课各半。光绪三年（1877），又增其额，人数无考。其后又改为六十名，内外课亦各半。外课又有附课生，亦称备课生，人无定，其名目亦不知始于何时。同治时，徐树铭督浙江学政时，特置超等六人，以异内外课生。精舍的课试，每月一次，一般由主讲命题。内容是问《十三经》《三史》疑义，旁及小学、天文、地理、算法、词章，各听搜讨书传条对，以此来考察学生对知识的掌握情况。书院又先后编刻课艺八集。初编由阮元手订，共十八卷，名曰《诂经精舍文集》。以后由罗文俊、俞樾编订至八集，其中共收经史、词赋二千余篇，推动了当时的学术交流和文化的传播。诂经精舍在办学期间，培养了大批著名学者，如黄以周、朱一新、章炳麟、陈澧等都是诂经精舍出来的佼佼者。

王昶（1725—1806），字德甫，号述庵、兰泉，江苏青浦（今属上海）人。乾隆十九年（1754）进士，官至刑部侍郎。著有《春融堂集》，辑有《湖海诗传》《湖海文传》《明词综》《国朝词综》等。孙星衍（1753—1818），字伯渊，号渊如、季逑。江苏阳湖（今常州）人。乾隆五十二年（1787）榜眼，历官编修、刑部主事、山东督粮道。为学较广，对经史、文字、音韵、诸子百家、金石碑版等皆有涉猎。工篆隶，精校勘，擅诗文。撰有《尚书今古文注疏》《孙氏周易集解》《京畿金石考》《寰宇访碑录》等。

据骆北平、谢典勋编著《天一阁碑帖目录汇编》，此记后刻成碑，碑今已不存。

此记录自《揅经室集·二集》卷七。

“啸石”题字石刻 嘉庆五年(1800)

【释文】

啸石

阮元题

嘉庆五年(1800),时任浙江巡抚阮元,在主持疏浚西湖后,以浚湖葑泥堆积而成一岛,为纪念阮元这次疏浚西湖,人们就把它叫为“阮公墩”。杭州民众送来一奇石,石上一孔,吹之有啸声,阮元题“啸石”二字,隶书,安置于阮公墩上,供游览者欣赏。道光二十五年(1845),张廷济题句:“是石为吾师阮相国莅浙时鉴赏物,今归沈君茂庭,先后石交,足称佳话。”后被南浔富商朱宏茂购得,植于自家“述园”。二十世纪初,啸石被嘉业堂主、南浔巨富刘承干以五百银元购得,立于嘉业堂藏书楼花园荷花池旁。

司马光书《家人卦》摩崖题记石刻 嘉庆六年（1801）

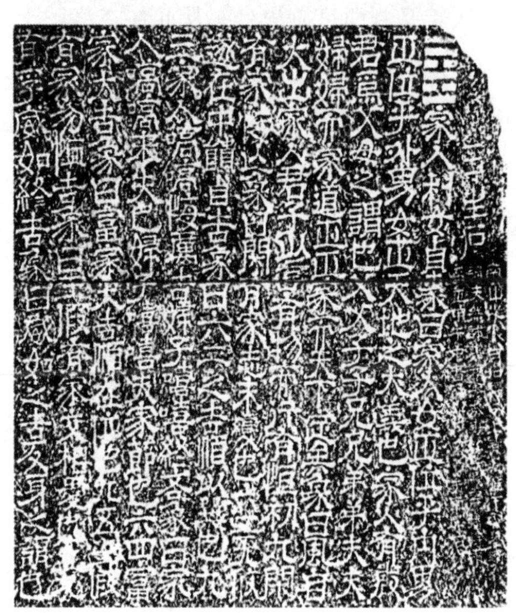

【释文】

南屏山隶书《家人卦》摩崖碑,学者以为司马温公笔,苦无实证。元考广西融县老君洞,亦有司马温公隶书《家人卦》摩崖碑,为公曾孙备判融州军时所刻,且跋云:"先太师温国文正公书,绍兴十九年,曾孙备倅融刻之。"元亲见此拓本,以证南屏石刻为有据矣。嘉庆六年上元日,抚浙使者扬州阮元跋。

司马光书《家人卦》摩崖位于浙江省杭州市南屏山兴教寺,刻于长宽约3米的岩石壁上,隶书12行,每行17字,字径27厘米,共204字。此摩崖气势雄壮,字大逾拳,笔法纵逸,劲实沉着。摩崖始刻于宋代,整体没有遭受破坏,保存较好。

左上角刻有阮元题记,以广西融县老君洞有司马光隶书《家人卦》摩崖,证此石为司马光所书。阮元《两浙金石志》云:"此刻相传如聚讼,潜说友《临安志》、叶绍翁《四朝见闻录》、吴自牧《梦粱录》皆云司马温公手笔,周密《武林旧事》谓为唐人遗迹,旧志又谓司马池守杭时书,惟竹垞据宋鉴称,绍兴六年十月庚辰,上谕大臣曰:司马光隶字真似汉人,朕有五卷,日夕置座右,所书乃《中庸》与《家人卦》,皆修身治国之道,不特玩其字而已。今摩崖所刊,合乎宋鉴,当是诸大臣闻思陵面谕,请刊于石者。"

司马光(1019—1086),字君实,号迂叟,陕州夏县(今属山西)涑水乡人,世称涑水先生。北宋著名的政治家、史学家、文学家。宝元元年(1038)进士。经仁宗、英宗、神宗、哲宗,为四朝重臣。他刚直清正,"专利国家,而不为身谋",朝野尊敬。英宗时,进龙图阁直学士。神宗继位,擢翰林学士。时王安石当政,推行新法,他与之政见不合,乃求外任。以端明殿学士知永兴军,次年又判西京御史台。从此住在洛阳十五年,专心撰写编年体历史巨著《资治通鉴》。元丰七年(1084)书成,迁资政殿学士。哲宗时回到朝廷,任门下侍郎,进尚书左仆射,罢黜新法,恢复旧制。卒赠太师、封温国公,谥"文正",赐碑"忠清粹德"。

此文录自阮元《揅经室集·三集》卷三中《南屏司马温公隶书〈家人卦〉考》。

《分置兵炮纪事诗》石刻 嘉庆六年(1801)

【释文】

嘉庆五年交南夷艇入浙,因造三镇水师大战舰。六年五月朔日,舰成。兵部侍郎、浙江巡抚阮元题。

据《镇海金石志》载:“分置兵炮纪事诗石刻。嘉庆五年交南夷艇入浙,因造三镇水师大战舰。六年五月朔日,舰成。兵部侍郎、浙江巡抚,阮元题。诗均载《招宝山志》。采访册。”

查《揅经室集》未见此诗。

“宋通问副使行人朱公神道”石碑 嘉庆六年(1801)

【释文】

宋通问副使行人朱公神道。兵部侍郎、浙江巡抚，仪征阮元建石。嘉庆六年辛酉九月，立于黄泥岭之麓。

朱弁(1085—1144)，字少章，自号观如居士，徽州婺源(今属江西)人，官吉州团练使。高宗建炎元年(1127)冬，出使金国，被扣留，他用锥刺伤自己的眼睛，以抗拒金人的任命，拘留金国十五年，绍兴十三年(1143)秋天才回到故国。归国后，迁官为秦桧所阻，仅任奉议郎。绍兴十四年(1144)四月六日，朱在寓所病逝，权厝西湖上智果院。直到五十年后，他的侄孙朱熹才以隆重之礼，将他的棺木“迁葬于西湖之上”的积善峰下。

据赵坦《与严厚民辨宋朱行人墓书》文后按语：“今墓前神道题曰：‘宋通问副使行人朱公神道，兵部侍郎，浙江巡抚、仪征阮元建石，嘉庆六年辛酉九月立于黄泥岭之麓。’是当时从赵公(坦)之言而立者。”嘉庆六年(1801)九月，阮元受赵坦、邵志锟请，为宋通问副使朱弁书碑碣，立石刻于墓前。

“明兵部尚书赠太傅谥忠肃于公迹像”题记石刻 嘉庆七年(1802)

【释文】

于忠肃公于明室有再造功,以徐、石奸诬故遇害。元在京师闻余姚邵学士晋涵云:“尝见明景泰间通政司旧册,内署‘某月某日于某一本为太子事’,惜其年月未能记忆。”元以此语仁和孙御史志祖,御史云:“英宗不当复辟,则景帝之易储亦未为过。惟景帝疾笃时,公若上疏请复沂王为太子,而景帝从之,则仁至义尽,何致有徐、石之事?”岂学如忠肃见不及此?然则邵学士所见通政司旧册有“于某一本为太子事”者,当不在易储之日,而在请复沂王之时,断断然矣。文氏《漫钞》谓宪宗于忠肃褒恤之典有加,宪宗曾见公手疏之故,斯言更可证矣。此前贤未彰之事,特为揭之。嘉庆七年四月望日,浙江巡抚阮元题。

“明兵部尚书赠太傅谥忠肃于公迹像”嵌于杭州市上城区清河坊高银街祠堂巷于谦故居花园西墙。原在三台山于谦祠,1984年移至今址。碑高133厘米,宽69厘米。刻于清光绪八年(1882),碑首篆“明兵部尚书赠太傅谥忠肃于公迹像”;碑中下部为于谦坐像,于谦身穿官服,端坐椅上,右手扶膝,左手抚玉带,端庄凝重,画像左下角落款“歙汪柳谿恭摹”;画像周围为钟骏声、张应昌、彭玉麟、杨晋藩、吴廷康、刘凤诰、阮元、张次仲、卜文杓九人的诗、赞、识等,分上中下3列排列。据记载,阮元、刘凤诰、张次仲等人的题记等原刻在于谦祠石壁上,因风雨侵蚀多已斑驳,为使其流传下去,后人将其刻于此碑。碑石目前保存尚好,仅于谦像面部及少量碑文模糊不清。

阮元题记位于中列右数第三篇,楷书,23行。文字多已漫漶不清。此题记录自阮元《揅经室集·二集》卷七《于忠肃公庙题壁记》。

《仁和县同仁祠题识》石刻 嘉庆七年(1802)

【释文】

仁和县武林坊有同仁祠,祀端敏及孙尚书燧、王新建守仁。以宸濠之变,孙遇害,王定乱,而公实首发其奸,故合祠之。予近编《两浙墓祠防护录》,咨部饬官护之,同仁祠其一也。嘉庆七年秋八月,巡抚阮元识,祠后生员胡梦阳上石。

胡世宁(1469—1530),字永清,号静庵,浙江仁和人。弘治六年(1493)进士。任南京刑部主事,上书极言时政得失,再迁郎中,与李承勋、魏校、余佑称“南都四君子”。武宗时,升广西太平知府,迁江西副使。正德九年(1514)上疏陈宁王朱宸濠诸不法事,被构陷下都察院狱,谪戍沈阳。正德十四年(1519)宁王反,胡世宁被起用为湖广按察使。嘉靖间,数上书言事,为明世宗所信任。拜兵部尚书,加太子太保,陈兵政十事,又上备边三事。后以疾乞归,卒谥端敏。为官清廉,疾恶如仇,为时人称道。孙燧(1460—1519),字德成,号一川。浙江余姚人。明弘治六年(1493)进士,历任刑部主事、福建按察使、河南布政使。正德十年(1515),以右副部御史巡抚江西,十四年(1519)六月,宁王朱宸濠叛乱,孙燧不肯依附,宁死不屈,被害于南昌惠民门外,追赠礼部尚书,谥忠烈。王守仁(1472—1529),字伯安,号阳明,幼名云,浙江余姚人。弘治十二年(1499)进士,补兵部主事。正德元年(1506),因救戴铣,劾刘瑾,贬龙场驿丞。刘瑾伏诛,移庐陵知县。正德十一年(1516),擢右佥都御史,巡抚南赣,总督两广,以平定宁王宸濠叛乱,官至南京兵部尚书,封新建伯,卒谥文成。在哲学上成就很高,发展了陆九渊的“心学”,主张以心为本体,认为“心明便是天理”,提倡“致良知”的学说,形成了声势浩大的“阳明学派”。

此题识录自《同仁祠录》卷下。

修杭州孔子庙碑 嘉庆七年(1802)

【释文】

修杭州孔子庙碑

杭州孔庙大成殿

杭州孔子庙在丰馨坊支河之北,相传自宋绍兴改元始建,前此基址所在不可考。宋、元以来至于我朝,屡经修造。自乾隆三十六年之后,久阙葺治。嘉庆元年,元奉天子命,视学浙江,有献于庙廷,周观廊庑,规制或缺,心用恧焉。越四年,来抚兹土,将有兵事于海上,未能鸠工。又二年壬戌,始事营造,提督学政文公宁、盐政延公丰、布政使刘公烒、盐运使张公映玑咸以为然。于是储材庀工,兴事任力,崇大成殿、戟门,完神位,构尊经阁,修露台及两庑听事,罔或不新,文昌祠、阁、棂星门、明伦堂、斋房、碑廊、文明楼及两学官署,罔不整改,造诸贤儒栗主,咸遵太学次序,乡贤名宦祠位,考正毋紊。凡用银八千五百两有奇,其六千两给自庙工项下,其二千五百两有奇则官士所输,其制礼乐器各事银一千一百二十两,则元所筹捐也。始三月甲申,迄八月乙巳工成。钱唐学优贡生孙邦治、监生邵志锟、职监生褚宗灏、盐商吴康成、汪大丰终始其事,稽造惟谨。志锟等又效淮安、常州,设弟子洒扫职,朔望举行,勿虑芜秽。元复延歙县孝廉方正程瑶田案《礼图》铸镈钟、琢石磬,造诸礼乐器,延曲阜礼乐教习王文哲等教授佾生,分歌部、吹部、击部、琴瑟部、左右舞部。仲秋上丁举行典礼,礼成而乐和,庶几吴越间如邹鲁也。

嘉庆七年(1802)三月,阮元开始修杭州孔庙,至八月修成。"凡用银八千五百两有奇,内捐俸一千一百余两。庙成,兄复延歙孝廉方正程君瑶田考古铸钟器,又琢石磬,造诸礼乐器,又延曲阜礼乐教习王文哲等来浙,教习佾生,分部学习。礼成,作碑以纪其事。"

据阮亨《瀛舟笔谈》卷四,此碑记是节略。另据《焦循诗文集》,此文是焦循代阮元撰写。

《姜忠肃公祠记》石碑 嘉庆七年(1802)

【释文】

姜忠肃公祠记

三代学校之设,皆所以明人伦,而人伦莫先于君父,六经其圭臬。明季党锢之祸,几过东汉,七君子之难作,而朝野攘袂者益众,宜兴复相,初志不终,朝议鼎沸,行人司副熊开元首发难。给事中姜埰继之,予廷杖谪戍去;其弟垓亦伉直,不肯阿权贵,世称贞毅、贞文二姜先生者,固忠肃子也。当忠肃未殉节时,人疑二公之高洁或发于天性,不知其切磋者素也。

崇祯十五年,莱阳不守,忠肃一诸生耳,闻贼薄城,即发炮击之。及城陷,率家丁巷战,被执,骂贼而死。其季子坡,自东城驰至,亦见执;并女、媳王氏、孙氏、左氏与婢仆皆死。吁!若忠肃为能以圣贤忠孝之道律其身与勉其子者矣。《经》曰:"资于事父以事君而敬同。"又曰:"以孝事君则忠。"世徒知二贞之忠,而不知忠肃之教有以致之也。

象山学署旧有忠肃祠,为县令姜圻奉敕建。圻即忠肃长子,以忠肃荫得官,因与弟埰、垓共成之。乃象山人思圻之德,复以配忠肃,并附圻、垓、坡、烈妇女之主。厥后不戒于火。嘉庆七年,署训导乌程温纯有慨其事,率诸生厘其地,筑而新之。既成,来请记。

夫师儒之官,其所以董正诸生者惟六经。而六经之旨,至子不愧其父之训,而父能以身教其子,斯亦可矣,则象山之祠,忠肃宜也。始埰为余乡仪真知县,忠肃尝往来其地;其受命也,亦以持太夫人丧自真至。故凡埰所为惠政,皆忠肃有以启佑之。以余所闻于乡者,尤不忘后之设豆祭、仰榱桷者,其不足与起欤!俾刊诸石,且为诗曰:

先生之生,当宁不知;先生之死,多士咸师。
贞节义勇,圣贤相期;教子有方,律身以规。
孤标冬劲,严霜夏垂;盱眕骈戮,归于勿欺。
韭山高峙,沙湾清漪;式瞻几筵,勿替引之。

此碑曾嵌宁波市象山县天象山至圣庙东庑壁间。

姜泻里(1583—1643),字尔岷,号汉州。山东莱阳人。廪生,官礼科给事。崇祯十五年(1642),清军肆虐京畿和山东地区,闰十一月,进攻莱阳城,姜泻里率兵抵抗,在混乱之中用炮火打中清军首领,所以守军得以暂时将清军击退。崇祯十六年(1643),清军第二次进攻并且攻破了莱阳城。姜泻里率家丁分守东门,清军夜袭,巷战中姜泻里负伤被俘,不屈而死,恤赠光禄寺卿,谥忠肃,赐祭葬。

碑文录自李洣修、陈汉章纂〔民国〕《象山县志》卷三十二。

南浔师善堂铭 嘉庆七年(1802)

【释文】

王政之成,存顺殁宁。昔程纯公,惠浸萌生。火化有严,阻葬必饬。埋骼掩胔,漏泉之泽。苕水之东,杼山之阳。众善克举,何用不臧。情悫德满,竹慈木义。引而弗失,光于来裔。

师善堂,康熙六十年(1721)建,为董理施棺抢埋公所,后渐废弛。嘉庆七年(1802)重建,更立条规,阮元为师善堂撰铭。

此铭录自周庆云纂〔民国〕《南浔志》卷三十四。

宋高宗御书《道德经》石幢残刻题跋 嘉庆七年(1802)

【释文】

咸淳《临安志》载:宋高宗御书《道德经》石幢,在吴山天庆观,即今之元妙观也。元郭天锡《客杭日记》亲见殿前经幢,有亭覆之,是至大间其石尚存观中。嘉庆壬戌春,得于武林市桥下,惟一面存《道德经》数行。书法同府学石经,其为思陵御笔无疑,遂移置瑞石山文昌楼下。此楼新建,余每避嚣来此阅案牍,因于平漫处刻字记之。浙江巡抚,扬州阮元题。

赵构(1107—1187),字德基,宋朝第十位皇帝,南宋开国皇帝,宋徽宗赵佶第九子,宋钦宗赵桓之弟。庙号高宗。他与父亲宋徽宗都是书法家。赵构御书《道德经》石幢立于杭州吴山南麓天庆观。元代改名玄妙观。清康熙时,易名元妙观。

石刻今不存。题跋为楷书,六行,行二十四字。

此题跋录自《两浙金石志》卷九。

金沙港三祠记 嘉庆八年(1803)

【释文】

金沙港三祠记

西湖孤山六一泉之三祠，权舆于前明南关榷使陈公调元祀熹、怀两朝诸贤。我朝太守张公奇逢复祀列代名贤于左庑，分正气、先觉两堂，又于西庑移前太守李公祀之，则又遗爱堂之权舆也。乡之人乃建遗爱堂，奉相国李公之芳等，并附祀乡贤孝义之士，故先觉较多。此三堂之始末也。乾隆间，疆吏修六一泉，改堂庑为佛宇，遂以数百栗主纳诸两序外夹室中，地极湫隘，吾师大兴朱公曾倡修之，刻碑书名。今屋与主又且朽坏，不可收拾，且地狭甚，亦不能廓之也。金沙港有大阁数楹，甚宏敞，元遂有改迁之举。因旧祀之人无定例，集诂经精舍诸生议之，诸生言多可采，而议各殊，元遂以己意定之曰："'正气'之言，始于《楚辞·远游》，而文丞相《正气歌》实发明之，非有死节至行如文山者，不得与也。'先觉'之言，始于孟子，在畎亩则乐道，任天下则觉民，非有任事如阿衡者，不得以类从也。'遗爱'之言，始于孔子之泣子产，非有功德及浙民如郑侨者不可也。"元今所定金沙港之三祠，较之六一泉，有互迁者，有除祀者，有增祀者。

六一泉正气阁列汉严公光，唐褚公遂良、宋公璟、张公巡、许公远、颜公真卿、郭公子仪、李公泌、陆公贽、白公居易，宋林公逋、范公仲淹、欧阳公修、苏公轼、岳公飞、韩公世忠、洪公皓、葛公邲、文公天祥、徐公应镳，明方公孝孺、高公逊志、于公谦、孙公燧、邵公经邦、万公燝、杨公涟、左公光斗、魏公大中、袁公化中、周公朝瑞、顾公大章、高公攀龙、周公顺昌、周公起元、缪公昌期、李公应升、周公宗建、黄公尊素、刘公铎、丁公乾学、夏公嘉遇、林公日瑞、陈公士奇、崔公文荣、马公如蛟、刘公熙祚、卫公景瑗、朱公之冯、范公景文、倪公元璐、李公邦华、汪公伟、王公家彦、孟公兆祥、周公凤翔、施公邦曜、凌公义渠、吴公麟徵、马公世奇、刘公理顺、申公佳胤、陈公纯德、吴公甘来、王公章、陈公良谟、许公直、成公德、金公铉、蔡公懋德、孟公章明、蔺公刚中、陈公龙正、刘公宗周、祁公彪佳、黄公道周、余公煌、黄公端伯、陈公潜夫、王公道焜、陈公子龙、夏公允彝、陆公培、杨公廷枢、黄公淳耀、顾公咸建、吴公尔埙、姚公奇胤、吴公闻礼、葛公寅亮、张公煌言、朱公拱辰，国朝朱公昌祚、范公承谟、陈公丹赤、叶公映榴、刘公钦邻、马公琾、高公咸临、钱公楞、郎公斗金、钱公嘉伦、徐公尚介、王公万鉴、徐公修，一百五人。今改严公光、郭公子仪、陆公贽、林公逋、欧阳公修、葛公邲、邵公经邦、陈公龙正、葛公寅亮，皆归先觉堂正祀，徐公修归先觉堂旁祀，宋公璟、李公泌、白公居易、范公仲淹、苏公轼、韩公世忠、朱公昌祚，皆归遗爱堂。

六一泉先觉堂列宋赵公抃、杨公时、张公九成、王公十朋、吕公祖谦、杨公简，元仇公远，明宋公濂、方公孝孺、王公琦、姚公夔、陈公选、章公懋、李公明、宋公应昌、王公守仁、卢公雍、卢公襄、茅公瓒、茅公坤、凌公立、高公仪、劳公永嘉、陈公善、柴公祥、凌公登名、凌公登瀛、杨公廷筠、张公懋忠、王公思任、陈公云渠、张公蔚然、洪公瞻祖、李公元晖、李公之藻、李公流芳、陈公肇、卢公复、柴公应槐、卢公昊、卢公璋、刘公宗周、翁公汝遇、闻公启祥、闻公启祯、柴公绍辉、柴公绍勋、郭公嗣汾、郎公兆玉、徐公尚勋、艾公南英、章公国佐、柴公世埏、吴公大冲、钱公喜起、徐公继恩、徐公复仪、张公元徵、吴公之龙、严公调御、严公武顺、严公敕、宋公贤、徐公恕、张公元，国朝茅公起龙、凌公莘徵、陈公晋明、汪公澄、汪公沨、陈公丽明、徐公继圣、张公遂辰、张公嵩、朱公之锡、胡公亶、赵公廷标、高公偁、虞公穆、吴公镳、詹公惟圣、徐公旭龄、严公沆、顾公豹文、严公曾榘、洪公秉铨、洪公吉臣、卢公琦、卢公琏、徐公潮、汪公霦、虞公鈖、应公㧑谦、王公修玉、柴公绍炳、陆公圻、陈公廷会、胡公介、张公右民、章公士斐、陈公祚明、陆公嘉淑、吴公震卫、俞公时笃、王公至健、陆公阶、陆公堦、孙公浣思、王公佑贤、陈公张相、陆公繁弨、卢公之颐、宋公鼎铨、张公麟、严公曾槷、沈公近思、柴公谦、张公颖萮、郎公廷泰、汪公廷俊、项公日永、章公戡功、章公抚功、陈公曾篁、陈公曾蘐、卢公彝、卢公黿、洪公福星、陆公进、金公号跂宋、刘公号何实、刘公万祺、周公号于宣、章公号长玉、赵公号梓木、章公号程伯、方公擢、周公拱辰、赵公号逊志、张公元吕、陈公季方、卢公必陞、赵公启裕、吕公兰，一百四十四人。今改徐公复仪入正气阁，改卢公襄入遗爱堂，方公孝孺、刘公宗周本在正气阁，兹重出，除之。其栗主事迹未经考得者，正气阁之朱公拱辰，先觉堂之洪公福星、金公跂宋、刘公何实、刘公万祺、周公于宣、章公长玉、赵公梓木、章公程伯、赵公逊志、张公元吕十一人，制成木主，而别藏之楼侧，俟考得再列之左右，今暂除之。

六一泉遗爱堂列明周公新、王公世贞、王公在晋、薛公应旂、樊公良枢、李公文奎、陈公仕贤、甘公士价、张公延登、刘公一焜、许公豸、陈公调元，国朝马公如龙、李公之芳、金公鋐、王公骘、赵公士麟、王公国安、崔公尔仰、郑公开极、周公清源、颜公光敩、金公之俊、胡公作梅、彭公始抟、马公豫、于公敏中、赵公弘灿、王公世臣、傅公泽渊、高公熊徵、张公奇逢、李公洊德、通判王、纳公兴安、黄公在中，三十六人。旧碑附载项公景襄、田公逢吉、张公希良、迟公惟培、李公铎、吴公垣五人。今改项公景襄入先觉堂，金公之俊、通判王二人除之。

其定为增祀者，于正气阁增明张公宪、卓公敬、沈公炼、翁公鸿业、顾公王家、许公文岐、王公钟彦、宋公天显、于公腾蛟、翁公之琪、杨公振熙、吴公正道、王公志端、王公缵爵、赵公景和、徐公石麒、张公国维、熊公汝霖、钱公肃乐、沈公宸荃、陈公函辉、朱公大典、傅公岩、俞公元良、都公廷谏、汤公芬、周公允吉，二十七人。于先觉堂增晋谢公安，宋沈公括、宗公泽、赵公汝愚、朱文公熹、王公应麟，元许公谦，明商公辂，国朝固山贝子公福喇塔、陆公陇其，十人。于遗爱堂增唐李公德裕，明胡公宗宪、阮公鹗、戚公继光，国朝张公鹏翮、赵公申乔、朱公轼、李公卫，八人。

或曰：互迁之义，既以孔、孟、文山之义律之矣，增也、除也，有定例乎？曰：无之。六一泉之三祠，以先觉为稍滥，其间至有不可考其名籍者，姑以“有其举，莫敢废”之义，多存之。而以实不愧为先觉者为南向正祀，有事功者为西向旁祀，有学行者为东向旁祀。其三祠主之位次舛乱者，为厘正之，并悉标举其爵秩。增者不胜其增，今则以己意所最重者增之，未必尽符乎人意也。如以为未善，则俟后之能修建者增损之。此金沙港三祠之事也。三祠共为大阁五楹，阁之上，南向为正气阁，北向为遗爱堂；阁之下，南向为先觉堂，北向则水榭与花神庙隔水相向。其工毕于嘉庆八年夏六月。浙江巡抚、前浙江学政扬州阮元刻碑记之，并列序今所定三堂名位于碑后。董斯事者，监库大使娄县许元仲。书丹者，钱唐高垲。

金沙港，或作金沙漳，是西湖西部一条溪涧的入湖之处，溪涧古时称钱源。清代金沙港相继兴建了正气、先觉、遗爱三祠，祭祀与杭州有关的先贤。

许元仲(1755—？)，字小欧，松江府娄县(今上海松江)人。游幕四方，足迹遍及天下。道光七年，年七十三，罢官居武林(今浙江杭州)。著有《三异笔谈》四卷。

高垲(1769—1839)，字子高，号爽泉。钱塘(今浙江杭州)人。尤擅长小楷，秀丽绝俗，颇见功力。嘉庆中入阮元幕，校金石文字，并手录薛氏钟鼎款识跋并刊之，南北名胜碑版多出其手。工诗文，亦善绘事，取法宋、元，勾勒设色雅逸精妙。

此记录自《揅经室集·二集》卷七。

敕授承德郎吏部稽勋司主事沈君墓志铭 嘉庆八年(1803)

【释文】

敕授承德郎吏部稽勋司主事沈君墓志铭

吏部主事沈君殁六月，其从弟之子庶吉士维鐈以状来请铭。按状，君讳叔埏，字埴为，世为秀水县人。曾祖某，潜德不耀。祖某，县学生，善画，供奉畅春园。有孝行。父某，以君贵，赠两世，皆如君官。

君生有异秉，喜书籍。及长，屡受知于学使者，列高等，然省试辄不遇。乾隆三十九年，今予告韩城王相国视学两浙，以优行贡礼部廷试第一，入太学。戊戌冬，应教习试复第一，补充正红旗官学教习。期年，给假归。值纯皇帝南巡，召试一等，赐举人，授内阁中书，充方略馆、《一统志》《通鉴辑览》分校，及《历代职官表》协修官，又充《四库全书》武英殿分校，凡八年。始以丁未会试中式，殿试三甲，授吏部稽勋司主事。君居官勤敏，诸总裁方引以自助，而君以太夫人年近九十，至部曹才三日，即陈情乞终养归，有终焉之志。筑室锦带、宝带两湖间。学者称为"双湖先生"。其主魏塘讲席尤久，教入必以法，故所成就皆可观。生平博综群书，撰述诗古文集共若干卷，考录诸书凡若干种。君以乾隆元年十一月二十六日生，嘉庆八年正月五日卒，年六十有八。配孙安人，无子，以弟之子维镄为嗣女。二君尝以维鐈为己子，及维鐈贵，君曰："吾不忍以贵而夺之也。"遂易今嗣。然维鐈视之，则犹父也。元在京师时即识君，及抚浙，又习知君之为人。今君以嘉庆某年某月干支葬于某原，乃为之铭。铭曰：

公短而腴，须发皓然。笃情孝养，乐志林泉。读书万卷，著书千篇。生平精力，尽于书焉。吾书此石，纳诸幽阡。嗟公之书，世其永传。

沈叔埏(1736—1803)，字埴为，号剑舟、双湖，秀水(今嘉兴)人。乾隆四十五年(1780)高宗南巡，召试一等，赐举人，授内阁中书，充《四库全书》武英殿分校。曾任方略馆、《一统志》、《通鉴辑览》分校及《历代职官表》协修官。乾隆五十二年(1787)成进士，授吏部主事，以母老乞归养。著有《颐采堂集》15卷。沈维鐈(1778—1849)，字子彝，一字鼎南，号梦醉，又号小湖。沈维鐈是沈叔埏之侄，幼时家贫，受知于叔父的经训堂，又受业于鸳湖山长段玉裁门下。嘉庆七年(1802)进士，授编修，累官工部侍郎。参与纂修《全

唐文》《一统志》，纂辑《秘殿珠林》《石渠宝笈》。五任学政，振拔多知名士。著《补读书斋遗稿》。

阮元在北京就认识沈叔埏，在任浙江巡抚时又知他的为人。又因沈叔埏嗣子沈维鐈的请求，故而为沈叔埏撰墓志铭。

此墓志铭录自闵尔昌辑《碑传集补》卷十一，《揅经室集》未载。

龙游县重建通驷桥碑铭 嘉庆九年(1804)

【释文】

龙游县重建通驷桥碑铭

明代通驷桥上的石狮子

龙游为东南孔道,其自京师而趋江闽者,水道则自处州而至,陆行则自金华而至,而皆以通驷桥为之冲。通驷桥者,在永安门外,长八十丈有奇,当灵溪入谷,自遂昌之会。自宋绍兴以迄前明,凡重修者九,自木而石、而石墩、而卷虹者三。嘉庆五年,郡内绅士叶礼承、叶世璇、余殿鳌及徐应宲等,以其岁久倾圮,倡为捐修之举,集郡内绅士若干人,捐二万余金,至八年四月十九日落成,比旧之广增三之一焉。署桐乡教谕余习来乞文,余因思《周语》《夏令》有之曰"十月成梁"语者,以为便民使不涉也。然则舆梁之修,三代之令典,而邑之人士能及时修举,俾不致于废坠,可谓慕义者矣。遂书以为记,令书姓名于碑阴而系以铭。铭曰:

兼辆陆资,方艚水济。舟楫所穷,代石以厉。灵山崔崔,灵源裔裔。式彼通津,利而弗滞。乌榜衔舻,星轺击辖。苦壶不歌,负载踵继。虹腰横度,雁齿齐缀。既固既平,民安其惠。

大清嘉庆九年,岁在甲子孟春月上浣之吉,董事叶世璇、劳焕、叶礼承、徐应宸、徐应宲、陆凝、朱锦周、叶祖绳、潘锡昌、支绳固、曹象贤、汪梦熊立石。

东阁桥,又名通驷桥,位于浙江省衢州市龙游县城东门。初为木桥,始建无考。北宋宣和年间改建石桥未成,南宋淳祐年间始筑石墩,架木为梁。历代多次重修。嘉庆五年至八年(1800—1803)是其中一次。修成后,请阮元撰《龙游县重建通驷桥碑铭》。

此铭录自〔民国〕《龙游县志》卷三十六。

《青田石门洞天铭》石刻 嘉庆九年(1804)

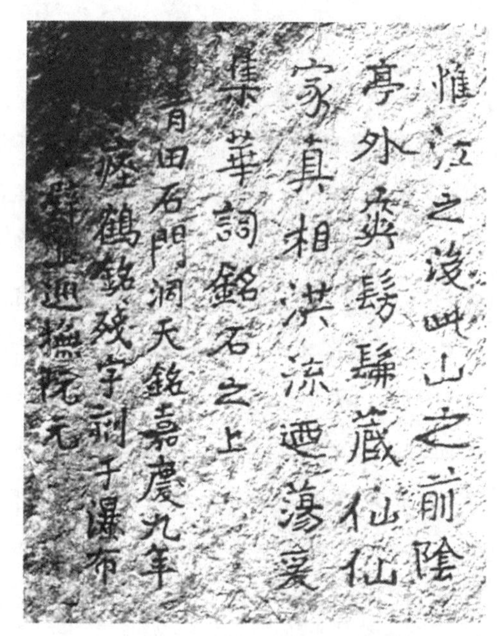

【释文】

惟江之后,此山之前。

阴亭外爽,仿佛藏仙。

仙家真相,洪流乃荡。

爰集华词,铭石之上。

青田石门洞天铭。

嘉庆九年,集《瘗鹤铭》残字刻于瀑布前石壁上。巡抚阮元。

此段摩崖石刻在丽水青田石门洞鼓山路旁岩壁上,“登云桥”摩崖之下。自右而左,7行,楷体,直书,字径9厘米。长87厘米,宽90厘米。保存完好。这是阮元第三次来游石门洞时所题。

“栝苍古道”石刻 嘉庆九年(1804)

【释文】

栝苍古道

嘉庆九年春,浙江巡抚扬州阮元题。

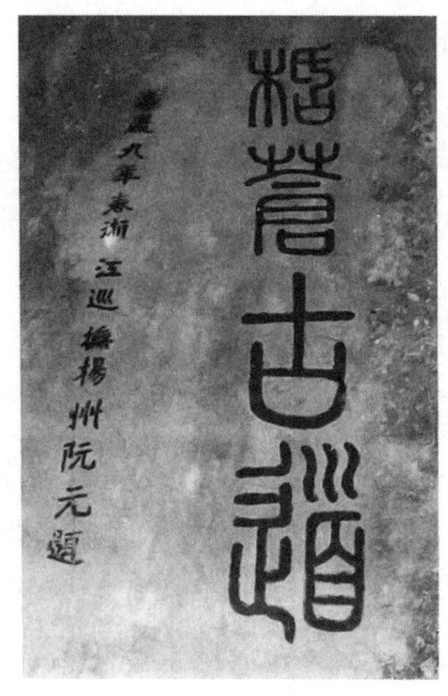

括(栝)苍古道作为驿道,始建于唐末宋初,自丽水市区经岩泉、银坊、高青、大湾,越望城岭、隘口桃花洞入缙云,时为赴省城通道,境内长60公里。元明时期为军事要冲。元代置山驿(却金馆)。明清两朝,此大道为温、处二府的通京大道。在银坊村官坑桥头峭壁上,有嘉庆九年(1804)浙江巡抚阮元题刻“栝苍古道”篆书,每字直径110厘米,端庄凝重,郁盘雄劲,工整朴雅,气势逼人。落款楷体,字径25厘米。现为丽水市级文物保护单位。

晚钟山房记 嘉庆九年(1804)

【释文】

晚钟山房记

杭之净慈寺,所谓“南屏晚钟”也。昔江少司马兰读书寺中,寺西南墙外隙地,司马构屋数楹,北向,外环以廊,中奉佛象。嘉庆八年秋,余过扬州,司马语余曰:“此屋未圮耶?吾远祖吴越侍御有德于浙,曷设斯主?”余曰:“六一泉三堂,余已迁主数百矣,是屋也,礼亦宜之。”九年春,司马治河赴淮北,江君鸿、江君士相以资来葺新之,于屋西建楼一楹,可望西湖,余名其屋曰“晚钟山房”,楼曰“屏山楼”。于屋之背立一龛,设吴越侍御史、充镇海军节度判官江公景房栗主,以皇清诰授中议大夫、两浙江南都转盐运使江公承玠,诰授光禄大夫、赐布政使衔江公春,诰赠光禄大夫、兵部左侍郎江公进,诰授中议大夫、候选知府江公昉四主从之。

侍御名景房,字汉臣,吴越常山人。宋太平兴国初,吴越纳土时,充镇海军节度判官,奉版籍归宋。吴越赋重,亩增三斗有奇,民病之,侍御沉其籍于河,以罪自劾,幸免于诛。后王方贽奏定赋亩一斗,浙东西十三州民受其德。赋减于王,沉籍实始于江,事见元张枢所撰《沉籍记》及《宋史·王珪传》。以六一泉、遗爱堂之例准之,是主固宜设也。转运使,侍御二十六代孙也。雍正元年,以户部郎中出知嘉兴、台州二府,用朱子旧法,修台州太平水利,擢盐运使,输资修海塘,有惠于商士。齐次风侍郎,公所植士,隶书院,称弟子焉。方伯、赠少司马、太守,皆侍御二十七代孙。赠公以子兰贵,赠如其官。今修山房江君鸿者,转运之孙,太守子,为方伯后者也。士相者,赠公之孙,少司马弟之子也。修山房设主既毕,遂书石记之,俾浙人知侍御史之主所由来。他日江氏子孙往来扬、歙者,入山房而拜焉,不亦宜乎?

江景房(915—987),字汉臣,衢州常山(今属浙江)人。江氏未迁歙时之远祖。五代十国时,任吴越国侍御史、镇海军节度判官。太平兴国三年(978)五月,吴越除国版图归宋,江景房奉文书图籍赴汴梁。江景房素感吴越十三州田赋过重。途经扬子江,因思销据冀能减赋,于是将文书图籍悉沉江中。至汴京,诡称遇巨风翻船。宋太宗赵光义欲治以重罪,经群臣申述获免。吴越归宋后,旧官大都加封,唯江景房降职,任沁水县尉。不久,以病辞退,躬耕终老,绝口不提沉籍之事。

江兰（1740—1807），字滋伯、芳谷，号畹香。安徽歙县江村人。先世业盐于扬，侨居扬州左卫街（今广陵路）。贡生出身。历任大理寺少卿、河南巡抚、山东巡抚、云南巡抚、兵部左侍郎等等。擅诗文，精瓷器，好治园。著《游笈集》，辑《集古良方》。

江承玠（1684—1741），字搢五，号讱庵。江昉父。例贡生，任嘉兴、台州知府，后升浙江盐驿道。

江春（1721—1789），字颖长，号鹤亭。安徽歙县江村人，侨寓扬州。早年读书应试，后弃文协助其父经营盐业贸易。乾隆十四年（1749），其父江承瑜病故，由于江春为人机敏练达、聪明能干而又熟悉盐法，主持盐政的官员因此推荐他接任两淮盐业总商。江春还是接待乾隆皇帝六下江南的关键人物，其个人出力甚多，捐银数十万两。官奉宸苑卿，加布政使衔。嗜戏曲，组建“德音”“春台”两个家班。江春还热心家族事务和公益事业，如倡建宗祠、修建书院、救济贫寒士子。工诗，有《随月读书楼集》。阮元的祖母江氏系江承瑞女。江承瑞与江春父江承瑜是兄弟。江春是阮元祖母的弟弟，是阮承信舅父，阮元舅祖父。

江进，字可亭。安徽歙县江村人，侨寓扬州。江春堂兄。以子江兰贵显，赠兵部左侍郎、云南巡抚。

江昉（1727—1793），字旭东，号砚农。江春堂弟。候选知府。爱读书，善诗词，喜交游。家有紫玲珑阁，集四方名流觞咏其间，与江春康山草堂齐名，时人号为“二江”。著有《晴绮轩诗集》《练溪渔唱》等。

江鸿（？—1813），又名振鸿，字颉云或撷云，亦作吉云，一字文叔。江承玠孙，江昉次子。因江春无子嗣，江昉先以季子江振先嗣之；江振先去世后，又以次子江振鸿嗣之。工草书，善诗古文词，著有《莺花馆诗钞》。

江士相，字元卿。江进孙，江蕃子。诸生，官刑部员外郎。热衷于书画、古器。工诗。著《二分明月楼集》。

齐召南（1703—1768），字次风，号琼台，浙江天台人。雍正副贡生，乾隆元年（1736）举博学鸿词，改翰林院庶吉士。散馆，授检讨。再大考授内阁学士，兼礼部侍郎。历充《大清一统志》等纂修及副总裁官。天才敏捷，为诗文援笔立就，有《宝纶堂诗文钞》等。

此记录自《揅经室集·三集》卷四。

《玉环新建学宫记》石刻 嘉庆九年(1804)

【释文】

玉环新建学宫记

玉环在温台二郡之东南,旧属太平、乐清二县,明以前无可纪,惟见于王忠文公之诗。雍正五年,始分割其地升为厅事,专隶温州。嘉庆龙飞元年,余秉节抚浙,采风之余,知其习俗丕变,因于八年二月,会同学使者诸城刘少司马镮之具奏,请增设学校,并加取进弟子员额文八人、武四人,又量设廪膳增广生员八人,以示鼓励。蒙旨俞允,乃选温州府训导分驻其地。盖玉环自初入管辖以暨乾隆二十年间,始录文士之秀,至此风气已历三变矣。命下之日,士民欣跃,爰諏吉地于南门之左建立学庙,门殿庑室靡不完固。同知黄秉哲莅任,始终勤事,爰于九年五月二十九日落成,列牍请记,于是为之铭曰:

东海之滨,地尽两戒。青青子衿,以劳以来。率仁而亲,率义而爱。入则横经,出则负耒。昭著新德,乃立黉宫。俎豆斯秩,鼓钟攸同。方领矩步,敦行饬躬。圣训广被,慕义无穷。文教既宣,武功自肄。幺魔跳梁,乃甘自弃。奸宄不作,保甲维寄。鸮音可怀,既除既治。匪伊献馘,亦降其魁。泽宫之地,云汉昭回。兕觥不设,頖壁乃开。海不扬波,棫朴呈材。

此碑刻于嘉庆九年(1804)五月。据《玉环厅记》载:“学宫,在厅治东南……同知姚鸣庭详请巡抚阮元、学政刘镮之题准建造,九年落成。

玉环厅,清雍正六年(1728)置,属温州府。民国元年(1912),废厅设县,改称玉环县。2017年,改立玉环市。

此记录自清光绪《玉环厅记》卷七。

“白苏二公祠”石额 嘉庆九年(1804)

【释文】

白苏二公祠

嘉庆三年(1798),为纪念白居易、苏轼对杭州的贡献,杭嘉湖兵备道秦瀛将孤山四贤祠旧址上的十几间房屋辟为苏东坡专祠,次年落成,名为苏文忠公祠。时任浙江学政的阮元以所集苏轼手迹“读书堂”三字作为苏祠的门额,并写下长诗《嘉庆三年西湖始建苏公祠志事》。嘉庆九年(1804),浙江巡抚阮元在苏东坡专祠东侧拨地,建白文公祠,并题“白苏二公祠”额。

白苏二公祠,位于浙江省杭州市西湖区孤山东南麓的孤山路,占地面积2100平方米,建筑面积700平方米。

《陈氏重修青藤书屋记》石碑 嘉庆九年(1804)

【释文】

陈氏重修青藤书屋记

山阴县治南里许有青藤书屋,为明徐文长先生故宅。宅故有青藤一本,枝干蟠屈,大如虬松,为先生手植藤,覆方池,宽径十尺许,名天池,池虽小而通泉,不竭不溢,先生自号青藤山人,又号天池,皆以此。其题额曰“青藤书屋”者,则国朝陈老莲洪绶笔也。

宅凡三楹,中设先生栗主,三百年来受是宅者,咸敬礼先生勿替。闻有金进士传世授徒于是,前后凡数十年,每朔望率弟子瞻拜,奉事尤谨。于时青藤抽条发荣,绿阴如伞盖,青藤之灵与先生俱不朽矣。先生为明一代才人,受知于大府胡公宗宪,礼遇之隆,一时无俪。遇事后,张公元忭知之;卒后,陶公望龄知之,袁公宏道又知之。先生虽不遇,可以无憾。今书屋为陈氏所有,而敬礼先生如故。凡酬字堂、婴桃馆、柿叶居诸胜,悉为补缀,顿还旧观,是可憙也。

予又闻先生有墓在山阴之木栅乡,碑趺仆泐,松楸惨然,倘能即为修葺,不使湮没于荒榛蔓草间,则又予之所乐闻也。

嘉庆九年十二月,抚浙使者仪征阮元撰。句吴钱泳书。

青藤书屋,位于绍兴市越城区前观巷大乘弄10号,明代三大才子之一徐渭的降生地,也是其20岁前生活居住的地方。

《陈氏重修青藤书屋记》碑高30厘米,宽81厘米,分设二石。隶书。嘉庆九年(1804)十二月阮元撰文,钱泳书丹。镌记青藤书屋沿革及重修事。碑尾附陈氏尚古主人自书跋语:“予葺徐文长先生青藤书屋,正欲访修其墓,泥于古不修墓之言而止。适中丞以是记寄越,命修葺之,遂清界址,培土木,春秋祭扫,岁为例焉。夫予既忝为地主,则修整防护,固予责也,中丞是言,其先得予心矣。己卯冬月陈氏尚古主人识并书。”

徐渭(1521—1593),初字文清,更字文长,号天池,又号青藤山人,明山阴(今浙江绍兴)人。诸生,曾为浙闽总督胡宗宪幕客,参与筹划抗倭方略。仕途历经坎坷,激愤穷愁,放言高论。以书画名于时,亦工诗文。著有《文长集》。

尚古主人,即陈永年,名遐龄。幼承家教,好学多才,经营商业,以玉贾起家,积有资财。他购入青藤书屋后，进行了一次大规模的维修，并请浙江巡抚阮元撰写《陈氏重修青藤书屋记》。

陳氏重脩青藤書屋記
山陰縣治南里許有青藤書屋為明徐文長先生故宅宅故有青藤一本枝幹蟠屈大如虬松為先生手植藤覆方池寛徑十尺許名天池池雖小而通泉不竭不溢先生自號青藤山人又號天池皆以此其題額曰青藤書屋者則國朝陳老蓮洪綬筆也宅凡三楹中設先生栗主三百年來受是宅者咸敬禮先生勿替閒有金進士傳世授徒於是前後凡數十年每朔望率弟子瞻拜奉事尤謹于時青藤抽絛發榮綠陰如織蓋青藤之靈與先生俱不朽矣先生為明一代才人受知於大府胡公宗憲禮遇之隆一時無儷遇事後張公元忭知之季後陶公望齡知之袁公宏道又知之先生雖不遇可以無憾今書屋為陳氏所有而敬禮先生如故凡酬字堂嬰桃館柿葉居諸勝悉為補綴頓還舊觀是可喜也予又聞先生有墓在山陰之木柵鄉碑趺仆泐松楸慘然僅能即為脩葺不使湮没於荒榛蔓艸間則又予之所樂聞也
嘉慶九年十二月撫制使者儀徵阮元撰
句吴錢泳書

予葺徐文長先生青藤書屋正欲訪脩其墓泯於古不脩墓之言而止適中丞凱是記寄越命脩葺之遂清界址培土木春秋祭掃歲為例焉夫予既忝為地主則脩整防護固予責也中丞是言其先得予心矣
己卯冬月陳氏尚古主人識并書

《镇海县新建灵山书院记》石碑 嘉庆九年(1804)

【释文】

镇海县新建灵山书院记

镇海旧无书院。嘉庆九年,邑之优贡生邬晕因旧所捐田一百亩,建节孝祠,后有义学,有文昌阁。将复开置书院,立讲堂,以嘉惠邑人。由镇海县申请,余告之曰:"党之有庠,循州之有序也。学不可以无规,朱子白鹿洞旧事,其例也。"既而,学官以其规约至,复捐田三十亩有奇,以为膏火之费,且言将以秋仲下旬落成。具以书院之图来,考图,书院内立讲堂五间,南向,在文昌阁之外;又其外为土地祠,其东为奎星阁。讲堂两庑东西,列精舍三十间,以为诸生游息之地。左右池水环带,嘉木修植,规模完善。夫捐资,义举也;劝学,美事也。郡有是人,而有司不兴之者,无是理也。且余闻生好善行义,有不止于此者。《周礼》六德曰忠和,六行曰任恤,为善无不报,而行道有福。斯院之成,岂徒邑之人士蒙其休而已哉!因其请而为之记。

兵部侍郎、都察院都御史、浙江巡抚,仪征阮元撰。

日讲起居注官、翰林院侍讲,钱塘梁同书书。

镇海灵山书院创建于嘉庆九年(1804),由镇海县优贡生邬晕捐田创办,为镇海县第一座书院。宁波市北仑区灵山书院校史馆内藏有《镇海县新建灵山书院记》石碑。石碑长58厘米,宽30厘米。

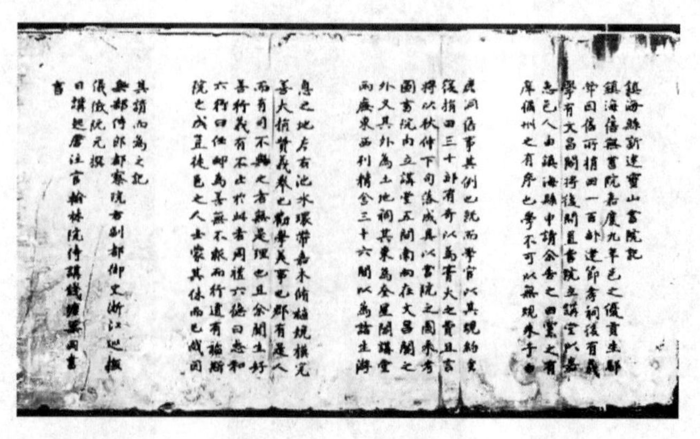

《嘉庆九年重浚杭城水利记》石碑 嘉庆十年(1805)

《嘉庆九年重浚杭城水利记》石碑拓片

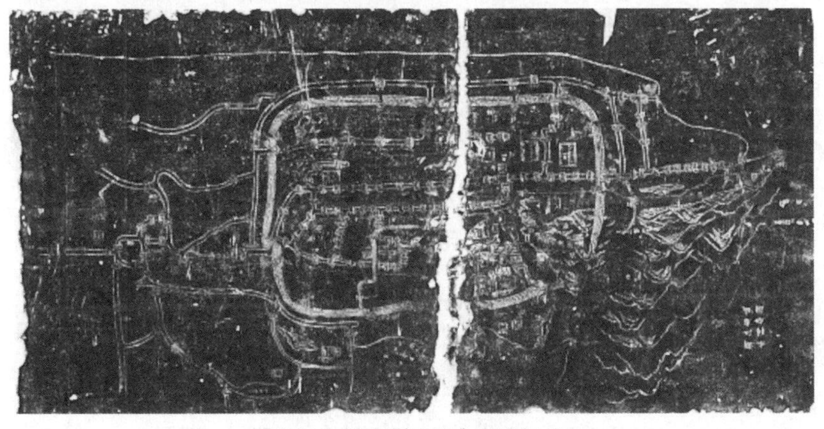
《浙江省城水利全图》石碑拓片

【释文】

嘉庆九年重浚杭城水利记

杭州水利,自古重之。今之省城,南北十里,东西五里,为长方形,西湖居其西,湖水入城有三路:一、涌金水门,居正西;一、涌金旱门环带沟,居西少南;一、清波门底流福沟,居西南。流福沟自清波门外学士港导水入流福寺,沟入城由街底伏流,出府西青龙庵,经府南面,自东折而北,过府学、运司,东至杜子桥,环带沟水西来会之。东过红门局、三桥址,折而北,至定安桥,涌金水门之水西来会之。入满营城、八字桥，分为二；一东出满营，过众安桥，入小河，至中河；一西过龙翔宫，至丁家桥，折而北，出满营城，过臬司，西至回龙桥，折而东，由观桥入小河，过金箔桥，入中河。中河汇各水，南行至新宫桥，其金箔桥之下有藩司、东行宫前之太平沟水来会之。太平沟水亦自三桥址分流而南者也。中河过新宫桥，又至抚院西，分为二：一出凤山水门，东行城外，北折至候潮门外之永昌坝；一由通江、过军二桥，出候潮水门，至永昌坝入城。河又至会安坝达东新关，至海宁州。是水凡三折，贯通城内外数十里，南至闸口，北至武林门外，汲濯、舟楫皆赖之。乃数十年来未加浚治，惟涌金水门尚通湖水，其环带沟微通涓滴，流福沟塞久矣。且运司河三桥址数里高淤，满营河亦浅阻，每遇大雨水，城内泛滥，司府县署刺舟而入，居民多卧水中，府县狱以桔槔出水，狱多瘐囚，下河、中河之水反致浅浊无来源。水利若此，当治乎？不当治乎？

甲子春，予首捐廉俸，官、士、商亦各出资，计银四千八百余两，计开广学士港十五丈六尺，自学士港、流福沟至三桥址，掘土四千七百九十四方，自三桥址北至满城，南过藩司、东行宫前之太平沟、金箔桥、通江桥、过军桥、庆丰关等处，掘土四千六百五十一方。由是清波门首受湖水，清清泠泠，入流福沟，过军司前，会环带沟，至三桥址，会涌金水门水入满营城，畅通无泛滥之苦。藩司前诸山水亦入太平沟，畅流无阻。其西之涌金，西南之清波，正南之兴隆，西北之圣塘涧水，石函六闸，设金、木、水、火、土五闸板，视西湖水盛衰增减启闭，委其事于杭州水利通判专掌之，两县主簿、运司经历分司之，院、司、府、县督察之，别具文案以备考。自兹以后，每岁十一月浚治一次，毋减工，毋累民。是役也，杭州人侯铨同知邱基知水之理，身任其事，经营十阅月，工乃毕。刻碑记之，并刻图于记文之后，且载捐银人名于碑阴，置碑于吴山海会寺。是寺也，乃祈谢晴雨长官共集之地，庶几共览而知，勿久而废塞焉。

嘉庆十年上元日记。

《嘉庆九年重浚杭城水利记》碑高825厘米，宽160厘米，厚21厘米。阮元撰，梁同书书，嘉庆十年(1805)张培刻。碑文楷书，44行，行21字。碑呈斜状断裂。该碑记嘉庆九年浙江巡抚阮元带头捐资疏浚长年失修的城河，使水利畅通，再无泛滥之事。

另有《浙江省城水利全图》碑，碑高83厘米，宽163厘米，厚20.5厘米，清嘉庆十年(1805)刻。碑阳刻杭城水利全图，图的方位是上南下北、左东右西；碑阴为重浚杭城水利捐款题名。

从两碑的时间、内容及文字来看，此两碑实为一碑两石，《浙江省城水利全图》是《嘉庆九年重浚杭城水利记》碑文的附图。

《新修严先生祠堂碑铭》石碑 嘉庆十年(1805)

【释文】

严先生祠大门

新修严先生祠堂碑铭

祠在严濑,历代所崇。废兴有时,俎豆罔阙。逮乎今兹稍复陊剥。元奉朝命抚巡浙江,往轺旋舻,过必瞻式,虑渐颓圮,不称歆记。爰出奉钱,属吏鸠工。始于嘉庆九年十一月,越十年四月甲寅朔成。仰惟先生名在日月,迹彰妇孺,强施藻缋,惧诮愚妄,乃假贞石纪事之成,以诏后来,无怠无替。铭曰:

维帝师处,邈矣邃古。若羲若践,君臣道盬。高世天民,逖然飙举。用成帝德,亦洁其羽。懿严先生,同游变名。世浊非清,世清乃贞。汉帝如龙,先生如凤。龙腾而蜚,凤辉不用。尤来大枪,赤眉青犊。云台诸人,仆之如鹿。保功画像,先生所淑。蕴籍义愤,耿不处子。苟无先生,风义曷始。我闻宋民,击石流涕。非此西山,岂曰无地。立懦廉顽,先生之志。如汉膺滂,之死不避。伊惟先生,实作之气。富春之山,钓台在巅。披裘垂纶,渐谷同渊。升堂仰止,清风肃然。谁志功名,谁怀气节。谁希独行,共拜此室。

赐进士出身、诰授光禄大夫、兵部侍郎兼都察院右都副御史、巡抚浙江等处地方,扬州阮元撰并书。

严先生祠,始建于唐代。北宋景祐元年(1034),谪守睦州(今浙江建德)的范仲淹重修,并撰《严先生祠堂记》。

嘉庆十年(1805),浙江巡抚阮元撰此碑铭。碑原在桐庐县严子陵钓台,今已佚。

此碑录自叶欣编著《严州文化丛书·严州金石》。

《宁波府重修学宫碑铭》石碑 嘉庆十年(1805)

【释文】

宁波府重修学宫碑铭

兵部侍郎兼都察院右副都御史、巡抚浙江管理全省营务,阮元撰并书。

昔先王学校之置,秋冬学羽籥,而春夏学干戈。古注以为羽籥,籥舞,象文也,用安静之时学之;干戈,万舞,象武也,用动作之时学之,则文武之同习于学也明矣。自宋仁宗始立武学,而熙宁五年枢密请重建,招置生员,以百人为额。自是绍兴、洪武皆举行旧典,其制略仿唐代,尊太公为武成王,以留侯张良配享,复选古名将,备十哲之数,其意若以专设分置,为足重武事,不知于先王立教之本固已荒矣。我朝规模宏远,一洗汉唐科制陋习,所期于通经学古之士者,必以三代为归。凡武乡举之制,其事即隶于横宫,而后知入学鼓箧,原非徒以习拜跪、谈心性为足,以毕儒生之能事也。宁波郡地滨海,金塘、蛟门尤为剧盗窥伺之所;官其地者,固当坚明约束,以精团练、申保甲、公赏罚为能名,而土著之士,莘莘俎豆,复无负明伦亲上之旨,则学校之讲求宜亟矣。嘉庆八年,余按部至甬,上谒大成殿,知教授丁杰方以重修学宫之议,谒提督李公长庚。李公倡之,因复请于宁绍台道墙君见羹,署知府事杨君兆鹤,率六属知县共捐赀,以襄厥事,并命教授董其成。自堂庑阶砌,以及藏主之龛、省牲之所、观德之亭,靡不毕举其旧,所弆笙镛诸礼器,久亦残阙,存者复不合律度,将以余力改而张之，其意可谓勤矣。而版筑之事，先于某月某日落成，以余在甬时曾嘉其志，书末求记。因思同安李公方以勇智之量，扫灭海寇为己任，而复能雅歌投壶，以修废兴坠，为国家储贤豪之助。夫四明亦人材辈出之地，宋咸淳中，太学增试宏词科，而宁波一郡，时则有若王壁、王应麟、王应凤者，同与其选。一家如是，则一郡可知。斯学之成，将必有文武忠孝、奇才异禀之士出而应当世之求者，余不能无厚望焉。因书之以为记，乃铭曰：

文教既敷，武功宜肄。桓桓受成，偕偕从事。松柏有虔，金丝斯备。式彼海隅，民之攸塈。非法何观，非贤何利。德之不孤，集于群议。海水恬波，鸟夷宾至。凿石勒成，以昭盛治。

嘉庆乙丑嘉平，署宁波府知府杨兆鹤、鄞县知县周镐、府学教授丁杰、训导金锦文、董事何天富敬镌。

《宁波府重修学宫碑铭》碑，高220厘米，宽103厘米，厚17厘米，首圆弧形，清嘉庆十年（1805）十二月撰立。碑文为阮元撰并书，隶书，共22行，行36字。书法平稳典雅，遒丽淳质。背刻乾隆十年（1745）叶士宽《重修宁波府学碑记》。刻石完整无大损，今存宁波天一阁。

此碑铭录自陈鸿森《阮元揅经室遗文续补》。

诰封奉政大夫掌陕西道监察御史岁贡生游君墓表 嘉庆十年(1805)

【释文】

诰封奉政大夫掌陕西道监察御史岁贡生游君墓表

君讳晟,字若李,号旭轩。先世出郑世叔。唐末,邃始自固始从闽王入闽。至宋,文肃孙桂又自建阳至长乐。康熙间,高祖钟元为耿逆所掠,遂家福宁,著籍霞浦。曾祖胜岳,生员,早卒。祖瑨,州乡饮宾。父炜,生员,以孙贵,诰赠奉政大夫。母程宜人,晚生君,故尤钟爱。年十八,始乡学,下笔惊其长老,试辄冠其曹,屡为学使者所器,然卒不遇,以明经老。

君性孝,侍赠公病,无倦容。祭必泣。素不习青乌家言,以葬赠公,遂通其说。母程晚喜饮酒,左右必尽欢。有女弟早寡,割宅宅之,为之立后。居平课其子极严。光瓒成进士归,令授徒,禁与外事。将谒选,则教之曰:“吾上世皆积行累善,汝无以吏事害其家声。”既而选漳州教授,则又谕之曰:“师道立则善人多,汝勉旃。”迨叔子光绎以进士官翰林,岁必以金畀之,曰:“词臣清贵,毋以贫傍人门户。”及为御史,以事降官,君乃亟命之归。晚尤爱交友、种花果,坦白无城府,暇则为文酒之会,谈先世勤俭孝弟,则亹亹不倦。年七十有二,自营生圹,时拟之司空表圣。嘉庆十年闰六月五日卒,年七十有九。例授修职郎,敕封儒林郎、翰林院编修,晋封奉政大夫。娶王宜人,继叶孺人。子四:光瓒,庚子进士,福州府学教授;光继,敕封儒林郎;光绎,己酉进士,翰林院编修,掌陕西道监察御史,皆王出。光缜,叶出。孙六:大钊、大铬,皆廪生;大鉎、大琛,皆附生;大芳、大谟。

此墓表录自《揅经室集·二集》卷五。

“文穆王墓”石碑 嘉庆十三年(1808)

【释文】

吴越国文穆钱王墓

吴越文穆王钱元瓘(887—941),字明宝,原名传瓘。吴越第二位国君,吴越武肃王钱镠第七子。早年历任盐铁发运巡官、尚书金部郎中、检校尚书左仆射、内牙将指挥使,在讨伐叛乱、抗击贼寇中立有大功。后梁贞明四年(918),任水战诸军都指挥使,讨伐吴国,大败吴军,迫使吴国与吴越讲和,因功任镇海军节度副使、检校司徒。后历任检校太傅、同平章事、中书令等。天成三年(928),钱元瓘被钱镠立为继承人,被朝廷封为镇海、镇东节度使。长兴三年(932),钱镠去世,钱元瓘继承父位。后唐清泰元年(934),封吴王。后晋天福三年(938),又被后晋封为吴越国王。天福六年(941),钱元瓘因府署着火,惊惧得病。同年八月二十四日,去世,时年五十五岁,庙号世宗,谥号文穆王,葬于杭州萧山区龙山(杭州市南山陵园玉皇山南麓)。

据钱泳《履园丛话》卷十九《文穆王墓》:“先文穆王墓在钱塘县龙山之原,今名玉皇山……至嘉靖十年,裔孙德洪、大经、应扬、邦祥、楞等复呈监司,请掘圹志以为验……其明年德洪请诸高陵吕柟大书‘吴越国文穆钱王墓’八字……至(嘉庆)十三年春,又捐钱三十千文,而与住杭诸宗人勷资增筑石冢,计周围十六丈,高八尺余,上覆以土亦四尺许,而请巡抚阮公元书碑立石,冀垂永久。”按明代旧制,阮元也应书“吴越国文穆钱王墓”。

奉宪禁碑 嘉庆十三年(1808)

【释文】

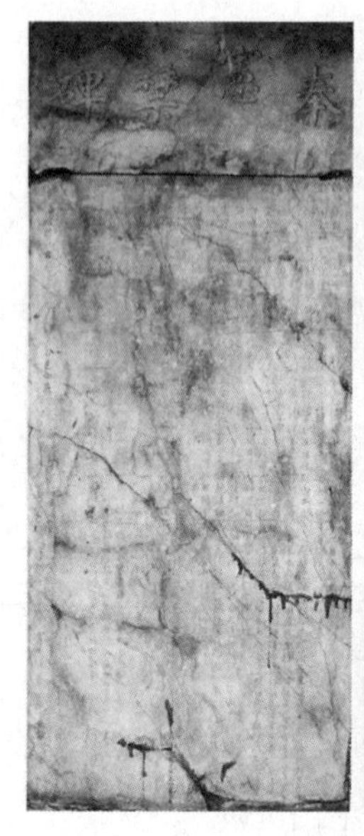

奉宪禁碑

特授浙江湖州府安吉县正堂刘,为遵陈宪批勒石永禁事。

嘉庆十三年二月二十七日,奉特授浙江湖州府正堂加五级、随带军功加一级、纪录十次戴,宪牌本年二月十五日准。

特调浙江杭州府正堂、加五级、纪录十次广,移开。嘉庆十二年十二月二十六日,奉钦命浙江等处提刑按察使司按察使、总理驿务事,加五级、纪录十二次朱,批:余杭县通详士民张衡等呈请勒石永禁开设冬笋牙行一案,仰即会议详夺等因,移会到府,奉经行据各县采访,明确核详,前来本府复会同移议。

查余杭、临安、武康、安吉、孝丰等县,界址毗连,山多田少,居民出息,全赖山竹。甲年冬笋即系乙年春竹,匪徒结党成群,逞强刨掘,侵损山场,殊为民害。若再添设牙行,则变消更易,收买易多,且难保无牙匪勾连,串窃滋弊。设非严立章程,无以清弊源而遏寇风。自应准如所请,在于余杭、临安、武康、安吉、孝丰等县各交界处所,一体勒石永禁,使匪徒触目惊心,知所顾忌,盗窃之风,渐次屏除。

详奉兵部侍郎兼都察院右副都御使、巡抚浙江等处地方、管理粮饷、兼理全省营务阮,批:据详已悉,仰按察使司会同布政司,转饬于交界处所,勒石永禁,取摹送查。嗣后,每届冬令,饬差严密查拿窃笋匪徒,照例究办,并永禁开设笋行,以杜滋弊,等因。

又奉钦命浙江等处承宣布政使司布政使、加三级、纪录十次、又纪录三次崇,批:如详饬遵仍候,抚宪既司道批示缴。

又奉钦命浙江等处提刑按察使司按察使、总理驿务事、加五级、纪录十二次朱,批:如详会饬各县在于交界处所勒石永禁,取摹送查。嗣后每届冬令该府督饬各县选差严密查拿，如有匪徒窃笋情事，照律究办，毋稍姑息，并永禁私开笋行，以杜滋弊，慎毋日久废弛。仍候抚宪既藩司、巡道批示缴。

又奉钦命浙江分巡杭嘉湖兼水利、海防、兵备道，加四级、纪录八次岳，批：既据会查明如详勒石永禁，仰即拟具碑式呈察核，仍候抚宪既藩、臬司批示录报缴，各等因奉此，除各县一体遵照外，合亟饬遵，等因。下县奉此合行，勒石永禁为此碑。仰该地业户保甲并诸色人等知悉。自禁之后，如有匪徒再敢纠众窃掘，并私设牙行，贪值变消，详业户人等，协保扭票，以凭严究，断不姑息。各宜凛遵毋贻后悔，须至碑者。

嘉庆十三年十月，合邑士民毕世煌等三十二人（略）公立。

“奉宪禁碑”位于湖州市安吉县递铺镇双溪口村村口，现为安吉县文物保护单位。碑高150厘米，宽70厘米，厚20厘米，碑文阴刻。该碑原立于蟠龙庵门前的银杏树下，20世纪70年代村里建大会堂时，将碑移砌于围墙中，加以保护。2003年建凤凰水库时将碑再一次迁移至独松关以北约300米处，并建四面亭加以保护。

阮元于做嘉庆十三年（1808）三月末到杭接印。而碑文中提及，嘉庆十二年（1807）十二月，呈请勒石之事已经逐级上报到杭州府，进入公文处理程序。阮元应该很快就看到了“呈请勒石”的公文，并做了详细批示，六个月后，安吉、余杭等县确定碑式、上报、刻石、立碑等程序，并树立此碑。

“宋徐贞定先生暨子温节先生之墓”石碑 嘉庆十三年(1808)

【释文】

宋徐定贞先生暨子温节先生之墓

大清嘉庆十三年冬,浙江巡抚阮元拜题。

宋徐贞定先生暨子温节先生之墓,又称二徐墓,坐落于浙江省临海市沿江镇狮岩山。二徐墓于嘉庆年间重修,由坟身及坟坛组成,存阮元所书“宋徐定贞先生暨子温节先生之墓”墓表。墓表左侧署:“大清嘉庆十三年冬,浙江巡抚阮元拜题。”又有题字:“元翰林院兼国史院转浙江儒学提举杨敬德据朱子碑迁,依世守十六世孙杨雅请复。”后有小字楷书署:“嘉庆十一年十二日,署台州府临海县知县事黄兆台巡视、修复。”墓东北侧为二徐祠,祠为进士杨友馨、杨晨父子于光绪十六年(1890)重建。

“二徐”为宋代浙东名儒徐中行及三子徐庭筠,为台州历史有一定影响的人物,《宋史》有传。

宋侍御史屠公神道碑 嘉庆十三年(1808)

【释文】

宋侍御史屠公神道碑

嘉庆十有三年,翰林庶吉士屠倬给假归杭州,慨然以暨阳祖墓宋侍御史公埏道之碑未立,既修治之,持其谱来请。

按谱:公讳埏道,字天叙。乾道五年进士。淳熙时,历官侍御史。光宗朝,与权贵论事不合,至绍熙三年,以疾归,隐于暨阳之山。性高迈,善议论。枢密使刘正尝欲复起之,不可。抱琴携酒,徜徉山水间,号乐琴居士,而名其地曰"琴坞",朱子为之记。卒年七十有八,葬所居后山东麓。子一:荣,金华知县。孙三:元忠,祠部郎;继忠,大理评事;文忠,金部郎。

噫!今之贵者多矣,若吉士之甫由词馆归,即首以祖德为务,有足多者,乃不辞而为之铭。铭曰:

皦皦屠公,守正不污。立朝有道,隐居自娱。弹琴赋诗,暨山之麓。明德贻后,老氏知足。一十七世,爰及翰林。光其闾里,先泽攸钦。伐石表名,树槚志惠。尊祖敬宗,告于来裔。

屠倬(1781—1828),字孟昭,号琴坞,又号潜园,浙江钱塘(今杭州)人。嘉庆十三年(1808)进士,改庶吉士,授仪征知县。官至江西袁州知府。善画。著有《是程堂集》《耶溪渔隐词》。这是屠倬请求阮元为其先祖屠重神道碑撰铭。

此碑文录自蒋鸿藻等纂〔光绪〕《诸暨县志》卷十二。

《褚公庙碑记》石碑 嘉庆十三年(1808)

钱泳《履园丛话》卷二十三《杂记上·机神庙》载:“机杼之盛,莫过于苏、杭,皆有机神庙。苏州之机神奉张平子,不知其由,庙在祥符寺巷。杭州之机神奉褚河南,庙在张御史巷。相传河南子某者,迁居钱塘,始教民织染,至今父子并祀,奉为机神,并有褚姓者为奉祀生,即居庙右。余于戊辰岁为阮云台中丞书《褚公庙碑记》,因悉其事。按唐时以七月七日祭机杼,想又以织女星为机神也。”文中“褚河南”即褚遂良,其有二子褚彦甫、褚彦冲,迁居浙江杭州,教百姓织染。后从事机织业者奉他们为机神,为他们立机神庙,并将褚遂良也一并祭祀。

此碑由钱泳书丹,立于杭州艮山门张御史巷机神庙。碑已佚。

杭州灵隐书藏记 嘉庆十四年(1809)

灵隐寺山门旧影

【释文】

杭州灵隐书藏记

《周官》诸府掌官契以治藏,《史记》老子为周守藏室之史,藏书曰“藏”,古矣。古人韵缓,不烦改字,“收藏”之与“藏室”,无二音也。汉以后,曰“观”,曰“阁”,曰“库”,而不名“藏”。隋、唐释典大备,乃有《开元释藏》之目,释、道之名“藏”,盖亦摭儒家之古名也。明侯官曹学佺谓释、道有藏,儒何独无?欲聚书鼎立。其意甚善,而数典未详。嘉庆十四年,杭州刻朱文正公、翁覃溪先生、法时帆先生诸集将成,覃溪先生寓书于紫阳院长石琢堂状元曰:“《复初斋集》刻成,为我置一部于灵隐。”仲春十九日,元与顾星桥、陈桂堂两院长暨琢堂状元、郭频伽、何梦华上舍、刘春桥、顾简塘、赵晋斋文学,同过灵隐食蔬笋,语及藏《复初斋集》事。诸君子复申其议曰:“史迁之书,藏之名山,副在京师,白少傅分藏其集于东林诸寺,孙洙得《古文苑》于佛龛,皆因宽闲远僻之地,可传久也。今《复初斋》一集尚未成箱箧,盍使凡愿以其所著、所刊、所写、所藏之书藏灵隐者,皆裒之。其为藏也大矣。”元曰:“诺。”乃于大悲佛阁后造木厨,以唐人“鹫、岭、郁、岧、峣”诗字编为号,选云林寺玉峰、偶然二僧簿录管钥之,别订条例,使可永守。复刻一铜章,遍印其书,而大书其阁扁日“灵隐书藏”。盖缘始于《复初》诸集,而成诸君子立藏之议也。遂记之。

条例

一、送书入藏者，寺僧转给一收到字票。

一、书不分部，惟以次第分号。收满“鹫”字号厨，再收“岭”字号厨。

一、印钤书面暨书首叶，每本皆然。

一、每书或写书脑，或挂绵纸签，以便查检。

一、守藏僧二人，由盐运司月给香灯银六两。其送书来者，或给以钱，则积之以为修书增厨之用；不给勿索。

一、书既入藏，不许复出。纵有翻阅之人，但在阁中，毋出阁门。寺僧有鬻借霉乱者，外人有携窃涂损者，皆究之。

一、印内及簿内部字之上，分经、史、子、集填注之，疑者缺之。

一、唐人诗内复“对”“天”二字，将来编为“后对”“后天”二字。

一、守藏僧如出缺，由方丈秉公举明静谨细知文字之僧充补之。

嘉庆十四年(1809)五月，阮元撰此记。录自《揅经室集·三集》卷二。

《紫藤花馆藏帖》阮元信札石刻 嘉庆十六年（1811）

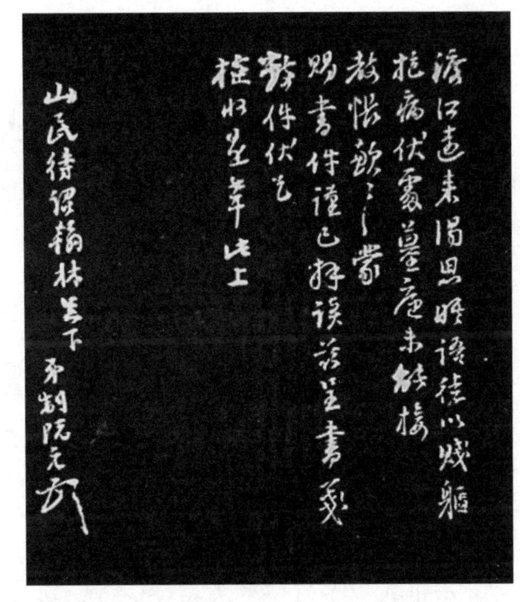

【释文】

渡江远来，渴思晤语。徒以贱躯抱病，伏处墓庐，未能接教，怅歉歉之。蒙赐书件，谨已拜读。兹呈书笺数件，伏乞检收是奉。此上。

山民待诏翰林足下，弟制阮元顿首。

阮元此札写于嘉庆十一年（1806），此时他丁父忧，居雷塘墓庐。此间朝廷想任命他为福建巡抚，阮元以病辞。

湖州南浔小莲庄荷花池西有碑刻长廊，沿刘氏家庙东侧山墙构筑。长廊壁间嵌置《紫藤花馆藏帖》《梅花仙馆藏真》及有关题跋。《藏帖》四卷，31石，刻于嘉庆十六年（1811），系翰林院待诏徐达源与二十余位文人学士往来投赠之诗文、尺牍手迹。其中有阮元、赵翼、刘墉、法式善、王鸣盛、袁枚、梁同书、王文治等著名文人学者。徐达源（1767—1846），字岷江、无际，号山民，吴江（今江苏苏州）黎里人。徐氏性淡泊，轻仕途，任翰林院待诏年余便返乡著述。与洪亮吉、法式善交厚。曾与其妻吴琼仙拜当时诗坛泰斗袁枚为师。著有《黎里镇志》《吴郡甫里人物考》等。

此帖的版石几易其主，同治间先归南林周昌富，光绪间又归乌程刘锦藻。紫藤花馆刻石于光绪二十一年（1895）夏嵌置刘氏家祠傍舍长廊壁间，刘锦藻为之题跋。

重修神圣宫碑记 嘉庆十七年(1812)

【释文】

重修神圣宫碑记

乍浦为浙西门户，自海禁既弛以来，五方之民杂处，设劲兵以守之，屹然称东南雄镇，绾海而栖者数千家，皆崇祀天后，以昭诚感，其祀于城西南者，则商人贸迁材木者所崇建也。先是，神庙为博陆侯祠，雍正十三年创建。乾隆十九年，商人杨裕和等从事更修，乃以后殿祀侯而祀天后于前殿，榜曰“神圣宫”。至四十年，更建东西二序，又为博陆侯增设墉閎，详载海防同知张图《南碑记》。

自时厥后，一修于五十八年，再修于嘉庆九年，监生沈士芳等董其役，皆工宏费巨，雄峻肃穆。今年春，复鸠工庀材，设版筑，施黝垩，攲者直之，晦者饰之，朽蠹者易之，由殿庭达于门阙，台方而高，序崇以固；牲镬庖湢之所，无不轮奂周密，视旧制有加，斯足以妥灵祇、尊祀典矣。

洪惟我国家川渎效灵，祲氛潜息，商贾安堵如常。是乡控引鄮瓯闽粤，外及海东属国，香珠、犀象、楩楠、罽毳之属，占风测景，自远而至。当春秋严汛，狞飚骇浪，舒息无时；长蛟大鱼，震撼万状，与浮峦沉礁相吞吐。化居有无者，出险入险，凌不测之渊，呼号邪许，罔识昏昼。既至祠下，乃酾酒称庆，以手加额，曰：“风浪之不惊，微神默佑不及此。”咸倾囊解橐，踊跃报酬，惟恐或后。故神圣之宫虽广仅盈亩，而金碧辉焕，肆祀孔明，与苦竹山天后宫东西相埒。盖精诚肸蚃，有感斯应，分祀之不以为数者，益见神之所庇无穷也。

是役也，经始于壬申二月，告成于其年六月，计费白金千有余两。司其事者，监生姚有容、盛翰文、曹熙之力为多。工既竣，以予抚浙者再，尝巡海而东，熟稔神贶，请为文记之，并系以诗曰：

维南有海，障以九峰。沐日浴月，朝霞夕风。繄神之宫，西南其户。商旅告虔，桴栋楼橹。昭灵显佑，履险而夷。帆樯雾集，灯火星飞。萧鼓娱神，岁时罔替。扣碱犀墀，黄蕉丹荔。龙宫既葺，炳燎膻芗。青禽载舞，神惠弗忘。

此碑记录自邹璟等修〔道光〕《乍浦备志》卷三十一。

童母陈太恭人墓表 嘉庆二十一年(1816)

【释文】

童母陈太恭人墓表

太恭人姓陈氏,鄞县名儒嫌之季女。适童,为赠朝议大夫甬川先生孝源配,生子槐。太恭人通诗书,槐襁褓中即教以字,稍长,就外傅,赠公率尝客游,太恭人晨夕考所业,弗少倦,若严师然。与人恭惠仁爱,虽贱者皆遇以礼。治家有法度,凡婚嫁丧葬之事,称家所有,部署适当。家无中人产,三党有以匮乏告者,赒之恐弗逮。进一食,有一不得食者立其侧,弗甘也;御一衣,有一不得衣者在侧,不燠也。

槐官御史时,常夜归为奏草,太恭人召之前,曰:"儿所言事,吾不当与闻。即有所弹射,宜出必不得已乃发,若讦人短以炫己长,乃之短也。一纠一举,国是系之,勿偕以立名可矣。"子一,即槐。嘉庆丑进士,由工部主事历官甘肃兰州道。女子子四,适谢、徐、张、周。孙一:恩。女孙二。嘉庆十四年封太恭人,十九年四月二十八日卒于兰州官署,年六十有九,槐奉丧归鄞。

始元为浙学政时,举槐优行第一,因得知其有贤母。既闻太恭人教槐之言而叹曰:"大哉此言!夫古所称名臣,非无矫异绝特之节概,足以震世俗、厉世敌也。然当时之人或得被其福,或不得被其福,岂节概固不尽同?大都其意之始发,有公私之异耳。观太恭人所以勖槐,诚深识大体,岂煦煦博忠厚名者哉!"二十一年四月三日祔葬于鄞西五岭之原,距赠公之葬十有五年矣。铭曰:

母之为教,有德有文。闷厥幽光,耀其后昆。长松坚石,巩此墓门。

童槐(1773—1857),字晋三、树眉,号萼君,晚号萼叟。鄞县(今浙江宁波)人。嘉庆十年(1805)进士,官至通政司副使。生平好学,工书,能画山水,尤擅白描人物,细润工致,摹古有法。亦能诗。曾先后掌教月湖、慈湖书院及陕西关中书院、江西鹅湖书院、广东学海堂。著有《今白华堂集》等。嘉庆十九年(1814),童母卒。阮元时在浙江巡抚任,为童母作墓表。

此墓表录自童槐《今白华堂文集》卷三十。

沈在宫墓碑 道光元年(1821)

【释文】

道光元年正月重修。

皇清诰赠振威将军、广东水师提督,在宫沈公暨配王太夫人、傅太夫人、董太夫人之墓。

再侄阮元谨题。

沈在宫墓在宁波鄞州区西山四明山村。此墓葬为迁移墓,墓葬形制、结构和用石等略有改变,其墓碑为阮元书,后有“两广总制”“仪征阮元”两印章。

据董沛《沈勤毅公传》,沈烜生于乾隆二十一年(1756),卒于道光二年(1822)。阮元生于乾隆二十九年(1764),与沈烜属同一辈人。沈在宫应是沈烜之父,故阮元称“再侄”。广东水师提督品级为从一品武官。按照清代封赠制度,沈在宫可获赠其子沈烜的爵位与官职。

《鱼计亭记》石碑 道光四年(1824)

此记资料录于李昱修、陆心源纂〔光绪〕《归安县志》卷二十六《金石略四》:“仪征阮元撰并书,道光四年立在归安陈氏。”

《沈烜墓志》石碑 道光十三年(1833)

沈烜(1756—1822),字再中,一字午亭,浙江鄞县(今宁波)人。年十八以骑射补武生,二十从军,由哨司累擢千总。以军功,官至广东水师提督。道光二年(1822),以年老原品休致。卒谥"勤毅"。

〔同治〕《湖州府志》卷四十九《金石略四》载:"沈烜墓志,旧题扬州阮元撰并书,道光十三年立石,在郭西湾。"

晋赠荣禄大夫郑公墓表 道光二十三年(1843)

【释文】

晋赠荣禄大夫郑公墓表

古今士大夫之行，莫重于忠孝，而恒不两全。有时尽忠则亏孝，尽孝则亏忠，唯诚能畏天，则天意之仁，亦终有以报之。而父教于先，母教于后，启者沃者惠迪之，则不徒劝天下之为人父母，以大慰人子之心已也。及门郑方伯祖琛，为督学时所取士。成进士，改县令，以循廉荐擢至闽藩，此皆封公夙昔辅翼以成者也。初，封公以从嫂方孀，爱祖琛，欲以为后，许焉。或劝改命，太夫人持之力，封公亦指心以誓，卒不易。至是，太夫人年益高，多病，方伯痛两兄之殁，不忍使独子之母无所奉养，且日将擢抚部，乃乙未亟陈情以归，此人情之所极难。于是吹笙歌华，有终焉之志。道光辛丑年，甬东夷氛不靖，天子特简制府裕公莅浙筹办，时方延访人才，东南民望，实无逾祖琛者。裕公据以入奏，天子允焉。祖琛未决，太夫人诏之曰："食焉而不避难，汝所知也。今日出为国家尽力，虽不养，犹养也。若以吾老辞，即养，犹不养也。无以吾为念。"不得已，饮泣就道。至姚江，定海陷，星夜赴镇海，未两日，镇海复陷，裕公殉节，祖琛亦旋奉办理粮台之命。浙江抚军刘公以曹娥江为扼要，俾征募兵勇，雪满曹娥江，防堵甚力，夷不敢渡。自此往来吴越，无有停晷，虽日悬心慈母，弗敢陈。军事既蒇，扬威将军为之请，得旨承闲归省，源源往来。明年，太夫人九十有四，病转剧，至六月戊子卒，于是忠孝始两全。祖琛既卒哭，军务尚严，墨绖在局，诠次其事。来扬，乞文曰："不肖祖琛，父母行谊久著乡里，官庶习闻。惟是从政数十载，皆禀承庭训，今贞珉未镌，不早为刊理，恐无以昭志乘，用敢沥陈，惟师哀而赐之言。"余读再四，惟忠惟孝，当垂久远，不可辞。

按状：公讳遵佶，号柳门，国学生，晋封荣禄大夫。系出浦江义门，再迁湖州归安双林镇。二十二世祖某。父某，生而端悫，初就省试，不售。处家姻睦任恤，继以祖琛贵，迎养在署，修族谱，著《得闲山馆诗集》及杂著百余卷，刊《湖人诗录》正续数十卷。道光九年十一月丙辰卒，享年八十。配徐太夫人，晋封一品太夫人，系同邑著族。来归，遭回禄，舍己子，抱其娣妇姚遗子以出，人以为有鲁义姑姊之风。始亦偕封公在署，封公没，即居家不出。其好义乐善尤不懈，而割养教忠，陵、滂之母无以逾焉。夫使封公不教于前，太夫人有譽大义，忧郁倚闾，则祖琛牵率，不复能守曹娥，即守曹娥而入告少后，得旨少缓，则忠孝必不能两全，故曰："此其中有天，而臆测者可自反矣。"子三：祖珍，国学生；祖球，举人，拣选知县，皆前卒；三即祖琛。孙七：训逵，通判；训良，举人，拣选知县；训达，候选员外郎；训迁，国学生，与训章皆早卒；训常，廪生；训棠。曾孙八。王事靡盬，三月即渴，葬于某某之原，太夫人暨子某某祔。今小善不可殚书，书忠孝之大。天若有意以成全之，不然，何始必出后于人，而复以独子归养，又不终养而见夺于金革，此不谓此中有天不可也。因特著其大者，以揭于其阡。

郑祖琛(1784—1851)，字梦白，浙江乌程(今属湖州)人。嘉庆十年(1805)进士，道光十二年(1832)升任广西布政使，二十五年(1845)任云南巡抚兼署云贵总督，次年，调任广西巡抚。咸丰元年(1851)太平天国起义，以防范懈怠被革职，旋病逝。郑祖琛是阮元门生，故他父亲去世后，他请求阮元为其父撰墓表。

此墓表录自《揅经室集·再续集》卷二。

《眉寿图》石刻 道光二十三年(1843)

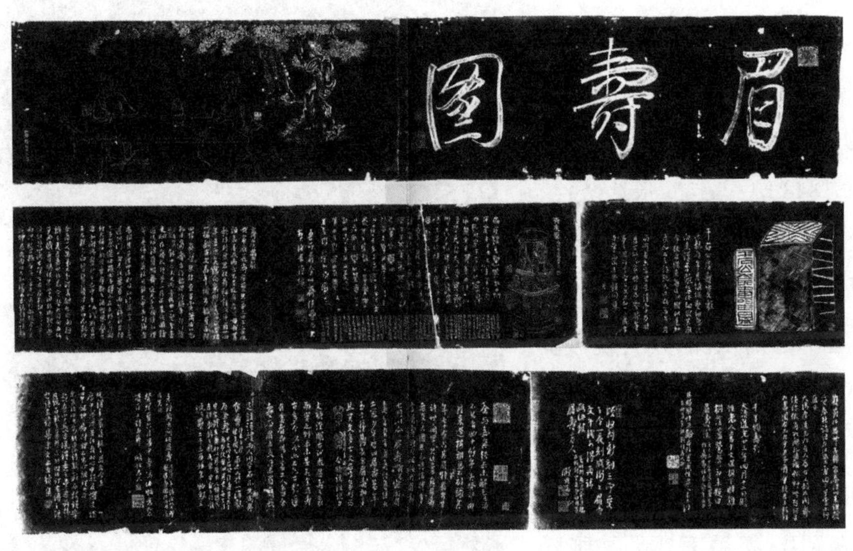

【释文】

眉寿图

余与嘉兴张卡未解元廷济不见者，四十余年矣。癸卯四月来选楼，相见不相识。其年七十有六，其眉特长出寸许，世间罕见此象，真眉寿老友矣。因思《毛诗》《仪礼》多言“眉寿”，《雍》《烈祖》“绥我眉寿”，《七月》：“以介眉寿”，载见同。《閟宫》“眉寿无有害”“眉寿保鲁”，《仪礼·士冠》《少牢》皆曰“眉寿万年”。至于钟鼎文，言“眉寿”极多，且其文多古文。“眉”字象形为𩑋，直是象形画人面。今欲说经说古文，欲证明古训，求眉寿之象而实之，则卡未是矣。岂眉寿古多今少，今亦不如古哉？适有画者，即嘱之画二人象。余寿而眉未长，卡未眉真长，足注《诗》《礼》。两人同坐石几，共观周齐侯罍。卡未子邦梁手拓之。卡未又持一汉砖为余寿，其文曰“千石公侯寿贵”，六字，麻布纹，坚细异常，无年月，其字体在黄初以前，是古人特造为吉祥厌胜之砖，如“常乐”“宜子孙”钱瓦之类。罍，二千三百余年物；砖，二千年物，寿哉！大清道光二十三年四月十三日，颐性老人书于文选楼下。时杂树阴蕃，莺声初来，题曰“眉寿图”并说之。

元二三十年来自署“节性斋”“节性老人”。今年蒙恩赐“颐性延龄”扁，改署“颐性老人”。卡未侄在此，为余刻“颐性老人”印。

顷收到新刻三印，受之。令一夜刻成，谢谢。眉寿文午后可得，再请政。此致眉寿老人。颐性老人顿首。笺收到，适差人去送端石板，板刻字者想收到矣。

（余略）

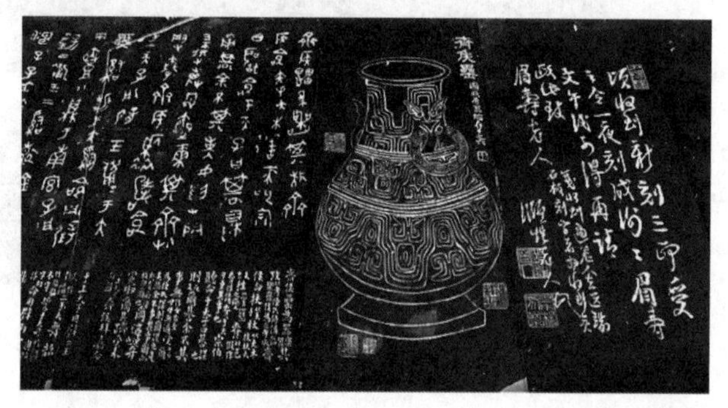

道光二十三年（1843），七十六岁的张廷济，赴扬州会晤八十岁的阮元，绘《眉寿图》并勒石。一时传为艺林佳话。勒石者张辛（1811—1848），字受之，张廷济侄，精摹勒，工篆刻。

《眉寿图》刻石，原在嘉兴新篁里张廷济之清仪阁，残石现藏嘉兴揽秀园。《眉寿图》分五个部分：第一部分是卷首阮元题的"眉寿图"三字。第二部分是江都嵇枢画的《眉寿图》，松柏下，阮元、张廷济坐在石几旁，左为阮元，右为张廷济，几上放着"齐侯罍"和"汉千石公侯寿贵"六字砖，两人共同赏玩。画之后是阮元的《眉寿图》题跋，与《揅经室集·再续集》卷三中此文比较，略有不同。题跋寄到嘉兴勒石时，阮元写了一封信，也刻在旁边。第三部分是张廷济长子张邦梁手拓"齐侯罍拓片"，张廷济摹写齐侯罍铭文，并附有释文。第四部分是阮元的长诗《齐侯罍歌》和跋。第五部分是"千石公侯寿贵"六字汉砖拓片，阮元有考据。

张廷济（1768—1848），名汝霖，字顺安、说舟，号叔未、未亭、竹田、海岳庵门下弟子等。浙江嘉兴人。嘉庆三年（1798）解元。精金石考据之学，收藏鼎彝、碑版、书画甚夥。工诗词。阮元督浙时，与订金石交。擅书法、篆刻，能篆、隶，精行、楷。晚年尤长画梅，颇具古趣。晚号眉寿老人，有"眉寿老人"朱文方印，自注"仪征相国所赠之号"。

嵇枢（1820—1880），甘泉（今江苏扬州）人。画家嵇澄子。据《扬州画苑录》卷二记："枢字小筠，善画，工写照。凡一着笔，无不神肖，与万袖石、马北岩齐名……光绪六年卒，年六十一。"

童处士墓表

【释文】

童处士墓表

君讳孝源，字甬川。先世义乌，明季迁鄞。祖某，州判。父某，国子生，有孝行，励学，与妣孙孺人相继卒。君才六岁，居丧如成人。以祖母陈命，依季父居。季父严，以君力学不事生产，出之外舍，有地数弓，乃益发书读之。从师游，遂通小学、《史》、《汉》，旁及百氏。既壮，舅陈明经廉知孝友，妻以女，复以舅为师。然不事举业，尝曰："吾先人以隐居著书，不求宦达，今有书有田，复奚志哉！"由是入则横经，出则负耒，岁以其入赒亲党之贫乏者，有券至四百缗，悉烧之。复力疾修远宗墓庐，虽困踣，不顾也。戊午，槐以优行第一贡太学。明年，考取武英殿校录。秋，顺天乡试中式。闻至，君已疾，顾孺人曰："吾殆不起，异日当勖儿以黜浮崇实，勿替祖、父之训也。"疾竟卒，年六十七。子一，槐。女四。表曰：

古独行，农而士。带挂经，室悬耜。存姻睦，绝怙侈。老能教，长可纪。式彝训，生才子。铭既藏，表足视。崇善良，告惇史。

童槐是阮元的门生，并曾入阮元幕府，与阮元关系密切。童孝源是童槐的父亲。童孝源去世后，童槐请求阮元撰墓表。

此墓表录自《揅经室集·二集》卷六。

《云南府通判陈公墓志铭》石碑

【释文】

云南府通判陈公墓志铭

君讳圣修，字念祖，号岸亭，浙江山阴县人。曾祖理，官广西平乐府司狱，遂移籍焉。祖廷纶，康熙庚辰进士，庐州府知府。考齐襄，举贤良方正，江西广饶九南道，得男九人，君叙第三。生而岐嶷，善读书，工于属文。乾隆庚辰举人，援豫工例，授湖南桂阳县知县，调益阳，丁外艰去官。服除，历任江西之建昌、鄱阳，安徽之太和、芜湖，所治政绩有声。除云南府通判，未及任而卒。

君生于雍正十一年十月，距乾隆五十八年九月，年六十一。配凌安人，生子四，伯、季先于君卒；仲广兴，叔广宁，某年某月某日，葬君于某地，礼也。

君令益阳时，值山水破堤，民大饥，未及请，先发仓米十万斛赈之。无为州水冲坝坏，州人议移建。君署州事，以为弃地让水，非所以恤民，不如开引河增坝以护之，依君议，民赖以安。又尝署和州，州旧有佥丁贴费之例，君议以屯田，按亩增追给，运丁自措，时以为便。盖君以经济之才施于宰牧，不徒以奉职者免上议，矢公者靖舆评，求之古人，可谓贤矣。

先是，君仲兄圣传为台湾县县丞，值林爽文变，慷慨骂贼，惨罹于难，天子以云骑尉褒其身，且荫其后。无嗣，故以广宁为之子。广宁重性道之学，好金石之文，与其兄广兴竞爽，且皆钟于孝友，志在表扬，以君《行状》属元志诸石。为之铭曰：

邑宰之任，视古诸侯。化繇德骇，民视风鸠。会稽名骆，东郡无蟊。牛依淮守，虎拜荆州。繄古有然，惟君则侔。虞实臣族，楚产名流。清白世守，仕学用优。生秉异质，出建嘉猷。卅年之宰，万里之游。春风拂鲇，阴雨随驺。民隐既恤，官方式修。无偏无党，不刚不柔。狗先羊问，犊共车留。破械同豫，发仓并赒。荻圩增坝，颖闸穿沟。利民民立，祷神神酬。通经足用，临事克谋。具我壶浆，衎我朋俦。梅花东阁，明月南楼。板舆朝豫，民瘼宵筹。苍黎在臆，皓发生头。绩方报最，神竟归幽。羊镫寂寂，蚁幕悠悠。女捐簪珥，童罢谣讴。遗书百帙，贞石千秋。魂接芳草，墓表长楸。湘云皖水，人去香浮。

陈广宁(1763—1812)，字靖侯，号默斋、雪樵，浙江山阴(今绍兴)人。历官福建汀州、建宁、漳州总兵，山东兖州、安徽寿春、云南腾越镇总兵。精审金石，兼工诗文，尤长于画山水小景，曾绘《西涯别业图》，时人纷纷为之题咏。著有《寿雪山房诗稿》。

此文录自陈汝兰等纂《山阴下方桥陈氏宗谱》卷十四。据《焦循诗文集》，此墓志铭是焦循代阮元所撰，后经阮元略有修改。

“荔峰”题字石刻

【释文】

荔峰

阮元题

南屏山与九曜山联属，是西湖南面的主要屏障，在南屏山与九曜山之间，就是荔枝峰。荔枝峰下有张煌言墓与章太炎墓。后山有阮元“荔峰”隶书题名石刻。字径 15 厘米，题款为楷书字径 5 厘米。其中“元”字被裂隙分隔。字龛高 30 厘米，宽 50 厘米。

嘉兴市平湖市乍浦“龙湫”石刻

【释文】

龙湫

浙抚阮元

浙江平湖市乍浦陈山上的龙湫，又名“灵湫”，俗称“龙潭”，位于陈山北麓山腰间。摩崖石刻高1.15米，宽0.65米，直行行书“龙湫”，字径40厘米，左行书款“浙抚阮元”，字体均为阴刻。2004年6月被列为市级文物保护单位，是平湖境内保存至今的为数不多的摩崖石刻。

《重摹旧拓多宝塔碑》题记

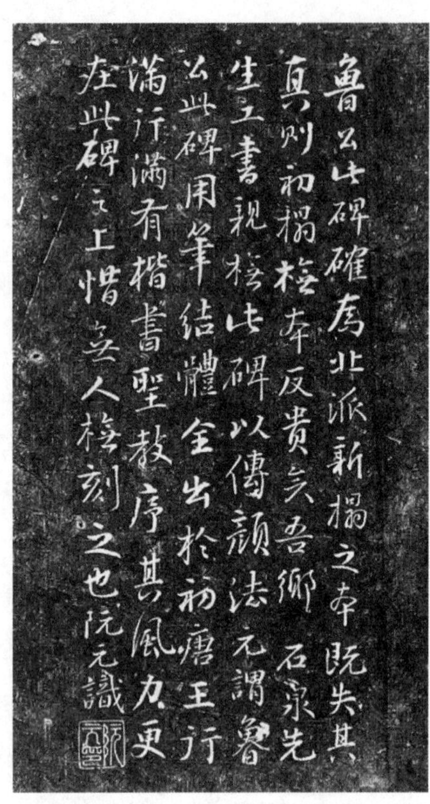

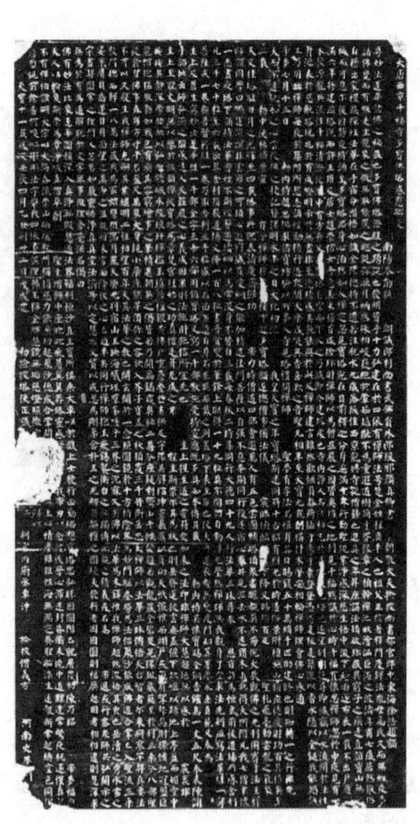

【释文】

鲁公此碑确为北派，新拓之本既失其真，则初拓摹本反贵矣。吾乡石泉先生工书，视摹此碑，以传颜法。元谓鲁公此碑用笔结体全出于初唐王行满，行满。楷书《圣教序》，其风力更在此碑之上，惜无人摹刻之也。阮元识。

《多宝塔碑》，全称《大唐西京千福寺多宝佛塔感应碑文》。岑勋撰，颜正卿书，徐浩隶额。天宝十一载（752）立在京兆（今西安市）安定坊千福寺内。此碑现存西安碑林。

拓本拓摹与此题记撰写时间均不可考。题记中“石泉先生”即宫制锦（1762—？），字春浦，号石泉，江苏扬州府泰州（今泰州市）人，乾隆五十三年（1788）举人。嘉庆八年（1803），任广西南宁知县。性廉明，亲贤礼士，表节孝以励风化。自少工书，常临摹《多宝塔碑》。罢官后游京师，名益重，所得金随手散去。晚年寓居扬州，索书者日盈其门。

“天真山”石刻

【释文】

天真山。

“天真山”题刻位于杭州天真山天真亭内石壁上,行书,高60厘米,宽35厘米,字径21厘米。金志敏主编《杭州凤凰山摩崖萃编》中说:“根据字体判断,疑为清阮元题。”

《阮文达与瞿子玖画像及题诗》石刻 光绪十四年(1888)

【释文】

莲花过雨清宜画,兰箭临风韵似诗。

记取丁年秋七夕,定香亭上晚凉时。

《阮文达与瞿子玖画像题记》碑高 335 厘米,宽 80 厘米,厚 13 厘米。清光绪十四年(1888)刻。碑右为阮元 80 岁小像,费丹旭绘;继之刻阮元七言绝句一首,隶书。此诗题《张子白同年携萚石翁画至杭州展读于定香亭上是时池荷怒发盆兰袭人把酒论诗极一时清兴题诗记之》。左旁刻瞿子玖 38 岁小像,再左刻陶浚宣题记,11 行,楷书。因碑石风化,画像模糊不清。此碑于 1990 年从杭州第四中学移存杭州孔庙。

费丹旭(1801—1850),字子苕,号晓楼,浙江乌程(今湖州)人。幼承家学,能诗文,善书画,尤以人物肖像闻名于世。

《影桥记》石碑 光绪十四年(1888)

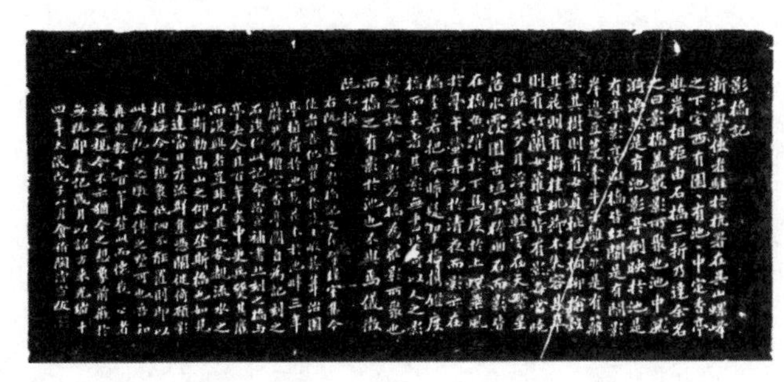

【释文】

影桥记

浙江学使者驻于杭署,在吴山螺峰之下,宅西有园,园有池,池中定香亭与岸相距,由石桥三折乃达,余名之曰"影桥",盖众影所聚也。池中风漪涣然,是有池影。亭倒映于池,是有亭影。亭与桥皆红阑,是有阑影。岸边豆蔓、牵牛子离离然,是有篱影。其树则有女贞、枇杷、桐、柳、榆、榖,其花则有梅、桂、桃、荷、木、夫容,其草则有竹、兰、女萝,是皆有影。每当晓日散采,夕月浮黄,轻云在天,繁星落水,霞围古垣,雪糁幽石,而影皆在桥。鱼跃于下,乌度于上,蝶乘风于亭午,萤弄光于清夜,而影亦在桥。至若把卷晞发,挈榼携灯,度桥而来者,其影无尽,皆可以人之影系之。故余以"影"名桥,为众影所聚也。而桥之有影于池也,不与焉。仪征阮元撰。

右阮文达公《影桥记》文存《揅经室集》。今使者善化瞿公于试士暇晷,葺治园亭,植荷于池,栽花木于池畔,三年蔚然,乃绘《定香亭图》,自为记,刻之石,复检此记,命浚宣补书并刻之。桥与亭去今且百年矣,中更兵燹,其废而复兴者,岂非以其人哉。睹流水之如斯,动高山之仰止。登斯桥也,如见文达当日彦流群集,凭阑徙倚,顾影相娱,令人想象,低徊不能置。则即以此为阮公之墩、太傅之墅可也。吾知再更数十百年登此而怀我公者,后之视今不亦犹今之想象前征于无既耶,爰记岁月以诏方来。光绪十四年太岁戊子八月,会稽陶浚宣跋。

《影桥记》碑高365厘米,宽79厘米,厚11厘米。清光绪十四年(1888)陶浚宣刻。碑文前20行为阮元《影桥记》,陶浚宣书;后15行为陶浚宣题跋。清代"影桥"在浙江学署试院内。此碑于1990年6月从杭州第四中学移存杭州孔庙。

陶浚宣(1849—1915),字心云,号稷山居士,浙江会稽(今绍兴)人。精诗词,工书画,笔力雄厚。

此记又见于《揅经室集·三集》卷二。

四 江苏篇

江苏是阮元的家乡。阮元青少年、中年为父亲守丧期间及晚年都居于扬州。从乾隆二十九年(1764)至乾隆五十一年(1786)学成入京,阮元在扬州度过了二十三年的青少年时期。

自二十三岁离扬入京,五十余年宦游在外。其间有记载或旁证,阮元有九次回乡,都是在赴任或述职的途中顺道路过扬州。第一次回乡,是在乾隆六十年(1795),阮元由山东赴任浙江学政,十月路过扬州。第二次回乡,是在嘉庆三年(1798),浙江学政三年期满入京,九月途经扬州。第三次回乡,是在嘉庆八年(1803),浙江巡抚三年期满入京述职,返程途中九月过扬州。第四次回乡,是在嘉庆十年(1805),浙江巡抚任上,父丧丁忧回扬。两年多守制于雷塘家墓。第五次回乡,是在嘉庆十三年(1808),由河南巡抚又调任浙江巡抚,三月途经扬州。第六次回乡,是在嘉庆十四年(1809),才任浙江巡抚一年多便遭革职,进京查办,路过扬州。第七次回乡,是在嘉庆十八年(1813),漕运总督任上,督四千余漕船经过瓜洲。第八次回乡,是在嘉庆十九年(1814),由漕运总督调任江西巡抚,赴任途经扬州。第九次回乡,是在道光二年(1822),两广总督任上回京述职,六月过扬州。

道光十八年(1838),阮元以七十五岁高龄致仕归里。从此,阮元归隐家乡,怡志林泉。直至道光二十九年(1849)逝世。

因扬州没有大山,即使有小山、石山,石质也不适宜刻字。因此阮元在江苏,特别是在扬州没有大字碑刻,只有一些石额、石碑。

苏州虎丘阮元题名石刻 嘉庆三年(1798)

【释文】

嘉庆三年秋九月，仪征阮元过此，门生钱塘陈文杰、海盐张燕昌、吴东发、鄞童槐侍。

嘉庆三年(1798)九月，浙江学政阮元任满，升任兵部右侍郎，后又调任礼部右侍郎。入都途中，路过苏州。王昶邀阮元宴于虎丘。

苏州虎丘千人石东北角有个池塘叫白莲池，池边有上下两块方形石。上石题“点头。宝文书”，下面是阮元题名石刻，隶书，5行。

陈文述(1771—1843)，原名文杰，字退庵，号云伯。浙江钱塘(今杭州)人。嘉庆五年(1800)举人。官江苏江都县、安徽繁昌县知县等，多惠政。少年时与族兄陈鸿寿，同为阮元所赏识。阮元在杭州时，曾以仿宋画院制新团扇命题赋诗，陈文述所赋的诗最佳，人称“团扇诗人”。工诗，著有《颐道堂诗选》《文钞》《颐道堂诗外集》《碧城仙馆诗钞》等。

吴东发(1747—1803)，字侃叔，号耘庐，又号芸父。浙江海盐人。工书善画，精金石之学，出钱大昕之门，并受知于阮元。著有《尊道堂诗钞》《瘗鹤铭考》等。

阙里石刻《孝经》《论语》后记石刻 嘉庆七年(1802)

【释文】

阙里石刻《孝经》《论语》后记

六经皆周、鲁所遗古典，而孔子述之，传于后世。孔子集古帝王圣贤之学之大成，而为孔子之学。孔子之学，于何书见之最为醇备与？则《孝经》《论语》是也。《孝经》《论语》之学，穷极性与天道，而不涉于虚；推极帝王治法，而皆用乎中；详论子臣弟友之庸行，而皆归于实。所以周、秦以来，子家各流皆不能及，而为万世之极则也。《孝经》《论语》皆孔门弟子所撰，而弟子之首推者，曰颜、曰曾。颜子之学，曰“夫子循循然善诱人，博我以文，约我以礼”，故曰“一日克己复礼，天下归仁焉”，“非礼勿视，非礼勿听，非礼勿言，非礼勿动”。礼者何？朝、觐、射、冠、昏、丧、祭，凡子臣弟友之庸行、帝王治法、性与天道，皆在其中。《诗》《书》即文也，礼也，《易象》《春秋》亦文也，礼也。其余言存乎《大学》《中庸》诸篇。《大学》《中庸》所由载入礼经者以此。其事皆归实践，非高言顿悟所可掩袭而得者也。曾子之学，孔子曰:“吾道一以贯之。”曾子曰:“夫子之道，忠恕而已矣。”忠恕者，子臣弟友自天子至于庶人之实政实行。故曾子曰:“忠者，其孝之本与！”《孝经》之学，兼乎君、卿、士、庶，以及天下国家。《曾子》十篇，皆由此出，其实皆尽人所同之庸行，忠恕而已。故孔子曰:“忠恕违道不远。君子之道四，某未能一焉。”所谓一贯者：贯者，行也，事也，言壹是皆身体力行见诸实行实事也。初非有独传之心、顿悟之道也。“贯”之训“行”“事”，见于《尔雅》《汉书》，与“仍旧贯”无二解也。若谓性道之学，必积久之后而顿悟通之，则孔子十五志学以后，学与年进，未闻有不悟之时，亦未闻有顿悟之日也。颜、曾所学于孔子者如此，其余诸贤可以类推之。然则集古圣大成之道者，莫如孔子。传孔子之道最近，而无偏无弊者，莫如诸贤。孔子、诸贤之言所载之书，莫如《孝经》《论语》。然则今之《孝经》《论语》，儒者终身学之不尽。太极之有无，良知之是非，何暇论之！古本《孝经》不可见，惟汉石经《论语》残字仅有存者。国子监生金匮钱泳，博雅好学，善隶古书，尝书《孝经》《论语》二经，且博访通人，定其隶法文字。嘉庆七年，课时将成，泳以元为孔氏甥也，属元归其石于曲阜孔子宅，树石于壁，以贻后之学者，遂记之。

光禄大夫、兵部侍郎、都察院右副都御史、巡抚浙江提督军务，仪征阮元谨记。

孝經
開宗明義章第一
仲尼居曾子侍子曰
先王有至德要道以
順天下民用和睦上
下無怨汝知之乎曾
子避席曰參不敏何
足以知之子曰夫孝
德之本也教之所由
生也復坐吾語汝身
體髮膚受之父母不
敢毀傷孝之始也立
身行道揚名於後世
以顯父母孝之終也
夫孝始於事親中於

钱泳仿《熹平石经》体《孝经》

据钱泰吉《曝书杂记》卷上《苏州府学石经》载："乾隆五十八年，居士（钱泳）又于《管子》中得石经残字三十八字以意连属之，盖《论语》'学而篇'也。……梅溪（钱泳号）尝仿《熹平石经》，写《论语》《孝经》《大学》《中庸》章句文字……初欲勒石于阙里，题曰'阙里石刻'，在今苏州府学敬一亭，凡一百二十四石。"嘉庆元年（1796），钱泳馆于杭州督粮道张映玑署中，至杭州府学观宋高宗御书《石经》，发现其仅存八十七石。此时，钱泳便萌发了仿《熹平石经》体，写《孝经》《论语》《大学》《中庸》刻石置孔庙的念头。

这一想法在嘉庆七年（1802）开始实施，得到时任浙江巡抚阮元的大力资助。阮元"捐奉银，俾钱君泳先刻《孝经》一卷"。据钱泳《写经楼金石目·阙里石刻一》载："仿汉熹平石经体书《孝经》十八章，每字合今工部营造尺方广一寸，凡十一石，合一千九百又九字，刻始于嘉庆七年三月朔日，至七月告成。"后钱泳又自费刻《论语》前十三篇，后因经费问题而暂停。一直等到嘉庆十九年（1814），两淮巡盐御史阿克当阿见《论语》石经未完工，"复捐奉，倩钱君续刻七篇以足成之"。据钱泳《写经楼金石目·阙里石刻二》载："仿汉熹平石经体书《论语》二十篇，自《学而》起至《尧曰》篇，凡八十五石，每石两百字，合一万六千又六字，嘉庆七年八月开镌，仅刻十三篇，至十九年四月告成。"

因为阮元是曲阜孔氏女婿，钱泳请阮元帮助，将刻好后的石经运到曲阜孔庙，故称"阙里石刻"或"阙里石经"。阙里，一般指孔子故里，因为那里有两座石阙。

此题记录自钱泳《写经楼金石目》。与《揅经室集·一集》卷十一《〈孝经〉〈论语〉石刻记》相比较，前面大半部分相同，后三句略有不同。

《清诰授中宪大夫湖北宜昌府知府冶山王君墓志铭(篆盖)》石刻 嘉庆八年(1803)

【释文】

皇清诰授中宪大夫湖北宜昌府知府冶山王君墓志铭

赐进士出身、诰授中宪大夫、日讲起居注官、詹事府少詹事兼翰林院侍讲学士,嘉定钱大昕撰文;

赐进士出身、授奉直大夫、日讲起居注官、翰林院侍讲,钱唐梁同书书丹;

赐进士出身、授资政大夫、兵部侍郎兼都察院右副都御史、巡抚浙江等处地方军务兼理粮饷、前史官,仪征阮元篆盖。

(余略)

王春煦(1744—1800),字紫宇,号冶山,江苏娄县(今属上海)人。清乾隆四十年(1775)进士,官至湖北宜昌知府。著有《延青斋诗钞》等。

王春煦墓志铭是阮元篆盖、钱大昕撰文、梁同书书丹。钱大昕(1728—1804),字晓征,一字辛楣,号竹汀,晚号潜研老人。江苏嘉定(今属上海)人。乾隆十九年(1754)进士。由编修累官至少詹事、广东学政。乾隆四十年(1775)以后主讲钟山、娄东、紫阳等书院。治学方面颇广,尤精校勘、音韵。著作有《十驾斋养新录》《恒言录》等,后辑为《潜研堂全集》。

海岱庵石碣 嘉庆八年(1803)

【释文】

吾阮氏世居扬州,祖舅招勇将军琢庵公旧第在西门内白瓦巷中,其右宅为吾舅湘圃封公所居,乾隆二十九年正月二十日,吾夫子寔诞生于此。此宅赁于他族卅余年矣。璐华等思复宅基,勿亵勿废,爰各脱簪珥赎得右宅,舍为海岱庵。庵祀观世音菩萨、天后、泰山碧霞元君。盖因先姑一品夫人林太夫人平日虔祀碧霞元君,吾夫子抚浙,于嘉庆五年六月擒灭安南夷寇,寔荷天后神风之助,是以皇上有诚感神祐之谕旨,而普陀天竺,又皆祈晴祷雨大士之所慈庇也。复于东序立先姑林太夫人栗主,令老女僧虔奉香火,后之子孙皆当以岁时瞻拜来此,且加修葺,永保之也。

嘉庆八年夏六月,孔子七十三代长孙女孔璐华率侧室刘文如等敬记。

海岱庵原为阮元祖父阮玉堂在扬州的居所,它的右宅是阮元父亲阮承信所居。阮元出生于此。后因家贫,阮承信将所居赁于他族。阮元妻孔璐华与刘文如等赎得右宅,并将此宅改成海岱庵,撰《海岱庵石碣》嵌于庵壁间。

刘文如(1777—1847),字书之,号静春居士。安徽天长人。本阮元妻江氏陪房丫鬟,江氏病故后,阮元奉父命收归房中。刘文如擅长诗文,兼工绘画,惜不多作。喜读书,有“阮刘书之”“静春居士”二藏书印。著有《四史疑年录》七卷,阮元为之作序。

此石碣录自阮亨《瀛舟笔谈》卷六。

“隋山光寺”石额 嘉庆八年(1803)

【释文】

隋山光寺

山光寺在扬州东郊湾头镇西北部,始建于隋代。大业元年(605),隋炀帝杨广命长史王宏(一说广陵郡丞王世充)筑江都宫数处,此为北宫。原址在禅智寺之西的蜀冈上。隋炀帝下扬州时,开始即住此宫。后因卜筮得“火山贲”卦,以为不吉,便舍宫作寺。初名“山火寺”,后改为“山光寺”。北宋真宗天禧四年(1020)改名“胜果寺”,后又复名“山光寺”,并将寺址迁至今处。靖康二年(1127)正月,徽宗赵佶让位于其子赵桓(钦宗),带着皇后逃到扬州,曾住在山光寺。南宋建炎元年(1127)年,高宗赵构来扬州,也曾到过山光寺。清代,康熙、乾隆皇帝六次南巡多次巡幸山光寺。乾隆皇帝还有“清晨启缆发高邮,夕阳西斜到茱萸”的题句。嘉庆八年(1803),将浙江巡抚阮元所写“隋山光寺”匾额挂在二门,以存古迹。道光十八年(1838)改为“福慧寺”。咸丰三年(1853)寺遭兵火,日渐荒废。后经同治、光绪、宣统年间僧人化缘,陆续修复。

日寇入侵后,山光寺开始衰颓,西部的平房已改作学堂。解放后拆毁佛像,保留房屋改作荣誉军人学校和荣誉军人速成中学。后来,一部分房屋改作湾头小学,一部分房屋改作湾头粮管所,僧墓塔地上建起湾头中学。1960年至1967年间,陆续拆毁。而今,“隋山光寺”石额已砌入墙内,山光寺仅存山门殿房三间(改作民宅)。

《胡西琴先生墓志铭》石碑 嘉庆八年(1803)

【释文】

胡西琴先生墓志铭

先生姓胡,讳曰廷森,字衡之,号西琴。先世唐宣歙节度使、常侍学之后。十五世,当元时,祖大中籍饶州,官休宁,遂迁焉。高祖学龙迁江都。父涛龄,国学生。先生身长体腴,事父孝,年逾三十,犹引过受杖。侍母疾,雪夜长跽呼天,疾为痊。幼读书,试未第,乃以文学佐大吏幕府之奏章,通达治体,所缮奏皆称旨。两江总督萨公载等交聘延致之。先生兼精刑律,年五十,无子,或曰:"掌刑者艰于嗣。"先生曰:"吾儒生,欲活人无尺寸权,正欲佐人,于刑中求嗣也。"故其治刑也,以仁辅义,有合于欧公求生不得之指,所全实多,卒举丈夫子。遂杜门却聘,谢外交,与里中秦序堂、沈既堂诸先生为湖山游,杖履吟咏,有香山之风。元初任巡抚时,先生至杭,为擘画一切。元以政事切问之,悉其情。逾月,兵刑漕赋事略定,先生曰:"可矣。"乃返扬州。嘉庆元年,恩诏县举孝廉方正一人,里中搢绅皆以先生应举。具牍达之官矣,而吏胥憖之,先生曰:"搢绅勿与吏胥言,言则不廉不正矣。"以是卒未达大府。嘉庆八年,先生卒于家,年八十有五。

先生工诗,善于言情,其佳处极似放翁,著《西琴诗草》一卷。授职州吏目。配李安人。子德生,职州同知,侧室刘安人出。冬十一月,葬扬州西门外老人桥之右。元幼时,以韵语受知于先生,先生授元以《文选》之学,导元从李晴山先生游。先生于元外祖林公为执友。公子妇林氏,元母之侄也。元入觐返,过扬州,哭先生,乃为铭曰:

先生之行,在孝与慈。先生之学,在书与诗。先生之才,经济匡时。弢晦恬退,世莫之知。知之深者,非元伊谁?丸丸宰木,冈道具宜。爰伐乐石,载此铭词。

胡廷森(1718—1803),是阮元童年时的启蒙老师之一。在阮元当官之后,又多次辅助阮元处理政务。嘉庆八年(1803),胡廷森卒于扬州家中,阮元为作《胡西琴先生墓志铭》,记其生平甚详。

此墓志铭录自《揅经室集·二集》卷二。

《旌表孝行杨君家传》石刻 嘉庆八年(1803)

【释文】

旌表孝行杨君家传

君讳岱,字元峰,号守默。其先世出湖州石林叶氏,曾祖德贤抚于杨,遂姓杨,常熟人也。祖廷鑵,父继祖,国子生,皆赠奉直大夫。君生有至性,及长,以父病,遂弃举业,精岐黄。父患口痈,君为进饮食,必亲举匙纳之。既卒,毁几灭性。君生平尤乐为善举,凡建宗祠一、丙舍三、族姓义塾一、里中义塾一、义庄一、置义田一千二百亩有奇,书田一千亩有奇,义冢四,里中石堤一、石桥六、浚河一,其他以遗产让寡嫂,济鳏寡孤独,倡众出粟振恤,为母寿以减佃户之租,不可枚举。尝语人曰:"天地生财,本以供人之用,用得其当,则吾心与分俱尽也。"其奉母袁宜人也,如其侍父之日。袁宜人年八十余,君为孺子慕,颜其室曰"爱日斋",曰"北堂",开池凿石,栽莳花木,以为娱。尝赈荒,大吏以君名上于朝,君力辞之,以例授布政司理问。嘉庆八年十一月以疾卒,年六十有六。越二年,里之人士复以君孝行请于朝,明年得旨建坊,入祀忠孝祠。君性仁慈,工楷书,喜奖掖子弟,其乡术文教之兴,咸归其功于君焉。配陶宜人。子四:景仁,举人,内阁中书,官至员外;景谊,工部主事;景墉,翰林院待诏;景珪,兵马司吏目。景仁、景珪俱副室尹宜人出。孙十二人:希锡,国子生;希铨,举人;希钰,国子生;希录,举人;希镇、希钧、希钊、希铿、希淦、希钦、希钠、希钺。

论曰:为善无近名,是故善不积不足以成名也。若夫杨君之孜孜为善,岂非所谓顺于道者乎!《诗》曰:"孝子不匮,永锡尔类。"君子于是知杨氏子孙必大也。

仪征阮元撰,归安姚文田书。

据《重修常昭合志》卷十九《金石志》载:"杨元峰家传。嘉庆八年。仪征阮元撰,归安姚文田书。石在恬庄杨氏孝坊。略曰:元峰,名岱,号守默。继祖子,配陶。子四:景会、景谊、景塘、景珪。孙十二人。嘉庆八年,以孝行旌。"

杨岱(1737—1803),字元峰,号守默,苏州张家港凤凰镇恬庄人。早年习儒,有意于科举,后因父患喉疾,遂转读医书,亲奉汤药。嘉庆十一年,朝廷建有杨氏孝坊以表彰之。杨氏孝坊位于恬庄老街北首,建于嘉庆十年(1805),为硬山式建筑,坐西朝东,五间两进西厢房。杨氏孝坊曾是杨氏家族祭祀祖宗的地方。墙内嵌有"旌表孝行杨君家传"石刻三块、“杨氏读书田记”石刻三块、“布政司执贴”石刻一块。两进间有9米长的天廊相连，使前后两进院落融为一体。第一进屋檐有三层斗拱重叠，气势宏伟。

杨岱在乾隆年间建造杨氏祠堂，拿出一千多亩良田作为祠堂的义田，用来赡养杨氏家族以及旁姓中的贫寒家庭。后来又拿出两百亩良田作为义田，建办义塾。嘉庆年间增置1000亩作为读书田，延请名师执教，由此引领镇上文风日盛，才有了六代人连续出仕的显赫。

此传录自杨希湜《恬庄小识》。

杨氏孝坊碑苑

诰封刑部山东司员外郎郑君墓志铭 嘉庆十年(1805)

【释文】

诰封刑部山东司员外郎郑君墓志铭

君讳鉴元,字允明,号澄江,又号余圃。先世以盐策自歙迁仪征,迁江宁,迁扬州,皆占籍焉。祖廙,父为翰,皆赠中议大夫。

君好书史,读《孝经注疏》恒不释卷。性节俭,虽处丰厚,泊如也。居恒以诚训其子弟,于孝义之事恒乐为之。修京师扬州会馆,独捐数千金。又修歙县洪桥郑氏宗祠,上律寺远祖海公宗祠,置香火田。建祖父江宁宗祠,三置祭田,由县立案于府。又尝修族谱,举亲族中婚葬之不克举者,建亲乐堂于扬州老宅后,子姓以时奉祭祀。嗟乎!席丰厚者无足重,重乎孝义也。不以其财助乡里有益于人之善事,不以其诚为睦姻任恤之正事,卒之不丰不厚,求一事铭墓者不可得,所谓孝义者安在?若先生者,其殆尽矣!先生总事鹾事十余年,诰授通议大夫、候选道。乾隆五十五年入京祝万寿,加一级,召预千叟宴,赐御制诗及粟帛。又以输军饷一万两以上,议叙加五级,覃恩诰封中宪大夫、刑部山东司员外郎。生于康熙五十三年二月十日,卒于嘉庆九年九月二十八日。子二:长涵,附贡生,候选州同知;次宗汝,刑部山东司员外郎。孙三:兆玉,候选州同知;兆珏,乙卯举人,候补内阁中书,涵出;兆理,大理寺丞,宗汝出。曾孙六:烜、炤、炘、煦、熙、焜。卜于嘉庆十年三月二十八日,与其配吴恭人合葬于江宁之南乡琵琶井。因伐石而系以铭曰:

黄山钟山,广陵秣陵。郑公之乡,人以德兴。孝祀以虔,善义力胜。富而好礼,昔贤所称。革薄积厚,人所罕能。用绥眉寿,耄年以登。子孙绳绳,施于重曾。埏道既安,惟灵所凭。藏此贞石,风暖春塍。

郑鉴元(1714—1804),安徽歙县人。客籍扬州,业盐两淮。司鹾事十余年,获利至厚,是声名显赫的大户盐贾,被举为两淮总商。举凡助工、助饷、赈灾、备工等,均首倡捐输。修京师扬州会馆,独捐数千金;修歙县洪桥郑氏宗祠、置祀田。又以输军饷银万两以上,议叙加五级,诰封中宪大夫,刑部山东司员外郎。

此墓志铭录自《揅经室集·二集》卷六。

刘端临先生墓表 嘉庆十年(1805)

【释文】

刘端临先生墓表

刘先生讳台拱,字端临。其先世由江南苏州迁扬州宝应。六世祖永澄,万历辛丑进士,与高忠宪、顾端文、刘忠端诸公讲学东林。曾祖中从,康熙戊子举人,石埭县教谕。祖家昇,甲午副贡。父世謩,贡生,靖江县训导。靖江君五子,先生居长。先生幼不好戏,六岁,母朱安人殁,哀毁如成人。既而事继母钟安人,亦尽孝。入家塾,终日端坐,未尝离席。独处一室,亦必以正。九岁,作《颜子赞》。十岁,心慕理学,尝于其居设宋五子位,朝夕礼之。出入里闬,目不旁睐,时有"小朱子"之目。年十五,从同里王君雒师学,及见王予中、朱止泉两先生书,遂笃志程、朱之学。十六,补县学生。二十一,中式举人。试礼部,大兴朱文正公时以翰林分校,得先生经义用古注,识为积学之士,亟呈荐,已中式矣。以次艺偶疵,被放,文正惜之终其身。是时朝廷开四库馆,海内方闻缀学之士云集。先生所交游,自大兴朱学士筠、歙程编修晋芳外,休宁戴庶常震、余姚邵学士晋涵、同郡任御史大椿、王给事念孙并为昆弟交,稽经考古,旦夕讲论。先生齿最少,每发一议,诸老先生莫不折服。先生之学,自天文、律吕、六书、九数、声韵等事,靡不贯洽,诸经中于"三礼"尤精研之,不为虚词穿凿,故能发先儒所未发,当世儒者撰书,多采其说。乾隆五十年,授丹徒县训导。先生勤于职,月必考课,其教以敦行立品为先,而能以身示之。尝谓校官不常接士子,则术业无由闻知,故诸生以时进见者,必以廉耻气节为敦勉。暇则诵习古训,亲为讲画。境内饥,大吏以赈事委先生,先生慨然曰:"校官无事,可自效于国,此我职也。"乃亲历穷巷,俾胥吏无侵刻,一邑感之。

生平无嗜好,唯聚书数万卷及金石文字而已。齑盐淡泊,晏如也。先生慎于接物,尤廉于取,交游如段茂堂、王怀祖、汪容甫诸先生,尤莫逆。朱学士曰:"刘君,大贤也,岂独学问过人?"邵学士曰:"予游京师,交友中渊通静远、造次必儒者,端临一人而已。"汪容甫曰:"吾心折刘君者,刘君欲吾养德性而无骋乎血气,此吾所以服也。"靖江君疾,先生辞官归,日侍汤药,昼夜不倦。及靖江君、钟安人相继卒,先生水浆不入口,出就外寝,蔬食五年之久,青浦王侍郎昶以为有曾、闵之孝。岁时祭祀,斋戒哭泣,戚戚者数日。居家教诸弟虽严,然怡怡和悦,人皆叹美之。宗族有少孤不能读书及困苦不能自振者，皆赒给之。先生德盛礼恭，人有所长，必诱掖之使进；若有短，则绝口不言，但劝勉之，使自愧悔。终身无疾言遽色，故其为校官也，上官待以殊礼，至于顽夫骄子对之，无不抑然自下。

体素羸，叠遭大故，益衰弱。嘉庆十年五月廿二日，以疾卒，距生于乾隆十六年闰五月初二日，年五十有五。娶山阳曹氏，无子。妾夏氏，生子二：源岷、源嶓。源岷早卒。女三：长适余长子常生，二品荫生；次字溧阳史氏，殇；幼许字同邑增贡生朱联奎子仕禄。所著文集及《论语骈枝》《荀子补注》《汉学拾遗》《仪礼补注》《经传小记》，惟稿多零落，仅辑成七卷。《淮南子定本》诸书亦未卒业。先生葬于宝应某某之原。同乡儒者皆欲列事实，请祀乡贤祠。元与先生友学最深，且为姻家，乃纪其学行，揭于阡。

刘台拱（1751—1805），字端临，江苏宝应人，乾隆三十五年（1770）举人。官至丹徒县训导。著有《刘端临遗书》。阮元长子阮常生娶刘台拱长女刘繁荣为妻。

此文录自《揅经室集·二集》卷二，与《刘氏遗书》所载略有不同。

诰赠中宪大夫山东兖沂曹济兵备道一凤孙公暨妻许恭人墓表 嘉庆十年(1805)

【释文】

诰赠中宪大夫山东兖沂曹济兵备道一凤孙公暨妻许恭人墓表

公讳枝生,字一凤,氏曰孙。先世定远人。明初有讳兴祖者,以佐命功封燕山侯。侯之从子讳继达,以行省都镇抚守御常州,赐田宅,是为武进孙氏。凡二侯三指挥使,登庶司者百人,尚书慎行尤以清望著,其传世与明相始终。公曾祖觨,封翰林院检讨。祖自仪,桂阳州同知,封翰林院编修。父谋,康熙辛未科进士,礼部主客司郎中。礼部公清宦家贫,既没,公尚幼,其从兄凤飞官广西州吏目,公以诸生从之广西,赘于许氏。公念门户中衰,二亲早弃养,缀身妻家,非学无以自立,乃下帷读书,刻苦无间晨夜。体素羸,遂致疾。雍正九年四月壬子卒,年仅二十有六。呜呼!公以望族丁衰祚,读书励行,天不假以年,无事业著述表见于世,微乎微矣!然公之子若孙,以学行掇科甲,名满天下,交游偁之,非公之隐德余荫,曷克及此哉!

公妻许太恭人,以嘉庆十年六月辛未,卒于其孙山东粮道任所,春秋九十有八。距公之卒,盖苦节七十五年矣。太恭人以二十三岁而寡,乾隆二十四年,奉旨旌表节孝。今之节母且致上寿,未有如太恭人者也。太恭人父建,宜兴人,以举人官广西义宁县知县,无子,欲为太恭人择婿,见公于凤飞家,器异之,以为馆甥。二年生子。又二年,一凤公卒,义宁君欲夺太恭人志,而以公之子为许氏后。太恭人誓且泣曰:“女何不若儿?孙氏一线不可绝,父无子,我当祀许于孙氏。”义宁君知不可夺,从之,旋卒。太恭人以一妇人自粤西奉父及夫之棺以归,陟岭峤,浮湘湖,山林丛密,风波险恶,猿啼于昼,鬼啸于夜,太恭人抱孤子以泣,颠连修阻,卒达江左。奉义宁君棺葬于宜兴,遵公遗言,厝棺于夹巷祖墓。母病,侍药不解带者五月。丧如父礼。以赠嫁阳羡田易田于常州为祭田,奉春秋祀事。又以子官俸置祀田于宜兴,归之许氏宗祠。孙氏岁时祭祀,必兼祀义宁君夫妇,以至于今。太恭人性矜严廉俭,不苟言笑,不拜佛诵经。年近百龄,每奉寿觞,必戒曰:“吾食半盂饭自饱,制一衣著数十年。无受属吏金币为也。”方太恭人之初归江南也,先人敝庐仅二间有半,炊烟满梁,太恭人晨夕操作,纺织针黹以易食。夜篝灯课子读书。子有过,必责之,责必哭。教孙学亦如之。尝反键书室,自牖纳食,故学行迄有所成。呜呼!方在粤西,孙氏之系不绝如缕,非太恭人矢志抚孤,力贫教学,又曷克及乎此哉!

公子名勋中，乾隆癸酉科举人，句容县教谕，截取河曲县知县，署浑源州、直隶沁州事。孙三人：长星衍，乾隆丙午举人，丁未科一甲第二名，赐进士及第，授翰林院编修，改刑部主事，升郎中，授山东兖沂曹济兵备道，署山东按察使，今官山东督粮道；次星衡，河南候补县丞，署洛阳县典史；次星衢，直隶候补布政司经历，署安州州判。一凤公初以子官敕赠修职郎、句容县教谕。后以孙官诰赠奉直大夫、刑部直隶司主事、前翰林院编修，晋赠中宪大夫、山东兖沂曹济兵备道。太恭人初敕封太孺人，晋封太宜人、太恭人。嘉庆十年冬，附葬一凤公墓。墓在常州府某地之原。

此文录自《揅经室集·二集》卷五。

甘泉县节烈题名第一碑 嘉庆十一年(1806)

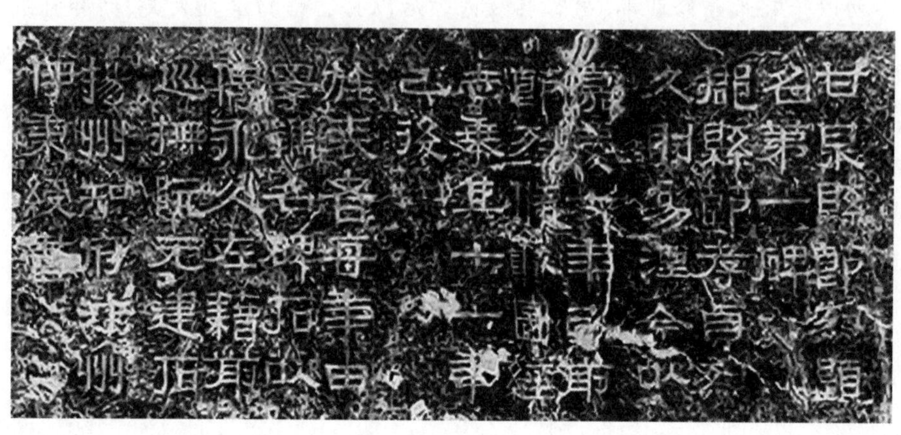

【释文】

郡县节孝贞烈久则易湮,今以嘉庆十年已前节烈修载图经志乘,其十一年已后旌表者,每年由学镌名碑石,以传永久。在籍前巡抚阮元建石,扬州知府汀州伊秉绶书。

此碑石藏扬州博物馆。伊秉绶(1754—1815),字组似,号墨卿,晚号默庵。福建汀州宁化人。乾隆五十四年(1789)进士,授刑部额外主事,后补浙江直隶司员外郎。曾典湖南试,复出任惠州知府,又因铁保荐举,调任扬州知府。嘉庆十二年(1807)后,因父母丧,归家守孝八年。嘉庆二十年(1815)应友朋敦请,复往扬州寓居,是年因病卒。能画,工诗,兼擅篆刻,尤以隶书最出名。著有《留春草堂集》。

仪征荣园“湘灵峰”题字石刻 嘉庆十一年(1806)

【释文】

湘灵峰。阮元题。

荣园在仪征西郊,原名寤园,是明朝崇祯年间,安徽休宁人、盐商汪士衡(占籍仪征)所建。阮大铖为之作序称“一起江山寤,独创烟霞格”,因而名园为“寤园”。阮大铖(1587—1646),字集之,号圆海、石巢、百子山樵,安徽桐城人,万历四十四年(1616)进士,官至南明兵部尚书。寤园的设计师是计成,他根据自己的经验和造园实践,在寤园中写成《园冶》。《园冶》是世界造园学上最早的名著。计成(1582—1642),字无否,号否道人,苏州吴江同里人。年轻时以善画山水闻名,画风写实。好游历风景名胜,青年时到过北京、湖广等地,中年回到江南,定居镇江。因镇江的山水城林,萌发造园之趣。其造园艺术在明崇祯前期达到鼎盛,常州东第园、仪征寤园、南京石巢园、扬州影园皆为代表作。

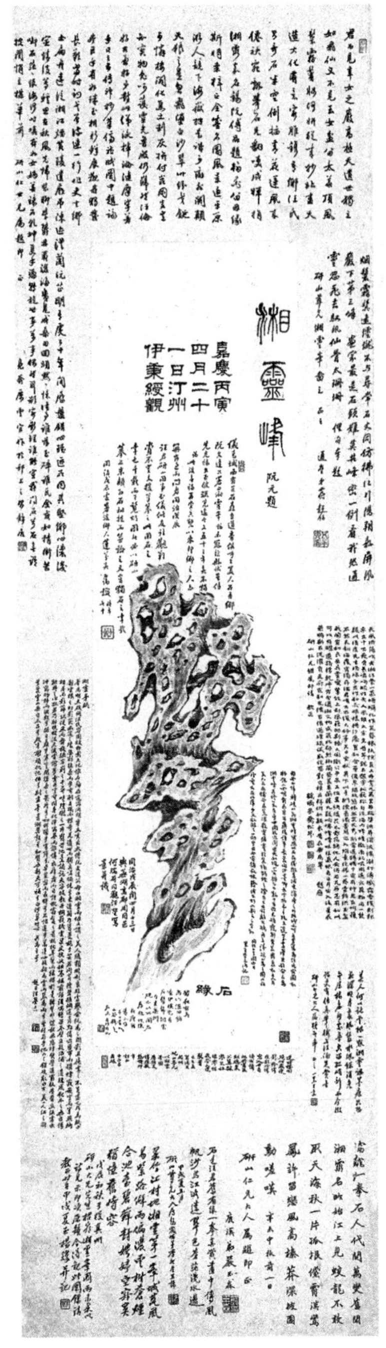

汪鋆《湘灵峰》立轴

由于寤园越来越有名气,往来“巨公大僚”甚多,县令姜埰不胜周旋,有一次发牢骚说:“我现在成汪家守门的了!”这话传到主人耳朵里,吃惊不小,不敢得罪县令,“惧而毁焉”,但一石尚存。

随着时间的流逝,寤园逐渐荒芜,汪家后人汪士楚在此基础上重建,取名荣园,典出东晋陶渊明《归去来兮辞》“木欣欣以向荣”之句。阮元《广陵诗事》卷六中记载:“汪中翰(士楚)家素封,所构荣园,名动京师,南北经过者,率至此留连竟晷,李樗人有‘扁舟白发闲来往,惟有当年旧夕阳’之句。”

嘉庆十一年(1806),正在丁忧期间的阮元,在伊秉绶、尤荫、屠倬、彭兆荪等的陪同下,来仪征城西荣园旧址访古,发现在芦苇和翠竹间屹立一块灵石,问周边农户,说是美人石。阮元很喜欢这块石头,认为"美人石"不雅,将其更名为"湘灵峰",并题字。尤荫为之作画,伊秉绶为之题序,屠倬、彭兆荪为之写诗。尤荫(1732—1812),字贡父,号水村,仪征人。工诗,善画兰竹。彭兆荪(1769—1821),字湘涵,一字甘亭,江苏镇洋(今江苏太仓)人。道光元年(1821)举人,一生为幕僚。工骈文,有《小谟觞馆诗文集》。尤荫所画已佚,同治七年(1868),汪鋆画了一幅《湘灵峰》,现藏扬州博物馆。汪鋆(1816—?),字研山。江苏仪征人。工诗,擅画,邃于金石。有《扬州画苑录》《十二砚斋金石过眼录》等。汪鋆《湘灵峰》上的阮元题字"湘灵峰"应是根据原石模仿的。

中华人民共和国成立后,这块"湘灵峰"还在,但在"文化大革命"中被当成"四旧"砸毁。

“碧纱笼”石刻跋 嘉庆十一年（1806）

【释文】

王敬公之才之遇，岂阇黎所能预识，为之纱笼，亦至矣，而犹以诗愧之，褊哉！敬公相业，诚有可讥。然其浚扬州大渠，利转运，以盐铁济军国之用，亦不为无功。坡公诗以阇黎为具眼，亦过激之论也。古木兰院僧心平属书“碧纱笼”扁，遂论之如此。

阮元曾应古木兰院僧心平之请书“碧纱笼”石额，并跋数语。

木兰院亦称石塔寺，或称惠照寺、惠昭寺、慧照寺，在历史上寺址迭经变迁。本为晋代遗刹，名蒙因显庆禅院。南朝宋元嘉十七年（440），改为惠昭寺。唐先天元年（712）改名安国寺，乾元中（758—778）始更名“木兰院”。

木兰院石塔始建于唐开成三年（838），因得古佛舍利，遂于寺内建石塔藏之，故名石塔寺。原在西门外古木兰院内，南宋嘉熙年间（1237—1240）移建于此。据光绪《江都县志》记载，南宋宝祐年间（1253—1258）贾似道重修。明崇祯年间（1628—1644），僧三昧修寺及塔并建九佛楼。清康熙四十七年（1708），僧抚生重修，又建大悲阁、石戒坛。雍正七年（1729），知县陆朝玑复“古木兰院”旧额。乾隆年间，扬州知府李逢春将石塔落地重修，并将唐时《藏舍利石塔记碑》砌入塔下，增建石栏，因此塔上有不少清代增补的石构件。咸丰三年（1853），寺毁于兵火，唯石塔、戒坛与明代楠木楼尚存。同治、光绪年间，寺僧又陆续修建，主要建筑有天王殿、大雄宝殿、藏经楼等。民国以来庙房大部被拆除改建。1964年大修。1978年开拓石塔路，寺庙建筑大部拆除，石塔原地保留，圈入路心绿化带，围栏保护。

王播（759—830），字明扬，父亲去世时，他正值25岁。家中重担压身，家境窘困，王播并没有选择经营家业，而是希望读书做官改换门庭。由父亲生前挚友介绍，到木兰院寄居读书，开始寄人篱下的生活。据五代时人王定保所撰《唐摭言》卷七记载：“王播少孤贫，尝客扬州惠昭寺木兰院，随僧斋餐。诸僧厌怠，播至，已饭矣。后二纪，播自重位出镇是邦，因访旧游，向之题已皆碧纱幕其上。”原来势利的僧人故意开饭后才敲钟，待王播赶到时，饭已经吃完了。王播感到羞愧无比，于是在寺壁题了两句诗：“上堂已了各西东，惭愧阇黎饭后钟。”题毕，愤而离去。后来，王播兄弟三人在科考中“并擢进士”，并与其弟王起应制举贤良方正科，同获优异成绩。二十年之后，这个曾向和尚讨饭吃的王

播，已经位居淮南节度使了。他重访扬州木兰院时，看到当年所题旧诗已被和尚用碧纱笼罩，于是挥毫续诗："二十年来尘扑面，如今始得碧纱笼。"并新作一绝："二十年前此院游，木兰花发院新修。如今再到经行处，树老无花僧白头。"

此跋录自《揅经室集·三集》卷四。

“隋炀帝陵”石碑 嘉庆十二年(1807)

【释文】

隋炀帝陵

大清嘉庆十二年,在籍、前浙江巡抚阮元建石。

扬州府知府汀州伊秉绶题。

隋炀帝于大业十四年(618)在江都被部下宇文化及缢杀,初殡于江都宫内流珠堂,后改葬于城西北五里吴公台下。唐平江南后,以帝礼将其改葬于扬州城北雷塘侧,其墓年久荒芜。嘉庆十二年(1807),位于槐泗的一处土墩,经阮元考证为隋炀帝陵,出资修复并嘱扬州知府伊秉绶书碑后立石。碑心为隶书“隋炀帝陵”四个大字,壮伟方圆,苍劲古朴。阮元曾撰《修炀帝陵记》。2013年,在西湖镇曹庄发现的隋唐墓葬确定为隋炀帝与皇后萧氏合葬墓。

顺昌县训导伊君墓表 嘉庆十二年(1807)

【释文】

顺昌县训导伊君墓表

君讳应聚,字文起,号清泉。为商阿衡之苗裔,世居汴州陈留,陈留有古莘城。唐末,讳显者入闽,至宁化居焉。二十世,至清泉君。君,明诸生。君生明季,入本朝,由生员岁贡入成均,选顺昌县训导。时值耿逆之变,有伪刘将军者扰郡县,劫君使从逆,君誓死不为动,笞榜极苦,卒不能屈,以免于难。康熙中年,天下无事,有司举宾筵之典,君三为乡饮正宾。卒于康熙辛卯十月二十有六日,年八十有三。葬城西谢家科。娶阴宜人、管宜人。子为皋。为皋生经邦,县学生。经邦生朝栋,乾隆己丑进士,刑部安徽司主事,官至光禄寺正卿,貤赠君奉政大夫。又数十年,朝栋子秉绶,复以己酉进士、刑部郎知扬州府事。於戏!君以校官值变,守正不屈,大节如此,卓然传矣,细行虽不书,可也。

伊应聚是伊秉绶的高祖。此时,伊秉绶任扬州知府,而阮元丁父忧居扬州。据谭平国《伊秉绶年谱》:嘉庆十二年(1807)正月,伊秉绶父亲伊朝栋在扬州,以昔先祖葬缺墓志,属伊秉绶求追为之。伊秉绶乞阮元撰高祖伊应聚墓表,姚鼐撰曾祖伊为皋墓志铭,洪亮吉撰祖伊经邦墓表。伊朝栋(1729—1807),字用侯,福建宁化人。受业于雷鋐,通程朱之学。乾隆三十四年(1769)进士,授刑部主事,后由御史五迁至光禄寺卿。著有《赐砚斋诗钞》《南窗丛记》《宁阳诗存》等。

此文录自《揅经室集·二集》卷五。

“天后宫”石额 嘉庆十二年(1807)

【释文】

天后宫

嘉庆十二年(1807)在扬丁忧期间,阮元以陈集林氏旧宅划中宅改建天后宫,除供奉妈祖天后外,西侧还供奉阮母林太夫人。旧宅西部则改作外祖父母及诸舅氏宗祠。林溥《扬州西山小志》记载:“天后宫在柴南街,其东偏数武即天后楼。阮文达公抚浙时,征安南海盗,神庇获捷,感而建此。”

阮元七世孙、仪征二中退休副校长阮家鼎回忆,1967年,天后宫还在当时陈集公社的大院内。大院东侧陈集农行的空地上有阮元题写的“天后宫”石额一方,长近一米,宽约四十公分,隶书刻石。可惜天后宫今已不存,石额也被红卫兵当街砸毁。

《元大德雷塘龙王庙碑记》及《重修雷塘龙王庙碑阴记》石碑 嘉庆十二年(1807)

【释文】

元大德雷塘龙王庙碑记

余家墓庐在雷塘之北,其村名龙王庙,顾求其庙,无有也。问之老农,曰:“庐前石坊之西王氏墓乃庙故基。明代王氏以庙基为墓,迁其碑于庐东土神小庙后。”余乃重辑土神庙,出其碑,洗而拓之。碑正书,篆额乃“元大德五年辛丑昭毅大将军扬州路总管府达鲁花赤兼管内劝农事孛兰奚等重修宋龙王庙之碑”也。雷塘在唐、宋为巨浸,以其立都雍豫江淮转运,当入泗、汴潴水济漕故也。元用海运,而塘水尚存。明漕于燕,不恃塘水,仇鸾等乃泄水开阡陌矣。元读碑,有感于灵迹数百年,究不可没,乃以墓庐三楹立座,设龙王象,庶使村民岁时有所祷祀,以济旱暵。立其碑于庭之南,而记其略于碑阴。呜呼!王氏者,明大官。毁庙为墓,傎矣!余四世祖、武德将军,以明末葬于村之东北,曾祖、祖、考三世祔葬焉。今余获神碑而复神祀,礼也。碑载:龙有降雨之灵,宋封昭佑王。元代混一区宇,合淮东宣慰司隶于扬,命中书剥九字行司事抚治全淮。公元勋世家,硕德重望,式副下剥十一字已亥、庚子祷雨皆应。八月,庙落成。殿六楹,门六楹,环堵三十五丈,中塑像,旁绘雨部象。扬州路儒学教授马允中撰文并书,辛丑四月立碑。同官者,正议大夫扬州路总管兼管内劝农事移剌庆坚、奉政大夫治中马居仁、奉政大夫同知□□、推官马萧、判官刘、知事刘、经历张、提控林、监工许。其列衔,孛兰奚居右之首行,移剌庆坚等以次左之,盖用元国书右行法也。官制与《元史》皆合,惟孛兰奚以中书行司事官扬州,于史无征。《元史》列传卷十八、卷二十、卷二十二,名孛兰奚者凡三人,考其官迹年代,似皆不合。移剌庆坚等,亦皆不见于史。盖此孛兰奚为史所失载之人也。

重修雷塘龙王庙碑阴记

阮氏墓庐地名龙王庙。老农云:“石坊西大墓乃庙址。明末,王氏毁庙为墓,迁庙碑于土地庙中。”余出其碑,以庐三楹,设龙王像,使村民有所祷祀。立碑庐中,记事碑阴。王氏毁庙为墓,傎矣;余得神碑而以庐奉神,礼也。后人修神庙者,勿没余墓庐之迹也。大清嘉庆十二年夏,在籍前浙江巡抚、户部侍郎阮元记。

嘉庆十二年(1807)六月,阮元得《元大德重修宋雷塘龙王庙碑》于雷塘,因迁碑于墓庐中,并祀龙王于庐中,以僧守之。此碑高裁尺三尺四寸,宽二尺零八分,共二十五行,每行三十二字,碑额篆书,"重建雷塘昭佑王庙之记"十字分五行,每行二字。《重修雷塘龙王庙碑阴记》用的是行书。

《元大德雷塘龙王庙碑记》录自《揅经室集·三集》卷二,《重修雷塘龙王庙碑阴记》录自〔民国〕《甘泉县续志》卷十五。

摹刻天一阁北宋石鼓文(扬州府学本)及题记 嘉庆十二年(1807)

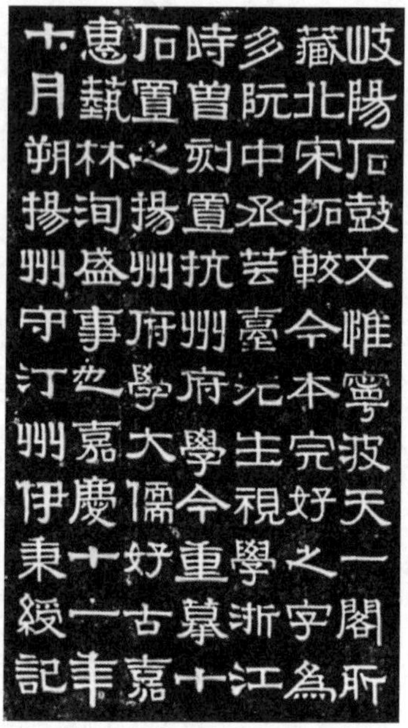

【释文】

岐阳石鼓文,惟宁波天一阁所藏北宋拓较今本完好之字为多。阮中丞芸台先生视学浙江时曾刻置杭州学府,今重摹十石,置之扬州府学。大儒好古,嘉惠艺林,洵盛事也。嘉庆十一年十月朔,扬州守汀州伊秉绶记。

嘉庆十一年(1806)六月,扬州太守伊秉绶嘱重刻石鼓十石于扬州学府,后有伊秉绶八十余字的隶书跋语《扬州府学重刻石鼓跋》。即嘉庆十二年(1807)六月,阮元摹刻《石鼓文》于扬州府学明伦堂。今已佚。拓本藏上海图书馆。

第五图有:“嘉庆丁卯榖日,仪真贵徵观。”

第六图有:“道光乙巳秋,镇洋邵廷烈观于明伦堂之侧。”

第八图有:“仪征于耜篆刻石。海宁朱兆熊,南城王聘珍,乌程张鉴,钱塘严杰,仁和姚之麟,甘泉江藩、焦循,仪征阮亨、阮长生同观。”“江都张维桢、仪征韩卫勋同观。”

阮氏文選樓重摹天一閣宋拓石鼓文本

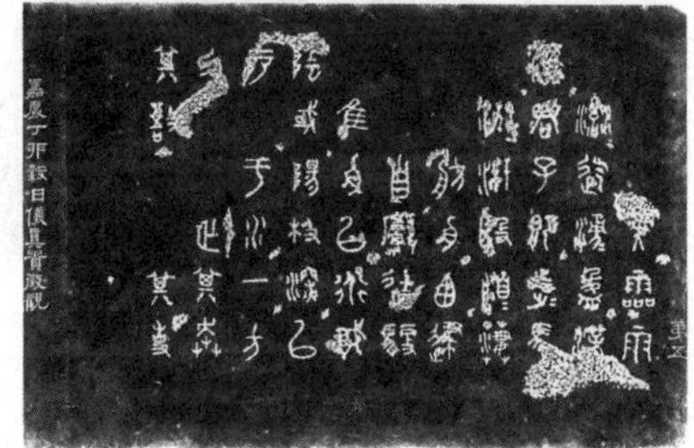

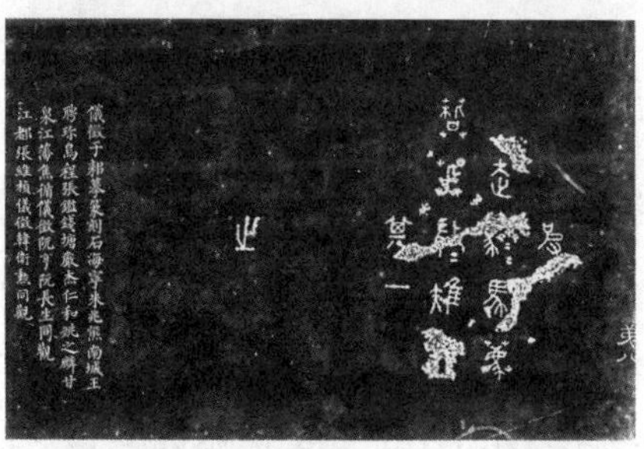

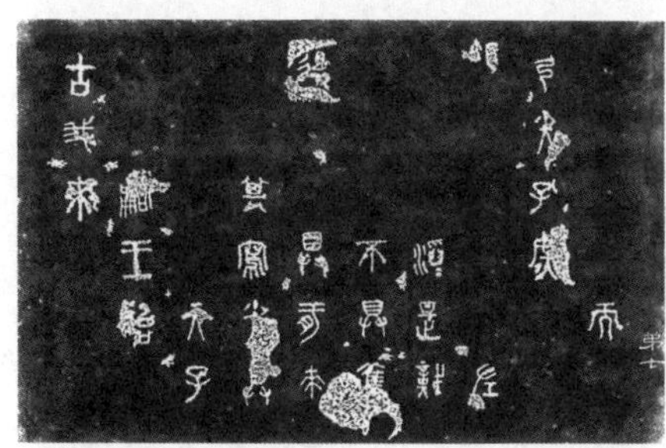

岐陽石鼓文惟寧波天一閣所藏北宋拓較今本完好之字為多阮中丞芸臺先生視學浙江時曾刻置杭州府學今重摹十石置之揚州府學大儒好古嘉惠蘇林洵益事也嘉慶十一年十月朔揚州守汀州伊秉綬記

《送杨忠愍公归焦山记》石刻 嘉庆十二年(1807)

【释文】

送杨忠愍公墨迹归焦山记

杨忠愍公墨迹一卷,共五幅:一为《开煤山记》,一为《谪所苦阴雨述怀诗》,一为《哀商中丞诗》,一为《元旦有感诗》,一为《与王继津书》。此卷本藏谢东墅少宰墉师家,师嗣寿绅庶常恭铭以赠梁山舟侍讲同书,侍讲不欲全留之,但割存《与王继津》一书,而返其四,有跋记事,与翁覃溪阁学方纲跋并存卷中。庶常以元撰少宰墓铭,故以此卷赠元。元却之,不许,藏数年,欲归之焦山,故于卷中钤以官印,尚未致送也。焦山仰止轩者,明天启间建,奉忠愍木主,旧在水晶庵,今圮无存。嘉庆丙寅,僧秋屏觉灯请改立忠愍公主于焦隐庵后屋中。元稍葺新之,重题木扁,且邀翠屏洲诗人王柳村豫归之焦山轩中。此夙愿也。明嘉靖壬子,忠愍约唐荆川至焦山,诗云:“杨子怀人渡扬子,椒山无意合焦山。”姜如须先生垓《仰止轩》诗云:“六义风流今不灭,十行疏草未全焚。原因报国成忠愍,翻似完身傍隐君。”今卷中诗文并存,仰止轩旧与汉隐庵远,今轩在庵后,似姜先生诗豫为今日兆者。二公忠义之气,与江山共千古。兹与汉定陶鼎同置方丈,固其宜也。

又，元藏宋嘉定、元至顺写本《镇江府志》二部，乃张木青学士先生焘所赠，其间旧闻古迹甚多，极可宝贵。乃谋之镇江人，无肯刊之者，今亦附忠愍卷，同付秋屏暨其师借庵巨超两诗僧世守之。如摹刻墨迹，钞写志书，只可在山为之，勿令俗夫持去也。嗟夫！卷帙之藏，昔人比之云烟过眼。若贤忠之遗迹，史志之文献，固未可等量之。唯是子孙少不肖，非饱蟫蠹，即归鬻失，平泉草木，能终不与人哉？世家秘阁之藏，不如名山僧寮之寄，较然明矣。兹送卷归山事，元作记存之拙集中。且当代贤卿名士亦多题咏，载之各集，海内共知为焦山之物。若他日有不肖僧徒以此贡之他人之手，陈之几、度之架，人皆能说所从来而贱之，恐世间无此伧父也。

扬州阮元书。

姜垓(1614—1653)，字如须，号伫石山人。山东莱阳人。给事中姜埰之弟。与方以智同为崇祯十三年(1640)进士，授行人。去官后居苏州，为避阮大铖加害，乃变姓名，走宁波，明亡，还吴中卒。有《筼筜集》《伫石山人稿》等。秋屏，字觉灯，焦山定慧寺第八十一代主持，曹洞宗三十七世。清恒(1758—1835)，俗姓陈，字巨超，号借庵，浙江海宁人。秋屏的师父，曾住持焦山定慧寺(定慧寺第八十代，曹洞宗三十六世)。书法秀整，诗清远拔俗。著有《借庵诗抄》。

嘉庆十二年(1807)，阮元将辗转流传多处，好不容易传到他手的至宝杨忠愍公墨迹送至焦山，收藏在仰止轩内，供来往的学者和书法家观瞻。

此记录自《揅经室集·三集》卷四。如“嘉庆丙寅”，拓本文字改为“嘉庆丁卯”。

《焦山仰止轩记》石碑 嘉庆十二年(1807)

【释文】

焦山仰止轩记

明嘉靖壬子,杨忠愍公与唐荆川先生约同至焦山。忠愍诗有云:"杨子怀人渡扬子,椒山无意合焦山。"天启间,郡守于水晶庵后建仰止轩,奉忠愍木主,今已圮矣。汉隐庵者,旧祀汉焦孝然先生,其后轩甚虚敞。余与寺僧觉灯、丹徒王君豫议,以后轩名"仰止轩",加以修葺,立忠愍木主祀之。又余旧藏忠愍墨迹五纸,共一卷,久为墨林所重,因钤以官印,跋而归之轩中。王君亦以所藏《忠愍文集》板同置轩中,庶几忠烈之气,与江山共千古矣!同奉主至焦山者,甘泉陈本礼、黄金,余之弟亨、子常生,并题名刊石后。金匮钱泳书。

海西庵,旧名汉隐庵、海隐庵,在天王殿西、华严阁东。山下各庵西止于此,再右即为上山石阶。明代僧妙宁建,内有佛香阁、浮玉山房、月波台等建筑。庵内供奉"焦隐士像",春秋两季僧人和地方官员在此祭祀,焦山各庵轮值管理。明天启年间郡守王秉鉴为奉祀杨继盛建仰止轩。嘉庆十二年(1807),阮元、觉灯、王豫将原在水晶庵的仰止轩移建于此。

阮元将珍藏的5件杨继盛墨宝悉数赠给焦山收藏，并作《焦山仰止轩记》和《送杨忠愍公墨迹归焦山记》。根据《丹徒碑碣志》，此碑于嘉庆十二年（1807）刊。

杨继盛（1516—1555），字仲芳，号椒山，河北容城（今属保定）人。嘉靖二十六年（1547）进士。历任吏部验封主事、南京兵部车驾员外郎、户部主事、刑部员外郎、兵部武选司。为权臣严嵩所害，以死谏，死于北京西市。后追谥忠愍。著有《杨忠愍集》等。

王豫（1768—1826），字应和，号柳村，江苏丹徒（今镇江）人，后移籍江都（今扬州）。诸生。工诗，著有《种竹轩诗文集》等。受阮元之托，在焦山诗征阁纂《江苏诗征》《群雅集》等。

陈本礼（1739—1818），字嘉会，一作嘉惠，号素村。江苏江都（今扬州）人。学者、藏书家。"瓠室"藏书数万卷。以布衣终身，好学深思，勤于著述。著有《协律钩玄》《太玄阐秘》《屈辞精义》等。

黄金（？—1819），字无假，号菊隐，一号小秋。诗人、学者、戏曲家黄文旸长子，焦循妹夫。工诗。著有《何莫编》《梨红馆笔谈》等。

此记录自《揅经室集·三集》卷四。

《秋雨庵埋骸碑记》石刻 嘉庆十二年(1807)

【释文】

秋雨庵埋骸碑记

《礼记》有"掩骼埋胔"之文。宋漏泽园本于汉河平四年之诏,岂惟释氏骨塔云尔乎?扬州西门外,长邛三里,枯冢累累,骨多暴露。城中路死者,亦殣于此,顾瘗之浅,多为犬所掘,鸦所啄,是可戚也。嘉庆丙寅,余首捐钱,属秋雨庵僧构屋三楹,拾男女之骨,别而藏之,及其满屋,乃瘗之。陈君景贤捐庵侧园地数亩为义冢,僧人更筑长墙围之,以限犬迹。于是城中好善者各出钱助僧成其工。僧曰:无以纪之,是湮人之善,亦不足示己之无私也。请仿汉石题名书钱之例,刻于石,具明白矣。丁卯秋记。

秋雨庵,原为里人杨氏出家之地。清初,临潼张仙洲感于梦,于此构佛庵,初名"扫垢精舍",后改"金粟庵"。嘉庆十二年(1807),阮元倡捐重缮秋雨庵,用以收藏无主骸骨,并作《秋雨庵埋骸碑记》勒石。咸丰间,该庵毁于战火。同治间重建,仍名秋雨庵。

此碑记录自《揅经室集·三集》卷二。

《甘泉山获石记》石刻 嘉庆十二年(1807)

《广陵中殿石》拓片

【释文】

甘泉山获石记

嘉庆十一年,余在雷塘墓庐,晓视雷塘水自甘泉山来,乃肩舆溯源登其山。山有惠照寺,寺阶下四石半埋于土,色甚古,若有文字。以帚振水刷之,其文字之体,在篆隶之间。归而命工以纸拓之。其一石可辨者,"中殿第廿八"凡五字,又一石"弟百卌"三字,其二石尚未能辨,以俟识者。太守汀州伊墨卿同年,善古书,嗜金石,爰以告之。太守即辇置郡斋审视之,复以拓本示江君郑堂,江君曰:"此汉广陵厉王胥冢上石也。"太守曰:"若尔,则与五凤二年石同时,为西汉物,可比美鲁石矣。当寄苏斋再辨之。"

余按:扬州甘泉山,旧志皆以为汉厉王冢,旱,鸣鼓攻之,辄致雨。今冢基不可觅,而西峰有灵雨坛旧址,土人亦言山有琉璃王坟。"琉璃"者,"刘厉"之传讹也。沈约《宋书·乐志·陈思王乐歌》云:"中殿宜皇子。"然则皇子所居,可称中殿。魏在汉后,其为厉王遗迹,似更可据矣。扬州无古石,唐以上即罕觏。昔惟汪君容甫在宝应得汉射阳画象石。兹石更古,若应太守惠政雅风而出者。十二年,太守嵌此石于府学壁间,并属元记其事,遂书之。

《甘泉山获石记》拓片(局部)

广陵中殿石总共有四块，为阮元在清嘉庆十一年（1806）得自扬州甘泉山惠照寺的阶下。

“中殿弟廿八”及“弟百册”似乎应该是建筑用石的位序编号。其出土地点扬州甘泉山，是汉广陵厉王刘胥的冢墓。据阮元《揅经室三集》记载，其地俗称琉璃王坟，“琉璃”可能是刘厉的讹音。根据《汉书·诸侯王表》的记载，广陵厉王胥为武帝元狩六年（公元前117）所封，至宣帝五凤四年（公元前54）坐祝诅得罪而自杀。因而阮元、江藩、翁方纲等清代学者都相继考证此为西汉广陵厉王刘胥的遗物。

嘉庆十二年（1807），扬州太守伊秉绶将此四石嵌于府学壁间。王振世《扬州揽胜录》记载：“伊公遂嵌此石于府学明伦堂东偏壁上，并以阮文达公《甘泉山获石记》及翁学士《甘泉山石字拓本跋》《甘泉山石字歌》，均刻石嵌于汉石之后。”

阮元在《甘泉山获石记》中将访得西汉中殿第廿八石的经过叙述得很详尽。阮元言及江藩、伊秉绶作了初步鉴定，后寄翁方纲再辨之，翁方纲也进一步作出鉴定：“此刻虽无岁月，当与五凤二年石字，并为西汉古刻无疑。厉王自杀国除在五凤四年，则此应更在前。”

阮元在《金石十事记》中将“余步至扬州甘泉山，得西汉中殿第二十八石于厉王冢，天下西汉石，止此与曲阜五凤石，共二石耳”列为“金石十事”之六。

此记录自《揅经室集·三集》卷三。

诰授光禄大夫刑部右侍郎述庵王公神道碑 嘉庆十二年（1807）

【释文】

诰授光禄大夫刑部右侍郎述庵王公神道碑

公姓王，讳昶，字德甫，号述庵。以居兰泉书屋，学者称兰泉先生。先世居浙江兰溪县。高祖懋忠，迁江南青浦县，名在几社。曾祖之辅、祖玙、父士毅，皆以公官累赠至光禄大夫、刑部右侍郎。母钱太夫人，以雍正二年十一月二十二日生公。

公少颖异，博学善属文，体貌修伟。弱冠，为名诸生。侍父疾，居丧尽礼。服除，家益贫，作《固穷赋》以见志。乾隆癸酉，举于乡。甲戌，成进士，归选班。二十二年南巡，召试一等第一，赐内阁中书，协办侍读，直军机房。荐升刑部主事、员外郎、郎中。三十三年，以言两淮盐运提引事不密，罢职。时缅甸未靖，阿文成公以定边右副将军总督云贵，请公佐军事，遂至腾越。出铜壁关，击贼江中，胜之，缅酋乞降，阿公属公草檄，允其降。班师旋永昌，缅甸贡表久未至，复从阿公如腾越。三十六年，温公福代阿公，移师四川，办金川事。奉旨授吏部主事，从温公西路军进讨。温公属公作檄，斥僧克桑罪，遂克斑烂山，进攻日耳寨。阿公奉诏由北路进兵，兼督南路，公复从阿公军攻克美美卡，以皮船渡水，克小金川，僧克桑遁，泽旺降。进讨大金川，阿公奏公无兄弟，母年七十余，明大义，勖以殚心军事，今从军五年矣。得旨升员外郎。三十八年，至当噶山，山脊绝险，官兵营垒与贼错处，且雨雪甚。夏，温公兵溃木果木，阿公亦退兵至翁古尔垄。时警报络绎，诏旨叠至，公力疾叱马悬崖，日行数百里，夜治章奏文书于炮火矢石之中，无误无畏。冬，大兵复进据美美卡，攻大板昭，小金川平。补员外郎，擢郎中。复从讨大金川，克勒乌围、刮耳崖。四十一年，三路兵合攻益急，索诺木等率众投罪，公草露布告捷，于是两金川地悉平。公在军中前后九年，每有所攻克，辄议叙，凡加军功十三级，纪录八次。凯旋之日，以戎服行礼，赐宴紫光阁，赏赉优渥。奉旨："王昶久在军营，著有劳绩，升鸿胪寺卿，赏戴花翎，在军机处行走。"秋，擢通政司副使。四十二年三月，擢大理寺卿。四十四年，乞归，改葬光禄公暨嫡母陆太夫人，依迁葬礼服缌。秋，赴京。冬，授都察院左副都御史。四十五年，授江西按察使，檄府县力行保甲，禁族祠讼斗之习。坐堂皇六十余日，决狱百余案。秋，丁母忧，哀毁尽礼。

服除，补直隶按察使，调陕西按察使，奏命盗逃犯宜于定案时速通缉，议行之。

逆回田五倡乱，奉命备兵长武。时贼势张，兵少，公试炮巡城，籍强壮，缮守具，民以无恐。京外大兵皆过长武，用车马以万计，公飞书草檄，立办之。暨乎班师，迄无一误。河南乱民秦国栋等戕官，奉旨督缉，获之。五十一年，授云南布政使。云南铜政繁，公尽发故籍，著《铜政全书》，示补救调剂之术。五十三年，调江西布政使。五十四年，擢刑部右侍郎。五十八年，乞归，修墓。冬，还京，以病乞休，上鉴其老，允之。谕以岁暮寒，俟春融归。明年归，名其堂曰"春融堂"。嘉庆元年，以授受大典至京，与千叟宴。四年，纯皇帝升遐，复至京，谒梓宫。蒙召见，敕建言，公密封以进，不留草。夏，归青浦，分赔滇铜，鬻田宅以入官。居于庙庑，朋旧赠遗尽以刻书。五年，年七十有七，重游泮宫。十一年，年八十有三，五月病疟，六月初六日病甚，口授谢恩表，自定丧礼，属元撰神道碑文。初七日，鸡初鸣，公曰："时至矣。"遂卒。子肇和以嘉庆十二年春葬公于昆山县雪葭湾年字圩，即公所自营生圹也。公妻邹夫人祔焉，侧室许、陆、黄三孺人亦从葬焉。

公之扈驾巡山东、江、浙也，古帝王、圣贤、名臣陵墓祠庙尝分遣致祭。己卯、庚辰、壬午顺天乡试，辛巳、癸未会试，五为同考官，壬子主顺天乡试，皆以经术取士，士之出门下为小门生及从游受业者二千余人。又尝主娄东、敷文两书院，《钦定通鉴辑览》《同文志》《大清一统志》《续三通》等书，奉敕与纂修事。又奉敕删定三藏圣教经咒，遍译佛典，深于禅理者不及也。前后奉使鞫奏高邮州假印，重征江陵县偷减堤工等七案，公正研求，分别虚实。高邮州案，巡抚、府、州并拟罪。堤工案以知府草率捏饰，劾落其职。公之为学也，无所不通。早年以诗列吴中七子，名传海外。初学六朝、初唐，后宗杜、韩、苏、陆。侍谯赓歌，赐赉稠叠。词拟姜夔、张炎，古文力追韩、苏。碑版之文照于四裔。积金石文字数千通，书五万卷。所至朋旧文谯，提倡风雅，后进才学之士执经请业，舟车错互，屦满户外，士藉品藻以成名致通显者甚众。公治经与惠栋同，深汉儒之学，《诗》《礼》宗毛、郑，《易》学荀、虞，言性道则尊朱子，下及薛河津、王阳明诸家。居忧不为诗文，不就征聘。生平重伦纪，尚名节，笃棐之诚，本于天性。在军营，和平简易，自科尔沁王以下皆亲重之。为司寇时，与阿文成公为旧识，他非所契。尝训子曰："《易》言'比之匪人，不亦伤乎'，非匪人之能伤，比者自重其伤也。"公所著书，《春融堂诗》《文》两集，宏博渊雅，有关于经史文献；《金石萃编》《青浦诗传》《湖海诗传》《琴画楼词》《续词综》等书皆刊成，余若《天下书院志》《征缅纪闻》《属车杂志》《朝闻录》等书四十余种，尚待次第校刊之。

元居忧，受公遗言撰碑铭，不敢辞。既除服，乃为铭曰：

恂于儒者，不达政事。习尉律者，迷误文字。惟公兼之，经术为治。荏弱于文，无能即戎。折冲千里，于经鲜通。惟公兼之，乃多战功。尊汉学者，或昧言性。悟性道者，妄斥许、郑。公兼通之，履蹈贤圣。皇、熊疏义，拙于文词。陆沈藻缋，朴学不知。华实并茂，公亦兼之。公为君子，箎匪不比。冲澹其神，靖共其位。扬历中外，进退礼仪。公为名臣，帝嘉厥功。金川磨盾，紫阁弢弓。狱平政饬，本孝于忠。瞻彼中江，秀钟峰泖。海内清望，云间大老。虽不憖遗，亦畋寿考。佳城郁郁，葭湾之中。杏归春雨，莼起秋风。勒铭无愧，碑树桓丰。

王昶（1725—1806），字德甫，号述庵，江苏青浦（今上海）人。乾隆十九年（1754）进士，授内阁中书。乾隆二十二年（1757）入军机处，后又擢刑部郎中。乾隆三十二年（1767）坐罪夺职。乾隆四十一年（1776）以功任吏部员外郎，累迁至刑部右侍郎。因年老致仕。王昶通经，工诗词，善古文辞，好金石之学，时称“通儒”。著有《春融堂集》《金石萃编》等，辑有《湖海诗传》《湖海文传》《明词综》《国朝词综》等。

阮元在学问上与王昶有很多相契之处，故其任浙江巡抚时，礼聘王昶主敷文书院，并与孙星衍二人同为诂经精舍主讲席。阮、王、孙三人以经史小学课弟子，培养了一大批朴学人才，为改变浙江地区的学风起了重要作用。

此文录自《揅经室集·二集》卷三。

山东分巡兖沂曹济道唐公神道碑铭 嘉庆十二年(1807)

【释文】

山东分巡兖沂曹济道唐公神道碑铭

扬州郡城,垂三百年之旧家,以宦绩著者,唐氏其一。唐先世由泰州迁高邮,复迁江都。八世讳虞,明进士。虞生明猷,明猷生之日、之夭。之夭官灵山县知县,生诗。诗为之日后。诗生六子,绍祖、继祖皆官翰林,绥祖由举人知县历官江西、湖北巡抚,两湖总督。绥祖生扆衡、秉衡。扆衡历官至迤西道,生侍陛。秉衡早卒,总督公命侍陛为之后,即兖沂曹济道芝田公也。

公字赞宸,又号悔庵。幼读书,补恩荫生,随总督公任,习奏文案。屡试未第,乾隆二十六年,荫生引见,以通判用。二十九年,发南河。三十年,题署山盱通判。三十二年,实授通判事,署宿虹同知。三十六年,调里河同知,复调铜沛同知,暂署外河同知。三十七年,仍以铜沛管外河事。四十年,以在工屡著劳绩,举卓异。四十二年,升湖北郧阳府知府。四十五年,丁本生母刘恭人忧。四十七年,服阕,将入都,时河南青龙冈屡筑屡圮,阿文成公特奏公精明强干,熟悉河务,请旨发河工,途次得旨,径赴河南。四十八年,以河归故道,擢授开归陈许道。四十九年,丁母孔恭人忧。五十一年,奉旨署河南、河北道。五十五年,丁本生父忧。五十七年,补山东运河道。秋,调兖沂曹济道。五十九年,以失察前曹县民殴毙饥民案,降级调用,遂以病归,不复出。嘉庆九年十一月朔日,卒于里第,年七十有二。

公生名门,读书通治理,服官数十年,有功于河、淮者为多。洪泽湖五坝龙门水志,旧以上游正阳报水志长落尺寸为准,乾隆二十九年,公官山盱通判,湖暴涨而正阳未报长,且亦有正阳报长而湖不涨者,大府委公勘之。公遍历各县,归呈图说,曰:“淮出桐柏,千里至正阳,所并之水已多,正阳长落固可为志,但正阳以下颍、肥、沣、洛、天芡诸水杂注之,乃至怀远县,又下则有涡、淝、澥、东西南濠、月明湖诸水注之,乃至临淮县,又下则有沱、浍、潼、漴四水注之,迄于盱眙县;所并诸水,颍、涡尤大,若正阳以上水未长而颍、涡诸水骤长,湖必涨,正阳不知也;正阳报长而颍、涡诸水不长,淮至正阳下,且将倒盈诸水之科而后进,迨归湖十仅二三,是以湖不与正阳相应也。宜增设怀远、临淮两志桩,与正阳相证,乃不偾事。”大府用其言,请以行,故今怀、临两志桩之设自公始。

公赴豫工，时阿文成公与河督议改河之策，决计于公，公曰："今全河下注，非土埽所能当，欲逆挽归正道，难矣。今但于南岸上游百里外开引河，则不与急流争，其全势易掣，以逸代劳，此上计也。"文成公始定计开兰阳引河，至商丘归正河，以公总其事。功以成，得旨嘉奖，擢开归道。公管南岸工时，新引河堤初成，溜逼甚险，乃复请于仪封十六堡增开引河，曰："史村归旧河达大河。"夏水发，果分为二派，一由新引河，一绕仪封旧城之南，达所增引河。又于毛家寨请增筑月堤千余丈，睢汛七堡建挑水坝，溜势乃畅下，无溃决。自公管南岸，驻工防守，迎溜决几者二十余处，皆急护无患。

五十三年，官河北道，时屡奏安澜，公测河势，知将有变，乃请于铜瓦厢工大堤后增筑撑堤二百四十丈，河督兰公第锡以为岁修有定款，抢险在临时，今非时，无故忽兴大工，难之。公固请，乃行。次年夏，铜瓦工内塌决不移踵，调任河督李公奉翰初视河，曰："柰何？"公曰："若待其塌透，必大决，决则全河顿徙。今当于堤之下口新筑撑堤，内掘数丈，使水回溜而入，入必淤，淤则大堤、撑堤合为一，是河直注之力已杀，而堤可保。"河督从之，堤合而险平。河督曰："君之所以出奇制胜者，在前此之预筑堤也。"公前官铜沛时，亦决下游使水回溜停淤，两堤合一，是公善用放淤平险之策也。又宿虹之夏家马路，黄、运交逼，公亲捍其险，里河水浅，将漫堤，公住舟中，效黄河清水龙法，疏河底之淤，堤乃安。徐州城外增筑石工，石矶嘴增烂石工，城乃无患。卫河水弱，漕艘不利，公请掘地千二百余丈，引沁挟济，以助卫河。其他画策弭患者，不可悉数。公尝论治河之道曰："河行挟沙，治法宜激之使怒，而直以畅其势，曲以杀其威。无废工而不可逼，无争土而不可让。守此岸则虑彼岸，治上游则防下游。"皆名言也。公官宿虹时，立捕蝗法，率官弁按乡搜扑，蝻尽而民不扰。于其去也，民争送者万人。守郧，惩钞关胥吏苛索之弊，严申禁令，凡空船皆不征，人载但稽其人，舟载税百钱，舟大者一再倍为限，商旅便而税亦无缺。观察河北时，修书院，延师课士，增膏火资，辑三郡志书。其他诸善政不具书，书其治淮河事之大者。

公元配吴氏，封恭人。子二：长莹，戊午科举人，侧室刘氏出；次鎏，侧室姚氏出。十一年六月十四日，葬于城西卜家墩新茔。元与公弟仁埴为同年举人，又与公子莹为同学生，莹请为碑铭，既葬而莹卒。十二年秋，乃践诺为铭，其辞曰：

浩浩洪河，汤汤淮水。履之测之，知水之理。洒之釃之，曲彼直此。民田民居，河淮之东。决则为害，治则为功。受其益者，孰知唐公？公若不归，将总河政。惜未竟展，居里而病。清白之家，终焉无竞。郁郁新阡，公所自卜。若斧若房，拱兹宰木。勒碑刻铭，拜者来读。

唐侍陛(1732—1803),字赞宸,一字芝田,号悔庵,扬州甘泉人。以祖绥祖荫通判,挑发南河,补山盱通判。累擢郧阳知府,以本生母艰归,会阿文成公在豫治河,专折指名,请发补开归道,未几丁嗣母艰,补河北道,又丁本生父艰,补运河道,再调兖沂曹济道。以公误降级,遂归家居,课子弟,优游林下者十余年。

阮元与唐侍陛为同年举人,又与他的儿子唐莹为同学生。唐莹恳请阮元为父亲写碑铭。嘉庆十一年(1806),阮元在扬州居父丧,不作韵语。嘉庆十二年(1807)秋,阮元除服后才为他作碑铭。

此神道碑铭录自《揅经室集·二集》卷六。

黄珏桥东岳庙记 嘉庆十二年(1807)

【释文】

甘泉县黄珏桥东岳庙,在高忠节公宅北,为公之子暟等重建。神屡著灵异,其事详载康熙十六年之旧碑。每岁三月二十八日,远近数十里农民皆诣庙祈田事。嘉庆丁卯,太守汀州伊公以男女稍杂厘禁之,其祈年者如故也。是年三月,焦孝廉循病甚笃,其弟律、徵祷于神,应祷而愈。律乃修山门及大殿,完其垣墉,新其像设,乞记其事于元。元谓聪明正直者乃为神,以弟譌兄病,悌道也,神当听之;亦犹农夫野老以祈啬报丰来者,神亦当听之,苟非合乎礼、止乎义,非正直之神所许也。神之所以自正其祀,而永固其庙貌者亦以此也。铭曰:神著功德兮,正而无私。绥我丰年兮,民永祀之。

东岳庙,在黄珏桥东一里。庙有钟,康熙三年(1664)高邦佐儿子高暟铸。西壁有碑,高邦佐侄子高晄立。嘉庆十二年(1807),焦循与弟弟焦律、焦徵重修东岳庙,并请阮元撰《黄珏桥东岳庙记》。

此记录自《甘泉县续志》卷十一。

"重刻杜佑题名"八角石柱 嘉庆十二年(1807)

【释文】

旧志古兴教寺有杜佑题名八角石,今访不得,而寺南里许将军塘有八角石柱甚古,无字,乃移寺前,刊君卿名,以存古迹。大清嘉庆十二年,前兵部侍郎、都察院右副都御史、浙江巡抚提督军务,乡人阮元志。

嘉庆十八年,总督淮扬等处地方、提督漕运、海防军务,扬州阮元,督运过扬州重题。

"重刻杜佑题名"八角石柱,青石构造,通高222厘米,上为圆形柱头,其下花岗岩石座为现代补配。柱正身高196厘米,八面,一、二面各刻楷书两行,全文为:"唐贞元十二年刑部尚书、检校右仆射扬州大都督府长史淮南节度使京兆杜佑题"。三、四、五面楷书题记记载了阮元寻访石柱及重刻之经过。六面、八面空白,七面楷书题记记载阮元嘉庆十八年(1813)第二次过扬州重题石刻的有关情况。现存于扬州唐城遗址博物馆延和阁前。石柱原为杜佑于唐贞元十二年(796)题刻,立于子城内的淮南节度使衙署门前,元、明两代官署改为兴教寺,后该石不见。清嘉庆年间,阮元多次寻访不得,另寻古石刻之。

古兴教寺寺南一里多远的水塘中得八角石石柱,磨灭无字,是寺中旧物。阮元将八角石柱移于兴教寺前,并重书题名。

翰林编修河东盐运使司沈公既堂墓志铭 嘉庆十三年(1808)

【释文】

运使沈公,讳业富,字既堂。元代由吴兴徙高邮,明代迁贵州普安。官河南按察副使奕琛者复归高邮。曾祖弼,官广东高州府知府,迁仪征。祖文尉,迁江宁。父之亮,徙扬州府城。公犹以高邮通籍,祖、父皆赠如公官。

公幼颖异好学,雷学使鋐始拔之。年二十二,举于乡。次年,成进士,改庶吉士,习国书。有谓公早达为幸者,里巷击柝者曰:"吾每当子夜风雪时过沈氏书楼,未尝不闻读书声,何幸也?"越二年,散馆,授编修,撰制诰文,办院事。庚辰,充江西副考官。壬午,充山西副考官。乙酉,分校顺天乡试。皆以先正法衡文,得士为盛。尤屏绝声气,关节不通,馆誉重之。前后充国史馆、《续文献通考》馆纂修官。

乙酉冬,补安徽太平府知府,掌院刘文正公曰:"纂书之勤,无如君者。"欲留公京秩,未果。公久于太平府任者十六年,于灾眚尤尽职。己丑大水,城野成巨浸,公随布政司坐浴盆经行村落,公曰:"太平昔年赈多者三四万口,今非五十万口不可。"赈乃大行。当涂县大官圩决,公夜半至,见远村肆夺,火光铳声不绝,公自为密札十,下各官圩,劝富家粜济,曰:"本村人面相识,邻村即路人矣。今当各保各村,毋转掠,转掠,是圩皆路人也。互相杀能保富乎?今密札不显谕者,别有以靖之也。"有告某富家不粜者,笞械之,曰:"汝奉何明文,令富家出粟耶?"民始定,粜济大行。总督闻之,下其法于他郡。辛卯秋,泗州水,抚部裴公知公贤,檄治其赈。公厘户口之弊,民受其惠。乙未,旱,祷雨无应,为文哭祀社稷木主,卒得雨。庚寅,大疫,设药局、瘗局,绝荤祈禳,民乃宁。前后课各邑种柳数百万株,官路绿阴相接成幄。督理暴露十余万棺,有一村同时举数百棺前明之棺尚在者,民始而哗,及见其亲之骨,感泣曰:"非府君教督,不至此。"戊子,割辫妖妄案起,羽檄纷驰,捕搜遍各郡,独太平不获一人。有诬者立出之,上司责公,公曰:"本无奸,曷捕焉?"芜湖有兄弟讼者,公察其词出一手,杖主讼者,兄弟悔悟,友善如初。当涂有师弟互以阴事讦者,公取火盆置案前,卷盈尺,遽火之,曰:"尔等词必有稿,可上控,曰郡守焚案,不汝靳也。"师弟皆泣,讼乃息。贵池有以墓地讼于部者,尘案山积,公夜视旧牍,得成化二十一年闰四月官契,公谓愚民安知闰,检《明史·七卿表》,得是年闰四月文,遂据以定其谳。公治郡,资最深,每考绩,辄有尼之者,或劝赴省,公曰:"求之得,可耻也。不得,更可耻也。"

逮辛丑，始授河东盐运使，纯皇帝所特简也。河东盐池受淡水，歉产，商运蒙古盐多劳费，及盐盛产，而弊益多，商益乏。公曰："盐池自古为利，不当革，若听民自贩，必致蒙古盐内侵。商人之力不在寡，在不均，其弊有三：奸商弃瘠据肥，一也；费浮地远，火攫其利，二也；签代之期，贫富倒置，三也。"乃立均引顺路之法，总三省引地，以三等均之。复以道路相近者顺配为五十六路，路各一签，令各商阄分签掣之。于是赂绝而弊不行。洎乾隆六十年后废商运，蒙古盐内侵，嘉庆十一年复旧制，皆如公所预烛者。

公所莅，皆兴学爱士，修书院，习乐舞。运司署西隙地，仿乡场号舍，立四十舍，月课诸生。才人黄景仁殁于山西公署，公经其丧，厚其赙，送其柩归常州，海内高其义。事母以孝闻。在晋甫一年，以母老宜奉归，请终养，抚部不许，固请，乃许之。俄而湖北陆抚部有凡官亲老者勒令终养之议，抚部曰："非一月前入奏，今无以对子矣。"公曰："但得终养，即勒归，无憾也。"母卒，丧以礼。服阕，以湿疾，恬然不复出。居乡十余年，多善举，里党皆曰："沈公乃正人。"所著有《味灯斋诗集》若干卷，《文集》若干卷。

公生于雍正十年五月二十二日，卒于嘉庆十二年八月十五日。公子在廷，以十三年某月干支葬公于某某山之原，配郑淑人祔焉。子一，在廷，癸卯举人，内阁中书。女一，适工部郎中裴正文。孙二：勤增，太学生员；次勤埴，元昔以长女荃字之。余女殇，勤埴亦未冠卒。公与先大夫友善，且为姻家，故公子属元为铭。铭曰：

公文在经，公学在性。忠厚其心，砥砺其行。拙于成宦，勤于从政。饱民之饥，疗民之病。以史断狱，以道出令。苦盬既调，澹泊无竞。以孝辞职，壹志温凊。既享其寿，乃归其命。藏此佳城，积善余庆。乡里私谥，佥许曰正。

沈业富（1732—1807），字方谷，号既堂，江苏高邮人。乾隆十八年（1753）举人，乾隆十九年（1754）进士，授翰林院编修。先后主持过江西乡试、山西乡试。乾隆三十年（1765），补太平知府，在任16年。乾隆四十六年（1781），授河东都转运使。辑刊《河东盐法调剂记》十四卷。又撰《盐法纪恩录》。后将上述二书合为一书，名为《河东盐法调剂纪恩录》。此书为读者提供了一部原汁原味的清代河东盐业历史资料集，具有较高的史料价值。著有《味灯书屋诗集》等。

阮元与沈业富是两代世交，且阮元的长女阮荃许配给沈业富次子沈勤埴，惜都早殇，但仍属姻亲。

此墓志铭录自《揅经室集·二集》卷五。

诰封奉直大夫奉贤陈君墓表 嘉庆十三年(1808)

【释文】

诰封奉直大夫奉贤陈君墓表

陈君讳遇清,号确庵。先世出颍川宋平章事秦国公某之后。十三世祯明,河南参政,有治河功。十二世询,官祭酒,谥文庄,事具《明史》。居华亭之南桥,今奉贤地。曾祖苳,明季杜门讲学。祖祖寿。父基,贡生。基三子,君其长也。

君生俶傥,善读书。年二十一,补华亭学生、国子监生。以父老归,家口益众,与两弟析居,慕薛包之风,筑室于旧居东南以奉亲。亲病噎,君访医,进汤液惟谨,不解带者经年。父母相继卒,君哀毁骨立,营窀穸,靡不诚慤。族之人秀异者造就之,其有贫乏、殡葬不给、有急难者佽助之。生平未尝谒公庭。丙子,邑大祲,君倡赈粥,十里为一厂,厂有绅士,而君为之纲。所居奉贤为分邑,无学宫,县令廉君高谊,咨于君,首捐千缗,事遂集。居家教子弟以法,延名师礼意俱备。丁酉,季子廷庆授桃源训导,令肄书构屋数楹,如诸生。是年,廷庆中式。癸卯,长子廷溥中式。己酉,廷庆以员外郎充山左副主试,君教以恪矢公慎,俾得人为报称。明年,廷庆典郡,天语垂问父母兄弟,廷庆对:"臣有父母,年俱六十八岁。兄廷溥,癸卯举人。"上曰:"尔既有兄养亲,正可廉慎供职,报效国家。"廷庆叩头谢。七月,廷庆迎养至辰州,君谕"以勤补拙,以俭养廉"。数年之间,大吏以廷庆为能者,君有以训率之也。甲寅夏,患症滞,七月十六日卒,年七十有二。君性严峻,而仁孝于族,尤加意祖茔祠宇,岁必葺之。又其修梁、浚渠、饭饿、衣冻、槥殣之事,不可殚举。虎溪书院添设讲堂、廨舍、聚奎楼,以及脩脯膏火,其大焉者也。尤精鉴藏书画,晚绘《耕读图》,一时如沈宗伯德潜、王光禄鸣盛,多为题咏,其隐居之志殆有素焉。以子贵,例赠朝议大夫。

妻顾氏,诰封恭人。恭人为同邑南陵县训导绂之女,性端恪,幼不苟言笑,动合礼法。母陈,授《内则》《列女传》,涉口成诵。父以为女职治酒浆、习织纴而已,因不复读。年二十一,归于确庵君,事舅姑尽妇道,能先意承志,佐确庵君读书敦行,暇事女红。自确庵君倡赈粥、立学宫,家事悉以委恭人。恭人整齐严肃,纤曲周到。为二子延师,必酒肉丰洁,漏三四下,犹篝灯课读也。先是,族有无后者,议以廷溥继之,已而易他人,其家将以赀之半贻廷溥,恭人以义却之。戊戌,父南陵君卒,确庵君归自京,经其丧,恭人致其哀。廷庆之授教官也,恭人训之曰:"当正身率行,仕学兼勉,勿谓冷曹不足为也。”自后遇恩眷，必勖焉。丙辰，廷溥举孝廉方正，戒之曰：“此特科，毋以虚声贻诮。”廷溥因力辞不赴。恭人素敦六行，其周恤亲党，一如确庵君。尝以君遗命捐义田五百余亩，修祠墓葬地，及赡同祖五世之人米布，以暨母、妻两党，均有教养之资。尝有九丧未葬者，特畀重资以济之。丁卯十一月，以疾卒于家，年八十有五。先是，确庵君卒，葬于柘林之鱼塘湾光字圩，至是祔焉，礼也。非躬行孝义，德符梁、孟，曷克有此！宜乎子孙食报之未有艾也。

子三：廷溥，举人，候选大理寺丞，加一级，改授内阁中书；廷械，殇；廷庆，由拔贡成进士，庶吉士，改广西司主事，迁员外郎，己酉山东副考官，湖南辰州府知府，署辰永沅靖兵备道。女二，长适贡生张鸿图，次适候选按察司经历夏必达。孙三：泰熊，廪生；泰蛟，泰彪。曾孙二：光裕，光璇。

陈廷庆（1755—1813），字兆同，号古华，又号桂堂。江苏奉贤（今属上海市）人。乾隆四十六年（1781）进士，改庶吉士，授编修。官辰州知府。性豪宕不羁，爱宾客，善交友，善诗书，有金石雅好，富收藏。著有《谦受堂全集》《古华诗钞》等。与阮元稔熟，阮元评价其“奉儒守官，情意不羁”。

此墓表录自《揅经室集·二集》卷六。

摹刻扬州古木兰院井底兰亭帖跋 嘉庆十四年(1809)

【释文】

摹刻扬州古木兰院井底兰亭帖跋

金华《兰亭》,乃明正统间两淮运司何士英从扬州取去者。相传以为汴京睿思绍彭遗石,思陵南渡,失于扬州者,殊未必然。然明时掘自扬州古木兰院井中则甚确,是必唐刻之摹本也。嘉庆己巳长夏,命海盐吴厚生在杭州摹勒一石,归置扬州北门外古木兰院中,聊还故迹云尔。

《兰亭帖》又名《兰亭宴集序》《兰亭集序》《临河序》《禊序》《禊帖》。行书法帖。东晋穆帝永和九年(353)三月三日,王羲之与谢安、孙绰等四十一人,在山阴(今浙江绍兴)兰亭修禊,会上各人做诗,并由羲之作序。序中记叙兰亭周围山水之美和聚会的欢乐之情,抒发作者好景不长、生死无常的感慨。法帖相传之本,共二十八行,三百二十四字。唐时为太宗所得,推为王书代表,曾命赵模等钩摹数本,分赐亲贵近臣。太宗死,以真迹殉葬。存世唐摹墨迹以"神龙本"为最著,石刻首推"定武本"。

据载北宋靖康二年(1127),金兵大举南下,攻破北宋汴京(今开封市),掳走徽、钦二帝及众皇亲大臣,皇宫御府宝藏被抢劫殆尽,北宋朝廷随即灭亡,史称"靖康之变",所幸宋徽宗第九子赵构(即宋高宗)不在京城而幸免于难。金兵北退后,东京留守、义乌人宗泽在清点御府劫余藏物中发现欧氏定武石刻原石,在第二年(1128)把这块石刻用盒子装好驰送给当时在扬州的康王赵构。赵构见之喜爱异常,不时拓印几份用于赏赐身边有功之臣。不料几个月后金兵得知赵构在扬州,就一路追杀而来,赵构仓促渡江之际,因石重不易携带,就命内臣把这块刻石悄悄投于扬州石塔寺之井中。从此,此刻石沉埋于地下。到了明代宣德四年(1429),扬州石塔寺僧浚井,发现了石刻,为当时两淮转运使、东阳人何士英所得。

何士英通过考证,从诸多流传版本中作出判断,认为所得到的《兰亭》石刻为"(南宋)未渡江以前者,遗失凡三百有二年"的欧阳询临摹本石刻。何士英将此石送至京师,宣德皇帝感念何士英"历事五朝,两袖清风",遂将此石刻赐予何士英。何士英在告老还乡时就将此石带回东阳老家南上湖乡。此后几百年来,此《兰亭》石刻一直存留在东阳南上湖何士英的子孙后代手中。

阮元在金华见到扬州遗物,于嘉庆十四年(1809)嘱海盐吴厚生在杭州摹刻一石,归置扬州古木兰院中。

此跋录自《揅经室集·三集》卷二。

摹刻《西岳华山庙碑》嘉庆十四年（1809）

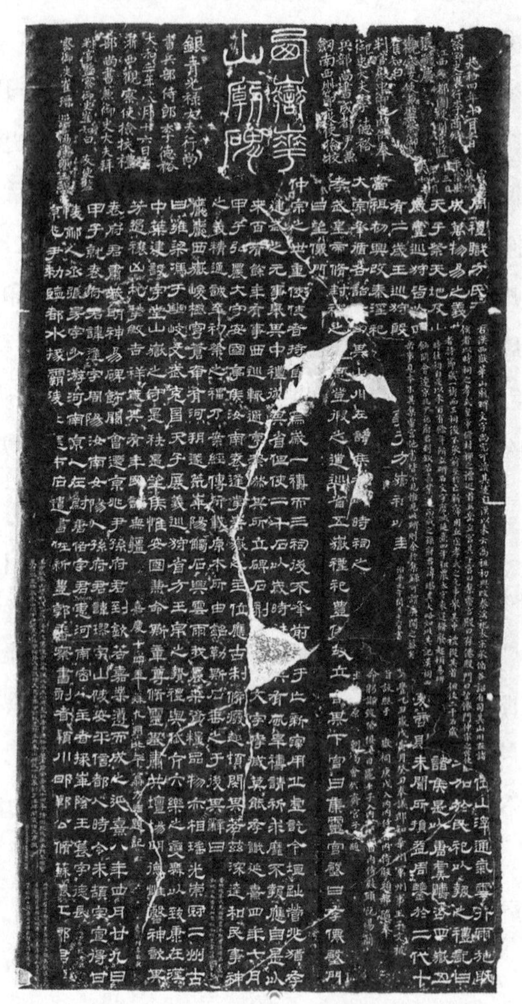

《西岳华山庙碑》阮氏祠堂拓片

【释文】

汉西岳华山庙碑，明代已毁。今海内流传仅有三本，惟此本为全碑整拓，唐李德裕等题名皆全。嘉庆十四年，扬州阮氏属吴门吴国宝摹刻，与重摹秦泰山残字石同置于北湖祠塾。又以欧阳文忠公《集古录跋墨迹卷》内《华山碑跋》一段摹刻于汉碑缺处。

伯元甫识，阙里孔氏同赏，子常生、福、祜、□□（笔者注：当为“孔厚”）侍。

《西岳华山碑》(四明本)拓片及局部

【释文】

汉蔡中郎华山庙碑久毁,元所藏四明全碑旧拓,海内仅此一本,其缺字以长垣本补之,刻于扬州北湖。陕西钱布政使宝甫从元本双钩勒石华庙,以还旧观。道光十六年,吏部汤尚书金钊、广西梁巡抚章钜偕过华山读碑,谓当题识碑中,俾知今古。大学士阮元题,户部左侍郎程恩泽书,湖南巡抚吴荣光察书。

《西岳华山庙碑》碑石旧在陕西省华阴县西岳庙中。顾炎武《金石文字记》:"嘉靖三十四年地震,碑毁。"赵崡《石墨镌华》则谓"此碑嘉靖中犹在,一县令修岳石门,视殿上碑题,皆当时显者,恐获责罚,此碑年久,遂碎为砌石",其说不可信。1950年在西岳庙灏灵殿东北发现一通残碑,砌于墙下,据考即此碑。后又陆续发现残石二十余块,残存329字。碑高255厘米,宽120厘米;拓片通高174厘米,宽84厘米,铭文22行,满行37字,隶书。额题"西岳华山庙碑",篆书,居中偏左。左右有唐大和中李德裕、宋元丰中王子文题跋。道光元年(1821),陕西布政使钱宝甫命刻工重新摹刻《西岳华山庙碑》立于华山庙中。此碑有道光十五年(1835)冬阮元在北京篆书题款,十二行,行十字。后由程恩泽书写,时吴荣光在座。

《汉西岳华山庙碑》传世拓本极少。原石拓本传世者有四,即"四明本""长垣本""华阴本""玲珑山馆本"。"四明本"以明代四明丰熙旧藏而得名,虽较其他三本略晚,但为全拓整幅,碑额及唐代刻跋均完好保留,得观全貌,且为海内孤本。入清归全祖望,后归宁波天一阁范氏。乾隆五十二年(1787),钱大昕为编《天一阁碑目》访宁波,天一阁主人以"四明本"赠钱大昕之子钱东壁。今藏故宫博物院。"长垣本"为河北长垣王文荪旧藏,后归商丘宋荦,为宋拓早期本,后归日本中村不折氏。"华阴本"系明陕西东云驹藏,后归华阴王弘撰,今藏北京故宫博物院。"玲珑山馆本"为清初马曰璐、马曰琯兄弟小玲珑山馆所藏,后归李文田,现此拓本藏香港中文大学。

阮元在"四明本""长垣本""华阴本"都有题跋。"四明本"题跋:"此汉延熹西岳华山庙碑未翦本,即四明本。明时藏宁波丰学士熙万卷楼,国朝归鄞县全谢山编修祖望,谢山有跋,载《鲒埼亭集》中,后归范氏天一阁。乾隆间,嘉定钱太学东壁为范氏编《金石目录》成,范氏以此碑非司马旧物,酬赠之。嘉庆十年,钱氏质于印氏。十三年戊辰,归于余。此本全碑单纸,未翦未裱,是以谢山有'历二百余年不缺不烂'之语。篆额左右'唐李卫公'题名,为各本所无。李卫公两至碑下,与新、旧《唐书》及余所藏〔嘉定〕《镇江志》所引《卫公年谱》《卫公献替记》皆合。《华山》汉碑,今海内止存三本,此其第二本也。第三本为明关中东云驹兄弟、郭胤伯、国朝王山史、张力臣、凌如焕、黄文槎诸家所递藏,今在大兴朱竹君学士家。其第一本为明长垣王文荪、国朝商丘漫堂、陈宗人所递藏,有王觉斯、朱竹垞等跋,今归成亲王诒晋斋中。此二本皆翦裱本,而长垣本百字皆全为胜。

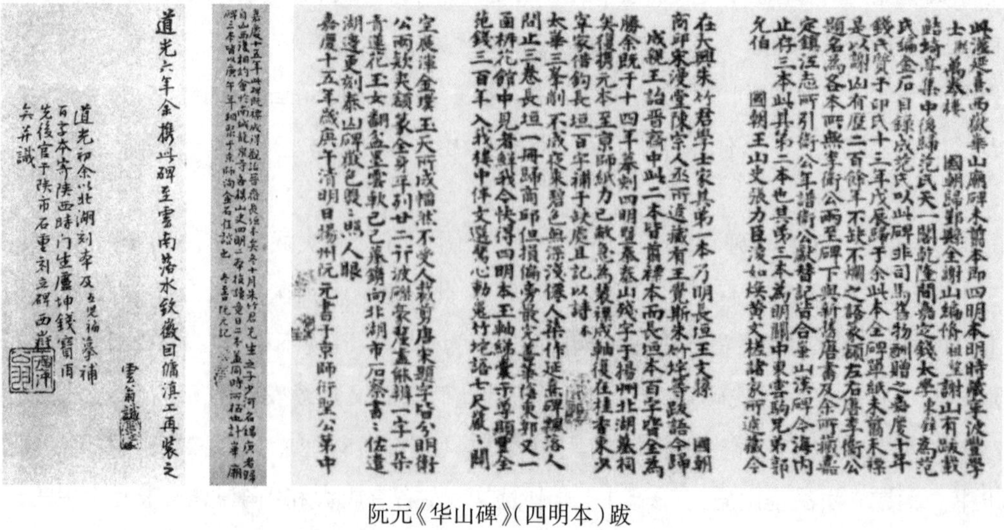

阮元《华山碑》(四明本)跋

余既于十四年摹刻四明暨秦泰山残字于扬州北湖墓祠矣，复携元本至京师。纸力已敝，急为装裱成轴。复在桂香东少宰家借钩长垣百字补于缺处，且记以诗(本)：太华三峰削不成，夜来碧色无深浅。仙人染作延熹碑，飘落人间止三卷。长垣一册归商丘，但损偏旁最完善。华阴东郭又一函，椒花馆中见者鲜。我今快得四明本，玉轴绨囊示尊显。丰全范钱三百年，入我楼中伴文选。惊心动魄竹垞语，七尺岩岩辟空展。浑金璞玉天所成，幡然不受人裁剪。唐宋题字皆分明，卫公两款夹额篆。全身平列廿二行，波磔豪厘尽能辨。一字一朵青莲花，玉女翻盆墨云软。己巳摹镌向北湖，市石察书书佐遣。湖边更刻泰山碑，岳色双双照人眼。嘉庆十五年岁庚午清明日，扬州阮元书于京师衍圣公第中。”“嘉庆十五年，此碑既裱成，得观诒晋斋长垣本矣。冬十月，朱竹君先生之子少河名锡庚者归自山西，复相约会于南城龙泉寺，各携山史、四明二本，校读竟日，二本盖同时所拓也。计华庙碑三本皆以庚午年相聚于是，洵金石佳话也。冬至日，阮元记。”“道光六年，余携此碑至云南，落水致霉，回佣滇工再装之。云翁识。”“道光初，余以北湖刻本及五儿福摹补百字本寄陕西，时门生卢坤、钱宝甫先后官于陕，市石重刻，立碑西岳庙中矣，并识。”

“长垣本”题跋：“四明全碑拓本，碑额题名如上式，苏斋所摹本未全。大和三年、四年，李德裕两至碑下，与新、旧《唐书》《卫公年谱》《卫公献替记》皆合。海内《华山碑》三本，‘商丘本’最前，故字全，‘四明本’次之，‘山史本’又次之，皆缺百字矣。阮元摹记。”“华阴令裴胥，直是胥字，并非偏旁半缺也。全碑共二十二行，篆额占地约五行，居中略偏于左，前空十行，后空七行。”“道光八年除夕，阮元再观于京师寓斋，距前题十七年矣，不胜旧感。”

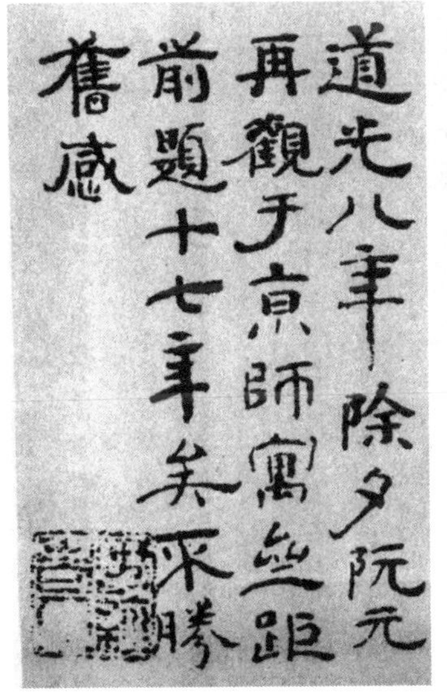
道光八年除夕阮元
再觀于京師寓齋距
前題十七年矣不勝
舊感

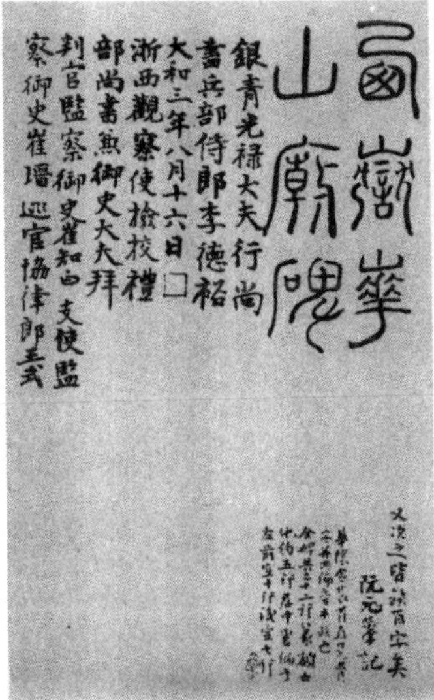
西嶽華
山廟碑
銀青光祿大夫行尚
書兵部侍郎李德裕
大和三年八月十六日□
浙西觀察使檢校禮
部尚書兼御史大夫拜
判官監察御史崔知白支使監
察御史崔璿
巡官協律郎袁式
文次之皆缺百字矣
阮元摹記

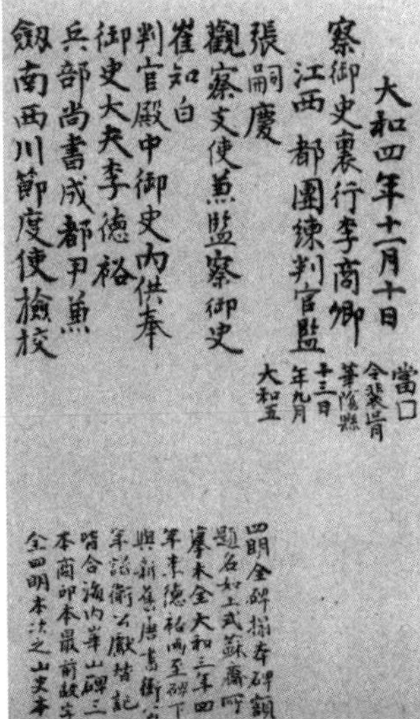
大和四年十一月十日
察御史裏行李商卿
江西都團練判官監
張嗣慶
觀察支使兼監察御史
崔知白
判官殿中御史內供奉
御史大夫李德裕
兵部尚書成都尹兼
劍南西川節度使檢校
當□
令裴胥
華陰縣
十三日
年九月
大和五
四明全碑拓本碑額
題名如上式蘇齋所
摹本未全大和三年四
年李德裕兩至碑下
與新舊唐書衛公
年譜衛公獻替記
皆合海內華山碑三
本商邱本最前故字
全四明本次之山史本

阮元《华山碑》(长垣本)跋

“华阴本”题跋：“嘉庆庚午夏，既以元所藏‘四明本’与‘长垣本’相较。冬十月廿一日，大兴朱少河（锡庚）复携家藏关中本至龙泉寺，与‘四明本’相校，字迹、字数皆合，同时拓本也。是日同集者，大兴朱习之（锡经）、常熟言皋云（朝标）、歙朱苍楣（文翰）。”“此本嘉庆十五年与‘长垣本’‘四明本’皆在京师，冬日余以三本聚于城南龙泉寺，较读竟日。今‘长垣本’归诸城刘太守，此本于今年归长乐梁中丞。前数年，卢敏肃又刻全碑立于华阴庙中。道光十六年丙申五月，阮元识于节性斋。”

阮元《华山碑》（华阴本）跋

嘉庆十四年（1809），阮元嘱长州吴雪锋摹刻《西岳华山碑》“四明本”、《泰山刻石》及《天发神谶碑》于扬州北湖阮氏宗祠。同时将欧阳修书《华山碑跋》补刻于四明本所缺百字空处。吴国宝，号秀峰、雪锋。江苏长洲（今苏州）人。道咸年间著名刻工，善于刻砚，并有多方砚存世。据阮元《揅经室集》记载：“雪锋吴氏善篆隶。”

摹刻《泰山刻石》嘉庆十四年(1809)

【释文】

秦泰山石刻残篆,乾隆间毁于火,世间拓本渐少。嘉庆十四年,扬州阮氏以旧拓本属吴门吴国宝摹刻,与重摹汉西岳华山碑石同置北湖祠塾。

泰山刻石立于秦始皇二十八年(前219),是泰山最早的刻石。此刻石原分为两部分:前半部分系公元前219年秦始皇东巡泰山时所刻,共144字;后半部分为秦二世胡亥即位第一年(前209)刻制,共78字。刻石四面广狭不等,刻字22行,每行12字,共222字。传为李斯所书。据清道光八年(1828)《泰安县志》载,宋政和四年(1114)刻石在岱顶玉女池上,可认读的有146字,漫灭剥蚀了76字。明嘉靖年间,北京许某将此石移置碧霞元君宫东庑,当时仅存二世诏书4行29字。作为中国最早的石刻,秦泰山刻石书法的历史地位崇高。明查志隆辑《岱史》称:“秦虽无道,其所立有绝人者,其文字、书法世莫能及。”明赵宧光在《寒山帚谈》中云:“秦斯为古今宗匠,书法至此,无以加矣。书法严谨浑厚,平稳端宁;字形公正匀称,修长宛转;线条圆健似铁,愈圆愈方;结构左右对称,横平竖直,外拙内巧,疏密适宜。”清乾隆五年(1740)碧霞祠毁于火。后屡遭劫难,残存10字流传至今已是弥足珍贵了。

阮元曾跋《泰山刻石》(廿九字本附十字拓本)云:“泰山残字,真李斯之笔也。当年秦刻遍天下,其字体、行款、大小不过如此,现存琅琊台秦篆可以为证。此外峄山、会稽诸刻,字大倍于李篆,直是郑文宝钞《史记》耳,何尝是徐常侍见李斯真迹哉?峄山碑在魏时已毁,何必寻之?常侍又何得见之?此册以二本装于一册,足使览者判是非也。阮元识。”此拓本旧为昆山叶氏、释六舟、李国松、王春渠递藏。阮元得明《泰山刻石》二十九字拓本及《华山庙碑》"四明本"后，颜其室曰"泰华双碑之馆"。

嘉庆十四年(1809)，阮元以明代的廿九字本摹刻《泰山刻石》，并于八月底过扬州，置之北湖祠塾。阮元云："时余以八月廿二日卸印入觐，过扬州，以重摹秦《泰山碑残字》与《摹华山碑》同置城北四十里湖桥墓祠中。"

嘉庆二十年(1815)，前泰安知县蒋因培带领同邑柴兰皋在山顶玉女池中搜得残石2块，尚存10字，遂将残碑嵌于岱顶东岳庙壁上。阮元撰《岱顶重获秦刻石残字跋》："泰山秦李斯石刻，仅存二十九字。乾隆初年，碧霞宫火，石失，世间拓本最可宝贵。故余以旧拓本合汉延熹华山碑，同摹刻于扬州北湖也。嘉庆二十年，前任泰安县常熟蒋君因培在岱顶玉女池水中搜得残石二，尚存'斯臣去疾昧死臣请矣臣'十字，新拓清朗如故，洵为快事。后之揽者，当有感焉。"

道光十二年(1832)，东岳庙墙坍塌，泰安知县徐宗干"亟索残石于瓦砾中"，派人将残石移到山下，嵌置在岱庙碑墙内，并写跋记其经过。

光绪十六年(1890)，石被盗走，县令毛蜀云搜寻十日，得石于城北门桥下，后重置于岱庙院内。宣统二年(1910)，知县俞庆澜为防刻石遭风雨剥蚀，在岱庙环咏亭造石屋一所，将秦泰山刻石及徐宗干的跋和自己写的序共三石置于石屋内，周围加铁栅栏保护。民国十七年(1928)迁于岱庙东御座内，修筑一座门式碑龛，将以上三石垒砌其中。建国后，于碑龛正面镶装玻璃保护。秦泰山刻石被列为国家一级文物，堪称稀世珍宝。

今有《泰山刻石》(阮氏扬州重刻廿九字本)拓本存世。王壮弘在《崇善楼笔记》中云："《泰山刻石》(阮氏扬州重刻廿九字本)：见剪裱本洋连史纸拓淡墨石花剥蚀极自然，唯精神缺乏，字口不显，尤其中'金石'二字刀法最劣，且无骨力，若用旧纸作重墨拓则较难辨矣。按廿九字乾隆淡墨拓极稀见。此册首有吴大澂题签，系别处移来。后杨獬一跋乃是伪迹。后附十字拓本有缪荃孙、杨守敬跋，尚是嘉道旧拓。鉴碑不易，未可唐突(按此廿九字与吴《天发神谶碑重刻本》刻手甚精，宜审慎)。"他又在《增补校碑随笔》中云："北湖祠塾本：道光间阮元以廿九字本刻于北湖祠塾。'去'字'厶'部多刻一横成'ㅂ'部，'御'字中部少一横，'金石刻'之'刻'字'刂'部未刻，'明白'之'白'字作'日'字。"

摹刻《天发神谶碑》嘉庆十四年(1809)

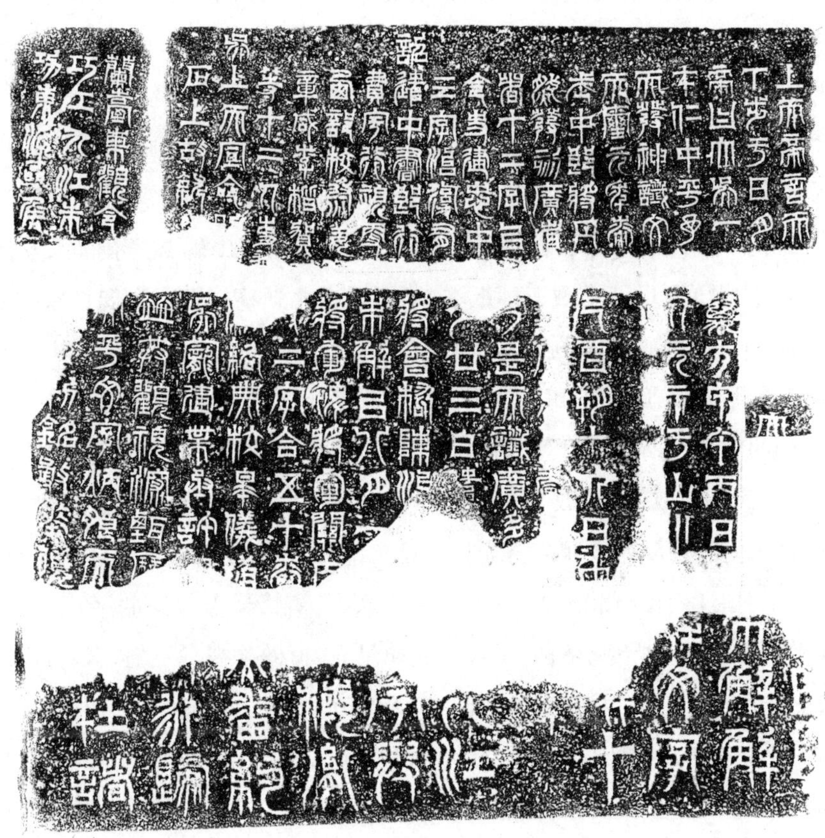

《天发神谶碑》,又称《天玺纪功碑》《吴孙皓纪功碑》,天玺元年(276)七月立。此刻三段垒成,俗称“三段碑”。传为皇象书。上段存21行,中段存19行,下段存10行。石原在江苏江宁尊经阁下,嘉庆十年(1805)三月毁于火。

同样是嘉庆十四年(1809),阮元嘱吴国宝摹刻《天发神谶碑》置于扬州北湖。阮元《摹刻〈天发神谶碑〉跋》云:“三国吴《天发神谶碑》,旧在江宁,嘉庆十年毁于火。人间拓本,皆可宝贵。元家有旧拓本,合之繁昌鲍氏旧拓本,共得二百二十一字。十四年春,属长洲吴国宝摹刻,以昭绝学。按:此碑张勃《吴录》以为皇象所书;张怀瓘《书断》以为官至侍中,八分亚于蔡邕。《梁书》《南史·皇侃传》并云青州刺史,惜《吴志》不为立传。此碑始末见于王司寇《金石萃编》等书,其字体乃合篆隶而取方折之势,疑即八分书也。八分书起于隶字之后,而其笔法篆多于隶,是中郎所造,以存古法,惜人不能学之也。北朝碑额往往有酷似此者。魏、齐诸碑出于汉、魏、三国,隋唐之后欧、褚诸体,实为魏、齐诸碑之苗裔,而《神谶》之体亦开其先,学者罕究其原流矣。皇象,字休明,广陵人。因刻石置之北湖家塾泰华双碑之后,以存古乡贤之矩矱也。"

阮元又撰《天发神谶碑识语》:"羲、献诸贤,笔法专是江左风流,至于由篆隶而变为正书,此间形迹历历可见,皆在中原旧地。学者但从阁帖观晋唐笔法,而不知中原正格,则罕读北朝碑版之故也。元又记。"(录自端方藏《阮刻吴天发神谶碑》卷末,"中央研究院"史语所傅斯年图书馆藏本。)

阮元对摹刻三碑甚为得意,将家藏王原祁山水小幅请人改画成《北湖摹碑图》,并作七古《题北湖摹碑图》。诗序云:"秦泰山残字,汉《西岳华山碑》,三国《天发神谶碑》,近代并毁,拓本皆可宝贵。予藏三碑纸本,摹石置之北湖墓祠塾中。偶检家藏王麓台山水小帧,遂属画友添画碑石及刻碑者于其坡陀之上,名之为《摹碑图》。以诗纪之。"诗云:"吾愚未学繇与羲,唐陵宋阁多然疑。但曾手摹十石鼓,刻画史籀夸汧岐。下此秦碑立泰岱,石刻明白丞相斯。延熹蔡郭华岳庙,江都皇象神谶碑。近代数碑次第毁,一纸在世惊神奇。定武各石欧褚耳,数十本尚谈姜夔。三碑真迹下一等,况是秦汉三国时。古人笔法入石理,何尝楮墨差豪厘。吾斋积古见三绝,访古者至皆嗟咨。客曰是宜并摹勒,一日不刻人嫌迟。江南市石北湖去,九龙冈上吾家祠。雪锋吴氏善篆隶,奏刀耆骕亲磨治。浅深完缺尽相肖,登登林下鸣毡棰。十夫扶起鼎足立,桓楹并视平不剞。岩岩嶷嶷双岳色,苍崖翠壁交陆离。建业古气尽销铄,秣陵一抹无嫌卑。甘泉山色隔湖见,朝岚浮动青松枝。西汉殿石我手获,坟坛可配鲁祝其。麓台画已百年久,林屋岂为我图之。我来补写刻石者,三碑添在珠湖湄。坐使此图成故实,摩挲合作摹碑诗。瑕丘之乐古所叹,他年老倦应相思。"

阮元在《金石十事记》中将"余得四明本全拓延熹《华山庙碑》摹刻之,置于北湖祠塾""余又摹刻秦《泰山残篆》、吴《天发神谶》二碑,同置北湖祠塾"列为他的"金石十事"之九、之十。

阮元相信此碑为扬州皇象所书,故摹刻置之扬州北湖,以存古乡贤之矩矱。2009年9月,在扬州市邗江区公道镇发现《摹刻天发神谶碑》残石,应该就是阮元当年嘱吴国宝摹刻者。

从2016年开始,邗江区公道中学启动《西岳华山庙碑》《泰山刻石》及《天发神谶碑》三名碑复刻工程,历时七年,终于在2023年3月完工。

翰林院编修彭远峰墓志铭 嘉庆十五年(1810)

【释文】

翰林院编修彭远峰墓志铭

编修讳蕴辉,字璞斋,又字远峰,江苏长洲人。彭氏为苏州之望,定求官翰林修撰,其孙启丰亦由修撰历官兵部尚书,世所称祖孙皆会元、状元者也。启丰生绍咸,贡生。绍咸生希洛,乾隆丁未进士,官御史,力行善事,岁饥辄平粜,捐资缮育婴堂,殁祀乡贤。希洛生蕴辉,五十日而其母陶恭人殁。

蕴辉幼颖悟,十岁从父官京师,稍长,工诗文。嘉庆三年,顺天乡试中式南元。四年,成进士,改庶吉士,授编修。初娶兵部尚书吴江金士松孙女,继娶南河总督平湖吴璥女。七年,归苏州。八年,在清江。十年,入京师任馆职。是时,淮南屡被水灾,编修与徐侍御寅亮等在京师捐募白金,属友人至淮南村墟,活饿者甚众。冬十月,奔父丧,致哀毁。十三年,服阕入京,充国史馆、文颖馆协修。夏六月,上试翰林八人于南书房,编修列第五,赏纱缎。皇帝五旬万寿,献文册,蒙奖赏纸笔。是年,得咯血疾。冬十二月九日,竟以是疾卒,年三十有二,是可哀也。

编修仪度玉立,性仁厚端谨,有志概,接三党以诚。家世积善,济贫恤嫠,戒杀放生,敦勉不怠。文笔清丽,读史慕古人。方当树声词苑,世济忠美,乃忽夭折而死。子凝福,甫四龄,亦殇。妻吴孺人,讳怀珍,性善慈,恸夫及子,亦相继卒。或疑作善而不获报,其善有未至耶?非也。《论语》曰:“死生有命。”又曰:“朝闻道,夕死可矣。”仁而夭,愈于不仁而寿者。且仁者非责报于天而始积善也,不然,颜子何不得天命哉?扬州阮元为编修己未座师,哀其亡也,于其葬,纪以铭曰:

震泽之滨,秀钟儒人。彭氏才子,质敏性仁。金莲烛古,玉笋班新。何图览揆,而命不辰。影速于隙,霜陨于春。营兹净域,封以香尘。善行可纪,写于贞珉。山光藏璞,葆尔清神。

此墓志铭录自《揅经室集·二集》卷六。

《焦山书藏记》石碑 嘉庆十八年(1813)

【释文】

焦山书藏记

嘉庆十四年,元在杭州立书藏于灵隐寺,且为之记。盖谓汉以后藏书之地曰"观"、曰"阁",而不名"藏"。藏者,本于《周礼》宰夫所治,《史记》老子所守。至于《开元释藏》,乃释家取儒家所未用之字,以示异也。又因史迁之书藏之名山,白少傅藏集于东林诸寺,孙洙得《古文苑》于佛龛,闲僻之地,能传久远,故仿之也。继欲再置焦山书藏,未克成。十八年春,元转漕于扬子江口,焦山诗僧借庵巨超、翠屏洲诗人王君柳村豫来瓜洲,舟次论诗之暇,及藏书事,遂议于焦山亦立书藏,以《瘗鹤铭》"相此胎禽"等七十四字编号,属借庵簿录管钥之,复刻铜章,书楼扁,订条例,一如灵隐。观察丁公百川淮为治此藏事而葳之。此藏立,则凡愿以其所著、所刊、所写、所藏之书藏此藏者,皆裒之。且即以元昔所捐置焦山之宋、元镇江二《志》为"相"字第一、二号,以志缘起。千百年后,当与灵隐并存矣。

条例

一、送书入藏者,寺僧转给一收到字票。

一、书不分部,惟以次第分号。收满"相"字号厨,再收"此"字号厨。

一、印钤书面暨书首叶,每本皆然。

一、每书或写书脑,或挂绵纸签,以便查检。

一、守藏僧二人,照灵隐书藏例,由盐运司月给香灯银十两。其送书来者,或给以钱,则积之以为修书增厨之用;不给勿索。

一、书既入藏,不许复出。纵有翻阅之人,照天一阁之例,但在楼中,毋出楼门。烟灯毋许近楼。寺僧有鬻借霉乱者,外人有携窃涂损者,皆究之。

一、印内及簿内"部"字之上,分经、史、子、集填注之,疑者阙之。

一、守藏僧如出缺,由方丈秉公举明静谨细知文字之僧充补之。

一、编号以"相、此、胎、禽、华、表、留、唯、髣、髴、事、亦、微、厥、土、惟、宁、后、荡、洪、流、前、固、重、爽、岂、势、拚、亭、爰、集、真、侣、作、铭"三十五字,为三十五厨。如满,则再加"岁、得、于、化、朱、方、天、其、未、遂、吾、翔、也、乃、裹、以、玄、黄、之、币、藏、乎、山、下、仙、家、石、旌、篆、不、朽、词、曰、征、君、丹、杨、外、尉、江、阴、宰"四十二字，为四十二厨。

嘉庆十八年(1813)，正在担任漕运总督的阮元精选家藏善本书籍捐给焦山，在庵内设立焦山书藏。次年，撰《焦山书藏记》，作诗题额。阮元还将宋代米芾所书“天下江山第一楼”悬挂于藏书楼前。在此基础上，藏书楼广征江南私家藏书，不断充实完善，使焦山书藏成为江南著名藏书处。为保障藏书楼正常运转，省、府两级捐田近百亩作为经费来源。焦山书藏在1937年12月遭日军飞机炸毁。

根据《丹徒碑碣志》载：此碑于嘉庆十八年(1813)由阮元立。

此记录自《揅经室集·三集》卷二。

《粮船量米捷法说》石刻 嘉庆十九年(1814)

漕运总督府

【释文】

粮船量米捷法说

漕运总督管八省之粮,应过淮盘算者共五千船,船十余舱,舱载米数十石至百余石不相等,以尺量舱之宽、长、深而得米数。漕之书吏旧法,名曰“三乘四因”。书吏持珠盘,据营将所报尺寸而算之,曰:某船多米几何?某船少米几何?求其所以多、所以少之故,总漕返躬自问,未尽明也。漕务有尺以备造船、勾水诸事之用,旧以此尺宽一丈、长一尺、深二寸五分合漕斛米一石,故量者先须得船舱宽、长、深三者丈、尺、寸、分之数,而再乘之,再四因之,为石、斗、升、合之数,是以珠算甚繁,而总漕不耐之矣。《漕运全书》内亦但载“总漕亲率善算之人细核”一语,其如何算法亦未言也。今余以部颁铁斛,较准一石米立为六面相同之立方形,即命其一面之宽、长为一尺,是以平方之一面分十条为十尺,每尺一升也,又分一条为十寸,每寸一合,连十合为一条,得一升,排十条为一面平方,一层得一斗,再叠平方一尺一斗者十层,即得立方形为一石。此理易明,人所共晓也。即用此尺以量船舱,得其宽、长二数,初乘之,得丈、尺、寸、分之数,再以初乘之数与深者之数乘之,得丈、尺、寸、分之数,是此再乘所得之丈、尺、寸、分之数,即米之石、斗、升、合之数,故较旧法捷省一半,简便易晓也。且珠盘指拨，随手变灭，不足以为案据。今用铺地锦乘法画界填数，但用纸笔，不用珠盘，则笔笔具存，勿能改变。且吾儒习书数，终以笔墨为便，与珠盘性不相近也。兹载立方尺形于后，并绘铺地锦法以明其理，铺地锦法载方中通度数衍内。静玩半时，即可通晓。若总漕有实知其多、实知其少之据，则营卫军吏皆不敢欺矣。且即令吏人习用珠盘者算之，而总漕用此笔算抽察之，亦无不可。假如吏人珠算旧尺十船须用十刻工夫者，此尺珠算五六刻即可得数，是吏人亦乐此便捷也。不第船也，即持此尺量仓谷，亦便捷焉。用是刻石嵌壁，与同志者商之。

总督淮扬等处地方、提督漕运海防军务粮饷阮元。

嘉庆十七年(1812)八月，阮元任漕运总督。十一月，阮元撰《粮船量米捷法说》。嘉庆十九年(1814)夏，阮元将施行年余的《粮船量米捷法说》刻石嵌于漕运总督府壁间，立法遵守，以求永远。

此文录自《揅经室集·三集》卷二。

苏州文庙《孝经》《论语》等石经题跋石刻 嘉庆十九年(1814)

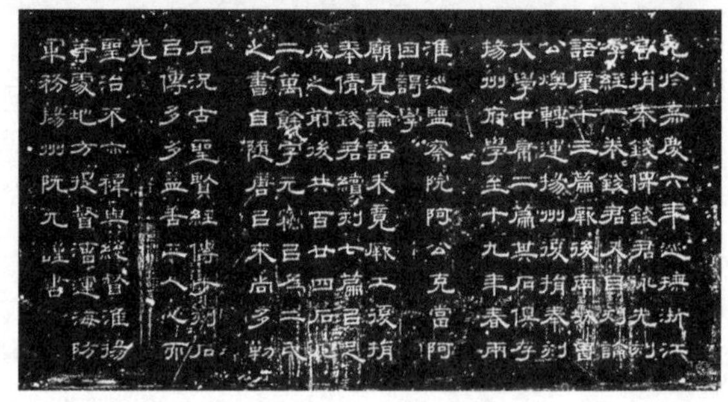

【释文】

元于嘉庆六年巡抚浙江,尝捐奉钱,俾钱君泳先刻《孝经》一卷。钱君又自刻《论语》,仅十三篇。厥后,南城曾公燠转运扬州,复捐奉刻《大学》《中庸》二篇。其石俱存扬州府学。至十九年春,两淮巡盐察院阿公克当阿因谒学庙,见《论语》未竟厥工,复捐奉,倩钱君续刻七篇以足成之,前后共百廿四石,凡二万余字。元窃以为二氏之书,自隋唐以来,尚多勒石,况古圣贤经传少,刻石以传,多多益善,正人心而光圣治,不亦祎与?总督淮扬等处地方、提督漕运海防军务、扬州阮元谨书。

苏州文庙,由北宋政治家、文学家范仲淹于景祐二年(1035)任苏州郡守时所建。现为苏州碑刻博物馆。苏州文庙大成殿内收藏钱泳刻石经八十七方。

阙里石经的刊刻一波三折。《孝经》石经由阮元赞助;《论语》石经前十三篇是钱泳自费,后因经费问题而暂停。本来要将刻好的石经运往曲阜,后因各种原因,滞留扬州,暂存扬州府学。《大学》《中庸》石经由两淮盐运使曾燠赞助。嘉庆九年(1804),两淮盐运使曾燠为《大学》《中庸》石经题后记。《论语》石经后七篇由两淮巡盐御史阿克当阿赞助。嘉庆十九年(1814),阙里石经终于刻成。阮元将刻成的一百二十四石暂留扬州府学明伦堂。时任漕运总督的阮元为《孝经》《论语》石经题跋。嘉庆二十五年(1820)春,钱泳又请御史中丞陈桂森从扬州移置苏州府学敬一亭上。道光元年(1821)四月,苏州士绅命工建屋保护阙里石经,以垂永久。

《秦邮帖》题记石刻 嘉庆二十年(1815)

【释文】

师司马权知高邮,雅意汲古,刻《秦邮帖》,置文游台,皆苏、黄、秦、孙诸贤文事也。司马又增祀黄山谷、孙览、孙巨源、秦少章、少仪、陈唐卿六君木主于四贤之后,洵称佳事。元尝见无锡秦小岘司寇家藏少游《墨竹画卷》,且有题识,为嘱梅溪钱君审定之,钩勒一石,附于帖后,亦佳迹也。乙亥冬,扬州阮元观于南昌并识。

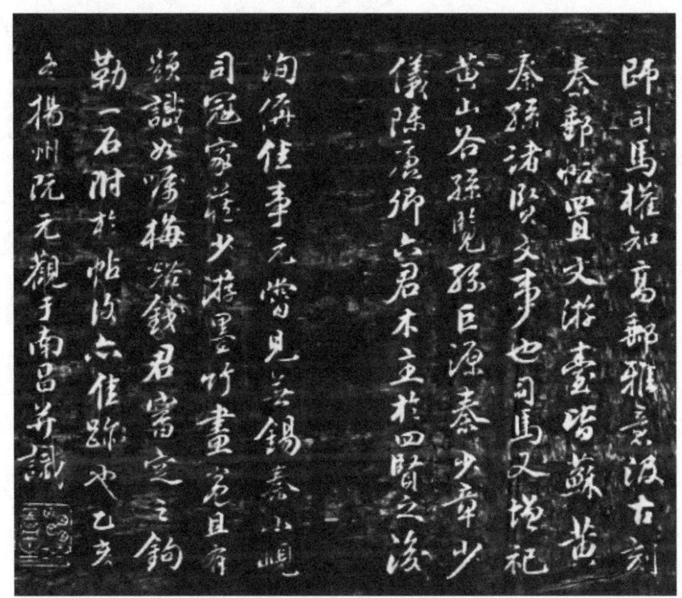

《秦邮帖》阮元题记拓本

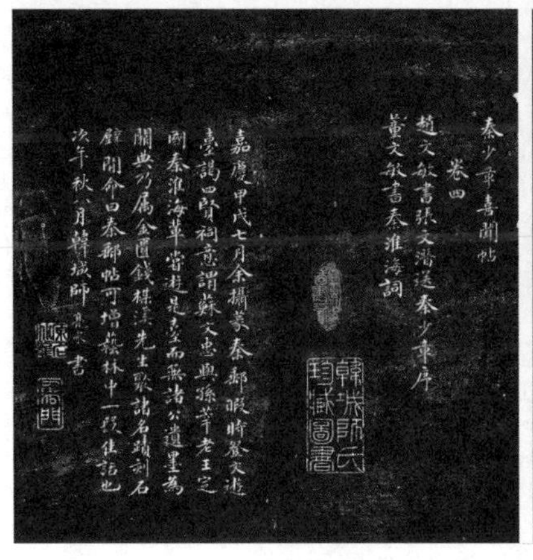

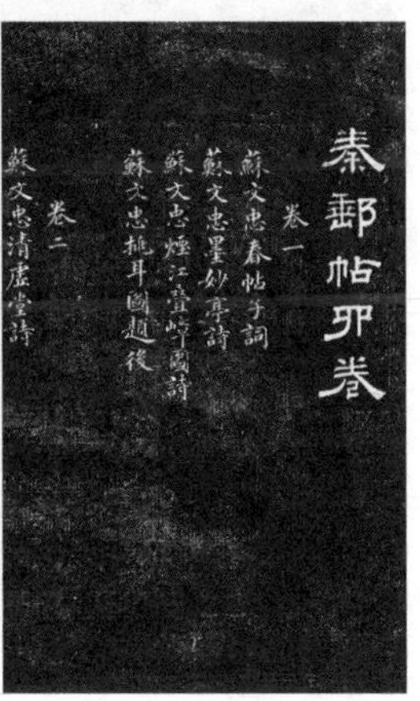

《秦邮帖》拓本(局部)

北宋元丰七年(1084)十月,苏轼途经高邮,会见了寓居高邮的挚友王巩、孙觉和青年才俊秦观。四位文贤雅聚于东岳庙(即泰山庙)后的土山(又名东山)上,品酒论文,吟诗作赋。时广陵郡太守欣然题写“文游台”三字于此,文游台因此而得名。文游台历史上多次兴废,现存建筑为清代重建,有古四贤祠(纪念苏轼、孙觉、王巩、秦观)、盍簪堂、秦观读书台、映翠园和重光亭等古典建筑。

清嘉庆二十年(1815),高邮知州师亮采登文游台,谒四贤祠,意谓苏轼、孙觉、王巩、秦观雅集文游台而无诸公遗墨是件憾事,萌发了要汇集诸公墨迹镌刻的雅意。于是集宋元明著名书法家涉及高邮诸事迹的作品,经阮元审定,请钱泳钩摹勒石,名《秦邮帖》。《秦邮帖》分四卷,刻石25块,镶嵌在盍簪堂内四周墙壁上。光绪九年(1883),高邮知州龚定瀛又觅得宋苏轼、黄庭坚、王巩、元陈有宗、明宋濂等人笔墨,由邑人李乐山镌刻,计有刻石12块,嵌石在文游台楼下东西两壁。古文游台因四贤聚会而闻名遐迩,也因有宝贵的书法遗产《秦邮帖》碑而名扬海内外。

阮元于嘉庆二十年(1815)冬在南昌观赏《秦邮帖》后题跋补记。

赐按察使衔河南开归陈许兵备道柘田唐君墓志铭 嘉庆二十五年(1820)

【释文】

君讳仁埴,字凝厚,号柘田。先世由常州迁泰州,复迁高邮,再迁江都。曾祖诗,康熙甲戌进士,累赠太常寺卿、湖北巡抚,崇祀乡贤。祖绥祖,康熙丁酉举人,由河南封丘县知县累迁至湖北巡抚,署湖广总督。父扆衡,由通判历升云南迤西道。生子三:长仕谨,官潮州盐运司运同;次侍陛,由恩荫生官河南开归陈许道、彰卫怀道、山东运河道、兖沂曹道君其季也。

君生而英敏过人,诵书善记,善属文。事亲孝,家庭有榘度。随任迤西各郡,读书之暇,讲求吏治,幕中诸老宿佥曰:"此名家千里驹,殆有宿根乎?"乾隆庚子,丁内艰。甲辰,高宗纯皇帝南巡,君以国子生献册,召试列二等,赏彩、缎、荷包。寻中丙午科举人。丁未,成进士,殿试二甲,授浙江嵊县知县。嵊故僻地,君捐俸葺书院,增膏火,讲明礼教,修节孝祠,以彰风化,仁声洋溢,治行称最。调任仁和,为省会首邑,君审案定谳,士庶之畏怀者一如在嵊时,有"唐青天"之称。寻丁外艰,服阕入都,简发江西,补乐安县,调丰城县。丰城滨大江,多水患,君修堤以资捍卫。岁甲寅,以失察事落职,家居数年。庚申,就教职,选全椒教谕。俄值江南高家堰及山盱五坝役工起,遂以通判投效南河出力,加同知衔。乙丑,安东县陈家浦工起,君以熟谙修防,留工遣用,工竣,授通判。戊辰,署商虞通判,时桑家堤、马家坊险工屡出,君昼夜筑护,得无决。逾年,实授,寻署怀庆府黄沁同知。沁水瀑涨,武陟埝几破刷,君率兵夫驰救,得无决,加知府衔。壬申,实授黄沁同知。十月,调开封下北河同知,复保兰阳十五堡之险,护河北道印务,擢署开归陈许道。戚友有以君之伯兄曾任此官为言者,君谓今昔情形不同,河工全在应变,非若地方事有一定准绳也。是年,下南厅之黑冈工甚危,君昼夜防堵,于烈日寒雨中屡枵腹不得食,险始定。洎睢州决,大工兴,举君总稽,出入往来两坝,积半年之久,眠食几废。合龙后,蒙恩赐按察使衔,而君力亦既瘁矣。丙子,署河南按察使。君素有痰症,至是感冒加剧,遂请解职。丁丑,蒙谕旨回籍调养。归江都。是年,长子铸捧檄至豫,君诫之曰:"吾家世受国恩,祖孙父子皆蒙禄养。今年力衰,未能报,汝其勉之。且汝曾祖任封丘时,上邀世宗宪皇帝特达之知,超显秩。汝初膺民社,适亦兹邑,当秉承遗绪,毋坠家声。"观君之言,可以为世家教子弟之法。

君生于乾隆十七年五月二十日卯时,卒于嘉庆二十五年四月十二日子时,年六十有九。元配宋，诰赠淑人。继配李，诰封淑人。侧室钱。君生四子：长铸，河南通许县知县；次镛，国学生，早卒；次锜，国学生；次钟，候选知县。女子子二：长适同里试用县丞秦峄，次适绍兴候选盐场大使陶德华。孙二，女孙三。

君与余同年举于乡，余抚河南时，奏君权臬事，且访舆论，知商虞、兰阳、武陟、黑冈之不决者，君之力为多。嗟乎！洪河浩瀚，障之极难，其决也，下伤民生，上劳国计。余过睢州，见决堤迹，心伤之。然则于将决未决时，能屡保之勿决者，其力巨矣。君之可传者在乎此。余知君，故为铭曰：

君之兄弟，皆治河渠。功留保障，法密爨疏。君于豫岸，捍之无虞。非君之力，大梁其鱼。曲突焦头，相较何如。德荫后嗣，封树待诸。

唐家是扬州的官宦世家。嘉庆十一年(1806)，阮元撰写《山东分巡兖沂曹济道唐公神道碑铭》，墓主是唐家次子唐侍陛。而此篇墓志铭墓主是唐家季子唐仁埴。唐仁埴与阮元同年中举，又曾是部下，再加上乡谊，因此阮元为他撰墓志铭。

录自《揅经室集·二集》卷六。

女婿张熙女安合葬墓碣 道光元年(1821)

【释文】

女婿张熙女安合葬墓碣

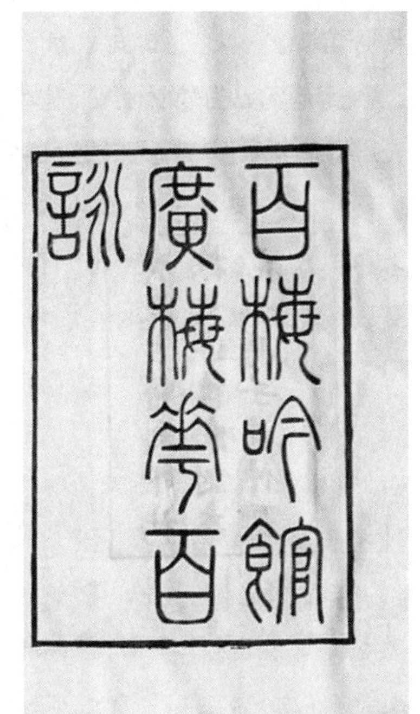

阮安《广梅花百咏》书影

余之女子子安，孔夫人所生。余得一古镜，有“孔静”二字，遂字之曰“孔静”。幼明敏，未尝习针黹，师钱塘严厚民读书，师奉新刘蒙谷学画，其诗受教于父母者为多，颇能析理摹景。年十三，许聘江都张熙。熙字子兴，又字定江，翰林给事中馨之曾孙、赐三品衔钧之子。于是，厚民又馆于张氏，与武康徐雪庐迭教熙。熙性沉静和厚，不妄言笑，诗亦有法。十五六岁时，得肝风疾，时疾时已。嘉庆二十五年春，熙年十八，其父命随其师严来粤东，赘余署中，且读书受余教。虽新婚，而内外有两书室，各读书赋诗，不少辍。熙以岭南草木物产考之古籍，颇著于篇。又自以端溪巨石雕为砚山，曰“临潼秋色”。给事本籍临潼，乾隆甲子陕西解元也。十二月，熙肝风病发，甚剧。道光元年正月十二日卒。是时，安年二十，初有娠，哭几死。家人以岭路远，劝缓归江都保娠，冀得遗腹子，安乃节哀慎疾。夏秋，身甚健，然尝指其腹，私语其保母曰：“我望伊是子，我故保伊性命。将来伊真是子，乃保我性命。”是以家人恒防之。孟秋，月死霸，既产，乃女也，犹语家人曰：“女亦佳，胜于并女无之者。”不哭泣，然色甚变，心郁志烈，内热外发，气若蒸。八月二日，猝然死。家人疑其吞金，检其金，无所失，盖其久蓄死志，以死为愿，故产后不慎疾，若惟恐其疾不急而死不速者。余虽哭之恸，而心许之，曰：“礼也。人孰无死？娠未辨男女而死，绝夫之后，非礼也。笃夫妇之情，靡笄悬磬，横残其亲之遗体，非礼也。舅姑老，不留身以事之，非礼也。今产女，病而死，熙不患无继子，舅姑未衰，尚有妯娌，三是，则合乎礼，不逾乎情而同至，命矣。”安尝于所居粉壁前登几画梅，纵横盈丈。幼随母嫂分《梅花百咏》，得五言律十余首，又广《梅花百咏》，再成百题，独作一百首为一卷，诗中为其师点改者十之二。又有《百梅吟馆诗》一卷。熙有《宜之室诗文遗稿》二卷。熙，五品顶带；安，宜人。于其合葬也，命常生书刻于石。

张熙(1803—1821),字子兴,又字定江。清江都人,本籍临潼。阮元婿。性沉静和厚,不妄言笑。诗亦有法。师从钱塘严厚民、武康徐雪庐。嘉庆二十五年(1820)春赘于粤东,受教于阮元,以岭南草木物产考之古籍,颇著于篇。道光元年(1821)卒于疾,年仅19。著有《宜之室诗文遗稿》。阮安(1802—1821),字孔静。阮元次女,张熙妻。自幼聪颖,曾从严厚民读书,从奉新刘蒙谷学画,从父母、哥嫂学诗,10岁即能诗能画。著有《百梅吟馆诗》。

此是阮元为爱女阮安、爱婿张熙撰写的合葬墓碣。

录自《揅经室集·二集》卷六。

焦山题名石刻 道光二年(1822)

【释文】

道光二年六月六日，扬州阮元述职后过里门，溯江赴岭南，来游焦山。同游者门生、江都令尹钱塘陈文述，子裴之，江都征君王豫，豫子屋及元之弟亨。

陈裴之(1794—1826)，字孟楷，号小云、郎玉山人。浙江钱塘(今杭州)人，陈文述之子。诸生，官云南府南关通判。著有《澄怀堂诗集》《梦玉词》等。王屋，字小村。王豫之子。工诗。《吴越游草》中收录他的27首诗。阮亨(1783—1859)，字仲嘉，号梅叔，江苏仪征人，阮元从弟。工诗善文，著有《珠湖草堂诗钞》《瀛洲笔谈》等。

此内容录自《焦山志》卷八。

例赠儒林郎候选州同知兰汀林公墓表 道光五年(1825)

【释文】

例赠儒林郎候选州同知兰汀林公墓表

公讳阆,字苑西,号兰汀,江都人。赠荣禄大夫、浙江巡抚、乾隆癸酉举人闽大田令梅溪公第五子也。梅溪公父讳文琏,为高邮大学士王文通公之孙婿,兰汀公继配亦文通公之玄孙女也。公幼秉祖父诗礼之教,敦孝弟之行。补江都学生,屡试高等,补廪膳,贡成均。善属文,尤长骈体,亦善行楷书,与兄霏崖公并以诗翰名于时。年五十有四卒。诗载《淮海英灵集》《江苏诗征》。元配吴安人,早岁卒。继配王安人,有大家礼范,以勤俭相夫。生子悦曾、怡曾。悦曾有痼疾。怡曾幼得母教,读书能文,补江都学生,复祖父之业,孝养节母,援例受州同知职,故公例赠儒林郎,配例赠安人。王安人寿七十,族戚共称觞为祝,遽以疾终。道光五年冬,卜合葬于扬州西山添丁桥北左之原。阮元为公外甥,怡曾属元表墓。公生于乾隆己未年,卒于壬子年。吴安人生于乾隆辛酉年,卒于甲午年。王安人生于乾隆丙子年,卒于道光乙酉年。怡曾生子荣庆、华庆、富庆。

林阆,阮元堂舅。工诗善画,精于行楷,著有《兰汀诗存》等。

此墓表是阮元应表弟林怡曾的要求为堂舅父林阆所作。

录自《揅经室集·续二集》卷二。

《禅智寺东坡诗》题跋石刻 道光六年(1826)

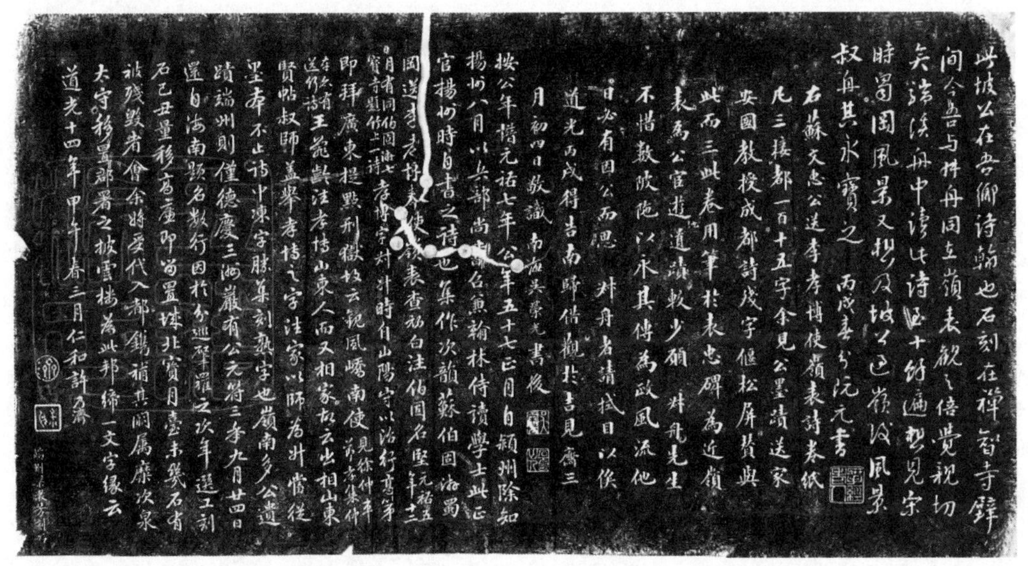

【释文】

此坡公在吾乡诗翰也,石刻在禅智寺壁间。今吾与叔舟同在岭表观之,倍觉亲切矣。端溪舟中读此诗至十余遍,想见宋时蜀冈风景,又想及坡公过岭后风景。叔舟其永宝之! 丙戌春分,阮元书。

(余略)

禅智寺,又名上方寺、竹西寺,在扬州城东十五里。本隋炀帝故宫,后建寺。寺内有苏东坡诗碑。自唐以来,诗人盘桓,多有诗作,使禅智寺名声大振。咸丰三年(1853),毁于战火。

《汪氏义庄碑记》石碑 道光六年(1826)

据〔民国〕《吴县志》卷第六十一下载:“汪氏义庄碑记。正书。道光六年冬,扬州阮元书于滇南节署。高七尺,在山塘汪参议祠。”

汪氏义庄,始建于清道光年间,由汪士钟创建。位于江苏省苏州市姑苏区金阊街道山塘街480号,现存屋宇四进,即头门、仪门、享堂、堂楼,均为三开间,外檐列桁间斗拱。临街原有栅栏,现仅存石望柱。

汪士钟(约1786—?),字春霆,号阆源,长洲(今苏州)人。他不仅热衷于读书和藏书,还曾任户部侍郎,并经营过布庄。他的藏书以精博著称,并为此建立了闻名中外的藏书楼——艺芸书舍。

汪氏义庄现已依照原貌修复。享堂楼下两壁共有碑七方,包括《汪氏义庄碑记》(阮元书)、《江苏布政使给汪氏忠义田帖》、《汪氏迁吴宗祠并置义田碑记》等,但现已散佚。

《王石臞先生墓志铭》石碑 道光十三年(1833)

【释文】

皇清诰授中宪大夫、直隶永定河道、晋封光禄大夫、工部尚书王公墓志铭

公讳念孙,字怀祖,号石臞。先世居苏州,明初迁高邮州。高祖开运,州学生,治《尚书》有声。曾祖式耜,副贡生,贫而行德,以经授弟子。祖曾禄,拔贡生,深于理学。父讳安国,雍正甲辰科会元,第一甲二名及第,官至吏部尚书,谥文肃,国史有传。公生四岁,即能读《尚书》。六七岁,文肃公口授诸经,皆成诵,都下有“神童”之目。八岁属文,十岁读《十三经》毕,旁涉《史》《鉴》,偶作史论,断制有识。由是文肃教之以忠恕勿欺、正直持身之道,是公之学行早立于文肃公时。戴东原先生,当代硕儒也,文肃延为公师。十四岁,文肃殁。公扶柩归里,童年老成,学与行,宿儒不逮也。服阕,补州学生员。

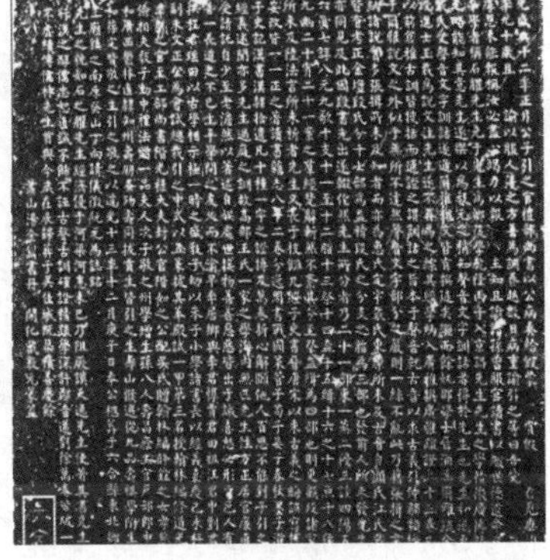

高宗纯皇帝巡幸江南,公以大臣子迎銮,献文册,蒙恩赐举人。乙未会试,中式,改翰林院庶吉士。既而乞假旋里,谢绝人事,居湖滨,力学四载。年三十七入都,散馆,改工部主事,主都水司事,遂精心于治河之道。由今河而上溯历代治河诸书,古今利弊,无不通究,为《导河议》上、下篇。上篇导河北流,下篇建仓通运。年四十,补主事,升营缮司员外郎,制造库郎中。年四十五,补陕西道御史。明年,擢吏科给事中。又四年,转吏科掌印给事中。在都前后十余年,凡钱局诸差及京察外任,皆力辞。俸满,保送知府,自呈不胜外任,论者嘉异之。

嘉庆四年,仁宗睿皇帝亲政之始,公具疏劾宰辅某。是时不乏弹章,惟公疏援据经义,最为得体,是以特蒙嘉纳。疏中正论,至今人犹诵之。是年三月,命巡淮安漕。九月,又巡济宁漕,尽裁陋规,道路所经,吏治民生皆奏之,蒙听纳施行。十二月,授直隶永定河道,积弊一清。六年夏,大雨弥月,水涨二丈,高出于堤,南北岸同时溢,奉旨革职逮问。寻奉谕:“水漫过芦沟桥面,不但人力难施,亦非意想所到。王念孙

加恩发河工出力,不但免其前罪,尚可酌量加恩。"七年,奉旨督办河间漫工。秋,赏六品顶戴,暂署永定河道。八年,奉谕:"王念孙于水利讲求有素,著加恩赏主事衔,留于直隶。令其周历通省,遇有关涉水利事,宜悉心纪载,俟一二年后,交直隶总督汇奏办理。"公乃上总督颜检书,胪举畿辅水利章程,颜公据以奏。是年九月,河南衡家楼河决,奉旨随尚书费淳查看,且筹新漕,奉谕:"王念孙于河务情形熟习,著即驰赴台庄,随同吉纶办理。"旋奉旨署山东运河道。九年,奉旨给四品顶戴,实授运河道。在任数年,查工剔弊,节帑数十万。十五年,调直隶永定河道。召见,询河务甚悉。甫旋任东河帅,请启苏家山闸,引黄入微山湖,以利漕运,召入都决其是非。公对"引黄入湖不能不少淤,原非良策,但暂行无碍",并陈运河情形,皆诏行之。是年,永定河水复异涨,如六年之溢。公自请治罪,奉旨以六品休致,年六十有七矣。道光五年,八十二岁,奉上谕:"王念孙年登耄耋,蕊榜重逢,洵属艺林嘉瑞,著加恩赏给四品职衔,准其重赴鹿鸣,以光盛典。"十二年正月,公子引之官礼部尚书,以公病,奏给假,蒙赏假,召见垂问。明年,九十岁,且谕以服人参之方,善为调养。越数日,病重,谕引之等曰:"吾受三朝厚恩,未能报称。汝必尽心竭力,以报主知。"且谕诸孙曾服官读书,以继世德。遗命毕而卒。学者称石臞先生。

元于先生为乡后学,乾隆丙午入京谒先生。先生之学,精微广博,语元,元略能知其意,先生遂乐以为教。元之稍知声音、文字、训诂者,得于先生也。先生初从东原戴氏受声音、文字、训诂,遂通《尔雅》《说文》,皆有撰述矣。继而余姚邵学士晋涵为《尔雅疏》,金坛段进士玉裁为《说文注》,先生遂不再为之。综其经学,纳入《广雅》,撰《广雅疏证》二十三卷,凡汉以前《仓》《雅》古训,皆搜括而通证之。谓训诂之旨本于声音,就古音以求古义,引伸触类,扩充于《尔雅》《说文》之外,似乎无所不达,然声音、文字部分之严,则一丝不乱。此乃藉张揖之书以纳诸说,实多张揖所未及知者,而亦为惠氏定宇、戴氏东原所未及。古音自顾氏、江氏、戴氏皆有考正,金坛段氏分十七部为益精。段氏之分支、之、脂为三部也,发前人所未发。先生昔亦同见及此,因段书先出,遂辍作。然先生所分者,乃二十一部:东一、蒸二、侵三、谈四、阳五、耕六、真七、谆八、元九、歌十、支十一、至十二、脂十三、祭十四、盍十五、缉十六、之十七、鱼十八、侯十九、幽二十、宵二十一。案之群经、《楚辞》,斩然不紊。其分至、祭、盍、缉为四部也,则更顾、段诸家之所未及,陆法言所未析者。先生又长于校雠,凡经、子、史书,晋、唐、宋以来古义之晦误,写校之妄改,皆一一正之。著《读书杂志》八十二卷,分《逸周书》《战国策》《管子》《荀子》《晏子春秋》《墨子》《淮南子》《史记》《汉书》《汉隶拾遗》,凡十种,一字之证,博及万卷,折心解颐,他人百思不能到。子引之撰《经义述闻》,亦多先生过庭之训,故高邮王氏一家之学,海内无四。先生性方正,居官廉直,不受请讬,自少至老,澹然以著述自娱。处世接物,善善恶恶,皆出于诚,喜怒必形于色,人有一善一长,道之不已。生平学问之友,久而不渝。早年居乡,与李君惇、贾君田祖、汪君中、刘君台拱、程君瑶田,以古学相示,极一时之盛。教子幼以朱子《小学》诸书,长以经义。

嘉庆己未科,元副朱文正公为会试总裁,引之中式,以五策拔其萃,殿试一甲第三名,授翰林编修。道光八年,引之官至工部尚书,阶光禄大夫,封公官阶如之。公配吴氏,赠翰林编修鋐之女,孝慈勤俭,相夫教子,动中礼法,赠一品夫人。次子敬之,州学增生。孙八人:寿昌,荫生,官户部郎中;彦和,广西郁林直隶知州;寿朋,早殁;寿同,拔贡生,皆引之生。寿山,候选从九品;寿祺,学附生;葆和、葆定,皆敬之生。引之、敬之以道光十三年十二月庚子日,奉公柩葬于六合县东,北乡东原王庙镇之南原癸山丁向,请仪征阮元为志铭:

先生之貌,如石之臞。先生经济,优于河渠。河患未已,乃阻厥谟。天逸先生,使著其书。先生学行,汉之醇儒。忠恕直诚,不饰不诬。古声古训,确证精疏。学深许郑,音迈刘徐。万卷皆破,一言不虚。续传儒林,先生首欤。今岁在辰,归葬于吴。佳城既筑,积善庆余。

萧山汤金钊书丹

开化戴敦元篆盖

据《六合县志》(1991年版)记载:"清工部尚书王念孙墓志铭,1982年于东王乡发现。碑文撰写者系清代著名学者、文学家阮元,字迹清晰可辨,今存县文教局。"

据《石刻》(1998年版)记载:"《王念孙墓志铭》于1982年在江苏省六合县东王乡出土,全称为'皇清诰授中宪大夫直隶永定河道晋封光禄大夫工部尚书王公墓志铭'。墓志为青石质,由肖(应为'萧')山汤金钊书丹、开化戴敦元篆盖,清代著名学者、文学家、书法家阮文(应为'元')撰文。""王公墓志铭"由志文和两块志盖组成,志石两面皆刻满志文。志盖两块均为复(应为'覆')斗型,高(应为'长')皆为84.5厘米,宽80厘米","王公墓志铭",志石高(应为'长')83.5厘米,宽79厘米,高17厘米,竖边为5厘米,横边为3厘米。正反面均刻楷书31行,每行35字,正面945字,反面990字,共有1935字。"《南京历代碑刻集成》(2011年版)收录出土的王念孙墓志拓片(未刊载志盖拓片),并附介绍,该墓志现存六合区长江路万寿宫院内(即六合区博物馆旧址)。尺寸:长90厘米、宽90厘米、厚15厘米,该数据又与《石刻》记载不一致,未明孰是。

墓志铭拓文又见于《揅经室集·续二集》卷二。

《修泰州考棚记》石碑 道光十四年(1834)

【释文】

修泰州考棚记

太子少保、协办大学士、兵部尚书兼都察院右都御史、云贵总督、仪征阮元撰

仪征县、生员吴廷飏书

士大夫将为根本之计,则必力挽其习俗之陋,而后人文可得而兴焉。扬之俗,相尚以华,宫室、园林之盛甲江省,其土性然也;而于考棚独陋,岂其不能计及此与?抑亦无有志之士与贤大夫以振起之,遂亦习而安之也?

考棚故在泰州,堂室、墙垣、桌凳之属略备,顾久不治,日益陋,东、西文场尤甚,应试者虞之。会道光十二年,学院廖公莅是郡,郡廪生王光云、仪征廪生张安保等以重修请,且以廪粮助捐。学宪首捐廉为之倡,自扬州府及各州县,以至府属绅士,捐而和者相接也。得银若干两,立[选]殷实谙练、品洁才优者董其事。东、西文场堂室、墙垣、桌凳之缺者补之,敝者易之,器用之不齐者增之,不中度者改造之。工兴于道光十四年四月,至本年九月而竣。银两支销外,余钱七百贯,存于商,权子母,为岁科试建防雨公舍并添修公费,计至周矣。

夫人文之盛衰,视乎人意向之所在。务本者以培养人才为事,则文风应之。况此棚之下,吾辈谁不橐笔携筐出乎此?今学院以维持根本为吏民倡,诸生乐事劝功,终始不倦,以迄于成。所谓贤大夫作于上,有志之士应于下,岂不幸哉!余以官于外,不能预乡事,喜乡之人士有志于根本,而又得贤士大夫之导引也。工竣,舍弟亨书寄滇南,属为之记。

任钰,优贡生;程祥芝,泰州学正;夏文焘,举人,江浦县教谕;缪文焕,前衡州府知府;王广业,举人,拣选知县;宫玉华,优廪生;康发祥,廪贡生,试用训导。

学政试院原为明代凤阳军抚使官署,清代改建为科举考生员的场所。据《泰州入学全案》等有关资料记载,从明万历四十年(1612)起,扬州府的学政考试就在泰州进行,到清末科举结束为止。历史上,曾有101任学政在此主持过358场以上的院试。泰州学政试院原名为扬郡试院,清朝名相张廷璐和刘墉都曾在泰州主持过院试。从泰州学政试院走出了许多著名人物,如李春芳、王艮、郑板桥、阮元等。阮元为自己走向仕途的地方——泰州学政试院的维修捐款240多两银子，并应邀为试院维修撰写了《修泰州考棚记》。这篇记文后来被勒石立碑，立于试院仪门外左侧。《（民国）续纂泰州志》卷三十四《金石》著录此碑，且谓“道光二十年仪征阮元撰，吴廷飏书”。吴廷飏（1799—1870），字熙载，后又字让之、攘之、晚号晚学居士。仪征人。著名书法家、篆刻家。但是，这里说阮元是在道光二十年（1840）撰写此记，显然错误。记文末尾云“工竣，舍弟亨书寄滇南，属为之记”，说明阮元是在云贵总督任上收到阮亨的书信，应邀写作此文，写作年代不可能是道光二十年。据记中“工兴于道光十四年四月，至本年九月而竣”，可知此文的写作年代正是道光十四年（1834），其时阮元正在云贵总督任上，次年六月他便离任赴京了，而道光二十年（1840）大概是记文由吴熙载书写并勒石立碑的时间。而刻石碑的过程和费用情况在《捐修泰州考棚征信录》里都有记载，为泰州的文化史留下了宝贵的真实资料。1995年，学政试院被列为省级文物保护单位，现为国家重点文物保护单位。

文中提及的“学院廖公”指时任江苏学政廖鸿荃。廖鸿荃（1778—1864），初名金城，字应礼，号钰夫，福建侯官（今福州）人。嘉庆十四年（1809）榜眼，授编修，升工部尚书、经筵讲官，赐紫禁城骑马。一生总裁会试一次，典乡试、分校京兆试各三次，“门生半天下”。道光十二年（1832）任江苏学政。后又督办多起重要水利工程。同治三年（1864）重宴鹿鸣，特加“太子太保”衔。

此记辑自《修泰州考棚记》拓片与〔民国〕《续纂泰州志》卷三十三《艺文下》。

脩泰州考棚記

太子少保協辦大學
士兵部尚書兼都察
院右都御史雲貴總
督儀徵阮元譔

儀徵縣
生員吴廷颺書

士大夫將為根本之
計則必力挽其習俗
之陋而後人文可得
而興焉揚之俗相尚
以華宮室園林之盛
甲江省其士性然也
而於考棚獨陋豈其
不能計及此與抑亦
無有志之士與賢大
夫以振起之遂亦習
而安之也考棚故在
泰州堂室牆垣桌櫈
之屬略備顧久不治

唐田侁及夫人墓碣 道光十六年(1836)

田侁(737—787),京兆府泾阳(今陕西省咸阳市泾阳县)人。他与夫人冀氏合葬于扬州湾头山光寺南。墓志铭全称《唐故淮南节度讨击副使、光禄大夫、试殿中监兼泗州长使、上柱国、北平县开国伯田府君墓志铭并序》。左卫率府骑曹参军桑叔文撰,右金吾兵曹参军储彦琛书。贞元三年(787)八月刻。

道光十五年(1835)冬,田侁及夫人墓志铭于江苏扬州湾头出土,曾归江都梅植之、仪征张丙炎。道光十六年,梅植之修复田侁及夫人墓,并请阮元题写墓碣。

〔光绪〕《江都县续志》卷十九载:"茱萸湾唐淮南节度副使田侁墓,夫人冀氏祔葬。道光十五年,县人举人梅植之访获志石,修复其墓。仪征大学士阮元为题墓碣。"

《印心石屋图说》题刻石刻 道光十六年(1836)

【释文】

御题印心石屋图

道光十六年阮元题

《印心石屋图说》前有隶书题“御题印心石屋图”七大字,末署“道光十六年阮元题”,并刻“云台”长方印、“阮元伯元”方印以及“节性斋”方印。图说依次为“金陵印心石屋图”“金陵印心石屋图说”“沧浪亭印心石屋图”“沧浪亭印心石屋图说”“蜀冈印心石屋图”“蜀冈印心石屋图说”“清江印心石屋图”“清江印心石屋图说”。线刻绘出南京、苏州、扬州、杭州四大印心石屋之胜迹图。

“印心石屋”石刻位于镇江焦山白鹤泉西南、登临云麓峰石径的右侧,又名“御书亭”,今亭废,石刻仍存,系山墙上嵌的一巨幅汉白玉石匾,高 0.93 米、宽 2.88 米,中刻楷书“印心石屋”四个大字,端庄朴雅,笔力遒劲。匾左刻“道光乙未秋月”,右刻“御笔”,“太子少保兵部尚书两江总督臣陶澍谨领恭摹”,正中上方刻有“道光之宝”御玺篆章。周围装饰二龙戏珠花纹。陶澍(1778—1839),字子霖,一字子云,号云汀,晚年自号髯樵,湖南安化人。嘉庆七年(1802)进士,授庶吉士,历任翰林院编修、国史馆纂修、山西省按察使、安徽省布政使、安徽巡抚、江苏巡抚,官至两江总督,兼理两淮盐政。道光十九年(1839)病逝于官邸,晋赠太子太保,谥文毅。有《陶文毅公全集》《蜀辅日记》等。

诰授光禄大夫经筵讲官刑部尚书赠太子太保谕赐葬祭史公神道碑 道光十九年(1839)

【释文】

诰授光禄大夫、经筵讲官、刑部尚书,赠太子太保、谕赐葬祭史公神道碑

宫保讳致俨,字容庄,号望之,又号问山,年七十后自号榕庄老人,又自号樗翁。先世出汉溧阳侯史崇后,传至讳必相者,于明洪武四年迁扬州之江都县。曾祖道义,祖积学,父元善,世以学行为名诸生,以宫保贵,累赠光禄大夫、刑部尚书;曾祖母董、祖母鲁、母蒋,皆累赠一品太夫人。元善公生四子,宫保其仲也。八岁读书,即考订《周礼》人民物产。室恒不举火,太夫人以针黹易油,父子一席读。年十六,入江都学,学使谢金圃先生墉叹为奇才,询知家贫,给膏火以助读焉。家无书,诣学宫,读所颁书于尊经阁。年二十七,补廪膳生。乾隆甲辰,纯皇帝南巡,以学使荐,赴召试。时与试者车马仆从甚都,宫保囊余十八钱,薄暮无所投宿,露坐田家石磨上。后娄述之,谓"彼时心无所慕,卧观星斗,颇觉自适"。盖富贵贫贱恬然胸中,自少已然矣。壬子举于乡。嘉庆己未会试,元副朱文正公为总裁,宫保中式第一名。仁宗问元曰:"会元是汝扬州人?"元对以寒士有品学及居尊经阁读书状。殿试,赐进士出身,改庶吉士。是科得人最盛,绩学如武进张惠言、高邮王引之、歙县鲍桂星、全椒吴鼒、福州陈寿祺、栖霞郝懿行、武威张澍;其通显扬历中外者,自汤相国金钊、卢敏肃以下,又数十人,而宫保为之冠。是年五星聚奎,文正因作《五纬联珠图》。议者谓国家科目,斯最盛也。辛酉,散馆一等,授职翰林院编修。甲子,充顺天乡试同考官。累充国史馆协修、纂修、总纂,本衙门撰文。丁卯,视学四川,捐廉修成都考棚,刻《诗韵辨字略》,明音训之学。所拔皆知名士,有曾为宫保戒饬者,十余年忽来谒曰:"吾非师,几为名教所不容也。"辛未,充文渊阁校理,教习庶吉士。癸酉,充日讲起居注官、咸安宫总裁。京察列一等,复带引见记名,以府道用。寻升国子监司业。乙亥三月,进翰林院侍讲,转侍读,七月进右春坊右庶子,八月命为河南学政。河南沿十八年李文成之变,羽党未尽,劫掠燔烧,官捕未净。仁宗谕宫保"知汝品学兼优,操守自好",并谕察视地方盗贼及官属捕缉事宜。宫保以滑县之乱,总由积习酿成,凡地方吏治、河工情形,小事言之有司,大不便者入告无隐。廉知彰德、卫辉两府,吏民习教者众,因将实在情形入奏,兼陈州县官编察保甲有名无实状。仁宗谕以"所奏详悉,告知抚臣、臬司"。

商丘廪生陈忠锦,因不滥保,为童生张鹏翼父子毒殴。知府及经历某,受赇诬陈,加斥责,陈忿缢死。其弟勉旃讼冤,宫保列知府、经历罪于朝,分别镌革。由是上下畏法,两河肃清。每疏入,仁宗嘉叹,称为"实心化导,正本清原"者再。累迁左春坊左庶子、翰林院侍讲学士,留学政任,回京转翰林院侍读学士。

今上御极之元年,奉特旨充实录馆汉文总纂官,七月命为湖北正主考。累升詹事府少詹事、詹事,文渊阁直阁事,稽察西四觉罗学。壬午九月,升内阁学士,充武乡试副考官。乙酉,以刑部右侍郎视学福建,旋调礼部右侍郎。福州试院有地沟,运竹筒传递,宫保捐廉修号,积弊始清。漳、泉诸州尚械斗,上杭生员何某者,强宗也,以争坟地械斗上控。宫保饬学扣考,何诉之抚军,抚军咨送考试,宫保不可,治益急。由是械斗之风顿减。临行,生员献诗者几千人。己丑,充会试知贡举,四月,转礼部左侍郎。命偕侍郎钟昌驰驿审山西平定州朱葛氏案,究出知州错拟罪名并门丁受贿状,人称明允。是岁,赏紫禁城骑马,署兵部左侍郎,改仓场侍郎。壬辰,调刑部左侍郎,命为顺天乡试副考官。癸巳,进都察院左都御史,充经筵讲官。甲午春仲,经筵充直讲,进礼部尚书,命为顺天乡试副考官,调工部尚书。时刑部尚书戴公敦元卒,上以刑部事繁重,调宫保刑部尚书。宫保以人命至重,侵晨进署,书吏、司员未至一人,坐堂上阅视案件,如老诸生。日暮未毕,则携归陈几上,烧双烛审定。遇疑狱,与同僚难论再三,或格于例,则于圣前直陈其情。一事未安,思之终夜。积三年,以为常。体素健,自是恒不成寐。会丁酉京察届期,制书褒美,谓宫保"刑名详慎,精力如常",与今相国汤公金钊同列一等议叙。宫保亦夙夜不敢自安,然用是体亦瘁矣。是年夏至后,病下利,旬余稍瘥。上召见温谕,宫保力疾视事。冬至前更苦烦躁,十二月陈请致仕,上谕以"安心调理",不许。次年二月,复固请,上不得已,许之,犹谆谕以"病痊后具折请安"。盖是时上倚宫保方殷,每召对廷臣,询问宫保病状,至于再三。宫保亦欲以余生报国,临终之日,与尚书祁公㝩谈国事,亹亹如平时。午后呕吐作,旋坐逝,寿七十有九,时道光戊戌十八年七月之十日也。遗疏奏闻,上嗟叹久之。赠太子太保,降制赐恤,有"品行端醇,学问优裕,明允精详,克尽厥职"等谕。复于七月三十日,上命礼部尚书吴公椿率太常寺司员谕祭,又有"鞠躬尽瘁,性行纯良"等语,可谓知遇之隆而哀荣之备矣。

宫保孝友性成,识度渊懿,丁母忧,以父老,哭不敢出声,用是失血。痛兄早殁,待弟尤厚。族弟某,少孤,成立之,既殁,养其家。待士以信,寡言笑,喜怒不形于色。年弱冠,即以文为金先生兆燕、蒋先生士铨、王先生文治所赏,而厌为迂疏无用之学。生平读书,实事求是,不为门户之见。又谓刑所以弼教,近世吏治不如古者,以分刑、教为二也。故为学政时,抑豪猾,伸冤狱,勒于有司官。及官刑部,训饬属官,循循然如诱子弟。于浙江汪宗炎一案，论大宗小宗，引律据经，作说帖数十纸，曰："伦常者，弼教之本也。"先后在刑部最久，主试者三，为学政三，阅会试、覆殿试、朝考卷四，历迁五部。所居官虽一日，必勤于事。性尤介，为诸生时，富商某持百金求制寿屏文，鄙其人，不许。其视学福建也，囊空，至不能还京。自两朝恩赏书籍、珍玩数十种外，殁后家无余财。其陈请开缺奏有云"卌年京官，豢养恩深。侨寓京师，家无半亩"，非虚语也。精书法，所书经籍，悉为人攫去。今所存《十三经》《国语》《国策》《庄子》，皆五十后所书也。所著书惟考订《尔雅音义》摹刻行世，未刻者有《榕庄诗文集》若干卷，《外集》若干卷，《历代郊祀考》若干卷。配蒋夫人，先宫保卒。子三：丙荣，道光乙酉举人、戊戌进士，安徽即用知县；悠辰，荫生，广西试用知县，以芳林渡剿杀徭匪军功，升直隶州知州；璜，河南试用知县。女一，许字秀水汪氏，未嫁守贞。孙三：久开、久恩、久龄。孙女三。以十九年己亥十二月之十日，葬于甘泉县庙山旁团山之南阚家庄，蒋夫人祔焉。丙荣等来乞为神道碑铭，元耄矣，犹按状序而铭之曰：

五星聚奎，为文之祥。人文大启，为邦家光。尚德缓刑，皋陶拜飏。帝用刑官，空冬居阳。故所褒者，学行为长。一曰明允，再曰纯良。以此铭碑，佳城后昌。

徐鼒将此篇收入《未灰斋文集》卷五，并在题下注："己亥寓扬州代仪征阮相国作"；在文章最后说："鼒为宫保撰行状稿成，公子颖生持稿乞相国制神道碑铭，相国年既高，厌碑文烦重，因撰铭词，而属鼒序碑文焉。"

徐鼒（1810—1862），字彝舟，号亦才，江苏六合人。道光十五年（1835）中举人，中举前后都以教书为业。二十五年中进士，选庶吉士。二十七年授翰林院检讨。三十年任实录馆协修官，次年任实录馆纂修兼国史馆协修官。咸丰二年（1852）为了借钱捐外官请假离京。回家后，适值太平军沿江东下，他同六合知县温绍原募乡勇办团练，与太平军对峙，"五载之中，无役不从"。由于镇压太平军有功，六年以知府用，两年后授福建福宁府（治今霞浦）知府。同治元年（1862）死于任上。著有《未灰斋诗文集》《小腆纪年》等。

对比徐鼒《未灰斋文集》卷五与阮元《揅经室集·再续集》卷二可以得知此篇中铭词部分是阮元所作。前面部分先由徐鼒撰写，后阮元又进行了局部修改。

移建安淮寺碑 道光十九年(1839)

【释文】

移建安淮寺碑

大凡事之巨艰者,久必变通。其通也,待其时,亦待其人。黄流入海,岁远必岁高,黄既高而不能加清,堰同其高,于是蓄清刷黄、借清济运之说穷。且湖堰横决,上河、下河民逃谷没者屡矣。嘉庆末,有为南北两运转搬过黄之策者,未行。又有灌塘济运之策,遂行之。南河总督麟帅值其时,于是决计平淮消险,上下河田,周回千里,年屡大丰,民安谷熟,石米值银一两。此得其时欤?抑待其人而后行也。麟帅不敢居,谓此圣天子定策感召之所致,亦淮渎神福民灵贶之所昭。天子亲书"淮庙"扁,修淮渎庙。麟帅率属报祭,遂复周览泗州,登眺龟山,见有古佛出于水面,察知为宋无梁殿。于是泅而拯出铁佛、铁罗汉、铁钟、铁镬甚多,移于山麓,别建为寺曰安淮寺。神佛有灵,应时而出,庶几昔年饥溺之民,今日得见安澜有如此。麟帅又建船坞于老子山,行船可避风浪。复于圣人山下开通旧河,以避马狼冈之迂险。便民之事,无不为也。麟帅庆,己巳进士,为贵大宗伯庆所得士。余己酉进士,又大宗伯己未进士之座主也。戊戌冬,余乞恩致仕,归来淮扬,亲见民生安乐,寺工已成。请为碑文,磨石以待。铭曰:

禹使庚辰,锁巫支祁。今淮泗安,加石闼之。宋建古殿,由金臂师。铁像出水,因泗之卑。泗涡愈卑,民生愈治。人力所通,遭逢盛时。

太子少保、体仁阁大学士、扬州阮元撰并书。

吴郡王廷桂镌。

碑位于淮安市洪泽区老子山镇龟山。高200厘米,宽115厘米,厚22厘米。碑额长130厘米,高75厘米,厚40厘米。额满浮雕蝙蝠祥云图,正面中央阴刻篆书“移建安淮寺碑”字样。碑文隶书,字径宽4.5厘米,高3.5厘米。碑文为阮元撰书,吴郡王廷桂镌刻,共五百余字。主要通过回述历代治淮情况,颂扬南河总督麟庆“平淮消险”,取得淮河流域“年屡大丰,民安谷熟”的功绩。麟庆(1791—1846),姓完颜,字伯余,别字振祥,号见亭。满洲镶黄旗人。嘉庆十四年(1809)进士,授中书。道光间累官江南河道总督,在任十年,功最多。后以河决革职,旋再起,官四品京堂。著有《黄运河口古今图说》《河工器具图说》《凝香室集》等。碑刻先前断裂为两截,1998年修复,重新竖立。

此碑文录自《揅经室集·再续集》卷二。

《唐故淮南节度讨击副使田侁墓志石》拓本题跋 道光十九年(1839)

【释文】

(“云台”朱文)江都县东北湾头镇,即茱萸湾河西禅智寺在焉。余以为张祜诗“禅智山光好墓田”,山光寺亦当在相近之地。舣舟河畔,登东岸,见小庵扁镌“福慧寺”,心疑本是山光。问之老僧,云:“前代僧传闻本是山光寺,不知何时改今名。”余遂书“隋山光寺”扁,刻石易之。此嘉庆间事也。乃今知蕴生兄于近年得唐田氏墓石,铭文上有“墓在山光寺”之句。得石之地去寺甚近,可证余前改扁之非误矣。道光十九年,阮元书于云山小阁。(“阮元印”朱文、“怡志林泉”朱文)

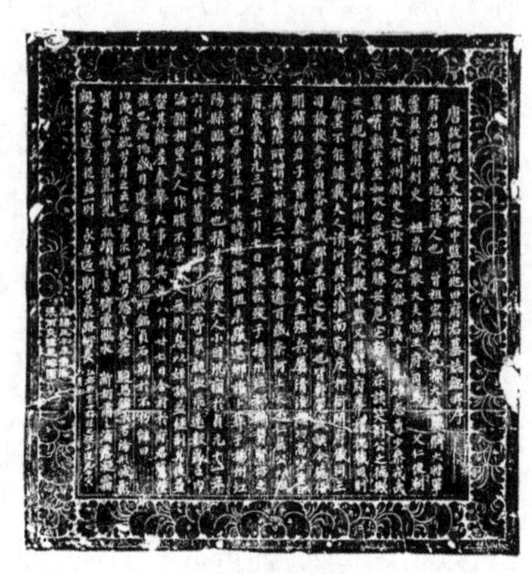

《田侁墓志》拓片

今年春,余家珠湖草堂农人得南宋人墓砖,砖有“江都县太平乡”字。知其地为宋太平乡,亦快事。(“己亥”朱文)

田侁墓志铭拓片,志长56厘米,宽55厘米,盖长宽30厘米。桑叔文撰,储彦琛书。楷书。二十三行,行二十二字,有直界,书法流动。墓志铭文间刻清道光二十二年(1842)梅植之、光绪八年(1882)张丙炎跋,盖边刻道光十六年(1836)包世臣题记。

此题跋录自端方撰《壬寅销夏录》。

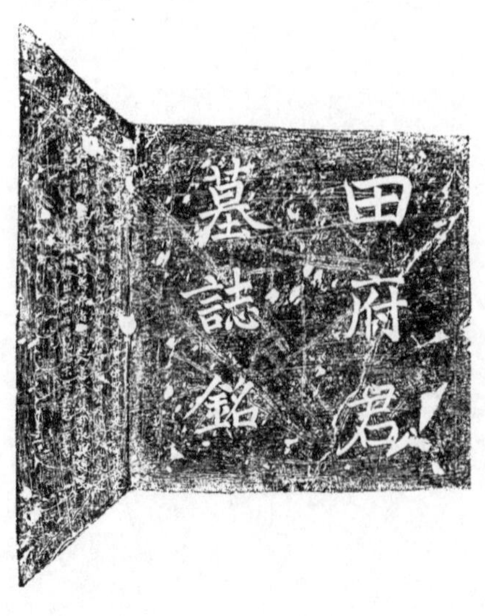

“土谷神祠”石额 道光二十年(1840)

“土谷神祠”石额

【释文】

道光庚子年

土谷神祠

太平圩重修

土谷神祠,与人们常说的土地庙稍有不同,是将土地神与谷神合祀。通常城中的庙宇各有专祠,牲乐以酬;乡村多在土谷神祠合祀,农民壶浆以祝。公道镇保存完好的清土谷神祠,就在赤岸村的于庄。稻田之中,有一广场,广场西边有一座三间青灰碎砖小屋,面阔三楹,进深五檩,屋面小瓦覆盖。门上檐嵌“土谷神祠”石额。右所书:“道光庚子年”;左所书“太平圩重修”。

道光庚子年(1840)是阮元致仕归里的第三年。三年前,七十五岁高龄的阮大学士,在宦游五十年后,辞官回扬。皇帝恩谕,让他“怡志林泉”,可是他在扬州从不置园林,而是和阮亨等“随尔北湖去,烟波娱暮年”。经与阮仪三珍藏的阮元亲书《太平圩水退》真迹比对,“土谷神祠”系阮元手书真迹。

太平圩就是阮元归田后主持所筑,名字也是阮元所起。同时写有护圩堤、战洪水诗,为我们描绘了一幕幕惊心动魄的场面。

原来,阮元回乡后,发现在赤岸湖边的田庄、土地悉数淹没水中。他的堂兄弟阮克、阮先建议筑堤围田,并告诉他这几十年赤岸人都是这么做的,已经筑了十六个圩了。说干就干,“择田之低者五百亩堤之,而弃之太低者”。筑堤的时候,居然挖出了古镜、古砖,

“筑堤得古镜及宋绍定六年石,知此地为宋淮南东路太平乡”。“绍定”是南宋理宗的年号,距今已八百年。阮克说得更清楚:“得菱花镜及绍定六年砖,以此地为宋淮南东路太平乡,故名之曰太平圩云。”阮元在诗序里明确记载:“已亥年(1839),敬斋三弟(阮克)、慎斋四弟(阮先)同予筑太平圩,成万柳堂。”

太平圩筑成当年,便发大水,“八月湖水复大涨,水未破堤。北乡十六圩惟太平圩等二三未破耳”。阮元很高兴,“虽此五百亩,障之如一堡”,“秋田稻已熟,共尝新米饭”,“今复与苦农,欢乐同一饱”。

第二年,洪水更大。阮元作《太平圩万柳堂水退》诗,序中说:“庚子七月大暑时,洪湖水骤至。日高五六寸,远近邻圩皆破,惟万柳堂太平圩一圩未破。”太平圩的“农佃共出苦力,取圩内田泥加为小堤,至以柴席缚之”。然而“水波已过新柳之颠”,“十六日开下坝,而江都潮顶水仍不落”,再加上“是夜,东北风起,堤更危”。危急关头,似有神助,“忽有莼草一片(大如十数亩田,即凫葵黄白花)随风推来,护堤之东北。十八日风定潮退”,真可谓“风推莼草连堤绿,日晒莲花并蒂香”,阮元忍不住脱口赞叹:“来岁邻田祝同熟,此间方是太平乡。”

仪征县沙漫洲岸迁建惠泽龙王庙碑 道光二十一年(1841)

【释文】

仪征县沙漫洲岸迁建惠泽龙王庙碑

仪征县南凭大江,春秋祀典最重龙神。沙漫洲口,《府志》有开江龙王庙,康熙中建,乾隆四十八年重修。其地为江中积沙,不高不坚,潮汐所啮。五十余载,虽祀事无阙,而庙貌已敝,且廊门已圮,陷入江心。

道光二十年三月,今南河总督长白麟公庆方摄两江总督兼盐政事,行部淮扬,至仪征,以问鹾法而视水利。公先于道光四年出守颍郡,眷属舟出真州銮江,猝遇风浪,一舟已覆,望祷于沙漫洲龙神庙,危而获安。及今秉节重来,迴感灵佑,诣庙升香,礼也。顾见江水倾颓,栋宇陊剥,欲捐俸金,再事修建。时淮南盐掣同知谢元淮从公,以工事属之,且谓地势卑,工难固,宜移建于对岸高阜,谢丞履度之。有副贡郎中邹衍泰,顾舍洲阜地五十余庙以建庙,白于公,遂定迁建之议。而公以昔之惊风骇浪,眷属厄于此洲,推己及人,轸念行旅,语谢丞曰:"长江之险,俗所称'上有六百丈,下有黄天荡'。此江此庙,即黄天荡,自断鸊口至沙漫洲,最为风涛湍急、舟楫惊心之处。上游、下游今皆设有红船、救溺公局,而仪征独无。盍即新庙旁,增设此局,以广救拯乎?"公即首先倡助金二千二百两。两淮官商翕然于公之好善乐施、躬行实践也,自都转运司沈公以下,亦各捐助,工得以成。且洲之东北,为盐艘屯船环泊之所。业鹾者无不感公高义,按年乐输救生局经费,年得银千五六百两,无虞其缺。局中章程,皆依京口救生局法,设董事人经理,以期历久不渝。盖至是而瓜洲以上,直至金陵,百八十里,节节皆有救生红船。此江中莫大之功德。其所全活,岂可以数计哉!

夫以麟公之蒙神之贶,虽然,岂为一人之安致贶而责报哉!必预知夫有力而有为之人,肯因时而施贶也。神号惠泽,固先泽及于惠人,而后能使惠人永施惠于无穷之人也。治河之政普矣,推惠及民,皆孚此心,夫岂乘舆溱洧之所可共论哉!

是役也,主议者,麟公庆;率属承办者,沈公拱辰;在工经理者,南监掣谢丞元淮;巡催者,前署批验大使张衍龄、前仪征典史谢予诚;购料办工之董事,则无锡监生蔡坚。捐助官商,则书于碑阴。

予告太子太保、体仁阁大学士、乡人阮元撰。道光二十一年岁次辛丑二月穀旦。

〔乾隆〕《江南通志》卷十四："新洲，在仪征县东南五里江中，宋志云武帝微时伐荻于此。其北有北新洲，上有沙漫洲，又县南十里江中有天宁洲，与新洲相映带。"

王检心修，刘文淇、张安保纂〔道光〕《仪征县志》有关于沙漫洲的记载："沙漫洲与北洲相联，又以形似纱帽，曰纱帽洲。其东为渔湾，北岸有铁鹞子，相传为镇水物。"巡盐御史曹寅有《渔湾诗》，诗序说："沙漫洲有隙地，渔子多集其间，予时以酒劳之，郡人因作亭，名之曰渔湾，示不忘渔也。"

沙漫洲附近水流风向复杂，〔道光〕《上元县志》载："县治永安洲江面与仪征沙漫洲对渡，其地与句容交错，即古之黄天荡也，最为险要。"清人蒋廷章有《江沙说》："沙漫洲内南北可里许，东西六七里，风静浪恬，利于屯泊。但夏则水涨可舟，冬则泥涂可步，若挑去浮沙，深浚澈底，数十盐艘藏之甚便，因而辟开上口以通往来，不惟盐艘便，而商舶亦便。"

在沙漫洲河口，建有"开江龙王庙"，就是祭祀龙王，保佑江船平安的，屡坍屡建。史载康熙中建，乾隆四十八年(1783)重建，道光十三年(1833)坍入江中。

道光四年(1824)，麟庆因赴安徽颍州太守任，途经仪征，遇风流，一舟已覆，望向龙王庙祈祷，转危为安。道光十九年(1839)，麟庆兼署两江总督兼管两淮盐政。道光二十年(1840)，麟庆到仪征考察，到龙王庙敬香，并力主迁建，于道光二十年(1840)建成。

此碑拓本藏北京大学图书馆。〔道光〕《重修仪征县志》卷十九中碑文略有删节。

毕韫斋母郭孺人墓志铭 道光二十一年(1841)

【释文】

毕韫斋母郭孺人墓志铭

母姓郭氏,字兰崖,甘泉人。诏举博学鸿词讳朝松之曾孙,户部广东司主事讳隆举之孙,附学生讳增之女子子也。幼习诗书,娴礼教,事节母以孝闻。年二十,毕蓼村先生聘为子春原之妇。时三族多虞,家业中落,母躬持节俭,终岁食贫,左右服劳,不遗余力。念庶士以下皆衣其夫,执枲治茧,以共衣服。教子光琦,严而有法,亲授经,自《论语》《孟子》《诗》《礼》,皆口授章句,兼详诂训,篝灯自课,凡越十年。光琦入泮宫,游艺四方,戒以黜华崇实,敏事慎言,述广平之节义,陈王屋之清廉,勿忘故实,以玷家声。母熟绎家乘,以唐广平大守毕炕,天宝之乱,家覆,赠户部尚书,谥忠,及王屋尉毕垧清廉,见《昌黎集》也。岁庚寅,母劬劳成疾,气弱体羸,至冬日而疾革。光琦跪于床下,诲之曰:“俭为令德,不可不慎,桐棺三寸。”言终而卒,是道光十年十二月十八日也。将以某年月日葬于扬州之原,西倚蜀冈,东界漕渠。光琦乃萧山汤相国督学时所取佳士,为余门生门下士也。岁乙未,余入内阁,每宿集贤院,在《经郛》中录出《诗》《书》二经,为《诗书古训》六卷,尚须校正删补,萧山言光琦可任之。归里晤言,知其经学明敏,阅三年而校刻成书。光琦言其母之贤,若不及时求撰志铭,则不能如昌黎之传王屋也。以状来,乃序而铭之曰:

鲁敬姜言,见《列女传》。贤母有子,学行必见。惟训乃传,惟勤乃俭。诗书克敦,浮华不染。亦秪以异,富则异掩。

此墓志铭是阮元为他的门生汤金钊的门生毕光琦的母亲郭氏所撰。毕光琦,字君辅,号韫斋,江苏仪征人。

录自《揅经室集·再续集》卷二。

《文学峙亭王君墓表》石碑 道光二十二年(1842)

【释文】

文学峙亭王君墓表

君讳家干,字峙亭,姓王氏,仪征学生。系出太原,元末有福二者,从明祖起淮右,积功至金吾卫正千户,葬仪征东乡乌塔沟,子姓蕃衍,遂著籍焉。君十四世祖复旦,顺治辛丑进士,十六世曾祖梦麟、祖洪恩、父元彪,皆列名庠序。君七八岁时,侍母乔孺人寝,恒终夜不敢一展侧其身,恐惊母睡云。壮负用世志,奔走四方,屡应省试,不得举。五十外,始归而教授乡里。《九经》皆手写,授子孙读。家至贫窭,恃馆谷为生计。君乃节啬衣食,有余弆之箧中。既年七十,则出数十年所铢积者,躬自修治千户以下诸祖墓,又整理宗祠,祠田亩分呈官立案,以防侵失。审定祭器仪注,岁时率族人举馈奠礼,恒恪恭将事,曰:“吾老矣,惟此事不可使稍懈也。”君卒于道光二十二年四月三十日,年七十有八,葬甘泉县金匮山糙石街原。妻刘孺人祔。孺人顺德内修,勤劳好礼,先君十五年卒。长子僧保,生员;次翼凤,廪生;次庆保。孙五:长建和,生员;余业儒。翼凤以状来乞铭墓之文,余撮其难能者著于篇,为之铭曰:

孝敬夙成在童稚,耄修宗祠守弗坠。力能奉先否者愧,侍中不庙礼所议。吁嗟王君笃勤志,积久守艰成庙器,孝于惟孝锡尔类。

此墓表录自《揅经室集·再续集》卷二。

钟保岐墓碑 道光二十二年(1842)

【释文】

道光二十二年
通儒钟保岐先生墓
予告大学士阮元题

钟保岐(1761—1805),名怀,字蔵崖,江苏甘泉县(今扬州市)人。嘉庆贡生。一生未仕。"与阮元、焦循相善。共为经学,旦夕讨论,务求其是。居恒礼法自守,不与世争名,交游中称为君子。"《清史稿》有传。江藩《汉学师承记》、李元度《国朝先正事略》与支伟成《清代朴学大师列传》都有他的介绍。

钟保岐长阮元三岁,与阮元、焦循都是很好的朋友,乾隆三十三年(1768)钟保岐七岁时,与阮元共同受业于扬州学者李晴山。钟保岐家住"二郎庙蔬田之西"。阮元称其居为"左倚碧城,右依绿圃",很喜欢这个地方,常跑到钟保岐家中,"过论文史"。阮元后来深情地回忆说:"尝雪后泛舟,冲寒敲冰,至小香雪后山,又尝剪烛作诗于海棠花下,旧游固如昨也。"阮元也就是从这个时候,与钟保岐结下了深厚的友谊,一直保持到钟保岐中年病逝。

钟保岐考场一直不利,赴江宁连考十三次举人却屡遭铩羽。他不得不在家"以读书自娱,耿介而谨厚,以敦行自勉,殊不汲汲于功名"。焦循则称他"乐道知命,不以贫贱自损其性情,虽饘粥不继,不废吹歌,好著书,而不与世争名",并长期靠教读生徒维持生计。直到他四十四岁那年,因受知于"诸城刘学使",赏"优行生员"的头衔。然而天不佑人,第二年病故。此时适逢阮元丁忧在家,不能外出,二人至死未能再见一面,使阮元深为感伤。

为了弥补心中的遗憾和内疚,阮元向钟保岐的儿子钟葵嘉索取其父的遗作,交挚友焦循整理。焦循将钟保岐的著作分门别类,将其精华编成《蔵崖考古录》四卷,分为十三

种，由阮元为其出版。又将钟保岐的诗选入《淮海英灵集》中。焦循还为他撰《甘泉优贡生钟君墓志铭》。

道光二十二年（1842），在钟保岐去世37年后，阮元以隶书为他书写墓碑。阮元盖棺论定称钟保岐为“通儒”。

例授奉直大夫候选布政司理问历加二级北渚阮公墓表 道光二十三年（1843）

【释文】

例授奉直大夫候选布政司理问历加二级北渚阮公墓表

阮元从叔阮公，讳鸿，行二，字逵阳，又字湘南，号北渚，七十后自号蛰室老人。三世祖官榆林卫千户，始卜居扬州北湖。元高祖与公曾祖讳枢忠为兄弟，始分房。枢忠公通经史，兼善骑射，康熙庚戌科武进士，分发江苏抚标中军学习。子三：长讳殿衡，习文举业，考授州同知，为公之祖；次讳匡衡，癸未科武进士，官滁州卫守备，以官赠曾祖武德将军。父讳金堂，字宣廷，仪征学增生，以公职赠奉直大夫。宣廷公生二子，公其仲也。

乾隆丁酉，六岁，就傅。十一岁，以弱疾辍书，就医三年，甫愈，仍力于学，从堂伯衣谷明经学。庭训甚严，虽爱怜甚挚，而勖以读书作文不稍宽，由是益淬于学。丙申冬，宣廷公以痰嗽成疾，公侍汤药，衣不解带。公母张太宜人刲股以进，事载焦循《北湖志·节孝》中。逾年，宣廷公卒，公哀毁骨立，慎始慎终，克尽其孝。以家贫，无以为养，越一年，就馆于外，遥师姚雨田广文，每入城谒师。与程中之、方赞元、方月槎为师友相砥砺。廿一岁，张太宜人衰病，公不忍远离，遂移馆于本镇吴氏，恒薄暮至家省视。吴氏以公训诲严勤，延待十年之久，得馆地以力学，藉馆金以养母。公于胞兄载阳公极友爱，己酉岁，同受知于豫堂胡侍郎，同入学，而宣廷公已下世十余年，孀亲茹苦，得以稍慰。

壬子乡试，一邀房荐。癸丑，因元官詹事，张太宜人命公入都应顺天之试，俄元奉山左学政之命。公之年与元相若，应童子试时即相善，且知公品学优长，以故延请衡文。公偕行至署，按试青、莱等府，静坐高楼，闭门阅卷，不草率，寓今日初心之意。历城时，幕友未多，元惟公是赖。夏试毕，始与里堂焦君、秋平黄君登岱赋诗，入曲阜圣庙观礼，有《山左笔记》一卷。二年，元调任浙江学使，与朱椒堂、端木子彝、陈曼生为同幕。有幕中阅卷稍率者，公微窥之，索落卷置室中，夜烛达旦，披览再三，偶得佳卷，因叹曰："此佳士也，迫促风檐，甘苦吾数尝焉。微吾又屈矣。"亟持告学使，元果即拔之。时元虚心礼士而内严察，因叔公正明察之力，得士无错误。至院棚关节，元防杜至密，至金华巡捕搜得小人私书云"衙门内大人叔子一关难过"，可见助力矣。公三十九岁，元抚浙，随先考光禄公商立义举，建族祠，修祖墓，立田赡祭，置礼祀，洲芦息，定规条，族中祠墓、祭扫、婚嫁、丧葬、敬节、养老、义塾、考费等事咸备，数十年矣。公卒日，元往哭奠，书挽联云："鲁浙试文章，杜绝院棚关节；江湖种芦稻，筹开祭赡章程。"纪实也。

甲子四十五，欣然赴省试，因疟未果。乙丑春，先考命元建家庙于扬州，属叔董其事，公落成之。初，先考怜公与抚署中林季修皆有才，欲公纳知县资，公曰："吾无资。"毅然不可，且曰："吾不肯苟合于人，作吏非所宜也。且族无多人，当佐中丞治家政、睦姻诸大端可已。"议遂止。丙寅冬十月，张太宜人以疾卒，公哀毁如初。己巳，公年五旬，办江洲事，有镇江某，恃强争占，讼于镇江府，府得贿，倚其丈人之力，后大府委勘，乃服诬。公不忍穷以律制，惟剖明定案而已。继乃决计归家，以静为乐矣，自撰《小歇记》以见意。壬申五十三岁，生长子克。甲戌年，生次子先。丙戌年，生季子充。

公性俭约，惟老屋数椽，积书满壁。晚年罢举业，纳布政司理问，始得赠其亲。道光元年，公六十一，闭门课子。江都陈邑令云伯，欲以孝廉方正荐，公力辞不就。足迹不入城市二十余年，有《蛰室集》，旋作旋涂抹之，有句云："年来养病无他福，兴到诗惟信口题。"又有句云："自见虚怀聊种竹，无多老友但闻莺。"丁酉，公命次子先赴试春明，"吾老尚健，汝勿以为念"，促之行。时元已补体仁阁大学士，公命弟先师事元。元视其才，乐教之试。冬，寄札于公云："四弟先聪明，与之谈论学问，颇能领会。即如三场言孔安国卒在汉武帝巫蛊事前，写入策内，非试官所欲闻也。"公览书而乐之。戊戌冬，元予告归田，公已七十有九。正月初二日，公八十寿，元率子称觞，和公句云："喜得白头同寿考，羞将昼锦耀维扬。"相见时，执手言欢，悲喜交集，盖元时年七十有六矣。己亥春正月，以湖庄久没于水，与公议筑堤种柳，成一别墅，以娱二老，因属公子克、先两弟董其成，颜之曰"南万柳堂"，绘图赋诗，时相游聚，种莲，忽得并蒂二干。壬寅春杪，元又置别业于道桥，与公宅通，相聚弥近。夏，芜湖王子卿太守来别业，一庭三老，留连竟日，因手书一联云："百岁老人谈旧事，一庭新绿煮春茶。"癸卯正月廿日，元八十寿辰，先期来别业，与公作竹林茶隐之乐。旋闻赐寿之命，公精神尚健，率族同叩谢天恩，且与元约曰："俟二月杪，赉赐到扬，予尚可来城，随跪迎，敬瞻天翰文绮，阖族与邀光宠，甚盛典也。"未几，身体软弱，饮食渐减，因召子及甥及婿来，曰："予年八十有四，不为不寿矣。汝等读书者励志科名，习会计者守以俭约。予以清白之躬，飘然长往，无所苦也。"疾革，元亲至桥视公，公以手指曰："微矣。"时气息奄奄，不能出声，然耳尚聪，心尚明也。越一日而逝。呜呼！以公之才，宜早掇科名，出而为政，必能展布，乃自安时命，而赞襄家祠，能持大体，宗族乡党赖之。经云："惟孝友于兄弟，是亦为政，奚其为为政？"公之谓也。

公生于乾隆岁庚辰正月初二日，卒于道光二十三年岁癸卯四月廿七日，享年八十有四。元配赵宜人，继配吴宜人，副室张孺人、朱孺人、孙孺人。长子克，国学生；次子先，肄业生；季子充，国学生，少年工诗画。孙二人：庆生、瑞生。女九人，婚配皆名族。元，从兄子，不敢铭叔，且嫌铭石埋幽，不若表出于外，故为阡表，使乡人族人皆可拜墓而读也。

阮鸿为阮元从叔，又只长阮元四岁，二人辈分有别，但应童子试时，即相友善。后会于京师，年三十许，且学识仿佛，颇为投机。阮鸿曾入阮元鲁、浙学政幕，校士勤慎，弊绝风清。阮元惟阮鸿是赖，得其助多矣。阮鸿退出幕僚的主要原因是阮氏江洲一场官司后，阮鸿觉得族中没有人主持工作，于是，决定让儿孙们辅助阮元，自己回到公道，主持公道、雷塘、江洲以及扬州等产业和事务，著书课子。

《揅经室集·再续集》卷二收录此墓表，题目改作《北渚二叔墓表》，以示亲切。

江都春谷黄君墓志铭 道光二十三年(1843)

【释文】

皇清赐同进士出身诰授中宪大夫候选道前广西新安县知县江都黄君墓志铭并序

予告大学士、晋太子太保、授光禄大夫，在籍食俸，同里阮元撰

仪征学生吴廷飏书丹并篆盖

君讳承吉，字谦牧，号春谷。黄氏其先歙人，自晋新安太守积卒于官，葬姚家墩，子孙家焉，因号“黄墩”。唐御史中丞德之季子璋，由黄墩迁黄屯。曾孙芮以纯孝著《唐书·孝友传序》，父殁，北渡潭水，庐墓终身，故名其地为潭渡。世祀璋为潭渡始祖，是为潭渡黄氏。唐以下，代有闻人。曾祖克巘，祖修溥，歙文学；父其林，国子监生，皆以君官累赠通奉大夫。君幼读书聪敏，博综两汉诸儒论说。府教授全椒金棕亭先生退官时，侨居相近，一见即赠诗曰：“骐骥在东邻，三年不相识。”又曰：“顾我桑榆人，十驾安可及。”其倾许若此。弱冠，补江都学生员，与同郡焦里堂循、李滨石锺泗、江郑堂藩诸先生友善，日以经义文事相切劘，当时有江焦黄李“四友”之目。

嘉庆戊午科，中式乡试解元。乙丑科会试中式，赐同进士出身。即用广西兴安县知县，再署岑溪县事，充戊辰恩科乡试同考试官。君勤于政，在岑溪时，有乙为甲佣，种山僻地，忽告归，久不至，而乙妻子则以索乙于甲控，继乃控甲因斗毙乙，并有风闻时日及埋尸于水塘侧处。君细鞫多次，察甲辞色非杀人者，而乙妻子方固争不已。又访乙家，则方治丧事，旦暮闻哭泣，长子日荷锄寻掘父尸。君不肯滥引左证，惟于乙妻子前后所供不符处独加研诘，胥隶啧啧非议，太守廉知，使人规戒之。君既确有所见，益究得实情，匿乙于广东罗定州，欲以诈甲财。君遣役往获之，甲始不冤。为同考官时，偶诣他房阅一落卷，谓其文义精奥古茂，当时冠场，及荐主司，果置解首，揭晓，为汪能肃，浙江名宿而寄籍粤西者也。然君于公所议事，率以才能屈其坐人，缘是渐为同僚所诋，上官亦竟以文书过境失落未能遽获劾罢之。至道光六年，始得捐复，且捐道员需次，复因齿就衰，遂一意发愤著述，无出山之志。

所著《梦陔堂诗集》，数十年总五十卷，体物摹景，敷事类情，尤善于乐府古辞。其著述则校证经史，钩稽贯串，每出旷识，正古文人之是非。尝以司马迁为孟子后尊圣道、明《六经》之第一人，而扬雄谓迁行不副文，是非缪于圣人。班固亦即以其语为迁《传赞》，又于《传》中两“太史公”牵混其辞，于《百官公卿表》《成帝纪》、张安世、京房等《传》内抹没增添之，使中书令一官不知何职，助雄抑迁，以为己地。故《汉书》本不应为雄立传，而固欲党雄，特变史例，全录雄《自序》为《传》，遂于仕莽事略不及，因并论雄毁东方朔，致毁柳下惠为乡原仁贼，谬指靡丽劝风字贬赋，倾毁司马相如。于事后追序《甘泉赋》，自谓风戒，其实《甘泉赋》通篇专以昆仑谀颂，献媚赵昭仪，则比之西王母。又称赋为“雕虫篆刻，壮夫不为”，至使后生将以文为诟病。其《河东》《校猎》《长杨》《逐贫》《太玄》诸赋，辞意杂乱鄙陋，有乖文体。《太玄》合天应历，全为臆说。作《文说》十一篇，以辨正之，总三十余万言。盖谓千古之文人受此诬枉，不辨此第一诬枉，余可不必言文，不如此力抉其文之非，则不能实求其文之是。此其所以发愤者也。约其所论说，自扬雄有“雕虫篆刻”之说，致文为后世诟病，首著其非，以明文章关系至重，第一；论《法言》内谓“赋为童子雕虫篆刻，壮夫不为”，其“壮夫”乃指壮年，及考雄赋，皆是壮年所为，第二；论扬雄《汉书》中不当有《传》，第三；论《汉书》中《扬雄传》是雄自作，第四；论扬雄《甘泉赋》，赋与序不合，第五；论《甘泉赋》通体皆以昆仑谀颂，第六；论扬雄《河东》《校猎》《长杨》《逐贫》《太玄》诸赋，第七；论扬雄设“风劝”二字贬赋，就以诬陷司马相如，乃先误解《诗序》，兼误及一切经书，第八；论扬雄因毁东方朔，致毁柳下惠为乡原仁贼，并论《法言》中各等辞，第九；论《汉书》中多诬陷司马迁之语，第十；论《太玄》自谓合天应历，其实所说皆臆数，与天历不合，第十一。凡此十一篇，三十余万言，于是千古之诬枉始正，人心之是非始正，人心之忠奸始正，经史之是非、孔孟之指归是非亦皆正，然则君之不出山，特为司马迁、雄、固定此一案也。使君出山，复能办岑溪等案，官至督抚，终碌碌以归，不及此数十万言者，俾世人皆知尊文重道，而相与传习其说。如不解其所说何事，置其说于若存若亡、可有可无者，则其人适自归于不读书之人，于君何损哉！钦定《四库书》内有《字诂》《义府》二书，为君族祖黄生撰。君出康熙间家藏钞本刊之，又加按语，以发明声音训诂。又著《经说》若干卷。

君生于乾隆三十六年十一月十七日，卒于道光二十二年七月三日，得年七十有二。君子必庆，为晚年钟爱，屡见于诗。蠲吉于二十三年十月十六日，奉君殡葬于甘泉西山双墩。妻江恭人祔焉。恭人召试内阁中书、户部员外郎琏女，以道光十二年卒。侧室刘氏生必庆，以赀为员外郎，例封刘为宜人。女二，长适仪征学生程官埗。必庆介王生翼凤以状来乞为铭，铭曰：

黄君之学，在于文说。雄固枉迁，无人能决。熟精古书，其私始讦。诬二千年，其冤始雪。书莽大夫，纲目早阅。自余史情，尚昧曲折。惟君说之，明明布列。既正文章，又正臣节。鸣鼓而攻，盟皆歃血。有不与盟，人必愚劣。我铭佳城，文亦不灭。

仪征学生、同族春熙刻。

黄承吉（1771—1842），字谦牧，号春谷，江苏扬州人。幼聪慧，博综群书，与同里江藩、焦循、李锺泗友，以经义相切劘，时有“江焦黄李”之目。扬州学派中期的代表人物之一。嘉庆十年（1805）进士，补广西兴安知县，调摄岑溪。通历算，尤工诗古文。著有《梦陔堂诗文集》。

此墓志铭由阮元撰文，吴让之书丹并篆盖，黄春熙镌刻。黄春熙（1808—1853），字慎台。江苏仪征人。增广生。受诗于黄承吉、梅植之。通训诂之学，善书画，兼及金石篆刻。为阮元赏识。著有《古风今月之斋文集》等。

此墓志铭录自《揅经室集·再续集》卷二。

“梅植之墓”石碑 道光二十三年(1843)

【释文】

举人梅植之墓

梅植之(1794—1843),字蕴生,号嵇庵,江苏江都(今扬州)人。道光十九年(1839)举人。操行贞介。工诗书,善操琴,极仰慕嵇康,自署所居曰“嵇庵”。其书法跌宕道丽,与吴熙载同受包世臣法,真、行、草、篆、隶皆精。著有《嵇庵诗集》《嵇庵文集》等。

据〔同治〕《续纂扬州府志》卷五记载:“举人梅植之墓,在西乡施家冲,仪征相国阮元题碣。”

皇清诰封光禄大夫沈公墓志铭(篆盖)道光二十四年(1844)

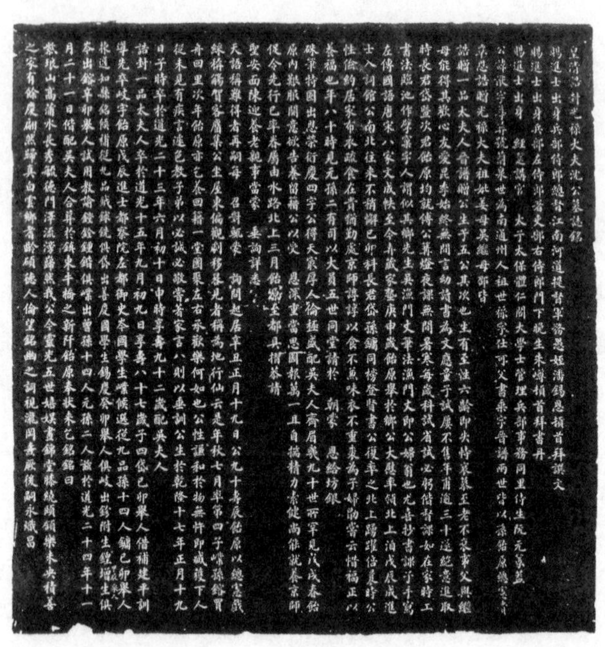

【释文】

皇清诰封光禄大夫沈公墓志铭

赐进士出身、兵部侍郎、总督江南河道提督军务、愚侄潘锡恩顿首撰文

进士出身、兵部左侍郎、署吏部右侍郎、门下晚生朱嶟顿首拜书丹

赐进士出身、经筵讲官、太子太保、体仁阁大学士、管理兵部事务、同里侍生阮元篆盖

（余略）

沈猷(1752—1843),字尊彝,号兰泉,国学生,诰封光禄大夫。善良谦谨,工书法。教子有方,常谆谆勉励儿孙立品自爱,读书成名。一门出4名进士、4位举人。沈氏卒后,潘锡恩为其撰《墓志铭》,朱嶟书丹,阮元篆墓盖。

潘锡恩(1785—1866),字芸阁,安徽泾县人。嘉庆十六年(1811)进士。官至江南河道总督。著有《史籍考》《畿辅水利》等。朱嶟(1791—1862),字仰山,号椒堂。云南通海人。嘉庆二十四年(1819)进士。官至兵部、礼部、吏部侍郎。著有《朱文端公全集》等。

棣园题额及《棣园图》石刻 道光二十四年(1844)

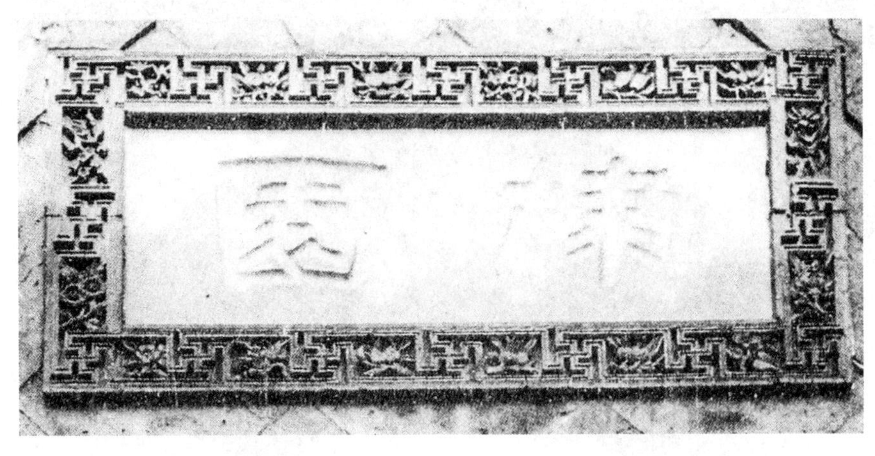

【释文】

棣园

棣园始建于明,数百年来,几度兴废,清初名叫“小方壶”,属陈汉瞻;乾隆年间,转黄阆峰,为“驻春园”,刘淳斋曾咏“二分明月好宾朋,更听玉箫醉金杓”的长句;后归洪钤庵,改为“小盘洲”;道光年间,包松溪购而新之,称为“棣园”,并撰《棣园记》。棣园石额为阮元书。山僧几谷曾绘《棣园十六景图册》,阮元、梁章钜等名家题跋,由李啸北刻石,嵌于门楼东壁。

棣园前宅后园,房屋有百余间,花园占地5亩有余,王振世《览胜录》云:“园中亭台楼阁,妆点玲珑,超然有出尘之致,洵为城市仙境。”

《棣园十六景图册》为扬州著名画家王素所绘。光绪初,湘籍盐商仿《红楼梦》大观园改建为湖南会馆。内设豫太祥、豫太隆盐号。会馆原占地十余亩,由东、中、西三路住宅并列组群,有房屋一百余间,现存砖雕大门楼是扬州保存最大、最完整、最古朴雄浑的会馆门楼。门楼对面为八字形大照壁,照壁后有“湘园”及附属建筑。会馆内花园戏台上曾悬楹联“后舞前歌,此邦三至;出将入相,当代一人”。据传,时任两江总督的曾国藩来扬驻节此园,此楹联是众盐商为其祝寿演戏而作。

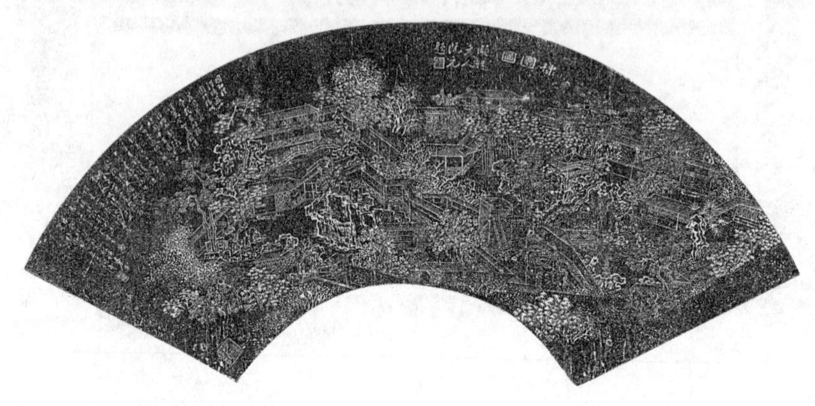

【释文】

棣园图。棣园观察属,颐性老人阮元题。时丙午年秋,八十三岁。

棣园图。颐性老人阮元题。

《棣园图》有两种绘本,一是焦山画僧几谷所绘《棣园十六景图》,为已故天津市政协常委蒋重山先生珍藏;一为晚清名家王素所绘《棣园十六景图》册,为扬州博物馆收藏。《棣园图》扇面石刻是王素所绘。有棣园主人包松溪的题跋。

茱萸湾题额石刻 道光二十四年(1844)

【释文】

保障生灵

古茱萸湾。道光甲辰八月,阮元。

“古茱萸湾”背面题跋石刻

茱萸湾古闸始建于清代，光绪二十八年(1902)重建。闸平面呈银锭形，南北长17米，闸体高5.6米，矶心宽2.3米。两岸尚存石驳岸长约200米，青石砌成，每块石料之间均用银锭形铁件卯榫。闸北、西岸建有砖砌券门，券门上石额分别刻有阮元题“古茱萸湾”及“保障生灵”。而位于闸区的西街、北街等老街，基本保留着原有风貌。此外，闸南岸存有传为太平天国遵王赖文光扣马石。闸东为避风塘，为船舶避风、停靠的港口。

道光甲辰(1844)八月，湾头举人刘惟金请阮元及阮亨书写地名与题跋，勒石纪念。刘惟金(生卒年不详)，字海秋，扬州湾头人。咸丰年间举人。祖名广川，父名玉甫，三代人曾“构屋数椽”，读书于茱萸湾。

阮元题隶书“古茱萸湾”，行书题款。引首为“隋文选楼”印，下钤“阮元印”“癸卯年政八十”两印文。阮亨题写跋文，楷书，全文如下：“湾头镇去扬州城十五里，即古茱萸湾也。汉吴王濞开此通海陵仓，隋仁寿四年复开此通漕。在唐称为东塘，周韩令坤克扬州守之，败南唐兵于此。宋毁港口以遏金兵，令不得通舟楫。元始屯兵于其地，《记》所谓茱萸沟也。予往来北湖，皆泊船眺贤，为诵李国宋‘家在茱萸湾里住，五更月落打船回’句，洵重镇也。刘君海秋曾构屋数椽，侍其令祖广川上舍、尊人玉甫别驾读书于此，言念旧居，不忍湮没，爰□相国兄隶书以表之，属予纪其年月，则道光甲辰九月望日也。仪征阮亨仲嘉识于珠湖草堂。”

“琼花真本”扇面石刻 道光二十五年(1845)

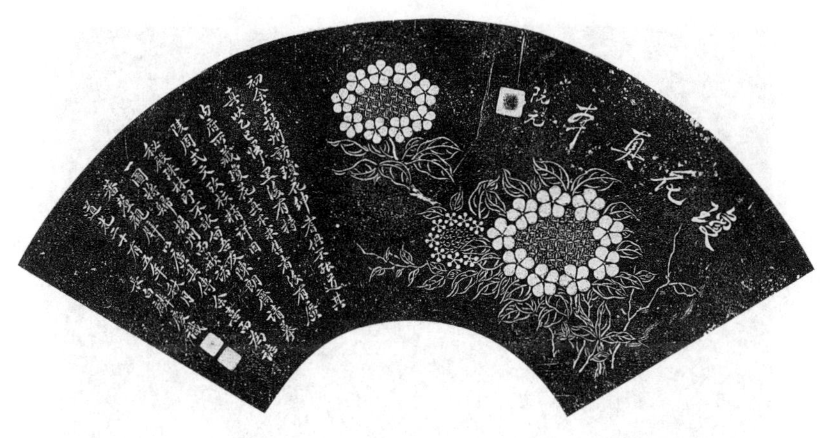

【释文】

琼花真本

阮元

现藏于扬州双博馆内的“琼花真本”扇面石刻,质地青石。高 34 厘米,宽 58 厘米,厚 5.5 厘米,浅刻。扇面上自右至左为阮元题款“琼花真本”四字和阮元章,其左为长白麟庆的题跋和两枚方印。字体竖写,共 9 行,每行 5 至 15 字不等,计 98 字。

“琼花真本”扇面石刻是由三人(即阮元、麟庆和陈鉴)在道光二十五年(1845)秋合作完成的。陈鉴,字朗斋,江苏甘泉县(今扬州)人。工花鸟,擅石刻。曾为麟庆《鸿雪因缘图记》绘图而出名。

《阮太傅重修太仆祠记》石刻 道光二十六年(1846)

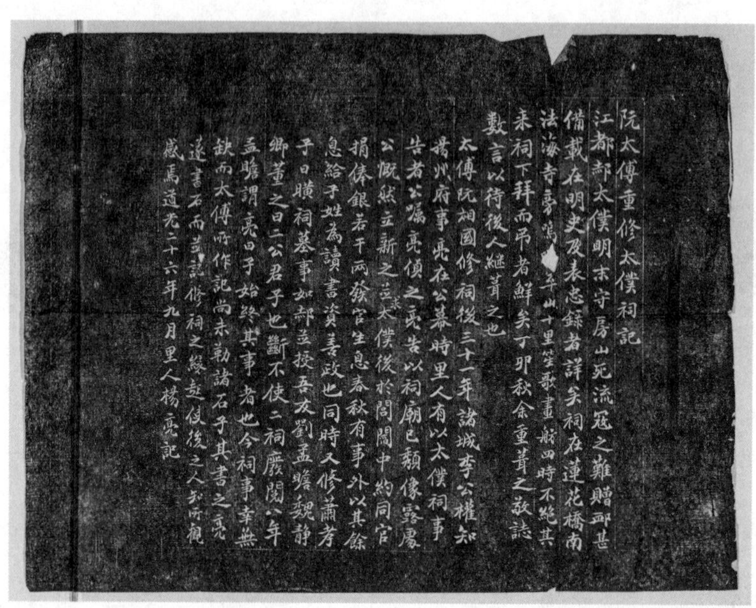

阮太傅重修太僕祠記
江都郝太僕明末守房山死流寇之難贈卹甚
備載在明史及表忠録者詳矣祠在蓮花橋南
法海寺旁嗚[illegible]平山十里笙歌畫舫四時不絶其
來祠下拜而弔者鮮矣丁卯秋余重葺之敬誌
數言以待後人繼葺之也
太傅阮相國修祠後三十一年諸城李公權知
揚州府事亮在公幕時里人有以太僕祠事
告者公囑亮傾之亮告以祠廟已頹像露處
公慨然立新之並表太僕後於閭閻中約同官
捐俸銀若干兩發官生息春秋有事外以其餘
息給子姓爲讀書資善政也同時又修蕭孝
子日賸祠墓事如郝並援吾友劉孟瞻魏靜
卿董之曰二公君子也斷不使二祠廢閲八年
孟瞻謂亮曰子始終其事者也今祠事幸無
缺而太傅所作記尚未勒諸石子其書之亮
遂書石而並記修祠之緣起俾後之人知所觀
感焉道光二十六年九月里人楊亮記

【释文】

阮太傅重修太仆祠记

江都郝太仆明末守房山,死流寇之难,赠恤甚备,载在《明史》及《表忠录》者详矣。祠在莲花桥南法海寺旁。呜呼!平山十里,笙歌画舫,四时不绝,其来祠下拜而吊者,鲜矣。丁卯秋,余重葺之,敬志数言,以待后人继葺之也。

郝景春(?—1639),字和满,江苏江都(今扬州)人。万历四十年(1612)举于乡,署盐城教谕。坐事罢。后历黄州照磨,摄黄安县事,曾坚守退贼兵。崇祯十一年(1638),擢升房县知县。不久,农民起义军罗汝才、张献忠降而复反,夹攻房城,景春及其子生员鸣銮且守且战,屡挫贼势。后为叛将里应外合,城陷被执,以不屈死。赠尚宝少卿,建祠奉祀,寻改赠太仆少卿。

郝太仆祠在瘦西湖法海寺旁,《扬州画舫录》载之甚详。嘉庆十二年(1807),阮元重修。三十一年后,祠庙已颓,道光二十六年(1846)再修,补刻阮元记,并勒石。杨亮书之并记修祠缘起。

此拓文与《揅经室集·三集》卷二所载仅异一字。

元代鲜于伯机《扬州五言四十韵》题跋石刻 道光二十六年(1846)

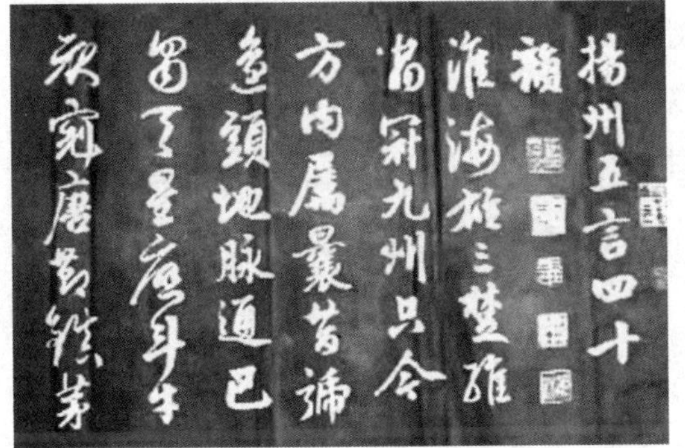

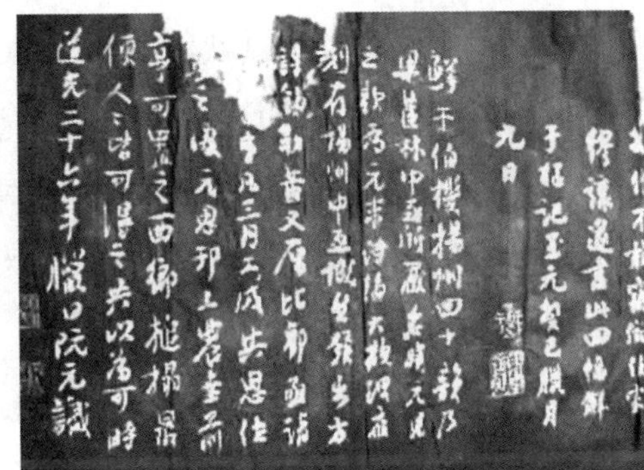

【释文】

鲜于伯机扬州四十韵,乃梁茝林中丞所藏名迹。元见之,叹为元末诗翰大观,理应刻石扬州。中丞慨然发出,方谋饬勒,黄又原比部亟请□□凡三月工成,共思位□之处,元思邗上农桑前亭可置之西向,捶拓最便,人人皆可得之,共以为可。时道光二十六年腊日阮元识。

鲜于枢(1246—1302),字伯几,号困学民、虎林隐吏、直寄道人、西溪翁,自署渔阳(今北京)人。寓居扬州,后至杭州。曾任湖南司宪经历、行台掾、浙江帅府从事、三司史掾等职,官至太常寺典簿,工书法,尤善行草,取法唐人,在元代与赵孟频齐名。

鲜于枢作《扬州五言四十韵》:"淮海雄三楚,维扬冠九州。只今方内属,曩昔号边头。地脉通巴蜀,天星应斗牛。衣冠唐节镇,茅土汉诸侯。国有渔盐利,人无水旱忧。土宜龙作镜,方物锦为裘。柳拂薄游骑,花迎巡幸舟。二分明月夜,十里小红楼。人事千年改,繁华一旦休。层城塘雉堞,劲卒拥貔貅。烽火连山暗,悲笳出塞愁。世仇才殄亮,历数已归周。日见降幡出,徒闻使节留。君臣还北渡,江海自东流。忆创亭台日,尝从骢马游。一鞭辞魏阙,两棹入邗沟。郡邑虽初定,旌旗尚未收。村空绝烟火,路梗乱戈矛。幸免为伧夫,何惭杂楚囚。从军诚可乐,窃禄敢忘羞！宪长家声重,诸公德业优。豺狼正当路,雕鹗忽横秋。逋寇咸归命,群奸亦寝谋。山林无反侧,道路有歌讴。自愧非才杰,人间一赘疣。五年司奏牍，万里对宸旒。报政多闲暇，新诗屡唱酬。登览风烟胜，淹留岁月遒。家门缠祸变，踪迹逐沉浮。扶护心空切，迁除事不侔。两丧俱浅土，尽室向遐陬。霜露牵归梦，云山障泪眸。重来犹耿耿，往事总悠悠。”

鲜于枢以行书书写此诗，并题跋：“拙作不敢窃仿，作家缪让，遂尽此四幅，鲜于枢记。至元癸巳腊月九日。”

道光二十六年（1846）秋，阮元从友人处得到鲜于枢《扬州五言四十韵》手卷，鉴赏一番后，称赞此卷为元末诗翰大观，而且有关扬州故实，亟应钩摹刻石，藏于扬州，惜财力不够，未能办成。黄奭获知此情，欣然求购佳石，选工镌刻。刻成，适逢阮元新购别业“邗上农桑”，黄奭将刻好的诗碑运抵此处，嵌于亭壁，完成了阮元的心愿。邗上农桑毁于太平天国战事，石刻亦不存，仅有拓本传世。

仪征节孝祠记 道光二十七年(1847)

【释文】

仪征节孝祠记

吾邑节孝祠旧在邑西孝女祠侧,瓦房三楹而已。邑屡被水,祠壁皆圮。道光乙巳,节孝后裔谋徙其祠于崇节堂北,其地爽垲而宽平。商诸邑绅士,请于有司,以为善,乃募捐邑之士大夫,得白金约二百金,更筹经费,克日兴工。

始以为移建而已,及详审,木料朽腐,不适于用。更构新料,拓其基址,增三楹为五楹;筑祠基,高三尺。中建龛,祀旧节孝栗主,又增道光十六年续题总旌之贞孝、节烈妇女四百余人,皆新立木主,合祀于龛。蔽以窗棂帘栊,皆如式。

其祠右有廊,对祠有重门,重门外为大院落,缭以高垣,中建贞孝节烈妇女总坊,甃以石道,计长九丈。院右有门,达于崇节堂,其路亦甃以石。总坊前为大门,共五楹,中一楹榜曰"节孝祠",左右各二楹。自大门至祠之飨殿后墙,其长十七丈有奇,其宽五丈有奇。石路之旁多隙地,树以松柏,取其节也。

经始于道光二十六年七月十五日,落成于道光二十七年八月二十日,共用白金九百余两。向之沮洳逼窄者,今则高敞宽广矣;向之旁风上雨者,今则美轮美奂矣。贞节之灵妥矣,节孝后裔之心慰矣,邑之士大夫之心亦安矣。劝捐者:职增生吴仁灿、举人李鼎菜、文生刘桂馨、何坊;监工者:廪生刘澍、监生谢长馨;始终董其事者:候选训导张安保、监生蔡学霖、职员黄大桂。

节孝祠,原在仪征县治前。嘉庆四年(1799),移建新柏街西、张孝女祠前。道光十九年(1839),又移建崇节堂北。道光二十六年(1846)扩建,道光二十七年落成。

此记录自刘文淇等纂〔道光〕《重修仪征县志》卷二十。

罗氏始迁扬两世先茔碣铭 道光二十七年(1847)

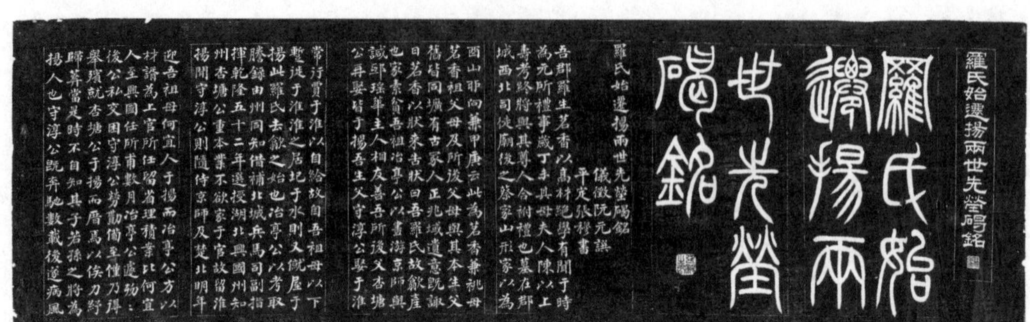

【释文】

罗氏始迁扬两世先茔碣铭

仪征阮元撰

平定张穆书

吾郡罗生茗香，以高材绝学，有闻于时，为元所礼事。岁丁未，其母夫人陈以上寿考终，将与其尊人合祔，礼也。墓在郡城西北司徒庙后之蔡家山，形家以为酉山卯向兼甲庚，云：此为茗香兼祧母、茗香祖父母及所后父母，与其本生父，旧皆同圹，有古冢人正兆域遗意。既诹日，茗香以状来告，状曰：

吾罗氏，故歙产也。家素贫，吾祖冶亭公以画游京师，与诚邸瑶华主人相友善，吾所后父杏塘公，再娶皆于扬。吾生父守淳公，娶于淮。常行贾于淮以自给，故自吾祖母以下，暂徙于淮。淮之居圮于水，则又僦屋于扬，此罗氏去歙之始也。冶亭公以考取誊录，由州同知借补北城兵马司副指挥。乾隆五十二年，选授湖北兴国州知州。杏塘公重本业，不欲家于官，故留淮扬间。守淳公则随侍京师及楚北。明年，迎吾祖母何宜人于扬，而冶亭公方以材谞为上官所任，留省理积案。比何宜人至兴国任所，甫数月，冶亭公遽殁。殁后公私交困，守淳公劳勚至，仅乃得举殡，就杏塘公于扬而厝焉，以俟力纾归葬。当是时，不自知其子若孙之将为扬人也。守淳公既奔驰数载，后遂病风痹。杏塘公所业亦日坏，久之，无归歙望，乃改厝而窆。既窆，未立石。杏塘公旋卒，自是罗氏始入甘泉籍矣。吾祖讳克昭，字斯明，娶何。所后大宗杏塘公讳佑孚，娶秦、程。兼祧本生守淳公讳儒朴，娶陈，即今所为合祔者也。罗氏祚既薄，而

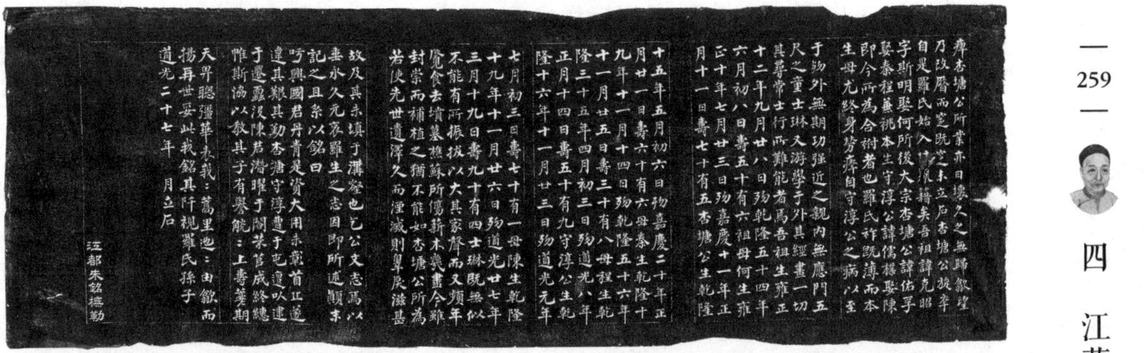

本生母尤终身劳瘁，自守淳公之病，以至于殁，外无期功强近之亲，内无应门五尺之童。士琳又游学于外，其经画一切，有寻常士行所难能者焉。吾祖生雍正十二年九月二十八日，殁乾隆五十四年六月初八日，寿五十有六。祖母何生雍正十年七月二十三日，殁嘉庆十一年正月十一日，寿七十有五。杏塘公生乾隆十五年五月初六日，殁嘉庆二十年正月二十一日，寿六十有六。母秦生乾隆十九年十一月十四日，殁乾隆五十六年十一月二十五日，寿三十有八。母程生乾隆三十五年四月初三日，殁道光八年正月十四日，寿五十有九。守淳公生乾隆十六年十一月二十三日，殁道光元年七月初三日，寿七十有一。今合祔母生乾隆十九年十一月二十六日，殁道光二十七年三月十九日，寿九十有四。士琳既无似，不能有所振拔，以大其家声，而又频年觅食，去坟墓。樵苏所伤，薪木几尽。今虽封崇而补植之，犹不能如杏塘公所为。若使先世遗泽久而湮灭，则罪戾滋甚，故及其未填于沟壑也，乞公文志焉，以垂永久。

元哀罗生之志，因即所述颠末记之，且系以铭曰：

吁兴国君，丹青是资。大用未彰，首丘遂违。其艰其勤，杏塘守淳。遭于迍邅，以逮于迁。蚤没陈君，潜曜于阁。茕茞成终，繐帷斯协。以教其子，有誉觥觥。上寿耄期，天畀聪强。华表峨峨，蒿里迤迤。由歙而扬，再世妥此。我铭其阡，视罗氏孙子。

道光二十七年□月立石

江都朱铭摹勒

罗士琳（1789—1853），字次璆，号茗香，歙县呈坎人，寄籍扬州。以国子监生循例贡太学，尝考取天文生。咸丰元年（1851），恩诏征举孝廉方正之士，郡县交荐，以老病辞。咸丰三年（1853）春，太平军攻陷扬州时遇难。《清史稿》有传。晚清著名数学家。曾撰有《比例汇通》4卷、《四元玉鉴细草》24卷、《续畴人传》等著作，其中《四元玉鉴细草》影响大，流传广。此碣铭是阮元应罗士琳所请而撰，叙罗氏始迁扬两世（祖父母与父母、兼祧父母)的经历与生卒,最后阮元作铭。

撰写者张穆(1805—1849),字诵风,一字石州,又署石舟,号惺吾,晚号靖阳亭长,山西平定人。道光十一年(1831)贡生。考取正白旗汉教习。著有《月斋诗文集》《阎潜丘先生年谱》《顾亭林先生年谱》《蒙古游牧记》等。

勒石者朱铭,活动于清代咸丰、同治年间,字石梅。江苏江都(今扬州)人。朱铉弟,精镌碑版,工篆刻。

扬州南来观音禅寺碑记 道光二十七年(1847)

【释文】

观音堂,旧为南来观音禅寺,前明新城未造以前所建。乾隆间,江方伯春因南巡驻跸康山设,欲因寺拈香,遂改为观音堂。云因梦兆寻得旧扁,仍易之,以复其旧,庶与康熙前北来寺相对。方伯为元舅祖也。时道光丁未佛腊日,太傅阮元记。

据方亮《新见阮元〈揅经室集〉集外佚文辑释》:此记辑自齐学裘撰《劫余诗选》卷十三。齐学裘,字子贞,号玉豁,晚号老颠,安徽婺源(今属江西)人。工诗,曾寓居扬州。齐氏写有一首长诗,吟咏扬州南来观音禅寺,寄托盛衰之感。此诗无题,但诗前有序,序中说,同治十二年(1873)四月初四日,他与友人游南来观音禅寺,于乱石中搜出阮元手书碑记。幸运的是,齐学裘录下了碑记文字。记文写于道光丁未佛腊日,即道光二十七年(1847)七月十五日。关于南来观音禅寺,〔民国〕《江都县续志》载:“府志云在小东门外旧城,南宋景德中建。旧江都志云南来观音禅寺在通济门内西南隅,里人名其地为观音堂。案观音堂在南河下,谓即南来寺,俟考。”阮元碑记虽寥寥数语,论南来观音禅寺源自甚悉,可补地方志书之阙。原来,南河下观音堂即南来寺,建于明代扬州新城未筑前。南巡驻跸康山,江春改寺为堂焉。道光间,阮元因梦寻得旧扁,易堂为寺,还旧观。

赵孟頫《珊竹公碑铭并序》题识石刻

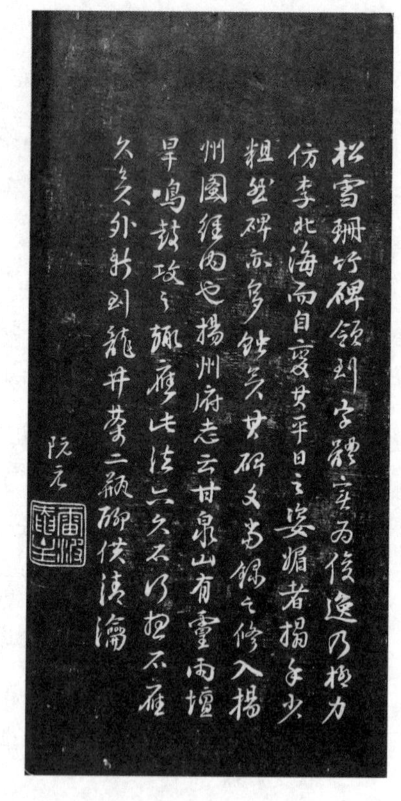

【释文】

松雪《珊竹碑》领到，字体实为俊逸，乃极力仿李北海，而自变其平日之姿媚者。拓手少粗，然碑亦多蚀矣。其碑文当录之，修入《扬州图经》内也。《扬州府志》云：甘泉山有灵雨坛，旱鸣鼓攻之辄应。此法亦久不行，想不应久矣。外新到龙井茶二瓶，聊供清瀹。阮元。

珊竹介(1245—1309)，原名拔不忽，字仲清。元代人。官至淮东宣慰使(从二品)，任职一年后因眼睛有病，去职，在真州(今仪征)养老。他先后延请张翌和吴澄来真州讲学、教书。逝后葬在真州蜀冈义城里。《元故中奉大夫江东宣慰使珊竹公神道碑》由集贤院学士姚燧撰，赵孟頫书。

兴化“吟香”石刻

【释文】

吟香

阮元

在兴化市博物馆前往李园船厅的入口处,有一小门的上方刻有“吟香”二字,阮元书写。李园原为清末扬州富商李小波的私人花园,建于咸丰年间。还有船厅、方厅、桂华楼等建筑。整体布局清秀隽永、典雅古朴,堪称佳构。

《校官碑》拓本题记

《校官碑》拓本题记

《校官碑》拓本

【释文】

观此碑及晋太康等砖文，知三国、两晋江东犹沿篆隶古法，梁陈以后始行二王法耳。但真二王法其踪迹仅见于《集王圣教》及贞观、永徽御碑中阁帖摹勒，不可据矣。伯元。

《校官碑》全称《汉溧阳长潘乾校官碑》，系江苏地区难得的一块较为完整的汉碑。东汉灵帝光和四年（181）刻立。溧阳县丞赵勋等人为颂扬“溧阳长”潘乾的品行与德政，尤其是他兴办地方教育的功绩，于学舍前立碑。碑长 148 厘米，宽 76 厘米，厚 22.5 厘米。16 行，行 27 字不等，其字多有漫漶难以读识。隶书书体，后题名三列，另有年月一行。碑身上方有“校官之碑”额题。此碑于南宋绍兴十三年（1143）江苏溧水县尉喻仲远在固城湖获得，不久又被葬身废沼。1949 年后，此碑被放在溧水县中学大门内东墙上，1957 年被江苏省政府颁布为省级文物，次年运往苏州市江苏省博物馆保存，后移存南京博物院。

《校官碑》在我国古代书法史上占有重要地位，它属于汉隶中古朴雄强一路风格的佳作。历代书法家在评论《校官碑》的艺术风格时，称其“厚重古朴，方正雄强”。近代学者康有为在所著《广艺舟双楫》中，以“丰茂”二字概括它的风格。

五 五省篇·上(河南)

从嘉庆十二年(1807)到嘉庆二十三年(1817)这十年的时间里,阮元就如走马灯一般,在河南、山西、江西、湖北、湖南这五省里打转,一直到嘉庆二十三年(1817)十月接任两广总督,才有了一个长达十年的稳定任期。

阮元前后三次赴河南,但时间都较短暂。第一次是嘉庆十二年(1807)十一月起,至嘉庆十三年(1808)三月,约五个月时间。他先赴河南查案,后赴嵩岳祈泽。嘉庆十二年(1807)十二月起暂署河南巡抚。第二次是嘉庆十七年(1812)五月,以工部右侍郎身份二赴河南,审办林县刘凤翱控告知县李道谦收漕事。第三次是嘉庆二十二年(1817)七月,接任河南巡抚,十一月补授湖广总督,时间仅为五个月。

这个阶段,由于阮元任职变换频繁,碑刻较少,嵩山太室阙题名略显粗糙化。

阮籍墓碑 嘉庆十二年(1807)

【释文】

魏关内侯散骑常侍嗣宗阮君之墓

大清嘉庆十二年钦差兵部侍郎兼河南巡抚

提督军门实授浙江巡抚古尉氏阮元敬书

阮籍(210—263),字嗣宗,陈留尉氏(今河南省开封市)人,“建安七子”之一阮瑀之子。三国时期魏国诗人,“竹林七贤”之一。曾任尚书郎、散骑常侍,封关内侯。在政治上,他采取谨慎避祸的态度,对当权的司马家族若即若离;在生活上,他佯狂纵酒,任性而行;在思想上,其倾心玄学,崇尚老庄,追求理想中美好的境界。著有《阮籍集》等。

阮籍墓碑,原立于河南省开封市尉氏县城东南30里阮庄。嘉庆十二年(1807),阮元曾书墓碑,碑高230厘米,宽65厘米,厚26厘米。其笔法矜持庄重,波磔分明,为阮元所存隶书碑刻之最佳者。阮元《揅经室集·四集》诗卷八有《陈留怀古,寄示二弟仲嘉亨、子常生》:“渡河莅大梁,近识陈留国。陈留尉氏邑,阮氏著旧德。……我来秉使节,过都敬凭轼。书刻常侍碑,千古石不泐(特书‘关内侯散骑常侍嗣宗阮君’碑立于墓)。”

嵩山太室阙题名石刻 嘉庆十三年(1808)

【释文】

嘉庆十三年，阮元来观阙下。

嵩山太室阙题名石刻

嵩山太室阙

东汉三阙太室阙、少室阙、启母阙，是河南省登封市“天地之中历史建筑群”组成部分，是一种特殊的石雕艺术。太室阙是中岳庙前的神道阙，东汉安帝元初五年(118)阳城长吕常所建。太室阙分为东、西两阙，为凿石砌成，东阙通高3.92米，西阙通高3.96米，两阙间距6.75米。东、西两阙结构相同，由阙基、阙身、阙顶三部分构成。太室阙是古代祭祀太室山神的重要实物见证。

嘉庆十三年(1808)，阮元来嵩山，拓取了嵩山三阙的图文，并在太室阙的一块石砖题记。阮元《嵩山三石阙歌》云：“嵩岳三阙同高低，左右离立八尺齐。启母一阙距其北，太室峙东少室西。谁其建者汉朱吕，谁其书者皆堂溪。篆隶诘屈铭句奥，请降云雨生蒸黎。画图月兔木连理，驾车乘马钩象犀。阅魏太武周久视，夏暴烈日冬流澌。二千年来屹相向，厥质粗剥厥色黧。二室神祠始秦汉，产启已说涂山妻。要之阳城本禹地，三涂四载应无迷。此厥灵祇久呵护，欧赵访古何未稽。褚峻缩本我早见，兹来策马寻荒蹊。阙间颇足容二轨，壁垒未可穷攀跻。周、鲁雉阙制可见，雉度以绤非以鸡。毡椎拓取墨华黝，宝之无异摹玄圭。更洗奉堂额东石，一行刻字名留题。神君兴云阙中起，庙墙汉柏春鸠啼。”在这首诗里，阮元比较详尽地介绍了汉三阙的位置，建造的原因和意义，描写了石阙上的图案，确定了大禹治水在登封，缅怀涂山氏生启和启母石的故事，说自己其实以前已经见过褚峻缩本拓片，这次专门来看原迹了。其中有两句就是说的题字刻石这事：“更洗奉堂额东石，一行刻字名留题。”

"汉蔡中郎之墓"石碑

【释文】

汉蔡中郎之墓

据《中国开封公众信息网》上《中国书法名城开封当之无愧》一文报道:"蔡邕墓在圉镇东北蔡丘屯村,墓原高4尺许,直径约6尺。墓前有一石碑,其碑高6尺,宽2.6尺,上刻'汉蔡中郎之墓',为清代大书法家阮元手笔。"1958年其墓尚存。可惜,此碑在"文革"中失散了。

下编　阮元在非大运河流域的碑刻

六　五省篇·下(山西、江西、湖北、湖南)

嘉庆十七年(1812)四月,阮元奉旨到山西查办吉兰泰盐商控案。

嘉庆十九年(1814)三月,阮元补授江西巡抚。八月,来到江西南昌,接印到任。巡抚江西期间,阮元最主要的政绩是镇压邪教会匪。

嘉庆二十一年(1816)十一月,阮元补授湖广总督。第二年正月,正式接印。八月,又接任两广总督。阮元任湖广总督虽然仅有八个月,但他重视修堤造闸,对农田水利建设多有贡献。

阮元在山西、江西、湖北、湖南等地的碑刻也不多。

瑞州府学教授浦亭阮公墓表 嘉庆十二年(1807)

【释文】

瑞州府学教授浦亭阮公墓表

公姓阮,讳湖,字少川,号浦亭。先世系出晋陈留阮瑀。瑀后迁巴陵。宋名子宗者,始迁新建。名逵者,宋承事郎。名宣、名简者,皆宋进士。简官秘书省校书郎。简七世孙子升,徙忠孝乡之竹山。又八世,为公曾祖士藻,绩学不仕。祖嗣中,县学生。父龙光,乾隆庚午举人,知河南通许县,擢湖北黄州府同知,有惠政。

公幼聪颖,善属文,试辄高等,以第一人补廪膳生。壬子,中式副榜,就教谕职,历署余干县学教谕,广信、瑞州府学教授,所至以造士为己任。虑民间孝节为吏所壅,乃亲谕各乡举报之。余干之俗,奸民贷钱于生监之富者不遂,辄摭事讼之学。公曰:"生果恶,当讼之县令,讼之学,图传讯泄忿耳。"掷其词,俗乃变。广郡旱,随知府集绅士减价粜谷,民以安。公子为暹及兄子为暄、为昆、为景等,皆先于公中式举人。公以甲子科始中式举人。乙丑,会试不第。闰六月五日卒于京师,年六十。归葬于新建。

公性孝弟,母丁宜人疾,侍药,衣不解带。父卒于官,致哀毁,扶柩归,伴宿三年。卜葬地,北极西山,南至瑞河,足迹遍百里,跋涉寒暑,盖其慎也。新建阮氏族谱无专书,公明世系,辨昭穆,支分而总辑之,谱成,曰《松湖族谱》,告之祖考。构屋于省城为试馆,名曰"云溪别墅",后堂祀同知公象,曰"念德堂",子孙应试者咸居读焉。子侄读书者,公终年约之在塾,戒毋外游,毋习浮靡,书马伏波《诫兄子书》于座右。其视诸兄之子犹子也,尝语人曰:"吾不爱兄子,是秦越吾兄也。且自吾父吾祖视之,皆孙也,疏之非祖、父志也。"诫子弟曰:"尔曹勿营私。吾兄弟蒙祖、父泽,只知有骨肉,不知有财利。"皆名言也。竹山阮氏无祖祠,公度地兴工,构祠堂甚宏敞,祀始祖、始迁祖于寝室,各房小宗以次祔于东西厅事,复立四室,分祀儒学、宦绩、孝义、文艺。置田五十亩,为奉祭祀、课子弟读书之用。祠右半亩园,建云溪书院,为子姓读书地,名其轩曰"静轩",取濂溪主静之意。撰《镜心》《镕质》二铭,揭于东西厢。诸远祖墓皆立碑,时修饬之。辑高祖以上遗文及曾祖老闲居士诗古文、祖《六闲子集》等,编为《阮氏流芳集》。老闲居士旧殡于宅前琉璃冈,公于其地建祠,专祀曾、祖、父三世,统名曰"司马祠"。又于父皇封冈墓建庐十余楹,为展墓止宿之所。事诸兄尽弟道,手足相依,虽白首如童时。所著有古今体诗《余干吟》等集十八卷。病于京邸,犹作《文雉赋》以见志。妻唐孺人,生为暹,嘉庆戊午举人,拣选知县。继妻刘孺人,生为昇、为咼,皆幼,读书。孙一,孺侨,为暹子也。公蒙先业,饬祠墓,奉祭祀,修谱牒,教子侄读书,皆有成,可谓孝义矣。偶为校官,辄尽其职。使治民,当若何?然观其诸所设施,厚矣!后之子姓,当更有大其宗者。

吾阮氏明季自淮安迁扬州。明初自江西清江迁淮安。溯其始,则自陈留阮瑀。后迁湖广、巴陵。宋由巴陵迁新建,复迁清江。虽元、明两迁,谱系失考,不可妄续之,然新建阮氏固吾宗也。嘉庆十年冬,同姓孝廉为暹奉其考浦亭公柩过扬州,相吊焉。明年,孝廉以公状来乞铭。元方居忧,不为韵语。十二年,再祥,乃寄文表其墓如右。

墓主阮湖与阮元同宗。嘉庆十一年(1806),阮湖儿子阮为暹请阮元为其父写碑铭。因阮元此时丁忧,不为韵语,时隔两年之后写了一篇墓表。

此墓表录自《揅经室集·二集》卷五。

杭州府西海防同知路君墓志铭 嘉庆十四年后(1809年后)

【释文】

杭州府西海防同知路君墓志铭

君讳𬭚,字鸣于,汉阳县人。父遵王、伯兄钊,历任南阳、尉氏知县。君幼佐兄理吏事,习政治,捐纳盐场大使,分发浙江,历青村场、许村场,擢诸暨县知县,调平湖县。大计卓荐,擢杭州府西海防同知。君明敏和正,所治之县皆有益于民,未尝妄刑一人。宰诸暨,伸十余年未发之冤,人情快之。平湖水乡,故多盗贼,君能弭之。每课书院,皆捐廉以资膏火。海塘钜工,修防诚实。予再莅浙,方将倚君治大郡之事,而君以嘉庆十四年正月乙酉卒。生于乾隆十三年十二月某日,得年六十有二。妻吴宜人,先卒。子文泽,戊辰进士,分发福建即用知县,将以某年月日归葬君于某地之原,乞铭其墓。余以君廉静笃实,善治民,从余治浙事者八年矣,殁之日,吏民皆惜之曰:"好官如路公,何遽死?"岂余私言哉!遂铭之曰:

悃愊无华安静吏,月计有余民乃治。不缘饰以媚世,不逸惰而废事。安得如君置有位?君德有余荫后嗣,归葬汉南视铭字。

此墓志铭录自《揅经室集·二集》卷六。

四川广安州知州阮君墓表 嘉庆十六年(1811)

【释文】

四川广安州知州阮君墓表

君讳和，字煦初，江西新建人。系出晋陈留阮瑀。自陈留徙巴陵。宋徙新建松湖镇。明迁竹山镇。父龙光，乾隆庚午举人，官通许县知县，擢黄州府同知，有循声。

君读书有才略，少随父任，习民事。甲午，遵川运例为知州，试用之四川。丙申，署天全州印。又署会理州印。会理居蜀边，夷獠杂处，土司谲悍，互吞并，君以德感之，皆帖服。丁父忧去官，民哭之，为立碑。辛丑，服阕，仍赴川署天全州事。调署雅州府军粮同知，统辖汉土官兵，兼炉关税务，绥理番夷藏驿事，皆无误。癸卯，实授广安州知州。甫下车，即革抢获、移尸诸恶俗。州城多倾圮，君捐俸倡修之，东南隅当渠水冲，以石堤捍之。城中少水，君浚塘注水，以澹火灾。仓谷、书院次弟经营。屡决大狱，无冤纵者。癸丑，调署汶川县事。又署云阳县事。云阳多险滩，庙溉、东阳尤甚，舟行易溺，君凿石平之。嘉庆丙辰，大宁邪贼起，广安民日夜望君回，总督亦以川东北紧要，檄君回广安。九月，达州邪教王三槐等倡乱，往来邻界，君献议大帅曰："达州邪匪，劳动王师，川东北民受害已不小，兹复窜扰嘉陵江以西东乡、太平等处，贼聚党横行，隘口、水次更须严防。卑州境内现设寨八十四座，大寨约三五千户，小寨五七百户及千余户不等。卑职传谕各寨首，联五六寨为一团，同团以二十里为度，按户挑壮丁一名，每月操枪一次，如有贼围攻，彼此互援，办理已有成局。又古制寓兵于农，今似可仿行。查卑州额征粮五千余石，按粮一石二斗雇募健勇一名，每名全年酌给工价盐菜钱二十千，著令粮户公捐，每粮一石摊捐钱一千七百，卑州约得乡勇四千名。遵照兵制，操习行伍，慎选举贡生监为领队，逐日操演军器。由官捐备火药，赴局支领，并请委武弁六员来州教习枪箭。敌忾御侮，事竣论功行赏，文武领队以爵秩议叙，乡勇或准作武生，或酌赏银，自当人人奋勇争先。如此以逸待劳，似可事半功倍。若川北、川东州县均能一律办理，则处处有义兵截杀，逆贼无所逃遁。首恶既诛，党羽必散矣。"奉大帅准行。

乙卯，王三槐两入境，皆以防堵严密去。丙辰五月，又来州属之金山场、青岗场，君率士勇御之，乃折回大竹、梁山而逸。六月，川贼冉文俦、陕贼张汉潮等由清溪场逼州境，徐添德又由大竹、邻水入州焚掠。八月，王光祖由大溪口窜入河东。九月，张添德、张子聪、徐添德、冷添禄各贼分窜州境之河东、河西焚扰。君令寨民竭力防守，城不可攻，野无所掠。贼知广安严，相戒勿犯。州北老鹰岩者，峭壁高州城数倍，中开一窝约十余里，君曰："此造物设险以护人，若弃不守，必为贼据。贼据，则挟建瓴之势以临我，州城危矣！"乃亟商之楼尉，集绅耆，召匠筑堡。于是乡民移居者踵相接，为锡名曰"安居城"，州城由是益固，而民间牛马、器具、粮食益有所屯积矣。己未四月，冷添禄入境，君督乡勇对垒三日，贼不退，乃请参赞额侯督兵来州，歼冷贼于石笋河，余党戮殆尽。大帅入告，额侯复爵，而君名旁奉朱圈"军功议叙加二级"。自后张子聪、张添禄、包正洪以及各贼窜入境者，不下二十余次，莫不望风走。自丙辰至庚申凡五载，广安独无恙，皆君设策保护功也。是岁，护理顺庆府知府事，总督勒公以君团练得法，通饬各州县遵照办理，曰："毋让阮牧独为好官。"辛酉五月，州民张老五、李合等以阻米起衅，聚众滋事。君率壮丁亲往捕治，外委王家元被贼戕，并毙役十余名。张老五、李合自称元帅。总督发兵剿捕，杀贼一百余名，生擒一百五六十名。张老五、李合藏山林，君悬重赏，鼓厉寨民搜山，亲擒首逆张老五，余悉平。奏上，奉上谕："知州阮和不能先事防范，本有失察之咎，但首逆张老五系其亲自拿获，功过尚足相抵，加恩免议处。"君因劳敝，年齿衰迈，遂告退。

君治广安前后十六年，署他州县六年，一本其父治通许者治之，而在广安叠遭贼扰，艰难又复过之，乃履险如夷，卒能全城全百姓，皆尽心爱民所致也。去广安之日，士民如失所怙，送者数百里始返。归祀家庙，垂涕久之。凡祖墓，岁必再三至，视其罅漏，察其燥湿。事父孝，夜尝为父暖足。父母遗象，朝夕拜之，有微物必献。每视象，若有忧喜色者，辄应休咎。素恶分爨，曰："吾虽不能为张公艺，姑待吾没世可也。"嘉庆九年夏，病卒，年七十有四。葬于某某之阡。以军功，遇覃恩，授奉直大夫，父母如其阶。妻夏氏，继妻梁氏。子三：长贻昆，辛未进士，翰林院庶吉士，妾葛氏出；次绶，江都县丞；次为昂，国学生，并梁氏出。

嘉庆十六年，贻昆在京师，乞元表君墓。元之先，自元末明初系出江西，为同姓，遂载笔焉。

阮贻昆，字长伦，号孟亭，江西新建人。阮和长子。书法家。嘉庆十六年(1811)进士，选庶吉士，散馆改主事。阮元因与阮贻昆同姓而答应为其父撰写墓表。

此文录自《揅经室集·二集》卷五。

《晋祠铭》题记石刻 嘉庆十七年(1812)

【释文】

嘉庆十七年,工部侍郎阮元谒晋祠,读碑。

《晋祠铭》拓片

《晋祠铭》题记拓片

《晋祠之铭并序》简称《晋祠铭》,制于646年,距今已有一千三百多年的历史,现今保存在山西省太原市晋祠博物馆贞观宝翰亭内,被誉为“中国第一通行书大碑”。碑由碑额、碑身、碑础组成。碑额高有106厘米,碑身高195厘米,宽120厘米,厚27厘米。碑额是螭首式,碑额上雕刻螭首一对,龙头向下,龙爪翘起,捧着莲花宝珠,这是唐代碑额的典型特点。二龙围绕,中间空出一个五边形,五边形中刻有阴文“贞观廿年正月廿六日”飞白字样。碑的四面都刻有文字。碑的正面是正文,通篇1203字,共28行,每行44字到50字不等,今人称此碑是仅次于王羲之《兰亭序》的行书珍品。

碑阴题刻共13段,原题是跟随李世民东征的大臣,《晋祠碑铭跋》记:“列长孙无忌、杨师道、张亮、马周……萧瑀、李道宗衔名”,共七行。续题的人有宋代的范子谅等十段,四十七行。明代的杨宪等一段,有十三行。清代的阮元一段,两行。字体大小不一,行书、楷书、隶书也各异,杂乱没有次序。碑的左侧有三段,右侧有四段,除左侧中段是清朝文人题名之外,剩下的都是宋人王安礼等到此地游玩时读碑题名的文字,而且均为楷书。因为此碑是李世民御制御书的,所以唐人没有敢在此碑上题刻的。

嘉庆十七年(1812)夏,阮元游太原晋祠,有诗记游,如《贞观晋祠铭》《太原晋祠》《圣母祠》《古柏》等。《晋祠铭》题记当刻于此时。

江西改建贡院号舍碑记 嘉庆二十一年(1816)

【释文】

江西改建贡院号舍碑记

江西贡院在东湖之东，舍屋卑狭，士之试者，檐触其首，雨淋其膝。屋覆石片，漏者居半。舍中长巷，地惟涂泥，每遇秋雨，旋泞陷足。舍尾厕屋，雨泛日炙，其臭甚远。东湖纳一城之汙，而群资为饮；且潦盛之年，其水浸入闱西场舍者，深辄及尻。号舍总数第如额而已，敬遇国恩，广额加录遗才，猝增芦席棚号千余座，夜不得卧，雨不能盖，一人嘻出，千人坐惊。凡此皆多士所苦也。

嘉庆乙亥，元抚江西，江西绅士愿修改之。于是扩买院东墙外地基，展地增舍若干号。东、西场旧屋咸撤之，改建高、宽且深者。复掘东湖淤土，增培舍基，舍高而湖浚，盖两得之。舍屋之椽尽覆以瓦，舍巷接石为路，舍尾改造厕屋，以穴远流其秽于屋之外，加凿瓮井三十有二，以供汲饮。闱内纵横甬道，皆易其石；棘墙外东、南、西三面之路，亦培湖土高之，且加石焉。自今伊始，庶几多士得居爽垲，专心于文，恬坐卧而远疾疠，此其所乐也。

是工也，用白金数万，为省内外绅士所输，而在省绅士实鸠之。非众义之集，曷克举事？非有所倡、有所勤，曷克蒇事？经始于二十年十月，越二十一年七月成。元与学使者王少宰鼎暨僚属、绅士乐观而共落之，四顾焕然，气象聿新，不其祎与！今而后，文学道谊科名之盛，当更有翊乎圣运者。爰诺绅士之请，记其事之本末，且备书鸠工、捐金名氏而被之于碑。

自宋代开始，江西在南昌设立贡院。清康熙二十年(1681)江西巡抚安世鼎迁建，有圣公堂、至清堂、明远楼以及其他考务建筑。此后多次扩建，号舍多达1700余间。清末改贡院建筑为学校。

此文录自《揅经室集·三集》卷二。

南昌府进贤县考棚记 嘉庆二十一年(1816)

【释文】

县故无考棚,乾隆戊辰,向知县德一因傅宫保府旧址改立曲水书院,每岁科县试,童生群萃于是。顾历岁既久,屋舍多倾圮,且人数岁增,湫隘不能容,当事屡筹移置他所,卒不果。

嘉庆丙子,庠生黄敬业、监生黄金铎阖族人等,于书院西边捐地一区;廪生万叔权、庠生万达权、监生经权兄弟,独任其资,创建考棚,栋宇翼然,分列八进,前后坐号,计容千二百余人。庠生张文宾襄其工,经始于丙子春二月,竣事于冬十月,费七千缗有奇。其踊跃急公而为是役也,亦可谓好义之士矣。

蒇工之后,己卯年,周知州澍具文来请予志其缘起年月,勒石以昭示永久。周知州,予昔督学浙江所取士也。二十一年,元抚江西时,檄其摄县事于进贤,有贤声。又率绅士成此事,故元于公案中批此事曰:“神士尚义,官亦得民心,是以成此善举,均堪嘉奖。”盖知其必能蒇工也。

曲水书院,位于南昌府进贤县城内芳洲北,丹凤、通济两桥之间。清乾隆十四年(1749),知县向德一创建。

此记录自〔同治〕《南昌府志》卷十一。

重修南昌府学碑记 嘉庆二十一年（1816）

【释文】

重修南昌府学碑记

南昌府学，按《志》，晋太康中，胡渊守郡，建学郡西；唐光启十三年，御史中丞杜亚镇豫章，迁学城北。宋治平二年，知洪州施元长徙州治东南，今学基是也。明嘉靖三十年，知府饶相拓学庙前为棂星门，庙后为明伦堂、赐书楼，翼以斋宿、号舍、祭器库、宰牲瘗血之所。有堂曰志道、据德、依仁、游艺、崇礼、敬义，有阁曰上达。其后，知府卢廷选划西南隅，建官厅五、坊三，曰圣学心传、兴贤、育才，又建坊曰大成于甬道，前瞰湖岸。崇祯八年，知府沈国济广启圣祠，树戟门，立名宦、乡贤二祠，制日以备。未几毁于兵。

大清顺治九年，提学赵公函乙倡修正殿、廂庑、启圣祠、明伦堂、棂星门、大成坊。康熙二十二年，提学高公璜续修讲堂、会文堂、学舍、庖湢廐库。门前为东、西两观。雍正四年，巡抚裴公倅度按部，颁图籍，置礼器，教生徒用乐舞释奠。自宋治平至此七百余年，基址不易。虽更兵燹，而堂祠楼阁，名目具存，丈尺广狭，可考而得。唯民居羼入至三百余家，未易修复。

乾隆五十五年，粮道陈君兰森，率宁州绅士陈密，重修大成殿两庑；丰城吕林育、南昌许世奇、奉新罗冕，分修崇圣殿、明伦堂、魁星阁，以罗冕兄子允叔、孙官福董其事。允叔偕郡人请记于巡抚姚公棻，姚公询悉旧制，欲清厘以复其始，檄南昌知府林其宴履勘，侵据者渐迁。次年，巡抚陈公淮饬司道府县续勘，皆徙去。乡人皆踊跃捐赀，度地营建，于明伦堂东为文昌宫，又东为文昌先代殿；殿后为五贤祠、邵公祠；殿前为浚墨池，仍黄柑园故迹也；又东为忠义孝弟祠，又东为土地祠。明伦堂西为尊经阁，又西为射圃。大成殿东、西为长巷各一，巷东为赐书楼、志道堂、依仁堂、崇礼堂，前为教授署；巷西为上达阁、据德堂、游艺堂、敬义堂，前为训导署。又西为节孝祠，为讲堂、大成门。左为名宦祠，右为乡贤祠，祠前皆为官厅。中为甬道，前浚泮池，为桥曰月桥，为二坊，夹池，北曰泮宫坊，南曰棂星门。其旁左为门二，曰礼门，曰德配天地。外东为魁星阁，前为府学总门，右为门二，曰义路，曰道冠古今。西为御碑亭，为宰牲亭、会文堂。又西南为巷门，宫墙左右，立"住轿""下马"牌石。为坊三，前曰圣学心传，左曰兴贤，右曰育才；又前为坊，曰大成，合先所修大成殿及左右两庑。

庑后祭器、乐器两库，殿后明伦堂，堂后移建之崇圣殿及左右两庑，计南北袤六百五十五尺有奇，东西广四百九十五尺有奇，缭以周垣。始自乾隆五十五年，至嘉庆九年落成，凡用银十三万两有奇。其程工或一人独任，或数人同任，或合邑众任，其费皆任工者自董之；其司始终规度之任者，今检讨罗允叔也。

嘉庆二十一年，元方巡抚江西，官绅重刊《十三经注疏》宋本，藏之尊经阁。允叔请记，爰备书因革建置始末泐石，俾后有所稽考；并令为图于碑，附书捐输司事者于后焉。

南昌府学，始于晋太康年间(280—289)，由豫章太守胡渊建于郡西。唐、宋两朝又迁他处。明洪武三年(1370)又迁洗马池。后屡毁屡建。直到民国十八年(1929)拆毁。

据董士锡《齐物论斋文集》卷三有《代阮巡抚南昌府学碑记》，此碑文是董士锡代撰，阮元略作修改。董士锡(1782—1831)，字晋卿，一字损甫，江苏武进人。嘉庆十八年(1813)副贡生，候选直隶州州判。董士锡为张惠言外甥，后又成张氏女婿，从其舅张惠言学。家贫，多次客游。曾主讲通州紫琅书院，扬州广陵、泰州书院等，士皆慕其名而至。工古文、诗、赋，兼善填词。著《齐物论斋集》。

此碑记录自〔同治〕《南昌府志》卷十六。

“最先显圣之地”石碑 嘉庆二十二年（1817）

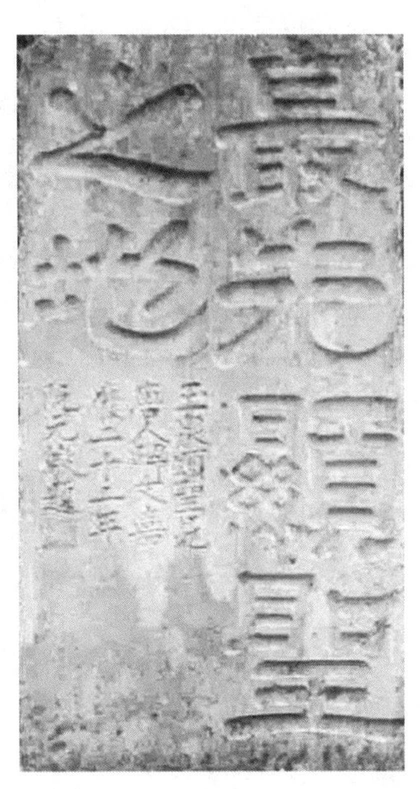

【释文】

最先显圣之地

玉泉显圣见唐人碑文。

嘉庆二十二年，阮元敬题。

玉泉山，位于湖北省当阳市境内。

嘉庆二十一年（1816）十一月，阮元由河南巡抚任湖广总督。嘉庆二十二年三月，阮元阅兵过荆门州蒙山，后至当阳县玉泉寺，为题“最先显圣之地”木刻。咸丰四年（1854），阮福见父亲阮元题写的“显烈关圣庙额”已破损，“字迹幸未剥蚀”。阮福（1801—1878），阮元第三子，长期相随父亲，曾任湖北宜昌知府、甘肃平凉府知府等。著有《孝经义疏补》《滇南金石录》等作。

同治二年（1863），阮元之孙阮恩光到湖北当阳县任知县。同治四年（1865）秋，阮恩光遵父亲阮福命，改木刻为石刻，在玉泉寺珍珠桥南一块天然突石，凿成龟形，上立一碑“最先显圣之地”。右下角是阮恩光的小楷十行题识：“咸丰甲寅年，家大人守宜昌道，出当阳宿玉泉寺，见关圣庙额，知为嘉庆丁丑年，先大父文达公制楚时，阅兵过此所题，虽经四十余年，字迹幸未剥蚀，简书期近，势不及重镌以新之。同治癸亥，光忝权是邑，家大人以木刻之易损也，命饬工勒石，爰赘数语，庶冀手泽之永传之。乙丑秋扬州恩光谨识。”此碑高 139 厘米，宽 61 厘米，厚 16 厘米。现保存尚好。

武昌节署东箭亭记 嘉庆二十二年(1817)

【释文】

园亭池馆,古人恒为之,然征歌行炙之侈,无谓也。矫之者,或不窥园,且彻屋伐木,其过不及也,亦相去非远。予每驻一地,必锄草莳花木,以寄消摇之情。武昌节署东南,有圃久废,不易治,乃择东北隅十亩之地,筑土垣以界之,用废圃门材,立为东箭亭。曰"东"者,所以别于署西马射之堂也。亭之外,植梅柳桃桂,及杂竹树,又移废圃之石叠为小山。暇日或较步射于此,且书卷案牍杂陈于竹窗花槛之间,摘蔬瀹茗,泊如也。勿以华靡损其性,性损者折;勿以枯啬矫其情,情矫者偏。譬如射者,立乎中道而已。

此记录自《揅经室集·二集》卷二。

湖南永州题名石刻 嘉庆二十二年（1817）

【释文】

大清嘉庆廿二年九月廿日，太子少保、兵部尚书、湖广总督、扬州阮元阅兵衡、永，舟过浯溪，登台读碑，题字石壁而去。是时林叶未黄，湘波正渌，农田丰获，天下安平。

阮元曾先后两次途经浯溪碑林，登台读碑，并留下题字和诗作。这块浯溪题名摩崖刻石和《游浯溪读唐中兴颂用黄文节诗韵》诗碑（原在永州碧云庵，已佚）均是他第一次过浯溪时所作。此题名石刻高50厘米，宽100厘米，字大6.5厘米，正楷，端整秀劲，富有欧体之风采，也兼含魏碑之神韵，为其楷书代表作之一。诗碑在永州碧云庵，刻工极精，已佚。阮元《游浯溪读唐中兴颂用黄文节诗韵》云："帆随湘转寻浯溪，登岸欲摩唐宋碑。密林接叶山径寂，青虫当路垂秋丝。桥边清波眼到底，乱石凿凿藏鱼儿。苍崖百尺悬于西，削成绝壁鸟不栖。碑乃鲁国之所写，颂乃次山之所为。三千里外有水部，十四年后无太师。人贤地胜文笔古，过客墨拓争洒挥。壁立积铁屹不动，安者见安危见危。江湖岂独漫郎宅，又遣山谷来题诗。各人忠爱各朝事，大都楚泽骚人辞。事有至难最可叹，靖康俄与灵武随。惟有溪边古渔父，欸乃湘烟无所悲。"

置湖南九溪卫祠田记 嘉庆二十二年(1817)

【释文】

先祖琢庵公以武进士侍卫,乾隆初年出任湖南九溪营游击,值逆苗侵扰城步、绥宁,公随镇筸镇总兵刘策名剿苗,身先士卒,十战皆胜,苗穴平。余苗八百户乞降于公,公力保于总制张广泗,皆得不死。又以九溪北山归军民,为樵牧葬地,军民感德甚深,于公升任后,建祠堂于九溪卫城,岁时祭祀,历久不衰。嘉庆初,元寄赀为修葺计,湖南按察使秦瀛复率属加修,为《阮公祠记》,刻于石。二十二年,元奉命来制全楚,秋九月,阅兵至湖南东路衡、永各营,方拟回至西路,来拜祠前,而在衡山奉移制两广之命,速由永州入粤,未得到祠瞻拜,于心慭然。爰复留白金二百,属澧州牧、慈利县令买田若干亩留于祠中,以增修祭之用。刻石记之。

此记录自《揅经室集·三集》卷二。

《刘垓神道碑》及题跋石刻 道光十六年(1836)

《刘垓神道碑》拓片(局部)

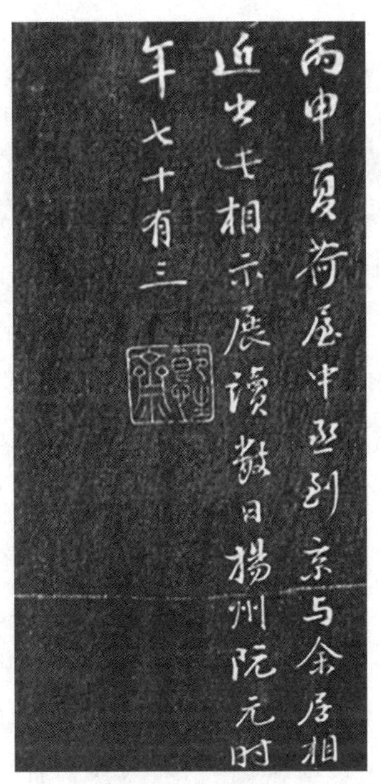

《刘垓神道碑》题跋拓片

【释文】

丙申夏,荷屋中丞到京,与余居相近,出此相示,展读数日。扬州阮元,时年七十有三。

刘垓,字仲宽,河南邓县人,宋末元初名将刘整第四子,官至奉国上将军、四川行省参知政事、八番顺元等处宣慰使都元帅。神道碑为虞集撰并书。

吴荣光(1773—1843),广东南海人,字荷屋,号伯荣。嘉庆四年(1799)进士。授编修,历任御史、福建盐法道。道光间官至湖南巡抚,兼署湖广总督,坐事降调福建布政使。后以年老休致。善书画,精金石。

皇清诰授光禄大夫经筵讲官户部尚书晋赠太子太保谥文安何公神道碑铭 道光二十年(1840)

【释文】

皇清诰授光禄大夫经筵讲官户部尚书晋赠太子太保谥文何公神道碑铭并序

予告体仁阁大学士、钦加太子太保,仪征阮元撰

长男绍基谨书并篆额

公讳凌汉,字云门,亦字仙槎。先世青州益都,宋南渡至道州,为东门何氏。十二世泰来,明万历拔贡生,授南京蒙城县知县,升贵州普安州知州。继兄子其谔为嗣,廪生,充国子监生、鸿胪寺主簿。子鸣凤,廪生,鼎革之际,临贡坚辞,有《默斋诗集》。子之淳,增生,公之高祖也。曾祖芪,生员,娶赵氏。祖志仪,廪生,娶周氏。子三:长文统,季文绣;次文绘,字章五,廪生,为公之父。三代皆以公贵,赠光禄大夫、工部尚书、一品夫人。章五公娶郑太夫人,生子二,公其仲也。

公幼慧,能尽孝敬。章五公以学行伏一时,公禀庭训,恒跪而受读。九岁应童子试,若成人。年十六,州、府试皆第一,补附学生。家极贫,连丁内外艰,困苦思自振拔,益勤于学。夜不能具灯烛,恒然松枝自照。读经书必兼传注。食饩后,文誉日起,从学者自远至。严立课程,至今其乡学者谓:“吾州经师、人师,自公后无能继者。”嘉庆六年,充辛酉科选拔贡生。明年,朝考一等,为吏部七品小京官,文选司行走。有杂职官被议镌级,声明乾隆某年有恩诏加级,或以无册可稽驳之。公曰:“册虽毁,恩诏固在也。”冢宰韪其言,许之。九年,应京兆试,中式举人。十年,成进士。殿试卷进呈,名列第四。睿皇帝谓“笔墨飞舞”,拔置第三,赐及第,授翰林院编修。十二年,充广东乡试副考官。明年,散馆一等,充顺天乡试同考官。累充文颖馆、国史馆纂修、总纂,文渊阁校理,咸安宫总裁,武英殿提调。十九年,升国子监司业,转左春坊左中允,充日讲起居注官,升司经局洗马,转翰林院侍讲、侍读,右春坊右庶子。二十四年,充福建乡试正考官,升国子监祭酒。

今上登极,覃恩得荫一子。时已命次子绍业为兄凌灏嗣,令得四品荫生,以慰兄心。昌陵奉安,派扈驾大臣,随入地宫。道光二年,充山东乡试正考官,留督学政,转翰林院侍读学士。每试日,静坐堂皇阅卷,胥役悉闭置一屋,不少假。尝入奏云:“场中多一查弊之人,即多一作弊之人。”又云:“臣以为防弊之道,苟挈其要领,无事烦

苛。”奉朱谕褒许甚渥。岁试时，通谕各属生员于来年科试年貌册中，自行填注诵习何经，以便考校，故所取乙酉科拔贡生，多治朴学者。试院中种竹数百竿，忽产蓍六茎，数日高七八尺。因颜曰“瑞蓍书屋”，并为之记。四年，转通政使司副使。五年冬，差满入都，派稽察右翼宗学。六年春，补授顺天府府尹。时前尹朱公为弼，无被议事而调任府丞。公蒙特擢，召对时，有“人品学问，朕所深知”之谕，盖在帝简中久矣。甫莅任，即立内号簿，饬属讯案，每月按簿催结，得无留狱。八年元旦，逆回张格尔就擒。上以公于协剿回疆之吉林、黑龙江官兵由京进发，弹压静谧，支应妥速，两次交部优叙。顺天所属州县，擢至四路同知，更无升途。公以人材须鼓励，会大名府缺出，与直督熟商会奏，得旨“以西路同知辛文沚补授”，遂开此例。

京畿狱讼繁多，自府县收理各案外，由刑部、都察院、提督府奏交咨送无虚日。公尽心研究，大要以罪疑惟轻，务归仁厚。如宛平县民张文恭等曾习天主教，改悔免罪，漏缴经卷，蔓累多人；涿州民果三殴死白兑儿，弃尸大清河，三载无获等案，一则援例减等，一则奏请暂行监禁。惟于凶盗案件，谓宜惩一儆百，如拿获夺犯伤差窝贼马七等，拿获究凶恶棍匪王殿臣等，皆从严讯办。府廨后有废园，就莳花竹，为退思之地，颜其亭曰“佳晴喜雨快雪之亭”，志无忘民事也。十年，立春日，循例进春，上召问：“春牛颜色起于何时？”公奏：“《月令》称出土牛，并无颜色。宋时颁行《土牛经》，支干各色略与今同，始于仁宗景祐元年。”其博洽强记，多类此。七月，有旨："命大阿哥祭孝穆皇后陵寝。"公以大雨时行，桥道难恃，面奏请改派亲王大臣，上深然之，即改派。尹兹五年，地方绥静，命盗各案甚稀。圣心倚注，久任不迁。是年，复调吉林、黑龙江兵征台湾弹压，予优叙如前。八月，授大理寺卿，仍署府尹事。十一年，署兵部右侍郎，授都察院左副都御史，升工部右侍郎，兼管钱法堂事务。署吏部左侍郎，充浙江乡试正考官，留督学政。重经解，访优行，试事整肃，士习益醇。廨有桃李门，元督学时所署也。公补植桃李数百株，蔚然成林。长兴学附生叶大成丁降服忧，有增生缺出，公咨礼部，略曰："例载'为人后者，为其本生父母齐衰不杖期'。注云：'仕者解任，士子辍考。'《学政全书》载：'廪增生遇降服丧，不许应试，无庸出缺。'至廪增缺出，是否叙补，例无明文，致历来办理参差。夫官员降服，已无升补之班；士子降服，犹循叙补之旧，于例本未画一。且亲丧固所自尽，降服已属抑情，若复使之叙补，一如无服之人，于情亦有未安，应请核准通行。"是时又特命公偕督臣程祖洛，审讯山阴会稽绅幕、书役勾结舞弊一案，研究月余定谳，拟在籍臬司李沄褫职，余犯军流有差。帝嘉明允。十三年春，调补吏部右侍郎，兼顺天府府尹事，命即来京供职，时岁试未终也。公益靖共尔位，和而不同。如吏部原议《捐赈鼓励章程》有"各衙门候补人员准捐银尽先补用"一条，已具稿矣，公曰："尽先可捐，则正途之缺，转可为捐班所有。而正途亦非挟资，不得于官方。吏治所伤实多。"同人以为然，原议乃寝。时浚九门护城河，以工代赈数万人。上问："工竣，如何资送？"公奏："附近京城之民，无庸资送。其隶外州县及外省者，应于散工日，给盘川钱二百文，再给印票一张，注明'制钱五百文，回本籍衙门承领'。贫民归有余资，散归必速。"奉旨允行。调补户部左侍郎，兼署右侍郎，管理钱法堂事务。再调吏部右侍郎，仍署户部右侍郎。时湖广总督讷尔经额等奏《苗疆屯防变通章程》，命户部议奏。同官因系湖南事情，专属公具稿。乃援据旧章，体察现在情形，逐条筹覆，准驳相半，总归于遴选廉能、代谋生计，同官折服，不易其一字。十四年，升都察院左都御史，仍兼顺天府府尹事，赐紫禁城骑马，进工部尚书，仍兼署左都御史。奉命查勘明陵，充经筵讲官。十五年，充会试副总裁，教习庶吉士。十六年，奏永杜回漕锢弊，公饬查顺天各属大小水路，缋图筹缉，始奏定"水次铺户存贮粗米不得过十石"之例。叠署吏部尚书。十七年，吏部因京察一等人员，有先由御史改官者，已议驳矣。公以不胜御史非不胜外任者比，如此苛绳，有妨言路，援笔改议，遂奉俞旨。十九年春，调补户部尚书，仍署吏部尚书。是年秋，充顺天乡试副考官。时公长子、编修绍基亦典试福建，距公使闽时恰二十年。父子同科典京外试者，前此惟乾隆丙子科刘文正公、文清公父子，庚寅科刘文定公、青垣侍郎父子而已，后先济美，同朝美之。

公于吏、户、工三部皆久任，遇公议事件，多赖公为主持，从容正直，熟思利弊，钜细一无所苟，于政体、人才特为顾惜。当户部假照案发，先后在捐纳房司员皆获咎，尝为上言其中人材甚有可惜者，而"准其捐复"之旨，随下吏部。功司议处有近于文致者，必往复剖论，冀存宽大。于工部司员，拔其朴实任事者，夤缘悉绝，升转之路遂通。二十年春，值孝全皇后丧，齐集西淀十余日，归寓偶病寒，犹力疾趋公。因精神短少，陈请赏假。甫命下，遽不起，口授遗折而逝。时是年二月五日也，年六十有九。上嗟叹悼惜久之，有"品行端谨、办事勤慎"等谕。赠太子太保，赐祭葬，谥文安。据《谥法》："勤学好问曰文，止于义理曰安。"我朝二百年来，得此谥者，自公始。易名之典，洵足与先儒陆文安公、金文安公相媲美云。

公孝友纯笃，居恒庄敬刻厉，家范严肃，为时所称。通籍四十年，未尝一干吏议。在词馆，攻苦如秀才时，治官书自立程法，国史传、志手录其子目，以便检校，于蒙古地名、满洲人名尤详。总办《起居注》，所为前、后《序》，掌院曹文正公称为杰作。未尝与本衙门撰文。遇诰册文字重大者，多属公撰拟。以公书法重海内，属敬书《全唐书御序》付梓。两次以讲官随围，和仁宗御制诗甚多。壬申、戊寅大考，皆二等，赐文绮。辛未、甲戌、己卯三为庶常小教习。其殿廷文字之役，自辛卯迄丁酉，派阅覆试、朝考、散馆试差、大考汉教习卷，络绎无间。前后任京兆最久，凡察吏、安民、弭盗、备荒诸政不胜书，勘估督修诸要工十余次。承办孝穆皇后梓宫，由宝华峪奉移至龙泉峪，奉特旨改派公代赛公尚阿往。每有迁擢，必兼他职。九掌文衡，五权冢宰，四派经筵值讲。以京尹而岁赐参、貂，以尚书而赐二等参、头等貂，六次赐"福"字，皆特命。入乾清宫侍书，宠光稠叠，锡赉便蕃，可谓人臣知遇之最荣矣。著撰诗文为《云腴山房集》。所书碑版，学者珍习之。配廖夫人。子四：绍基，丙申进士，翰林院编修；绍业，荫生，候选县主簿，出为兄嗣，先殁；绍祺、绍京皆举人。孙庆涵，监生；庆深、鼎官、联官。孙女八。绍基等奉柩归葬于谷山下九子岭之阳。将至扬州，先以状来乞元为神道碑。元荒耄家居，因与公雅故，又绍基为余教习庶吉士之翰林，在京尝以学术相善。谨按状叙而铭之曰：

自公幼学，经师人师。帝擢魁鼎，馆职试词。册诰鸿文，属钜笔为。文章经史，班韩是追。书法晋唐，宝若鼎彝。奉使衡文，品学兼资。鲁齐教行，室生瑞蓍。卿历五部，职效三司。久任京兆，三辅安治。锄奸弭盗，儒雅便宜。爱人节用，慎于度支。弼圣敷化，谟虑书思。官四十年，吏议弗罹。循理度义，易名典垂。公子大器，继昌于时。我衰颖突，勉文此碑。

道光二十有一年岁次辛丑冬十有二月八日丁亥建。

阮元与何绍基的师生关系，始于阮元任道光十六年(1836)殿试读卷官这个时期。此年殿试，何绍基所作的廷对策卷获得考官阮元、程恩泽等激赏，已置一甲第一名，后因“语疵”降至进士二甲第八名。接着，阮元与穆彰阿任本年庶吉士教习。这样一来，何绍基真真正正拜于阮元门下，在翰林院接受阮元的教诲。何绍基一生在多方面受到恩师阮元的深刻影响。在诗文中何绍基曾述说：“我昔壬午年廿四，东山使节日随侍。遍甄秦后篆分碑，始读仪征金石志。”这足见阮元在金石研究方面对何绍基的重要影响。何绍基亦在诗文、日记等文稿中多次明确表达了对恩师阮元的尊敬。阮元亦在诗文中多次对何绍基的学术能力予以高度肯定，并多次与这位得意门生进行学术探讨，这在阮元及何绍基的存世诗文中多有记述，如阮元撰《后齐侯罍歌》，何绍基撰《阮相国藏齐侯罍文堇字考》《跋阮相国藏齐侯罍文拓本》；阮元亦多次将其著述、所藏字画等重要物品赠予何绍基。道光二十年(1840)，何绍基父亲何凌汉病逝于户部尚书任上。何绍基扶柩过扬州，请阮元撰神道碑铭，后由何绍基书丹、勒石上碑。正因为阮元对何绍基品性与学识的充分了解，故在其生前做出了由何绍基来撰书其神道碑铭的决定与嘱托。可惜由于各种原因，何绍基没有为阮元撰书其神道碑铭。

《栗公神道碑铭(篆盖)》石刻 道光二十一年(1841)

【释文】

栗公神道碑铭

皇清诰授光禄大夫、太子太保、兵部侍郎兼都察院右副都御史、总督河南山东河道、提督军务加六级、赐谥恭勤栗公神道碑铭。

赐进士出身、资政大夫、前日讲起居注官、翰林院侍读学士加五级、南昌彭邦畴撰文。

赐进士出身、光禄大夫、经筵讲官、户部尚书、南书房翰林、军机大臣加二级、寿阳祁寯藻书丹。

赐进士出身、光禄大夫、太子太保、予告大学士、前经筵讲官、南书房翰林、管理兵部事务加三级、仪征阮元篆额。

(余略)

道光二十年（1840）立，存栗氏佳城外东侧碑亭内。碑高234、宽117、厚36厘米；碑额双龙戏珠，高120、长125、厚50厘米。碑座为（头损），高75、长129、宽52厘米。碑边浮雕游龙，汉白玉质。这通由江南才子彭邦畴撰文，清代大书法家祁寯藻书丹、清代经学大师阮元篆额的“栗公神道碑铭”，堪称国内碑刻中“文、书、额”三绝。

栗毓美（1778—1840），字含辉，号朴园，山西浑源人。嘉庆七年（1802）拔贡，历任河南温孟、安阳、河内、西华等县知县。道光九年（1829）升任河南粮盐道，转迁湖北按察使。道光十二年（1832）改任河南布政使兼河东河道护理巡抚。任上中牟里冈口黄河大堤将溃，组织抢修一昼夜即竣工，朝廷惊服，提升为黄河河道总督，代理军务，全权主管中原水利工程。他创行的以砌代埽筑坝法，为治理黄河河道、防止水患，做出了重要贡献。在任期间，治河有方，日夜操劳，被中原百姓称颂为“河帅”。道光二十年（1840），黄河出现险情，栗毓美同当地军民奋战在黄河大堤，因劳累过度，致疾，死于河南郑州行馆。朝廷惊悉，不胜震悼，加太子太保衔，谥曰“恭勤”。赏其次子栗耀为进士，并令治河各地建立庙堂，在老家浑源修建陵寝。

七　两广篇

嘉庆二十二年(1817)到道光六年(1826),阮元于广州任职两广总督,数次兼任广东巡抚、广东学政及粤海关监督。这是阮元年富力强、经验丰富、人生成熟的鼎盛时期。其间,阮元在广州修建炮台,筹办海防,严行鸦片烟禁,大力兴学育人,清廉奉公,政绩斐然。此阶段是阮元五十年宦海生涯中继浙江十年之后又一个辉煌的十年,文治武功达到了最高峰。

在任期间,阮元多次自粤入桂巡视广西军政事务,公余踏勘历史古迹,写诗泼墨,陶冶性情。他对桂林府的府城景观、漓江风光和所辖阳朔县的风景情有独钟,喜爱有加。他在诗文中说,他督桂的头六年中,六入广西,六经阳朔,六游漓江,五观画山,发出“恨不身为阳朔令”的喟叹。难能可贵的是,他在桂林的石刻——《隐山铭》《三元及第》《清漓石壁图》《观漓江奇峰图卷》等完整地留存在桂林的摩崖石刻中。

“药洲题诗”石刻 嘉庆二十二年(1817)

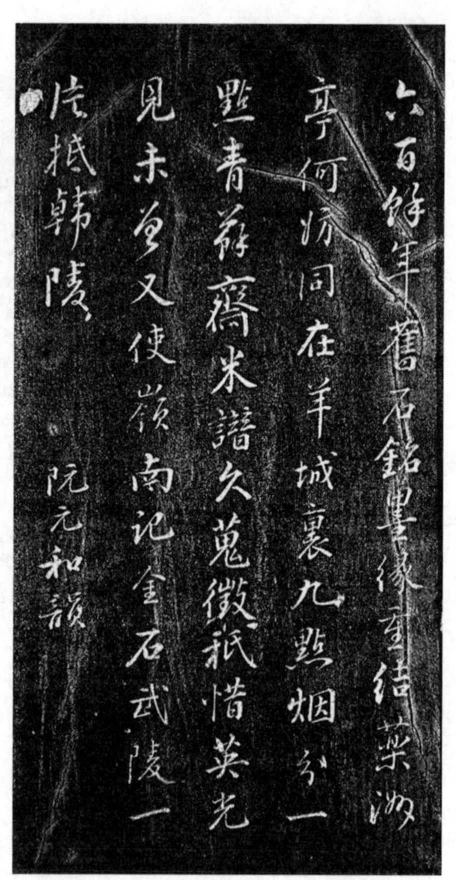

【释文】

六百余年旧石铭,墨缘重结药洲亭。何妨同在羊城里,九点烟分一点青。苏斋米谱久搜征,只惜英光见未曾。又使岭南记金石,武陵一片抵韩陵。阮元和韵。

五代时刘岩割据岭南，立南汉国，建都广州，兴建王府，筑离宫别院，在城西凿湖 500 余丈，地连南宫。湖中沙洲遍植花药，名药洲。药洲中置太湖及三江奇石，名“九曜石”，后世俗称“九曜园”。这一带湖、桥、石、花组成风景绝佳的园林胜地，写下广东古园林史精彩的一章。北宋统一岭南后，药洲成为士大夫泛舟觞咏、游览避暑胜地，名为西湖。南宋嘉定元年（1208）经略使陈岘加以整治，在湖面种上白莲，称白莲池，建爱莲亭。明代时以“药洲春晓”列为羊城八景之一。明清以后湖面渐淤塞缩小。1949 年药洲遗址仅存太湖山石 8 座。1988 年开始维修药洲遗址，将埋在地下的景石提升，并向西拓展恢复部分湖面。1993 年重新设计建造了仿五代风格的门楼和碑廊。有关药洲九曜石的诗文等几十方碑刻嵌于湖北面新建的碑廊里。

广州学署设于南汉药洲故地，内原有一方刻石，上刻宋代书法家米芾所题楷书 24 字，极为罕见。后移置广东布政司署。翁方纲在任时，一直希望此“米题药洲石”能返药洲，未能如愿。嘉庆二十二年（1817）春，京师拈花寺僧觉性因阮元出京赴湖广总督任前，寄宿该寺，故向翁方纲索诗留念，翁报之七律一首，兼寄阮元。阮元以诗致意，时任广东布政使赵慎畛亦向其致敬。十月，阮元离京前夕，翁方纲又以此事相托。惜翁于次年即去世，赵慎畛只能将这些文字“敬摹上石”，留下一段风雅历史。几经迁移之后，20 世纪五十年代，此石终复还原地。

阮元药洲题诗石刻，现存广州药洲园，未署年月。高 40 厘米，宽 20 厘米，阮元题，行书。此刻未署时序，按翁方纲《题米石绝句二首》署“丁丑九月廿五日”，乃嘉庆二十二年（1817）。阮元于嘉庆二十二年正月初八由京至汉阳接任湖广总督印，未几，又于八月二十八日奉旨调补两广总督，于十月二十二日到广州接任两广总督印。该诗可能作于入粤后不久。阮元督粤后，政事之暇，遍访粤中名胜及学者，组织编纂《广东通志》，其“金石略”多采自翁方纲《粤东金石略》，还亲自考定药洲米题诸石刻。

广州大虎山新建炮台碑铭 嘉庆二十二年(1817)

【释文】

广州大虎山新建炮台碑铭

广州大虎山岛

广州省城南海中有大虎山,为内外适中扼要之地。昔人未于此建炮台者,以其东南弥望,皆水漫无逼束故也。余于丁丑冬阅虎门水师,乘兵船出零丁、鸡颈诸外洋,遍观内外形势,及澳门夷市而归,乃择于大虎山筑建炮台。或曰:“山前弥望皆水,若贼船不近山,岂能招之使来受炮耶?”余曰:“此即昔人所以不于此建炮台之故也。岂知水虽弥漫,而沙厚积于远水之底,外潮内江,急水深泓所浚涤而行者,皆近此山之根。”爰乘小船亲测之,近山者其深数十丈,若远至百丈以外,渐浅矣,二百丈大舟不能行矣。筑台周一百廿丈,高丈八尺,女墙三十六,神庙、药局、兵房毕具,置大炮自七千斤至二千斤者三十位,发之能击三百丈之外。此无异对面有山逼而束之,使近出此山之前也。此台之外,有沙角炮台,为第一门户,进而横档、镇远为第二门户,此大虎为第三门户,又于大虎之内新建猎德、大黄二炮台为第四门户。方今海宇澄平,无事于此,此台之建,聊复尔耳。然安知数十年后,不有惧此台而阴弭其计者!数百年后,不有过此台而遽取其败者!又若山之内、山之外,或淤高而耕为田,或浚深而改其道,则亦未能预料矣。爰为铭曰:

岭南薄海,虎门洞开。乘潮立壁,冯山起雷。声威所击,无坚不摧。波恬风偃,巍巍乎此台。

此铭录自《揅经室集·二集》卷七。

赠河南道监察御史何君墓志铭 嘉庆二十三年(1818)

【释文】

赠河南道监察御史何君墓志铭

君讳迓衡,字缵徽,又字二穆。其先世居粤之南雄珠玑巷,元末迁博罗。五世祖宇新,明举人,旌表孝子。六世祖桑林,始居城东渡元坊。祖其宽、父元濂赠中宪大夫,皆隐居不仕。赠公生子三,君其第三子。

君天性孝友,初仲兄尔忠入京谒选,二子一女无所教,君慨然曰:“兄远在都下,两子学未成,女未适人,是谁之过?”乃资助之,立家塾,延名师,朝夕训教之。又皆为之营嫁娶。后两子皆廪膳生,里党称造就之力君为多。君性为善,修桥梁、书院,皆欣然任之。交游之客常满,款款无惓容。邻有小窃某,犯轻窃,为有司所执。君怜其母老且病,乞于官,释之。其母率某诣君匐伏谢过。俄君被窃,衣箧尽空,其母知子所窃,乃泣曰:“人救汝,而以窃报之,禽兽不若,我有何面目见何公也?”呼号不欲生。某泣悔,乃共抱所窃物,登门请死。君仍予以万钱,使为正业,母子涕泣去,不复为匪人。其厚德之行,类若此。

君少负才学,以太学生读书罗浮山宝积寺十余年,不图仕进,惟以娱亲训子为事,作《空山抱膝图》以寄意。君以南钰贵,赠中宪大夫、河南道监察御史。君配曾氏,赠恭人,事舅姑以孝闻。凡闻君拯贫乏、恤孤寡,力赞成之,虽脱簪珥不计也。君生子四:长南锟;次南钰,嘉庆己未进士,改翰林院庶吉士,擢河南道监察御史、巡视北城察院、云南临安府知府;次南钟,国子学生;次南铣,早卒。孙晋基、应准、仁基、应翰、遗馨。曾孙聚群。君生于雍正庚戌年六月七日,卒于乾隆己亥年三月十二日,得年五十。曾恭人生于雍正辛亥年二月十四日,卒于乾隆壬辰年十二月十一日,得年四十有二。其子南钰将以嘉庆二十三年月日合葬于罗阳之东原。南钰,余门生,被君教,端人也。余序其略,且铭之曰:

罗浮山脉,神仙之窟。生可读书,没可藏骨。惟书与梅,其香继发。昌宜子孙,视此瘗碣。

录自阮元等修〔道光〕《广东通志》卷二百二十七。

《隐山铭》石刻 嘉庆二十四年(1819)

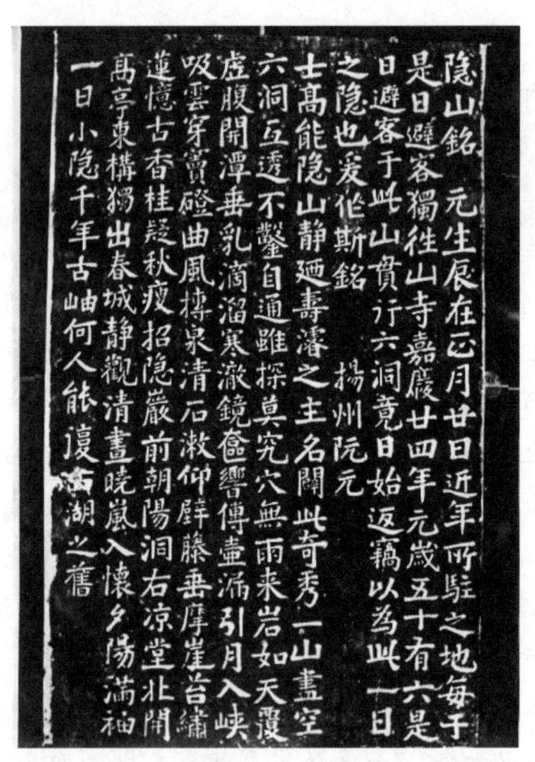

【释文】

隐山铭

元生辰在正月廿日,近年所驻之地,每于是日避客,独往山寺。嘉庆廿四年,元岁五十有六,是日避客于此山,贯行六洞,竟日始返。窃以为此一日之隐也,爰作斯铭。扬州阮元。

士高能隐,山静乃寿。浚之主名,辟此奇秀。一山尽空,六洞互透。不凿自通,虽探莫究。穴无雨来,岩如天覆。虚腹开潭,垂乳滴溜。寒潋镜奁,响传壶漏。引月入峡,吸云穿窦。磴曲风抟,泉清石漱。仰壁藤垂,摩崖苔绣。莲忆古香,桂疑秋瘦。招隐岩前,朝阳洞右。凉堂北开,高亭东构。独出春城,静观清昼。晓岚入怀,夕阳满袖。一日小隐,千年古岫。何人能复,西湖之旧。

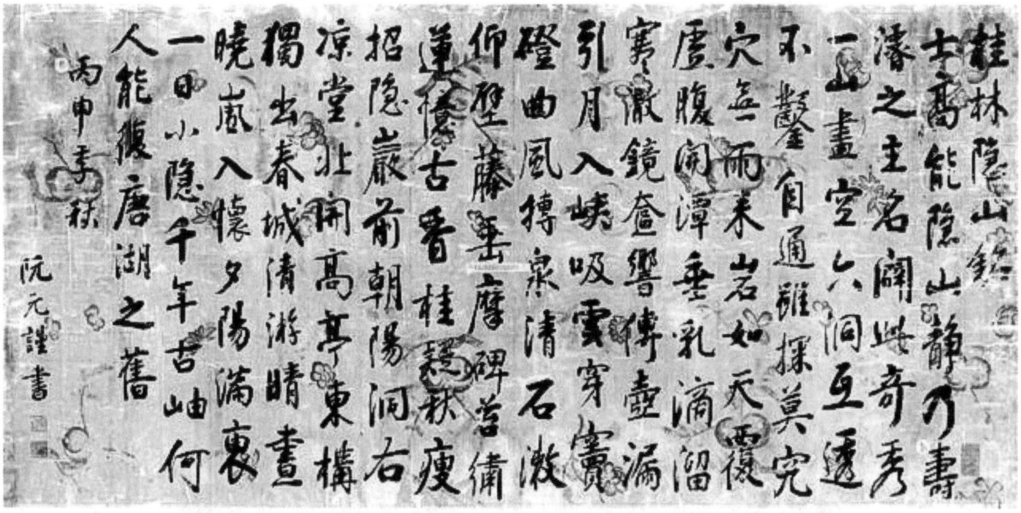

《隐山铭》墨迹

桂林隐山，以奇秀名。《太平御览》引《桂林风土记》曰：“隐山在州之西郊，先是榛莽翳荟，古莫知者。宝历初，李渤出镇，遂寻其源。见石门牙开，有水渊彻。乃夷芜秽，通岩穴。石林磴道，若天造灵府，不可根本，因号隐山。”今于隐山北牖洞东侧，可见李渤七绝《留别隐山》一首：“如云不厌苍梧远，似雁逢春又北归。惟有隐山溪上月，年年相望两依依。”后有诸前贤来此摩崖石刻，为世人所崇，极具深厚之历史、文化价值，现隐山石刻已为国家重点文物保护单位。

阮元任两广总督十年，六次巡视桂林。阮元生日避寿始于四十岁任浙江巡抚时，此后，“每于是日避客，独往山寺”成为阮元过生日的一种特殊方式和习惯。其以崇尚清静简朴、清廉洁己的品格和行为，树立了清正高洁的为人风范。嘉庆二十四年（1819）正月二十日，阮元五十六岁生日，为避开僚属前来贺寿，独往隐山避客，作“一日小隐”。他徜徉在隐山六洞间，品茗读碑，直至日落而归。

《隐山铭》石刻在隐山北牖洞口。石刻高 72 厘米，宽 43 厘米，楷书，径 3.5 厘米。字迹今日还清晰可辨，书文皆美。

道光十六年（1836）秋，阮元重书《桂林隐山铭》，题款“丙申季秋，阮元谨书”。

此铭与《揅经室集·四集》卷二中所载序与铭文均有不同。

《过乌蛮滩诗》诗碑 嘉庆二十四年(1819)

【释文】

郁水贯乌蛮,楼船旧此间。伏波横海去,合浦获征还。人拜矶头庙,滩喧水底山。篙师能拨险,泼刺出江湾。嘉庆廿四年初夏,宫保阮制军阅兵过此诗一首。门生陈均书。

《过乌蛮滩诗》诗碑在广西横县伏波庙内,嘉庆二十四年(1819)刻。长 145 厘米,宽 57 厘米。隶书。此诗在阮元《揅经室集》中全名是《下横州乌蛮大滩拜马伏波将军庙》。

伏波庙位于横县云表镇六河村委龙门塘村郁江乌蛮滩北岸,是为纪念东汉伏波将军马援南征交趾、平乱安民、疏河通航、造福一方而建的一座祭祀性建筑,始建于东汉章帝建初三年(78)。现存的伏波庙为明清时期的建筑,是广西仅存的五座明代木构架建筑之一。整个建筑气势雄伟,庙内长联短额,名人题词,琳琅满目;雕塑壁画,生动迷人,堪称岭南古建筑的典范。

书碑者陈均(1779—1828),初名大均,字敬安,号受笙。浙江海宁人。阮元门生。嘉庆十五年(1810)举人,以教习授职县令。工诗,善篆隶,铁笔尤精。画山水,旁及花卉。又精鉴定,嗜金石文字,常手自椎拓。收藏名人墨迹及古碑帖、铜器甚多。著有《镜史》《关中金石志》《客秦随笔》《松籁阁集》等。

涠洲“封禁碑” 嘉庆二十五年(1820)

【释文】

两广督部堂示：照得涠洲、斜阳两岛，孤悬大海，最易藏奸，本部堂奏明永远封禁，不准来此居住。倘敢故违，定罪。

嘉庆二十五年七月。

“两广督部堂”，即两广总督的自称。根据史籍记载：嘉庆二十二年至道光五年(1817—1825)，原湖广总督阮元调任两广总督，可知此碑为阮元所立。

该碑高129厘米，宽70厘米，厚12厘米，立于涠洲三婆庙(又名妈祖庙、天后宫)前左侧。碑石取材于涠洲岛本土的黑色石块。

“三元及第”石坊 嘉庆二十五年(1820)

【释文】

三元及第

太子少保、兵部尚书、都察院右都御史、总督广东广西地方军务阮元为

嘉庆十八年癸酉科解元、嘉庆二十五年庚辰科会元、殿试状元陈继昌书

嘉庆二十五年(1820),陈继昌三元及第,两广总督阮元在广西贡院端礼门(今桂林市王城正阳门)上建立“三元及第”坊,亲自书额表彰连中三元的陈继昌,同时也是奖掖后学。

“三元及第”坊由六块桂林特有的碳酸钙青石精心打磨后组成,高高横卧于桂林明代靖江王城正阳门、即清代广西贡院端礼门内侧阙楼上,石坊坐南朝北,字朝城内。中央四块青石板上自右至左横向榜书“三元及第”四个大字,字体端庄刚健,苍劲挺拔,笔法俊逸,“郁盘飞动”,有颜体之丰盈,柳体之俊朗。左右各一块石方分别楷书款识。石高128厘米,总长589厘米。“三元及第”四字字径88—102厘米,款字径10厘米。

陈继昌(1791—1849),原名守睿,字哲臣,号莲史。广西临桂人。嘉庆十八年(1813)解元,嘉庆二十五年(1820)会元、状元,史称“三元及第”。获“三元及第”殊荣者,自隋、唐开科举考试以来,一千三百余载,全中国只有区区十三人,有清一朝也仅二人,当属“稀世国宝”。陈继昌连中三元之后,嘉庆帝闻讯大喜,即席赋诗志庆:“大清百八载,景运两三元,旧相留遗泽,新英进正论。”“旧相”者,已故东阁大学士陈宏谋也,陈继昌是他的玄孙。时任两广总督阮元也赋诗夸赞:“文运原因天运开,一枝真自桂林来。盛朝得士三元瑞,贤相传家五世才。史奏庆云合名字,人占佳气说楼台。若从师友抡魁鼎,门下门生已六回。”注解曰:“近科状元吴信中、洪莹、蒋立镛、吴其浚、陈沆及陈继昌,皆予门生门下之门生也。”此“三元及第”坊现在仍然耸立在桂林王城正阳门之上,完好无损,成了显示桂林历史文化的著名旅游景点,吸引着一批又一批拜访者。

《新建南海县桑园围石堤碑记》石碑 道光元年(1821)

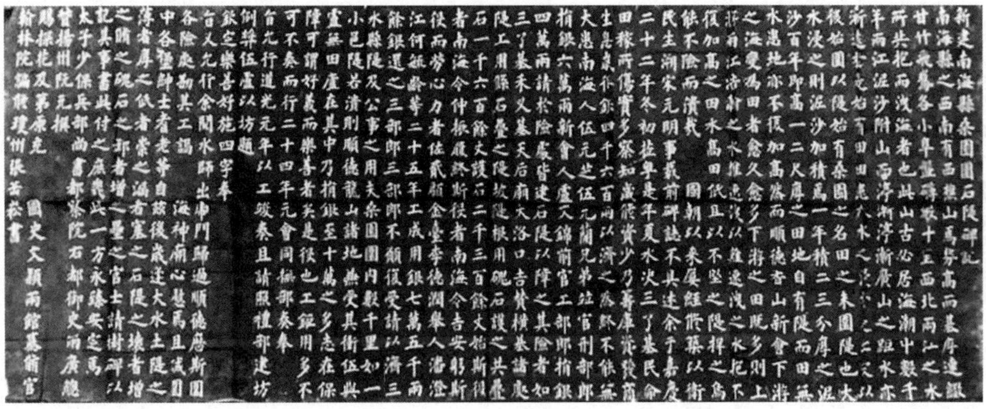

【释文】

南海县之西南有西樵山焉，势高而基厚，连缀甘竹、飞鹅各小阜，盘礴数十里，西、北两江之水所共抱而泄海者也。此山古必居海潮中，数千年两江泥沙附山而渟，渐渟渐广，山之距水亦渐远，于是始有田。田患大水之浸，于是北宋以后，始围以堤，始有“桑园”之名。

田之未围堤也，大水浸之，则泥沙加积焉，一年积二三分厚之泥沙，百年积高一二尺厚之田地。自有堤而田无水患，地亦不复加高。然而顺德、香山、新会下游之海变为田者，愈久愈多。下游之田既多，则上游两江浩瀚之水难速泄。以难速泄之水，抱不复加高之田，水高田低，且以不坚之堤捍之，乌能不险而溃哉？国朝以来，屡经修筑，以卫民生。溯宋元明，事载前碑志，不具述。

余于嘉庆二十二年冬初莅粤，是年夏，水决三丫基，民命、田稼所伤实多。察知岁修资少，乃筹库资发商生息，岁得银四千六百两以济之，然终不能无大患。南海人伍元芝、伍元兰兄弟并官刑部郎，捐银六万两；新会人卢文锦，前官工部郎，捐银四万两，请于险处皆建石堤以障之。其险者，如三丫基、禾叉基、天后庙、大洛口、吉赞横基诸处，堤上用条石叠之，堤坡、堤根用块石护之，共叠石一千六百余丈，护石二千三百余丈。始斯役者，南海令仲振履。终斯役者，南海令吉安。躬斯役而劳心力者，佐贰顾金台、李德润，举人潘澄江、何毓龄等。

二十五年,工成,用银七万五千两,余银还之三部郎,三部郎不愿复受,请以济三水县堤及公事之用。

夫桑园围内数十里,如一小邑,堤若溃,则顺德、龙山诸地兼受其冲,伍与卢无田庐在其中,乃捐银至十万之多,志在保障,可谓好义而乐善者矣。是役也,工巨用多,不可不奏而行。二十四年,元会同抚部奏,奉旨允行。道光元年,以工竣奏,且请照礼部建坊例,奖伍、卢以坊,题钦定"乐善好施"四字,奉旨又允行。余阅水师出虎门,归过顺德,历斯围各险处勘其工,谒海神庙,心慰焉。且诫围中各堡绅士耆老等,自兹后岁逢大水,土堤之薄者厚之,低者崇之,漏者塞之,石堤之坏者增之修之,块石之卸者增之垒之。官士请树碑以记其事,书此付之,庶几此一方永臻安定焉。

太子少保、兵部尚书、都察院右都御史、两广总督,扬州阮元撰。

赐探花及第、原充国史文颖两馆纂修官、翰林院编修,琼州张岳崧书。

桑园围是珠江三角洲著名的大型堤围,位于广东南海和顺德境内,是抵御西、北江洪水的主要堤围。始建于北宋徽宗年间,历代不断增修。清嘉庆二十二年(1817),阮元任两广总督,时值水灾决堤,从富商中筹资兴建石堤,至道光元年告成。

张岳崧(1773—1842),字子骏,又字翰山、獬山,号觉庵、指山。广东定安(今海南省定安县)人。嘉庆十四年(1809)中进士,海南在科举时代唯一的探花。官至湖北布政使等。工诗善画,尤擅书法。

此碑录自梁绍献等纂〔同治〕《南海县志》卷十二。张岳崧书。拓片长170厘米,宽66.2厘米。《揅经室集·三集》卷五题作《新建南海县桑园围石工碑记》。

禁止木簰出入陡河告示碑 道光元年(1821)

【释文】

禁止木簰出入陡河告示碑

道光元年四月,禀奉两广总督部堂阮、广西巡抚部院赵、兼署按察使司继、两广盐运使司查、署理盐法道翟、署桂林正堂郎、兴安县正堂余严禁木簰永远不许出入陡河。

钦命广西等处承宣布政使司布政使、兼署按察使司印务、随带加一级、纪录十二次、军功纪录二次继,钦命分巡右江兵备道、管辖思恩百色等处地方、署理桂平梧郁盐法道、加三级、又加一级、纪录五次翟,为严禁木簰入陡阻运、以便商旅事:照得兴安县陡河,上通省城,下达全州,为粤省咽喉要路,官商船只,络绎不绝。临全埠行盐办饷,国课攸关,更赖此一才河身。为销运之地,岂容阻塞,致滞行旅,而误课程。本年四月,据埠商李念德具禀,木簰不遵故道行走,拦入陡河,梗塞河道,致将盐船碰翻,并被棍徒乘机将盐搬抢等情,恳请示禁前来。当查木簰行走,既有一定章程,自不便任其紊乱,肇衅滋事,随饬县查覆去后。兹据兴安县禀称:查得兴安西乡所出木植,其附近全州西延一带,向系由山路运至兴安县五排,再由五排山路运至西延河下,扎簰至楚销售。所有兴安六峝、华江一带山树,均系放至大溶江大河;扎簰运省发卖,向无陡河行走之事。近年以来,因往省售卖,不敷工本,运至楚省,可获微利。除陡河之外,别无河道可通。此木簰现由陡河行走之情形也,核与埠商所禀相符。本司道查陡河河身本窄,蓄水无多,如一叶扁舟,行走已为不易。况成簰木料,岂易遄行?乃遂一二人侔利之私,阻千万人经由之路。既经查明兴安等处所出木植,系由西延、大溶江一带放运,向不入陡行走,旧章久定,何得妄更?该木商等贪图微利,溯上流不循故道,致使盐船挽运不前,估客征帆望洋兴叹,诚属阻隔官路,肆意妄行。自应严行示禁,以资利济,而便行旅。除详明两院宪并行桂林府转饬兴安县勒拘抢盐人犯,务获究追详办外,合行出示严禁。为此示仰商民人等知悉:嗣后凡贩运木植,须循照旧定章程,由西延、大溶江一带行走,俾各相安无事,不得改由陡河逆运,致阻河道,有碍盐船,以及往来舟楫,其在省售卖木料,只许在省售卖,不许扎簰入陡。倘再抗违,故将木簰霸占官河,以致争竞滋生事端,定即严拿究办,决不宽贷。本司道言出法随,慎勿身试,致贻后悔。各宜凛遵毋违。特示。

道光元年五月十八日。

据唐兆民编著《云渠文献粹编》载，一九四七年调查时所见，此碑沿灵渠南渠尚有二块：一在灵渠与大溶江会流处的水街村头河岸旁，与金开祥《规定陡河行船办法布告碑》和粟威《严禁木排入陡河布告碑》同竖在一处；另一块则在严关马头山麓古牛陡旁。一九七三年春，编者沿渠访碑时，两碑俱已不见。一九七五年冬，编者调查灵渠陡门存废情况时，在马头山村前水井边发现其中一碑已断为两截，为农民移来砌挑水码头。而竖在水街河岸旁的金开祥和粟威的碑，又已不翼而飞了。

此碑文录自一九四七年碑文拓本。《广西石刻总集辑校》也载有此碑。

重建贡院碑记 道光二年(1822)

【释文】

各行省乡试号舍,初创即定其尺寸,纵有所修,无能改作,士子虽受促,无如何。予为士,坐江南顺天号舍,皆宽舒。抚浙及江右,见其舍皆湫隘,曾改造宽大之。道光元年,予兼办广东巡抚监临事,见号舍更湫隘,盖因粤东试闱本在粤秀山应元宫前,国初用闱地封藩。至康熙甲子,乃改闱于老城东南隅,地本不宽,经营者度非文人,不知士子苦,以至舍宇太小,烈日冻雨,殊难耐之。予步周舍前后,命匠人持尺通量之,若北段,拆去巡屋,尚有二丈七尺地;南段,使官厅迁于南,可展出九丈三尺地;甬道东西,使东舍展向西,西舍展向东,可各得一丈八尺地。撤闱后,问之在籍翰林编修刘公彬华、庶常谢兰生、书院监院吴兰修、李清华等,佥谓士子苦此久矣,若提倡更张之,其事尚易集。予思浙及江右皆曾改建试闱,今粤闱何不可办?乃率官属倡捐俸银,于是省会绅商继捐之,广属暨外郡绅士又继捐之。捐虽未集,而绅士议鸠工者先拆旧舍,界画其地,以示事在必行。经始于元年冬十二月,二年六月成,稍增旧舍之数,共七千六百三间。计旧舍后墙至前号舍之后墙六尺四寸者,今展深为八尺六寸;旧舍中有瓦处南北三尺四寸者,今展深为四尺六寸。旧舍左右墙宽三尺一寸者,今展宽为三尺四寸;旧舍瓦檐至地高五尺四寸者,今加高为六尺五寸。旧舍写坐两层木版,上长下短,夜不能并而卧。今使版同其长,可安卧。檐之外,长巷旧多泥涂,雨水浸人,今皆铺以石,理其沟,高低有准,无积水溓泥之患。浚旧井,开新井,共二十四井;号尾之厕臭延于内,今为高厕欹槽,流其秽于墙之外。凡砖瓦木石灰土之工,皆坚厚。又旧围墙加修高坚,以严关防。旧誊录所地甚小,今以对读所并入誊录所,增建对读所于隙地中。大门外土地,旧有沟,雨潦陷足,今亦甃以砖石。是役也,共用银四万□百有奇,司工者榜其工用之数,使共见之,以示不诬。工将蒇,请撰文刻石记其事,爰书其大略如此。至于乡官士商之议事者、捐银者、司工者,当再立一碑,备列而书刻之。

广东贡院始建于宋代,清康熙三十三年(1694)重建,此后多次扩建。至同治六年(1867),号舍多达11708间,规模宏大。废科举后,清廷在此设立两广优级师范学堂,除明远楼(俗称红楼)以外的贡院建筑全部被拆除。

此文录自〔道光〕《广东通志》卷一百二十九。冼剑民、陈鸿钧编《广州碑刻集》中有载。《揅经室集·三集》卷二收录此文,题作《改建广东乡试闱舍碑记》,文字略有不同。

“云台”石刻 道光二年(1822)

【释文】

云台

旧志清远峡有唐罗隐书“云台”二篆字,今失之。壬午年补书嵌峡壁。岭南节使扬州阮元。子福从游勒石。

罗隐(833—909),本名横,字昭谏,浙江新城(今杭州市富阳区)人,以十举进士不第,遂改名。晚唐诗人。僖宗光启中,入镇海节度使钱锡幕,累官钱塘令、节度判官、著作郎,奏授司勋郎。其诗多激愤之作,有《罗昭谏集》。

“云台”石刻在清远市清城区清远峡北禺飞来寺后飞泉洞旁,高120厘米,宽64厘米,篆书“云台”二字,高40厘米,宽30厘米;落款题识两行为楷书,字径2.5厘米。此石刻于清道光二年(1822)补书并刻,今保存完好。

《平乐府重建至圣庙碑记》石碑 道光三年(1823)

【释文】

平乐府重建至圣庙碑记

太子少保、兵部尚书、都察院右都御史、两广总督,扬州阮元撰。

平乐府治,背山面川,峰峦秀发。宋、元学宫在城外,明迁城内。国朝顺治、康熙凡再修建。百余年来,多就倾朽。道光二年,知府唐鉴倡议重建,知县常煜佐之,于是各邑绅士奋兴从事,钜工乃集。改旧正殿为大成门,而升建正殿于后山高处,是以基廓而地爽,轮奂崇焉。大成殿崇三丈七尺有五寸,广六丈,轮四丈五尺。台广三丈九尺,轮三丈六尺。两庑崇丈八尺。左名宦祠,右乡贤祠。以旧尊经阁为崇圣祠。左尊经阁,右昭文阁。以旧启圣祠为明伦堂。泮池门壁皆彻新之。道光三年,功既成。九月壬午,奉圣贤主入庙。元适以简阅官兵粤西省,丙戌至平乐,官士以修庙事告。元入庙拜瞻,敬且喜焉。夫修建圣庙,乃官吏绅士职谊当为之事,无所为誉。惟是时,圣天子承平敷政,四海乂安,两广叠出三元,会元、状元,科名鼎盛。元之至此,官称士民之安仁而好义,士民爱戴长官,惜其去也,留之思之。自元发兵搜山贼之后,各邑民能以保甲自联,安静无警,连岁农田稻秫丰熟,是可慰矣。今而后,文官廉明以养民,武官治兵以卫民,士读经史以孝弟,修天爵而人爵随之。凡事皆当质诸殿中圣贤而不悖,以明其道,岂以新庙翼翼而计其功哉!官士请记其事,爰书付绅士汪呈玉、关士馨、李直等勒于石。

道光三年岁次癸未秋九日吉日立。

平乐县□生刘元基书丹。

平乐府,元大德年间(1297—1307)以昭州改名,治所在平乐县。民国二年(1913)废。至圣庙,又称孔庙、文庙等。

此碑在广西平乐县,道光三年(1823)刻。拓片长160厘米,宽90厘米。楷书。

《揅经室集·续二集》卷二收录此文,文字略有不同。

“清漓石壁图”石刻 道光三年(1823)

【释文】

清漓石壁图

道光三年阮元题

漓江九马画山

画山，全名九马画山，位于阳朔县漓江东岸，画山村附近，大磉汛下二里许。五峰连绵，重峦叠嶂。主峰高峻，突兀眼前。三面起伏凌空，一面绝壁江中。截壁约高三十丈，宽如之，其西面平直如削，上有青绿痕，天然如画家皴法，具峦头层叠之形。伫立游船，极目山崖。石壁纹理，纵横交织。青绿黄白，皴法淋漓。气象万千，若骏马群聚，或昂首嘶啸，或飞奔扬踢，或静默若卧，或蹭摩若戏。各种神态，栩栩如生，故有九马画山之名。阮元六游漓江，五度观览画山之后，作《清漓石壁图歌》七言古风：“天成半壁丹青画，幡然高向青天挂。上古何人善画山，似与荆关斗名派。此派浑同后世皴，造物翻师唐宋人。认作名山反如假，审为古绘竟成真。纵横量去成千尺，五丁直削平无迹。古绢依稀染淡黄，巍头重叠分青碧。清漓一曲绕山流，来往何人不举头？六年久识奇峰面，五度来寻读画舟。石渠室绘几千卷，天上云烟曾过眼。何幸湘南见北山，眼福如今还不浅。山旁刻石擘窠书，鉴赏标题始自吾。后人来看道光款，传出清漓石壁图。”

九马画山山麓有饮马泉，泉旁石壁上，有阮元“清漓石壁图”五字石刻榜书，后有题款：“道光三年阮元题。”今石刻仍存。其字形制巨大，书法苍劲，如押在天然图画上的鉴赏印章。

魁岗文塔“文星开运”门额 道光三年(1823)

魁岗文塔

魁岗文塔门额

【释文】

文星开运

魁岗文塔在广东省佛山市三水河口镇魁岗。始建于明万历三十年(1602)。为平面八角形,九层仿楼阁式砖石塔。高40余米,面西背东。门前上额题“文星开运”篆书。额右题“道光三年”,额左署“督粤使者阮元”。门两旁对联:“奎炳三垣光肆水;笔扬七耀责昆山。”道光癸未畅月知三水县事李再可题。

赠阮福诗碑 道光三年(1823)

儀徵阮相國文達公元字伯元號芸臺乾隆五十四年進士登第不及十年督學三齊兩浙遂躋開府而入台閣焉　眷之隆古所罕有而窮經博藝愛才好士凡挾一藝之長者皆羅致之相與校採篇章鉤稽典故尤深於句股割圜之妙當時名儒未有其匹　益仲獲此刻於維揚裒成一冊出以見示蓋公督學滇黔時所作也詩載揅經室全集早為海內傳誦讀公之詩慕公之人後生末學固未敢妄窺一字因書數語於此冊以誌幸焉質之

益仲以為何如

光緒二十五年歲次己亥夏五月眲盦記

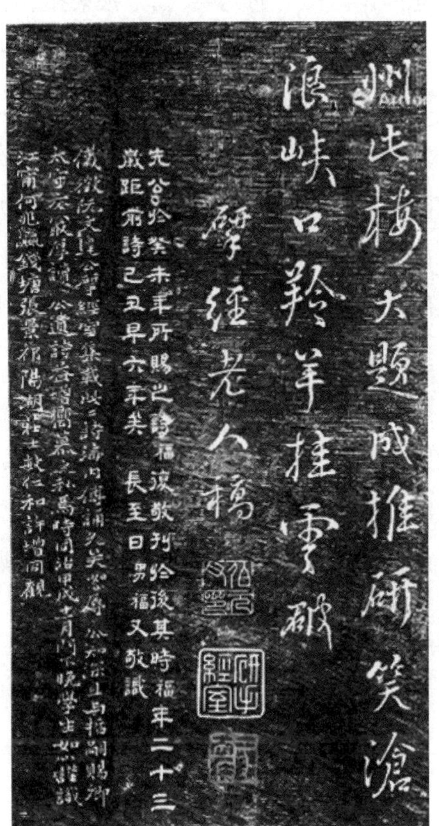

【释文】

西楼行吟南楼坐，东楼晚饭北楼卧。

一家终日住楼台，微之诗少香山和。

犊儿随我弄笔来，我岂长公尔非过。

漫将小集学斜川，喜得溪山助吟课。

惜尔兄弟皆未来，纵有诗情远难作。

试将此卷写与之，方识端州此楼大。

题成推研笑沧浪，峡口羚羊挂云破。

揅经老人稿。

拓片后有阮福题跋："先公于癸未年所赐之诗。福复敬刊于后，其时福年二十三岁，距前诗己丑早六年矣。长至日，男福又敬识。"

又有夏修恕题跋："仪征阮文达公《揅经室集》载此二诗，海内传诵久矣。恕辱公知深，且与哲嗣赐卿太守交最厚，读公遗诗，益增向慕之私焉。时同治甲戌十一月，门下晚学生恕谨识。江宁何兆瀛、钱塘张景祁、阳湖庄士敏、仁和许增同观。"

夏修恕（？—1840），字浑初，又字浑夫，号森圃。江西省南昌府新建县（今南昌市）人。嘉庆七年（1802）进士，选翰林院庶吉士。嘉庆二十二年（1817）后，夏修恕授广东惠潮嘉兵巡道。道光三年（1823），以广东惠潮嘉兵巡道署肇罗道兼摄肇庆府知府。道光六年（1826），迁广东督粮道。道光十年（1830），升湖南按察使。道光十九年（1839）补授贵州思南府知府，主修《思南府续志》。他曾拜阮元为师。道光五年（1825），阮元始修《皇清经解》。后因阮元调任云贵总督，临行，将刻书一事全权委托夏修恕总司其事，严杰仍任主编。道光九年（1829），由严杰、夏修恕、阮福等负责编辑、校勘、监刻成帙。

泰和嘉成2022年秋季艺术品拍卖会曾上拍此碑拓片，末有清光绪二十五年汤寅墨笔长跋一则。汤寅（1876—1958），字东父，又字冬父，别署琴隐，江苏武进人。清代文人画家汤贻汾裔孙。有《耳师心室稿》。

此诗收入《揅经室集·续四集》卷五，题作《福儿随来端州住阅江楼数日呈诗文一卷因题其卷首》。

学海堂集序 道光四年(1824)

【释文】

学海堂集序

古者卿大夫、士,皆有师法。周公尚文,范之以礼;尼山论道,顺之以孝。是故约礼之始,必重博文;笃行之先,尚资明辨。诗书垂其彝训,传记述其法语。学者诵行,毕生莫罄。譬之食必菽粟,日不可废;居必栋宇,人所共知。奚更立言,以歧古教哉!若夫载籍极博,束阁不观,非学也;多文殊体,辍笔不习,非学也。次困之士,仅黾勉于科名;语上之俦,讵愚蔽其耳目。率曰乏才,岂其然欤?

岭南学术,首开两汉。著作始于孝元,治经肇于黄董。古册虽失,佚文尚存。经学之兴,已在二千载上矣。有唐曲江,诚明忠正,求之后代,孰能逮之。迹其初学,乃多词赋耳。文辞亦圣教也,曷可忽诸?

大清文治,由朔暨南,明都著于因民,离曜增于往代。余本经生,来总百粤。政事之暇,乐观士业。曩者抚浙,海氛未消,日督戈船,犹开黉舍。矧兹清晏,何独阙然?粤秀山峙广州城北,越王台故址也。山半石岩,古木阴翳,绿榕红棉,交柯接叶,辟莱数丈,学海堂启焉。珠江狮海,云涛飞泛于其前;三城万井,烟霭开阖于其下。茂林暑昃,先来天际之凉;高栏夕风,已生海上之月。六艺于此,发其秀辉;百宝所集,避其神采。洵文苑之丽区,儒林之古境也。昔者何邵公学无不通,进退忠直,聿有"学海"之誉,与康成并举。惟此山堂,吞吐潮汐,近取于海,乃见主名。多士或习经传,寻疏义于宋齐;或解文字,考故训于《仓》《雅》;或析道理,守晦庵之正传;或讨史志,求深宁之家法;或且规矩汉晋,熟精萧《选》,师法唐宋,各得诗笔。虽性之所近,业有殊工,而力有可兼,事亦并擅。若乃志在为山,亏于不至之讥;情止盈科,未达进放之本。此受蒙于浅隘而已,乌睹百川之汇南溟哉!

道光四年,新堂既成,初集斯勒。四载以来,有笔有文,凡十五课。潜修实践之士,聪颖博雅之资,著书至于仰屋,岂为穷愁;论文期于贱璧,是在不朽。及斯堂也,登高者赋其所能,观澜者得其为术。息焉游焉,不亦传之久而行之远欤?

太子少保、兵部尚书、右都御史、两广总督,扬州阮元撰。

《学海堂集序》楷书石刻，嵌于学海堂西壁。学海堂是道光时期的著名书院。它是由时任两广总督阮元继在杭州创建诂经精舍之后，于道光五年(1825)在广州城北粤秀山创办的又一个以专重经史训诂为宗旨的书院。

《学海堂集序》石刻又著录于〔宣统〕《番禺县续志》卷三十八《金石志六》："此刻未署年月及书人名。惟林伯桐撰《学海堂志》列于阮文达公书堂扁之下，疑亦公书也。"

此序录自《揅经室集·续四集》卷四。

梧州允升塔题额及题诗石刻 道光四年(1824)

【释文】

秀发梧江

观文成化

光射斗牛

允升塔原来叫文笔塔、文星塔,建于清道光二年至四年(1822—1824),在广西梧州市锦屏山顶上。由郁林刺史恒梧和梧州绅士购材兴建。塔高7层,约36米,六角形,砖木结构,每边长3.9米,塔檐由砖质三角形4拱叠成7层,并有如意浮雕图。塔门圆形,各层置3方窗3圆窗。1982年维修,改木楼梯为铁楼梯。

道光四年(1824),两广总督阮元巡视至此,从系龙洲遥望高塔,高兴地说:“是天然之秀也。”并为塔题石额:一层“秀发梧江”,三层“观文成化”,五层“光射斗牛”,并作诗:“云山郁蒸,江水澄凝。得此高塔,势欲上腾。梧冈吉士,从此其兴。”意思是说,在这里建了一座纪念文昌神的高塔,梧州人从此必定兴旺发达,必定人才辈出,必定像鲤鱼一样腾空而上跳龙门,从此必定仕途坦荡。后人遂取其意,定塔名为“允升”。

允升塔前树立阮元铜像,以纪念其为允升塔命名之功。

允升塔前阮元铜像

梧州允升塔

重建肇庆总督行台并续题名碑记 道光五年(1825)

【释文】

重建肇庆总督行台并续题名碑记

两广总督若明韩雍、王守仁,皆驻兵广西梧州,而广东肇庆、广州皆有行台。嘉靖四十三年,总督吴桂芳因东事重于西事,始移驻肇庆,以行台为署,据各营劲兵,为兼顾之计,诚据形胜也。我大清乾隆十一年,总督策楞始常驻广州,以广州之行台为督署,肇庆之署为行台。台中久无居人,堂室朽坏,数十年来,更全倾圮。元来此,皆瓦砾场,惟石狮、碑础仅存矣。近年广东全海肃清,内地安丰。广西边徼亦皆绥靖。元屡以简阅东西官兵,往来肇庆,止宿于阅江楼上。念此间为两省扼要地,总督署虽移,而兵不可移。各营将尚皆有署,乃总督于城中无一椽,非政体。道光五年,于旧基重建行台,惟立门屏两重,堂室两重,取可以校武暂驻而已,无多构也。复于堂西开马射之埒,阶上设步射之序,阶下可练小队。东南建"帅"字旗,修复城南炮台,庶几体制得宜,而往来均便。且重兵所在,当务其本也。堂前题名碑,自乾隆九年后未续刻,爰书列之,以续前而开后焉。阮元记。

两广总督是明清派驻两广的封疆大吏,始置于明景泰三年(1452)。初无固定驻地及行台(总督行署),多来往于梧州、肇庆、广州之间。成化元年(1465),韩雍正式开府于梧州,然夏日炎炎时,仍多到肇庆避暑。嘉靖四十三年(1564),两广总督吴桂芳正式迁督府于肇庆。清乾隆十一年(1746),两广总督再迁督府于广州。

道光五年(1825)十二月,阮元重建肇庆总督行台,并续刻总督题名碑。据《雷塘庵主弟子记》:"(道光五年)是时,修肇庆府总督行台成。旧有大青枫树一株,因名曰大树行台,并续刻《总督题名碑》。"

此碑记录自《揅经室集·续二集》卷二。

《英清峡凿路造桥记》石碑 道光五年(1825)

【释文】

英清峡凿路造桥记

广东英德、清远两县峡江,为各省通行之要路。自宋嘉祐六年,转运使荣諲始开峡山栈道;明嘉靖四年,府判符锡曾修;十五年,兵备道吴宪复加修治。国朝康熙初元,平南王重修,历今百有余岁,芜圮极矣!行旅负纤之人,陟倾崖,縋危栈,援竹木,厉水石,莫不履险而畏其陨也。道光五年,元议修通之。乃于阅兵韶州时,往来亲督勘丈,于三百七十余里之中,分为南、中、北三段。南段自清远县白庙起,至英德县细庙角止,元率盐运司翟公名锦观督盐商治之。中段自英德县大庙峡起,至新旺汛止,上驷院卿督理粤海关达公名达三率洋商治之。北段自英德箭径山起,至弹子矶止,广东巡抚成公名成格率南韶连道衍公名衍庆治之。凡平治道路二万四千四百余丈,修造桥梁一百四十五处,凿崖石,叠栈级,伐竹木,六年秋,工始毕,用银四万九千两有奇。每年冬查勘修补一次,以为例。时元将往滇池,书此以记其岁月、工段,待后人视此程式耳。

据《雷塘庵主弟子记》卷六载:"道光五年冬,大人阅武韶、阳,亲为相度,因与抚部成公格、榷部达公三、都转翟公锦观商,令盐、洋二商及太平关分段捐修。计修造道路二万四千四百余丈、桥梁一百四十五座,用银四万九千有奇。六年工成,立碑峡山寺门。"

《清远县志·金石志》载:"阮元修峡路残碑。(原石已失尺寸,不明。字大一寸五分。)碑文详《建置类》。道光六年立。今存'凿路造碑记乃系其巅'数字。(右在寺内。)谨按:此碑已碎,今存九字耳。"又:"阮元峡山诗碑,佚。阮云台制军峡山诗有石刻。"

此记录自《揅经室集·续二集》卷二。

“纯阳观”石额 道光六年(1826)

【释文】

纯阳观

纯阳观为广州著名的道观之一,建于清道光六年(1826)。此观规模颇大,原有山门、灵官殿、大殿、毕绝先师亭、南雪祠、清献祠、松枝馆、拜亭、东西廊房、步云亭、东西客厅、左右巡廊、库房、怡云轩、朝斗台等建筑,占地面积万余平方米。现仅存山门、灵官殿、拜亭、大殿、朝斗台。山门上镶两广总督阮元题“纯阳观”篆书石额,两旁为潘仕成题“灵山松径古;道岸石门高”石刻联。进门后沿巡廊拾级而上岗顶,便是拜亭和主体建筑纯阳殿,殿与亭之间以一条卷棚顶短廊相连。

岗顶建朝斗台,阮元曾为之题额“颐云坛”。朝斗台阔4.8米,深6.3米,高7.6米,全用花岗岩砌成,门楣上刻有“朝斗台”三个红色大字,两边贴有一副白底灰字的对联:“天垂象见吉凶亦须近察民情,道启人知兴废何止遥观众星。”下层为石室,沿着石级可达平台上。朝斗台是广东地区今存最早的天文台,历经百余年风雨而基本完好。

阮文达公画像石刻 道光八年(1828)

【释文】

阮芸台先生象

像左有题跋:“道光八年四月,学海堂弟子鹤山吴应逵,番禺林伯桐、张杓,嘉应吴兰修,汉军徐荣,南海熊景星、曾钊,顺德马福安,摹刻阮夫子像立于堂中,志师承也。兰修篆额并记。”

道光六年(1826),阮元指定吴应逵、林伯桐、吴兰修、徐荣、熊景星、曾钊、马福安、赵均八人为学海堂首任学长,轮流负责校务。八人均为学海堂初建时的肄业生。道光七年(1827),张杓选补学海堂学长。

“阮芸台先生象”石刻嵌学海堂北墉。六字篆额在像的上方,字径 10 厘米。题记在像的左下方,总共 64 字,楷书,字径 1.7 厘米。

新修鹤山县学宫碑记

【释文】

新修鹤山县学宫碑记

鹤山开县,始国朝雍正十年,世宗宪皇帝实赐今名,从其望也。其地距省治二百九十里,毗连恩平、开平、新兴、高明、新会诸邑,界昆仑、曹幕、大雁万山中,林深箐密,溪涧陡绝。自开县后,大化覃敷,学校并设,人俗丕变,固久同礼乐之风矣。顾治无常土,惟在有教,官斯邑者,谨其庠序,不可缓也。

鹤山文庙及书院当初创之始,本多草略,岁久益以圮败。元和徐氏香祖宰是邑,倡捐俸银,邑人士共效之助,爰始鸠工修葺,大成殿三间、棂星门三间、明伦堂三间,悉更新之,然后焕然肃然,规模大备。又书院旧址鞠为茂草,且无经费继,虽拨佃租,而岁入不敷。徐邑令重捐俸银,倡为修复,凡十楹,自大门、仪门、讲堂,以至东西斋舍、庖湢之地莫不具。又邑无文昌专祠,即于后堂祀之。添设膏火,岁延院长以司课督,生徒雍雍儒术,入孝而出弟,经益明而行益修矣。

余既为书书院堂额,多士复以修学宫碑记来请,因书此以贻之。多士勉为学而励行,余愿拭目以观厥成焉。

徐香祖(生卒年不详),字秋崖。江苏元和(今苏州)人。举人。道光四年(1824),任广东鹤山县令。道光六年(1826)、道光八年(1828)两度出任连州知州。

鹤山学宫为清代学宫,在鹤山县鹤城镇区,已圮。雍正十一年(1733),修筑鹤山县城,同时创建学宫。以后经过多次修葺。有光绪五年(1879)石刻学宫平面图保留至今。

此碑记录自吴应逵纂〔道光〕《鹤山县志》卷一;又见胡森等纂〔道光〕《肇庆府志》卷六。

汉大司农高密郑公像石刻 同治十三年(1874)

【释文】

汉大司农高密郑公象

南薰殿本。

朱鹤年摹,

阮元刻石。

同治十三年五月,学海堂重摹杭州诂经精舍拓本,刻石至山亭。

陈璞题记。

石刻原在学海堂,现存拓片。石刻部刻汉大司农郑玄画像,系摹自杭州诂经精舍拓本。阮元推崇郑玄为集大成之儒者,故将郑玄之像刻石立于学海堂。

八 云贵篇

道光六年(1826)九月十三日,阮元由广东经贵州至云南,赴云贵总督之任。道光十五年(1835),阮元由云贵总督召拜体仁阁大学士,管理刑部,后管兵部,晚年登上宰辅之位,位极人臣。他在云南九年,整顿盐政,招抚边民,修改大观楼联,编纂《云南通志稿》,访得大爨碑。据阮衍喜在《阮元山水诗赏读集》中云:“九年云贵的文治武备,虽然不能与十年两广的辉煌相比,但此时的阮总督正处在治理经验最为丰富、内政外交最有心得的时候,因而此九年也是诗人作为封疆大吏三十年最为从容淡定的九年。”他掌握了刚柔相济、高超睿智的治理方式,并已经达到了出神入化的程度。

只是阮元此时年老体衰,除了巡边阅兵,很少外出。因此此阶段有关阮元的碑刻并不多,也很少写大字,呈现从容淡定的特点。从容淡定的特点还体现在阮元在许多具有天然图画的各色大理石上的题识,后来编成《石画记》一书,有刻本传世。

《爨龙颜碑》题记石刻 道光七年(1827)

【释文】

此碑文体书法皆汉晋正传，求之北地亦不可多得，乃云南第一古石，其永宝护之。总督阮元。

《爨龙颜碑》刻于南朝刘宋孝武帝大明二年(458)。此碑高338厘米，上宽135厘米，下宽146厘米，厚25厘米。碑阳正文24行，行45字，共927字。与《爨宝子碑》相比，此碑较大，故称“大爨”。它是现存晋宋间云南最有价值的碑刻之一。碑文详细记载了爨氏的历史和墓主人祖孙三代的仕历，以及元嘉九年(432)益州赵广起义波及宁州地区，爨龙颜曾参与镇压活动的史实。爨氏为东汉末至唐初著名的“南中大姓”之一，是当时滇东和滇池地区的世袭统治者。此碑对于研究爨氏历史及其政权的组织机构、礼乐制度和民族关系等具有重要价值。此碑元李京《云南志略》中已著录。清道光七年(1827)，云贵总督阮元在贞元堡荒丘之上发现此碑，即令知州张浩建亭保护。阮元在碑文末斫角作题识。

《爨龙颜碑》现存陆良县马街镇贞元堡小学校园内。

《黑水祠故址题记》石刻 道光七年(1827)

漢書地理志滇池縣有黑水祠蓋此地也或者唐梅宋柏之間爲祠故址龍神廟乃下遷者 阮元識

【释文】

《汉书·地理志》“滇池县有黑水祠”,盖此地也。或者唐梅宋柏之间为祠故址,龙神庙乃下迁者。阮元识。

黑龙潭公园位于昆明北郊龙泉山五老峰下,占地面积91.4公顷,距离市区约17千米。古木参天,泉壑幽邃,修竹茂林,潭深水碧,景色幽深。黑龙潭有“滇中第一古祠”之称。《汉书·地理志》记载,益州郡滇池县西北有黑水祠。据阮元考证,此地在汉代时建过黑水祠。山门上的匾额“汉黑水祠”四个大字是阮元书写。

此题记是道光七年(1827),阮元游黑龙潭时,与《游黑龙潭看唐梅》诗同一年书写。

《游黑龙潭看唐梅二律》诗碑 道光七年(1827)

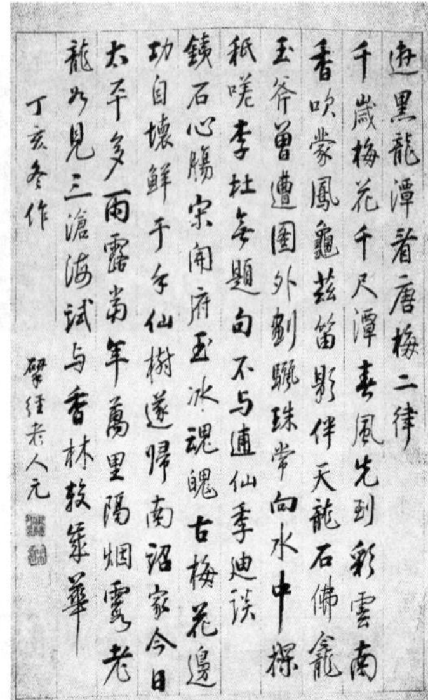

墨迹

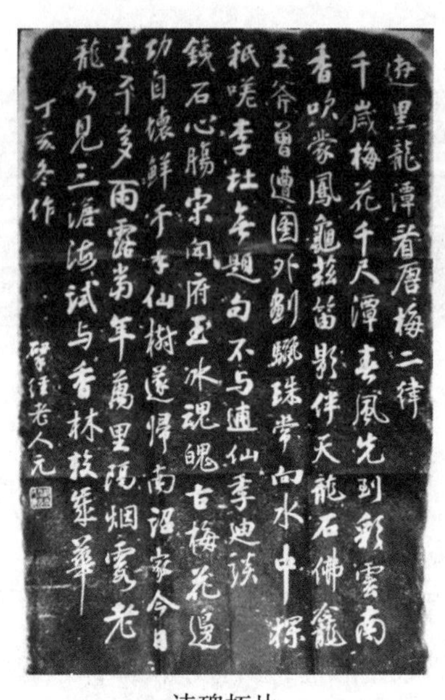

诗碑拓片

【释文】

游黑龙潭看唐梅二律

千岁梅花千尺潭,春风先到彩云南。香吹蒙凤龟兹笛,影伴天龙石佛龛。玉斧曾遭图外划,骊珠常向水中探。只嗟李杜无题句,不与逋仙季迪谈。

铁石心肠宋开府,玉冰魂魄古梅花。边功自坏鲜于手,仙树遂归南诏家。今日太平多雨露,当年万里隔烟霞。老龙如见三沧海,试与香林较岁华。

丁亥冬作,揅经老人元。

唐梅是指龙泉观三清殿前的那株业已濒于枯死的重瓣梅。这株梅树据说是唐朝开元、天宝年间的著名和尚道安手植;其实原植早已枯萎,现有的这株可能是元、明间补种的。

道光七年(1827),阮元游黑龙潭,并作《游黑龙潭看唐梅》七律二首,后书写刻石。阮元诗碑原嵌于上观三清殿玉照堂壁上,现存黑龙潭碑亭内。黑水祠真人殿中陈列着明代以来关于黑龙潭的碑刻二十余方,所以此殿又称黑龙潭碑亭或黑龙潭碑馆。唐梅、宋柏的碑刻上,可以欣赏到当年唐梅的铁骨龙姿和宋柏铁干凌霄之态。《游黑龙潭看唐梅》诗碑高 138 厘米,宽 63 厘米,厚 6 厘米。

翠微阁题诗石刻 道光八年(1828)

【释文】

水南小阁题名后,一段林峦未可忘。黄叶多时有霜气,翠微空处即秋光。眼前画意任舒卷,溪上诗情谁短长。莫怪阑干人倚久,勾留清景是斜阳。阮元题。

翠微阁

据〔民国〕《贵州通志·金石志四》:“翠微阁在府城南观音寺内,骚人游客题咏颇多。《省志》称:琳院璀璨,云木萧疏,山光水色,晴雨皆宜,诚为南郊胜境。阁榜为道光八年总督阮元所书,并题诗刻石,嵌诸阁壁。”题诗石刻为行书。

此诗收录于《揅经室集·续四集》卷八,题目为《贵州省城水南新构小阁正对溪山余名之曰翠微阁并书扁》。

《重修滇省诸葛武侯庙记》石碑 道光十五年(1835)

【释文】

重修滇省诸葛武侯庙记

滇省五华山武侯祠堂中,惟中间有武侯一象,祠亦久不修,渐朽坏矣。余于道光十五年春重修之。余谓汉时从武侯在滇立功者宜从配祀,乃滇庙非蜀庙也,遂增设左右二龛,右塑二象,东面西向,为汉兴宁侯、建宁太守、广汉将军、领交州刺史李恢,奋威将军、博阳侯、牂牁太守马忠,西面东向,为阳迁亭侯、云南太守吕凯,随丞相南征、驻安上县、遥领越嶲太守龚禄。又于门塾左右塑三像,北向立,西:封领军建宁爨习;东:擒降后封御史中丞朱提孟获、降后封将军朱提孟炎。改书正中栗主曰“汉丞相南征至滇诸葛武乡侯位”。乙未二月工毕。

道光十五年(1835)春,阮元重修五华山诸葛武侯祠,立碑于祠内。

此记录自《揅经室集·续三集》卷三。

《重修武侯祠碑题记》石刻 道光十五年(1835)

【释文】

道光十五年，总督阮元捐俸重修武侯祠，添塑李恢、吕凯、马忠、龚禄、爨习、孟获、孟炎诸像。

此题记见录于〔民国〕《新纂云南通志》卷九十九《金石考十九》："《云贵总督张公重修武侯祠碑记》，督理云南粮储水利副使道宫尔劝撰，署云南府知府清军水利同知徐炳立，内阁纂修县丞管师宗、州吏目吕春书。高七尺六寸，广三尺六寸，十五行，行三十六字，正书。乾隆十二年(1747)仲春吉旦。碑后侧增刊'道光十五年，总督阮元捐俸……诸像'四行。在昆明县五华山武侯祠。见拓片。张公允随也。"

张允随(1693—1751)，汉军镶黄旗人，字觐臣，号时斋，监生。康熙间由监生入资迁宁国同知，康熙五十七年(1718)来滇，历任楚雄府知府、储粮道、按察使、布政使、云南巡抚。乾隆二年(1737)署云贵总督，乾隆五年调任贵州总督，乾隆六年回云南任职。据《滇南碑传集》记载，张允随在滇30余年，对边防兵制有所建树，尤重视农田水利建设，官民协修，大见成效；又增开安宁、丽江等地盐井及东川铜矿，倡议开通金沙江水道以便铜运；主张疏浚洱海；筑赵州、邓川等地石坝，涸海为田万余亩。在设厂办铜、兴修水利、由民经办有所贡献。入为东阁大学士兼礼部尚书，卒谥文和。有《奏稿》行世。

太子少保两广总督世袭一等轻车都尉赠太子太师兵部尚书敏肃卢公神道碑 道光十七年(1837)

【释文】

太子少保两广总督世袭一等轻车都尉赠太子太师兵部尚书敏肃卢公神道碑

敏肃讳坤,字静之,号厚山,居涿州。涿州卢氏自汉已著。高祖振裔,赠文林郎,甘肃庄浪县知县。曾祖大成,祖秉健,父士瑚,本生父士夔,皆以敏肃贵赠光禄大夫。敏肃以乾隆甲寅举顺天乡试,嘉庆己未成进士,改庶吉士,散馆,授职兵部,随围木兰校步射,赏戴花翎,擢湖南粮储道,广东、山东兵备道,皆在仁宗朝。

今上登极,由湖北按察使、甘肃布政使授广西巡抚,调陕西巡抚。南山老林,议者谓易藏奸,不宜垦,敏肃著论,谓此地汉、唐皆开辟,金、元始荒废,历举《汉书》《蜀志》《唐书》《宋史》证之,且举汉李翕《郙阁颂》为据,遂加垦治,至今赖之。在陕丁大母忧,小祥后,会回疆有军务,特旨以行衣陛见,驰驿往甘肃,会总督办理转饷。时逆回张格尔据四城,精锐屯喀什噶尔,满、汉官兵三万七千有畸,会于阿克苏,转乌鲁木齐粮济之。敏肃上议曰:“乌鲁木齐距阿克苏三十二站,官兵以五万余人,计日需粮五百石有畸。粮二石用驼一,需驼二百五十有畸。每站置驼五百有畸,始供一往一还之用,共需驼一万六千有畸。关内外台站需驼一万有畸。乌鲁木齐雇驼七千,尚缺二万有畸,请克期购拨出关,内地之银饷、军火、器械即以此驼运。”又请以伊犁粮由冰岭运阿克苏。又议兵马过沙漠加给草豆,添设民夫,酌给羊茶诸事,凡十一条,皆报可。大兵进剿至凯旋,共拨军需银一千一百余万两,转输不竭,用无虚糜,敏肃之功也。服阕,补山东巡抚,以回疆平,加太子少保,头品顶戴。调山西、广东、江苏巡抚,升湖广总督。

十二年,湖南逆徭赵金陇作乱,敏肃亲往督师,密陈湖北提督罗思举能办贼。时湖南提督海凌阿已在宁远之下壦,被徭诱戕,副将、游击等皆战殁,新田县知县王鼎铭死之,桂阳、常宁诸土徭应贼起,众号数万。敏肃抵永州,随行士卒不满百,调诸路兵九千有畸,未即至,令坚壁清野,檄将弁各路防堵,迨湖南、湖北兵大集。元亦奉命发贵州兵一千,提督余步云、云南副将曾胜率往助之。至獠头,距贼巢十余里,会大雷雨,我兵乘势进剿,贼悉其众屯于羊泉街,罗思举等昼夜督将弁及楚、黔兵立泥淖中,仰掷火丸火弹,烧大屋数十,毙贼数千。贼党赵文凤乞降,佯许之,攻益急,生擒其子女及头目数百。金陇易服乘间遁，为我兵所杀，遗有所负木像，余贼先后就歼。天子嘉奖之，赏戴双眼花翎，世袭一等轻车都尉。方捷书之未上也，上命御前大臣户部尚书宗室禧公恩、盛京将军瑚公松额来视师，未至军，已蒇事。广东逆猺赵仔青纠众数千入楚界，声言为金陇复仇，即与钦使率新任提督余步云、总兵曾胜剿办，败之于濠江，又败之于银江，擒仔青至衡州，磔于市。广西逆猺盘均华亦起事，官兵歼之芳林渡，均华为楚界防兵所执，寘之法。时广东连山排猺又作乱，官兵失利。钦使奉命率曾胜剿平之。敏肃亦调任两广总督。时排猺新定，敏肃编查户口，设猺长、猺目，汉民村寨设练总，改绥猺同知为边要缺，教职佐杂改边俸，报可。越南奸民陈加海与内地游民冯生疔等在夷洋狗头山啸聚，偷入内洋，官兵击其八船，余悉平。西洋来粤贸易，嘆咭唎国夷人啤唠哔违法度，敏肃照例封舱，停其市。啤唠哔遣护货兵船自外洋阑入虎门，我兵炮击之，辄以炮拒，驶至黄浦。奉严旨督办。敏肃用大船载石横沉水底，复用大木筏塞水面，多设警备，断入省之路。其后路在老洲冈，复命将弁备大石船，遏其归，又备草船火攻具胁之。啤唠哔诸夷穷蹙，求给牌出口，词甚惧服，澳门夷商伽啤哈等助之请命，久乃令出虎门。奏入，上嘉谕之曰："玩则惩之，服则舍之。尚合机宜，不失国体。"敏肃之经济表见者如此。

敏肃蚤年留心经济，为有用之学。自官职方、擢监司、任封疆，所施设不自矜许。细之则案牍法则析及纤微，而曲尽人情，宅心忠厚，不为苛刻；钜之则兵革无辟，划除凶孽，绥服外夷，皆有实效。其余察吏安民、练兵弭盗、救灾备荒、辟地设险诸政不胜书，宜其上契宸衷，重邀倚任矣。道光十五年八月四日，以疾卒于位，年六十有四。帝深轸惜，赠太子太师、兵部尚书，赐谥敏肃，谕祭葬。长子端黼袭职，幼子端实、孙长生等六人以十七年三月二十日葬于涞水并上之阡。端黼以大学士扬州阮元为敏肃己未座师，乞铭神道之碑，并序之。

道光十六年(1836)，阮元嘱龚自珍代撰《卢坤神道碑铭》，后因龚撰碑文稍嫌简略，阮元复于次年重撰。《龚定庵全集》内有《赠太子太师兵部尚书两广总督谥敏肃涿州卢公神道碑铭》，与此碑文有异。

此文录自《揅经室集·续二集》卷二，铭文乃用龚自珍撰，文后阮元自注："铭乃门下士代作，故不录之。"

户部右侍郎管钱法堂春海程公神道碑铭 道光十八年(1838)

【释文】

户部右侍郎管钱法堂春海程公神道碑铭

公讳恩泽,字云芬,号春海。程氏东晋时有为新安太守者居篁墩,又迁歙南,代有隐德。曾祖筠,祖步矩,郡生员。父昌期,乾隆庚子赐进士第三人及第,上书房行走,日讲起居注官,翰林院侍讲学士。母项氏,总兵项樛木女。公年四岁,读书颖异,龀后经传皆成诵。尤好读古书,遇疑意必考问,释然而后快。乡先达曹文敏公、金辅之先生皆语学士曰:"此子逾冠,所学不可量矣。"乾隆六十年,学士卒于山东学政任,公甫十一岁,哀毁如成人。及长,补学生员,益博学经史。从外祖学骑射,能挽强力弓。最后乃与凌仲子先生游,及其阃奥,先生曰:"天人并至,博而能精,将来所成者大也。"内阁中书金应瑸以女妻之。

嘉庆甲子乡试,中式举人。居京师,益勤于学,天算、地志、六书、训诂、金石皆精究之。辛未会试中式,殿试二甲,赐进士出身,改翰林院庶吉士。散馆,授编修,充国史馆纂修官。道光元年,命在南书房行走,召谕曰:"汝父兰翘先生品学,朕昔年最敬。汝之声名,朕亦皆知,宜更守素行。"今户部侍郎祁公寯藻同召见,亲聆圣训,出语同朝,皆荣之。旋奉敕校刻《养正书屋集》。是年充四川正主考。二年,补春坊中允,恭校刻御制诗文初集。三年,放贵州学政,补翰林院侍讲,转侍读。五年,补春坊右庶子。冬,补翰林院侍讲学士。次年,调湖南学政,奉命回京仍在南书房行走,奉诏充《春秋左传》纂修官,八月,补国子监祭酒。九年,侍母项太夫人疾,其孝有愚过于礼而不告人者。太夫人卒,丁忧归歙。十一年,起服入京,仍在南书房行走。壬辰,以候补祭酒,未与考差,特放广东正主考。十二月,命在上书房行走,课惠郡王学。王敬礼师傅,出于至诚。讲学为诗古文书法,皆日有所进,甚相益。上与王论公为人,有"和而不同"之目。十三年,超擢内阁学士,兼礼部侍郎。冬,充文渊阁直阁事。十四年,授工部右侍郎,兼管钱法堂。十五年,知贡举,调户部右侍郎,管钱法堂,充殿试读卷官。闰六月,谕:"程恩泽部务较繁,著无庸在上书房行走。十六年,复充殿试读卷官。十七年,充经筵讲官。夏受暑,医逾月,病愈深,遽以七月二十九日卒。明日遗疏奏闻,上嗟叹悼惜久之,谕曰:"户部右侍郎程恩泽,由翰林荐升卿贰。前在南书房、上书房行走有年,人甚谨饬。办理部务,克尽厥职。近因感受暑湿,赏假调理,方冀速就痊愈,益资委任,兹闻溘逝,殊堪轸惜。伊子程德威,著加恩赏给举人,服阕后,准其一体会试。”德威以十八年春奉柩归葬于歙。

公之学识超于时俗，六艺九流，皆好学深思，心知其意。本工篆法，益熟精汉许氏文字之学。官贵州学政时，与布政司吴荣光同劝士民育栗蚕，其利大行于民；又重刻岳珂《五经》以训士。及奉诏刻《春秋左氏传》，与祁公寯藻共议推本贾、服，不专守杜氏一家之学。平日好士，说士技若己有。典试广东，期取实学之士，知学海堂曾钊之名，必欲得之。钊久丁忧，公不知也。书榜大失望，然所得佳士亦甚多。出闱后，与学海堂学长吴兰修等游白云山，名士会者数十人，有《蒲涧赏秋》之图咏。所著述惟《国策地名考》二十卷，已写定本，其余多未成书，实不自料其遽折。公诗文雄深博雅，稿亦盈箧，其孤方治丧，待录成卷帙，就有学者择之，当成佳集。公又多藏书，宋元以来子史杂录博览强记，金石书画亦多考订，苟有叩者，必举以应。元入京与公居相近，尚以暇相讲习。元偶校《毛诗》“有椒其馨”，“椒”字讹，本是“馥”字，其讹久在六朝，罕可相语者，持以示公。公独深会其意，谓《诗》“苾芬孝祀”，《韩诗》作“馥芬孝祀”。“馥”字，《毛》《韩》两见，形声不谬于六书，为加一证。公又谓近人治算，由《九章》以通《四元》，可谓发明绝学，而仪器则罕有传者，乃与郑君复光有修复古仪器之约。又尝深究《开元占经》，谓道光十五年木火同度，当有火灾，人验其言而韪之。吉地案发，因水之故，曹文正问公：“古有之乎？”公曰：“水啮王季墓，见棺之前和，《吕览》载其事。”所撰《国策地名考》援狄孝廉子奇为之助，狄说以夹行书之。如谓孟津在河北，非今孟津县，亦非古河阳县；蒲反非舜都，乃卫蒲邑，以尝入秦仍归，故谓之蒲反，诸条皆确不可易。公之殁也，年仅五十有三，朝野皆悼惜之。覃恩三代，皆以公官封赠至一品。金夫人以道光元年卒，二年继娶刘夫人。孙一，名新宠。公于元例称门人，且仲子先生为吾友，学术相契，因为之碑铭曰：

公之为人，和而不同。崖岸内峻，德气外冲。两世内廷，在位靖共。声名品学，守之惟公。公学之大，启于凌氏。约礼博文，实事求是。研究经义，及于子史。即以其学，望之于士。呜呼天命，限公不禄。帝论饰终，赏延世笃。遗书未定，集之可读。我铭丰碑，树之宰木。

此铭录自《揅经室集·续二集》卷二。程恩泽是阮元的再传弟子，又因他的老师凌廷堪与阮元是老友，所以阮元为他撰神道碑铭。

《王崧墓碑序》石碑 道光十九年(1839)

【释文】

(上阙)王氏崧,号乐山,己未□□榜名藩,山西武乡县令,家世□□职有藏书,赋性明敏,遍览群籍,以其余力为文,余总□嘉庆己未会试,各省皆特□□问淹通者数人,乐山其□□道光六年,余来滇,乐山年已七十余,虽门生而年长于余,□始知其学,与谈艺文,出所著《说纬》六卷相质,精思卓识,博通万卷,不囿于浅,不蔽于□,是能读九经疏义,识史家体制者矣。时滇省修通志,当事者先延乐山总其事,所著《地理》《封建》《边裔》诸篇,能得魏收、杜佑之遗法,洵为名笔。滇之佳士,颇有从而问学者,乐山若更以己所通之经史正学启迪后人,则滇人之学必益进,而不限于科名时艺矣。道光八年秋老友阮元识。右《说纬》序。十九年四月八日□□□□重刻于墓。

王崧(1752—1838),原名藩,字伯高,号乐山,浪穹(今云南洱源)人。清嘉庆进士,官山西省武乡知县。修葺辑山书院,亲自讲学。后主晋阳书院讲席。归滇后,受聘为修志局总纂,后以病辞去。多著述,为清代经学大师,是著名的白族学者。阮元与王崧旧有交谊。嘉庆四年(1799),王崧赴京会试,中第六名进士。这次会试的副总裁是时任太子少保的阮元。王崧归滇,又被阮元聘请任省志总修纂官。故王崧去世,阮元为其撰墓志碑序以悼之。此碑书法俊秀流畅,极具艺术价值。碑文对王崧生平的研究有史料价值。

《王崧墓碑序》石碑在今云南省洱源县城后山王崧墓。碑高40厘米,长85厘米,文22行,行8—22字,直行行书。右上方残损。道光十九年(1839)立。此碑用行书写成,书宗王羲之《怀仁集圣教序》,卓尔不群,精美流畅,分行布白,落落大方。

本序录自大理白族自治州白族文化研究所编《大理丛书·金石篇》卷三。

九 当代有关阮元碑刻

阮元宦迹所在地及故乡扬州,遍布纪念他的碑刻。如 1994 年,云南建“阮堤”石碑;2008 年,浙江省建“诂经精舍”纪念碑;故乡扬州在瘦西湖书画碑廊中有阮元的诗作石刻,在北湖湿地公园内有他的《扬州北湖万柳堂记》诗碑。这些碑刻既表彰了阮元在任时的功绩与他的诗文成就,也增添了景点的文化内涵。

"阮堤"石刻

【释文】

阮堤。清道光十五年(一八三五)云贵总督阮元倡捐修葺翠湖,建放生池之观鱼楼,同时筑南北长堤贯通湖心岛,称"阮堤"。堤南架燕子桥,堤北听莺桥,中间采莲桥。甲戌冬,石玉顺撰,明喜书。

清道光十五年(1835),云贵总督阮元倡捐筑堤,在放生池畔建观鱼楼,称"濠上观鱼"。阮元在莲花禅院山门外南堤的基础上,贯通翠湖南北长堤,称"阮堤"。1994年,云南建"阮堤"石碑。

石玉顺,昆明园林历史文化专家。钟明喜,昆明书法家。

诂经精舍纪念碑

【释文】

诂经精舍旧址

（余略）

2008 年 1 月，浙江省博物馆（孤山路馆区）大门东侧绿地内，诂经精舍纪念碑正式落成。诂经精舍，乃于 1801 年由阮元在其任学政期间分修《经籍纂诂》所构建之房舍基础上创办。

《暮春坐宗舫游万柳堂》诗碑

【释文】

春深何处古人情，十幅轻帆半雨晴。万树桃花万杨柳，南江春冶北湖清。

兄弟相邀共放舟，湖中游过又芳洲。绝胜十月小楼坐，不见一人间待愁。

庚子莫春，坐宗舫游万柳堂，复入江回真州看桃花，同敬斋、慎斋两弟并子孔厚

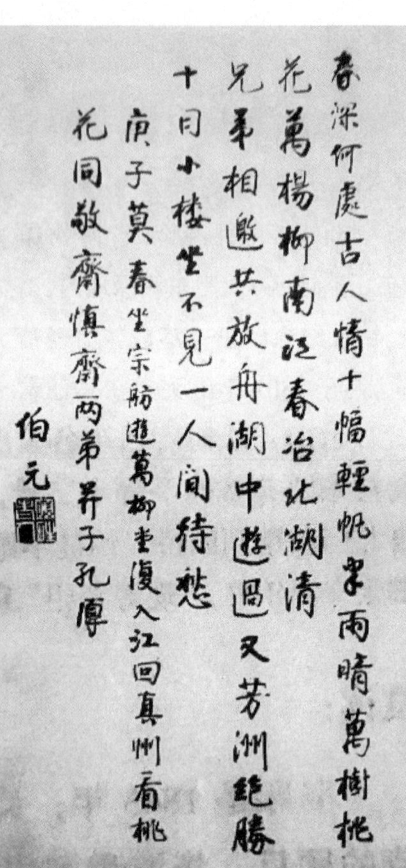

《暮春坐宗舫游万柳堂》墨迹

瘦西湖书画碑廊内立有阮元诗碑刻《暮春坐宗舫游万柳堂》七绝二首。

《扬州北湖万柳堂记》石碑

【释文】

扬州北湖万柳堂记

阮元

京师万柳堂者，元平章廉文正（希宪）、赵文敏（孟頫）宴集之地，朱氏《日下旧闻》载之。康熙时，为冯益都相国之亦园，鸿博名流，多集于此，今改拈花寺。嘉庆十五年，余与朱野云处士常游此地，补栽花柳，颇致延眷。道光十八年，予告出都，僧请书扁，为书“元万柳堂”四字。此京城东南隅之万柳堂也。余家扬州郡城北四十里僧道桥，桥东八里赤岸湖，有珠湖草堂，乃先祖钓游之地。嘉庆初，先考复购田庄，余曾在此刈麦、捕鱼，致可乐也。乃自此后二三十年，皆没于洪湖下泄之水，楼庄多半倾圮，幸莺巢故在。归里次年，从弟慎斋谓昔年水大，深八九尺，近年水小，尚四五尺，宜筑围堤北渚，二叔亦以为然。于是择田之低者五百亩堤之，而弃其太低者。又虑与露筋祠、召伯埭相对，湖宽二十里，宜多栽柳以御夏秋之水波，取江洲细柳二万枝遍插之，兼伐湖岸柳干插之。且旧庄本有老柳数百株，堤内外每一佃渔亦各有老柳数十株，乃于庄门前署曰“万柳堂”，可以课稼观渔，返于先畴，远于尘俗。数年后，客有登露筋西望者，可见此间柳色也。今因咏万柳堂，分为八咏：一曰珠湖草堂，二曰万柳堂，三曰柳堂荷雨，四曰太平渔乡，五曰秋田归获，六曰黄鸟隅，七曰三十六陂亭，八曰定香亭。此扬州北湖之万柳堂也。

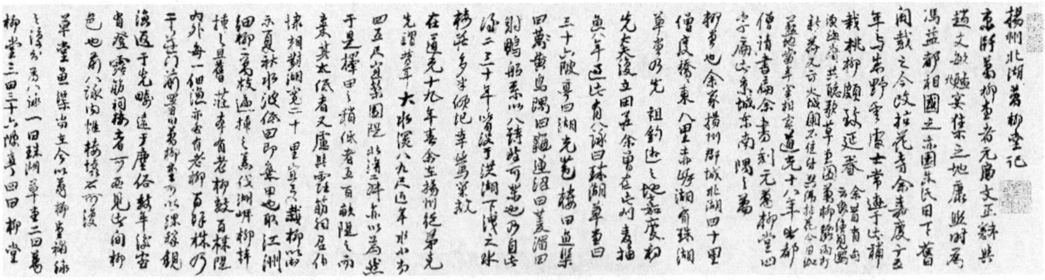

《扬州北湖万柳堂记》墨迹

此记录自阮先《北湖续志》卷三。

浙江省博物馆藏阮元《扬州北湖万柳堂记》行书横幅，与此文稍有不同。

2022 年，扬州北湖湿地公园在园内复建珠湖草堂，立碑镌刻《扬州北湖万柳堂记》。

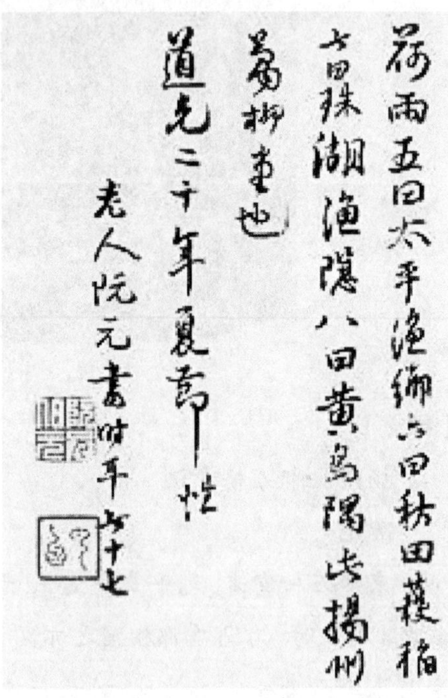
荷雨五日太平漁鄉六日秋田穫稻
七日珠湖漁隱八日黃鳥隅長揚州
萬柳堂也
道光二十年夏節 怡性
老人阮元書時年七十七

《扬州北湖万柳堂记》墨迹（局部）

十 阮元家庙碑刻

阮氏家庙坐落于扬州市广陵区毓贤街6-8号。家庙一路封头的临街南墙外壁上，嵌石刻“太傅文达阮公家庙”横额。外墙背面有乾隆御赐“福”字砖刻。厅门阶下左侧立《扬州阮氏家庙碑》，右侧有井一孔，阮元命名为“文选泉”。

大门对面照壁，东有砖刻“御赐出门见喜”六字，西还有“福”字砖刻，原照壁与家庙齐宽。现在只剩下东面的照壁，据阮元后人阮家鼎回忆，原刻“出门见喜”的“喜”，被刻成了“禧”，显然已非原物。2016年，一场暴雨后，“开门见禧”竖匾坍塌，断了几截。后按原样修复到位。

“太傅文达阮公家庙”石刻

“福”字砖刻

“御赐出门见喜”砖刻

扬州阮氏家庙碑

【释文】

扬州阮氏家庙碑

嘉庆九年,岁星次甲子,元抚浙五年矣。父呼元于庭,语元曰:“元,汝知古礼乎?知今制乎?《孝经》谓‘守其宗庙’,为‘卿大夫之孝。’《礼》:‘君子营宫室,宗庙为先,居室为后。’故古卿大夫、士,皆有庙以祭其先祖,此古礼也。我《大清会典》载品官皆有家庙,一、二、三品官,庙五间、两室、阶五级、两庑、三门,以朝服、少牢、俎豆、铏爵,祀高、曾、祖、祢四世,祧者以昭穆藏于夹室,此今制也。我显考琢庵府君以武功贵,雍正十三年,受恩赠封,祖、父皆昭勇将军,妣皆淑人。吾教汝学,汝贵,嘉庆四年,受恩赠封,曾祖、祖、父皆光禄大夫,妣皆一品夫人。今吾家惟北湖公道桥有族祠,在城无家庙,非礼制也。卿大夫受禄于朝,恩及先世,至正一品,崇矣,乃犹若庶人祭于寝,可乎?今年,帝考岳牧之绩,帝曰:‘汝元有守有为,清俭持躬。敕部臣加一级。’汝奉职无微劳,恩至重,褒至荣,曷克称此?顾俭于躬,勿俭于乃先祖。其遵《会典》,立阮氏家庙,吾将敬奉祀事。”元拜受命,曰:“唯。”迺卜地于扬州府旧城文选楼北兴仁街,鸠工庀材,越九月,庙成。奉高、曾、祖、祢四室木主及祔位主入庙,祭田、祭器、祭服咸备,以成礼制,以致孝敬。树碑于外东阶,与文选泉东西相直,铭曰:

阮氏偃姓,肇受商周。晋宋之间,著望陈留。唐宋乃南,临江分流。元末江右,武功以显。明徙豪杰,江淮运转。大河阮氏,族姓乃衍。明季徭频,脱籍于扬。崇祯之终,迁于北乡。我朝选材,甲科腾骧。匪曰甲科,实有隐德。历世仁厚,节俭正直。内备宿卫,在帝之侧。出将楚兵,南征有苗。十战皆捷,受降于郊。碑题缓带,家藏佩刀。帝锡四世,阶如孙秩。作庙扬州,得祀四室。非敢后也,有待今日。祖德荫后,后嗣奉先。隆厥栋梁,洁我豆笾。子子孙孙,保之万年。万年永保,作善降祥。报国之恩,衍家之庆。文武孝慈,世系繁昌。

此碑文录自《揅经室集·二集》卷二。

扬州隋文选楼记

【释文】

扬州隋文选楼记

扬州旧城文选楼、文选巷，考古者以为即曹宪故宅。《嘉靖图志》所称“文选巷”者也。宋王象之《舆地纪胜》于“扬州”载“文选楼”，注引旧《图经》云：“文选巷即其处也。炀帝尝幸焉。”元案：新、旧《唐书》：曹宪，江都人，仕隋为秘书学士，聚徒教授，凡数百人，公卿多从之游。于小学尤邃，自汉杜林、卫宏以后，古文亡绝，至宪复兴。炀帝令与诸儒撰《桂苑珠丛》，规正文字。又注《博雅》。贞观中，以宏文馆学士召，不至，即家拜朝散大夫。卒，年百五岁。宪始以梁《昭明文选》授诸生，而同郡魏模、公孙罗、江都李善，相继传授，于是其学大兴。罗官沛王府参军事、无锡丞，模武后时为左拾遗。模子景倩，官度支郎，及曹君门人句容处士许淹，皆世传其学。善，见子邕传。又《李邕传》云：“江都人。父善，有雅行，淹贯古今，不能属辞，人号‘书簏’。官太子内府事参军。显庆中，累擢崇贤馆直学士，转兰台郎，兼沛王侍读。为《文选注》，敷析渊洽，表上之，赐赉颇渥。除潞王记室参军，为泾城令。坐与贺兰敏之善，流姚州，遇赦还，居汴、郑间讲授，诸生四远至，传其业，号‘文选学’。善又尝命子邕北海太守赠秘书监，补益《文选注》，与善书并行。”

又《艺文志》载曹宪《尔雅音义》二卷、《博雅》十卷、《文字指归》四卷、《桂苑珠丛》一百卷，李善注《文选》六十卷、《文选辨惑》十卷，公孙罗注《文选》六十卷，又《音义》十卷，曹宪《文选音义》几卷。

元谓古人古文小学与词赋，同源共流，汉之相如、子云，无不深通古文雅训。至隋时，曹宪在江、淮间，其道大明。马、扬之学传于《文选》，故曹宪既精雅训，又精《选》学，传于一郡。公孙罗等皆有《选》注。至李善集其成。然则曹、魏、公孙之注，半存李善注中矣。宪于贞观中年百五岁，度生于梁大同时，尔时扬州称“扬一益二”，最殷盛。文选巷当是曹氏故居，即今旧城旌忠寺文选楼西北之街也。今楼中但奉昭明栗主。元以为昭明不在扬州，扬州选楼因曹氏得名，当祀曹宪主，以魏模、公孙罗、李善、魏景倩、李邕、许淹配之。《唐书》于李善称“江夏人”，而《李邕传》则曰“江都人”，盖“江夏”乃李氏郡望。《唐韵》载李氏有江夏望，《大唐新语》亦称“江夏李善”，李白诗亦称“江夏李邕”。是善、邕实江都人，为曹、魏诸君同郡也。唐人属文，尚精《选》学，五代后乃废弃之。昭明选例，以"沉思翰藻"为主，经、史、子三者，皆所不选。唐、宋古文，以经、史、子三者为本。然则韩昌黎诸人之所取，乃昭明之所不选，其例已明著于《文选序》者也。《桂苑珠丛》久亡佚，间见引于他书，其书谅有部居，为小学训诂之渊海，故隋、唐间人注书，引据便而博。元幼时即为《文选》学，既而为《经籍纂诂》二百十二卷，犹此志也。此元曩日之所考也。

嘉庆九年，元既奉先大夫命，遵国制立阮氏家庙。庙在文选楼、文选巷之间，庙西余地，先大夫谕构西塾，以为子姓斋宿饮馂之所，元因请为楼五楹，题曰"隋文选楼"。楼之上，奉曹君及魏君、公孙君、李君、许君七栗主。楼之下，为西塾。经管方始，先大夫恸捐馆舍。元于十年冬，哀敬肯构之。越既祥，书此以示子孙，俾知先大夫存古迹、祀乡贤、展庙祀之盛心也。元谨记。

此记录自《揅经室集·二集》卷二。

《昙乐造像记》及题跋石刻

【释文】

此宇文周武帝造象石也。扬州阮氏得自陕西，嵌文选楼壁间。嘉庆十年记。

《昙乐造像记》刻于建德元年(572)四月十五日，造像石在陕西省境。

嘉庆十年(1805)，阮元得自陕西，乃嵌置于文选楼壁间，并有题跋。此拓分拓三纸，均高9厘米，一纸26厘米，另两纸宽24厘米，铭文16行，满行3字至5字不等，正书，字迹甚草率。或著录为“昙贵造像”。

建德元年
四月十五日
比丘尼曇
樂為亡姪
羅睺敬造
釋迦石像
一區
比丘尼宣和
佛弟子

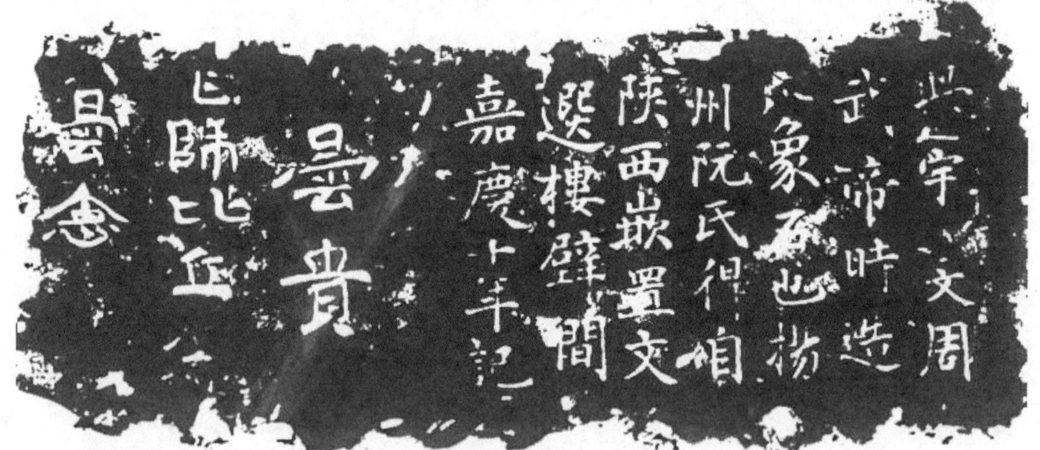
此字文周
武帝時造
象石也揚
州阮氏得自
陝西歲置文
選樓壁間
嘉慶十年記
曇貴
亡師比丘
曇念

父伯奴
母追四姜
兄桃兄
姊阿老
呂亡慈
李清女
呂眹胡

《扬州隋文选楼碑铭》石碑

【释文】

扬州隋文选楼碑铭

阮元撰,金匮钱泳书

扬州隋文选楼巷,多见于宋王象之《舆地纪胜》等书。隋曹宪以《文选》学开之,唐李善等以注选继之,非昭明太子读书处也。罗愿《鄂州集》所谓文选巷、刘氏墨庄,亦其地也。予之宅为选巷旧址。嘉庆十年冬,遵先大夫遗志,于家庙西建隋文选楼。楼下为庙之西塾,楼上祀隋秘书监曹宪,以唐沛王府参军公孙罗、左拾遗魏模、模子度支郎景倩、崇贤馆直学士李善、善子北海太守邕、句容处士许淹配之。嘉庆十二年服除,乃为铭曰:

文选楼巷,久著于扬。曹氏创隋,李氏居唐。祥符以后,厥有墨庄。阮氏居之,庙祀江乡。建隋选楼,用别于梁。栋充书帙,窗散芸香。刻铭片石,树我山墙。

扬州隋文选楼碑铭石刻原嵌于阮元家庙文选楼山墙上,碑铭为阮元亲自撰文,该石刻书写者钱泳。

解放战争时期,国民党部队入驻阮元家庙,由此文选楼渐圮。文选楼记碑石幸被扬州名医耿鉴庭发现。2011 年复建隋文选楼时,其子耿刘同献碑,置于楼下左侧。

揚州隨文選樓碑銘 阮元撰 金匱錢泳書

揚州隨文選樓巷多見於宋王象之輿地紀勝等書隨曹憲以文選學開之唐李善等以注選繼之非昭明太子讀書處也羅願鄂州集所謂文選巷劉氏里莊亦其地也予之宅為選巷舊址嘉慶十年予遵先大夫遺志於家廟西建隨文選樓樓下為廟之西塾樓上祀隨秘書監曹憲以唐沛王府參軍公孫羅左拾遺魏模模子度支郎景倩崇賢館直學士李善善子北海太守邕句容處士許淹配之嘉慶十二年服除乃為銘曰

文選樓巷久著於揚曹氏創隨李氏居唐祥符以後廟有墨莊阮氏居之廟祀江鄉建隨選樓用別於梁梯元書特憲敢論者刻銘片石樹我山牆

《官批阮氏义产章程》石刻

【释文】

具呈扬州府甘泉县生员阮鸿呈，为捐置义庄，以奉祭祀，以赡宗族、以兴义举事。［窃］生族迁居甘泉之僧道桥二百余年，族众齿繁。族兄御封光禄大夫湘圃公，在桥独力捐建阖族祠堂一所，以奉祭祀；又遵《大清会典》，建家庙于郡城，以奉高、曾、祖、祢祭祀；又敬读《圣谕广训》"置义田以赡贫乏"一条，因兄子元蒙恩历任学政、户部侍郎、浙江巡抚，多年省积年俸，方欲捐置义产，遽于上年在任［弃］养，（未）克办竟。兄子元丁忧在籍，仰遵先志，以银一万七千八百余两，契买仪征县江中芦洲一区，将以岁入之息支应各事之用。生与阖族弟兄、子侄悉心公议，分为十六条。一奉宗祠庙墓祭祀、一修理各祠庙、一养族中老疾、一设家塾课子弟读书、一给子弟艺业费、一助族中考费、一助族中丧葬、一捐置义冢、一赡族中贞节妇女、一给族中贫［者衣］（被）、一助族中嫁娶、一给族中生子女喜银、一助江甘仪三县举人公车卷费、一刻江甘仪三县节烈题名碑、一设立义渡船、一议定章程以全义举。以上十六条别为细目章程，粘单附呈于后。查此项义产，乃（参）仿苏州范氏、平湖陆氏义田及近今平湖吴河帅、杭州陆中丞家义产，详案规条，以彰君赐而遵先训。惟族中人数众多，恐日久［弊］生：或生兄侄后人将此收回分析抵［拨］、盗卖盗典；或司事侵渔、族人争执，或工佃刁顽滋事，皆未可定，必须仰恳大司空大宪大人批准立案，勒石庙塾，修载志乘。庶可仰赖大宪大德维持，以垂永久，阖族人众，均感戴鸿慈于不朽矣。除具呈仪征本县案下，恳请照例通详请批外，谨此上呈。

章程条目：一、敬奉宗祠庙墓祭祀也。凡僧道桥宗祠、府城家庙祭祀及看祠人日食、年节供献，皆由东塾办之。南门、雷塘、僧道桥各祖坟拜扫，祭品、舟车、补树、修圹各费，皆由塾中办之。掌族中勤护之人，由东塾额银办理，事毕核销。一、修理祠庙也。凡僧道桥宗祠、府城家庙、庙左东塾、庙右文选楼西塾、西门海岱庵、雷塘墓庐、陈家集天后宫，有所损坏，皆由东塾酌分缓急修葺之，各处香火亦由塾中给之。一、养族中老疾也。凡族中男女年逾七十以上者，月赠颐老银五钱，八十者八钱，九十者一两二钱，有废疾无依者，月赠养疾银一两。一、设家塾，课族子弟读书也。僧道桥阖族所居，光禄公久已捐设学房、延师课读，凡讲学、属文、读经者，分别授业。所有束修、膳资，以后皆由东塾支给，其愿自延师者，听之。如有［包漕抗粮］、品行不端、不孝不弟者，尊

长传至祠庙，分别惩处。东塾第八代以下小宗子弟延师，亦如之。一、给子弟艺业之费也。如子弟读书至十五岁，质钝难成，贫无恒产，自愿学艺、贸易者，给银二十两为[柜]费，如浪用无存及博奕、好饮滋事者，尊长传至祠庙，分别责惩处置。一、助族中考费也。凡族中子弟应县试者，不论贫富给银二两，府试者二两，院试者四两，乡试者八两，会试者八十两，殿试者一百二十两。前后各条，凡小宗给数皆倍之。一、助族中丧葬也。凡族中丧事，贫无以为敛者，助银十六两，无力葬者，助银五两。一、捐置义冢也。凡族中贫无葬地者，塾中买地族葬之。其僧道桥异姓，贫无葬地者，别买地丛葬之。一、赡族中贞节也。凡族中贞节贫苦者，每月致银八钱，合例者代请旌表。一、给族中御寒衣被也。凡冬令族中寒无衣者，无论男女，第一冬给大棉袄一件，第二冬给小棉袄、绵裤二件，第三、四、五冬不给，第六冬周而复给；年六十以上者，第一冬加给棉被一条，第二冬给绵褥一条，第三、四、五冬不给，第六冬周而复给；七十以上者，赠[二毛麦毯羊皮衣一件]。一、助族中嫁娶也。凡族中贫未嫁娶者，娶妇助银二十四两，嫁女助银十六两。一、给生子女喜银也。凡族中生子女者，无论贫富，男子四两，女子一两，登名于谱。一、助江、甘、仪三县举人公车卷费也。东塾每年积存银乙百两，三年三百两，预于[腊]底寄至京师扬州会馆，俟会试者到齐，无论人数多寡，[尽]银分致。恩科则以一年、二年所积，不再加增。一、刻江、甘、仪三县节烈题名碑也。节烈题名碑已经东塾捐建各县贞节祠内矣，以后每年秋初，由各学将本年应行题名之字开列，传知本塾顾工刻石。一、设立义渡船也。由扬州至僧道桥路[隔]湖津，宗祠造设大渡船一只，往来载人；又礼祀洲造红船一只，在仪征、瓜洲一带往来，载渡办事人等。遇有风波便即救生，如救得溺人者，优加奖赏。各船小修、大修、拆造，届期由塾中办理官差优免。一、议定章程以全义举也。此洲乃买自扬州旧家祖业，完课多年，四至久极清楚。现在按照旧额完课，年加培植，如有坍涨，照例由县豁升。以后塾中事务，皆由小宗议延，公正明练；族戚司事账设于东塾，每年五月结算一次，立旧[管]新，收开除现在四[柱]清册。如支应各事尚有不足，仍由生侄元捐俸补足。如有余剩，则酌为积存若干生息，为将来置山田之用，其余为元之子孙赡读之用。再此[洲芦]虽无水旱，究系江中沙地，亦尚未议及给发族人贫乏食米，应俟将来积款有余，或元及元之子孙及族中各房力有丰余者，续行捐项，增行[义]事，广置山田，再为随时补呈归案请详，以期永远勿替。

呈仪征县呈尾皆未可定之下示，必须恳请通详，批准立案，勒石庙塾，修载志乘，庶可仰赖各宪大德维持，以垂久远，阖族人众均感戴于不朽矣。再祠庙墓地皆在甘泉县境，并乞老父台移明甘邑父台存案，谨呈。

嘉庆十一年十月初三日。

工部尚书、江苏巡抚部院汪批：按《书》曰“以亲九族”,《诗》曰“本支百世”,则知敦宗睦族之道由来尚矣。帝王且然,况其下焉者乎！后世士大夫家遵行之,其要有三：曰尊尊,曰老老,曰贤贤。其务又有四：曰矜［幼］弱,曰恤孤寡,曰周窘急,曰解忿竞。其引伸触类,为义田、义庄、义仓,为义学,为义冢,教养同族,使生死无［失所］者,皆仁人孝子所当为者也。昔晏平仲羸马敝车、躬行节俭,以赡父族、母族、妻族及国之士,待举火者三百人,初未尝隐君之赐也。又陶渊明之言曰：“同源分流,人易世疏,慨焉寤叹,念兹厥初。”范文正之言曰：“宗族于吾,固有亲疏,自祖宗视之,则皆是子孙,固无亲疏。”盖一本之重而不可［漠］视也如此。今扬郡阮氏建祠庙、置田产,以奉祭祀而赡宗族,［并］广种种义［举］,亦由行古之道也。而［芸台］中丞,且以多年省积廉俸,捐增义产,［尤］得范、陶二公意,有晏子风焉。兹据该官阮名鸿者,呈请立案,并附章程条目于后,［间］堪垂诸久远,但恐日久弊生,如所指捐义产,后人收回分析抵拨、盗卖盗典,或司事侵渔、族人争执,或工佃刁顽滋事数端,实不可不防其渐。仰江宁布政司核饬各该县查明,勒石庙塾,载入志乘,仍将契单注明“义产不许收回及私典盗卖”钤印,给与收执；另立义产户口完粮,迅速通详立案,章程并发。

两江总督部堂铁批：据详该官捐置义产为敬宗睦族之举,远师范文正遗规,近仿张司寇家法,洵为大江南北不朽盛事,使闻风而［起］者家知礼让,人习敦［庞］。凡廉俸所余,经营所积,私于一家,不如公诸阖族。本部堂不独于该官深为嘉许,且于风俗人心有厚望焉。仰江宁布政司速饬各该县查明,将契单填注“义产”字样,钤印给执,并于鳞册另立户口,完纳漕粮。严禁后人私自收回分析抵拨,盗卖盗买以及司事侵渔、族人争管,佃工抗欠各情弊。仍听本官勒石庙塾,垂示久远。再查洲产坍涨不定,应随时报县升豁,邻洲不得争［执］。如有续置田地,许该官补［备］归案。所有甘邑坟墓祠墓等处,并饬该县出示防护。其应否咨部立案之处,一并确查,例案核议通详,察［夺］毋迟,此［缴］册并发仍缴。

嘉庆十一年冬立春日,繁昌鲍震书丹。

鲍震,字东方。安徽繁昌(今芜湖市繁昌区)人。书法家。

此碑嵌于阮元家庙东线第二进院中。共3方,青石质,小横碑,每方高约49厘米,宽为79厘米。

阮元与阮氏族亲共拟《阮氏义产章程》十六条,后经官宪签批给示存案,勒石庙塾。在家庙中放置此碑,除了向族中子弟展示建立阮氏家庙的原因经过,更重要的是为了规范家庙的管理,团结宗亲,传承弘扬家族文化。

御制晋加太傅衔致仕大学士阮元祭文碑

【释文】

御制祭文

朕惟：宦辙几遍天下，碧幢申良牧之怀；宰相须读书人，绿野系荩臣之念。怆骑箕之顿，邈饰终既恩渥先朝；推荐罜之惟馨，眷旧宜典隆初服。彝章载考，奠醊斯颁。尔晋加太傅致仕大学士阮元，学有本原，才能干济，诞生南国，早涉西清。修《宝笈》于石渠，金声玉润；辑《儒林》于昭代，汉茂宋醇。蒙高庙特达之知，升端闱以视学；荷皇祖逾常之眷，擢制抚以巡方。虽罣议偶私于僚谊，而加恩特褒夫官声。词苑回翔，冬官洊历。漕河持节，综括全筹；江右移旌，立惩巨案。畀宫衔而兼领，加吉羽以飘缨。由是调抚中州，旋跻总制，禁南北宣猷一载，粤东西统辖九年。筹海巡边，治术胥繇经术；文通武达，名藩端属名儒。际庶务之优闲，材储学海；进十函之《纂诂》，籍庋文渊。凡兹列镇之勋勤，久沐先皇之宠锡。逮事皇考，图任旧人，南滇之重寄频移，东阁之参知特简。晋接缓晨趋之鞚，式体桑榆；升华秉春试之衡，栽培桃李。三年使相，百揆奋庸，膺疆寄而棨戟遍临，晋台辅而兵刑交统。加以体仁，拜命总宪。兼权表词馆以作师，直经筵而进讲。虽深念引年之义，乞身至于再三；而重违止足之忱，慰谕申于数四。许养恬以延鹤算，全俸递支；喜宴衎载赴鹿鸣，三公聿晋。宠章锡嘏，方期衍庆于遐龄；殷礼酬庸，遽叹沦徂乎元老。身后之遗章猝览，生前之吏议胥蠲。易名而文达无惭，延赏而恩施勿替。极三朝之宠遇，为一代之完人。朕兹大统初膺，老成丕念，谕疆臣以代酹，崇祀事而升香。於戏！文献犹存，伫见德言之不朽；苾芬是享，空怀寿耇之无遗。灵而有知，尚其来格。

道光三十年□月□日

十一　阮元家族墓碑刻

阮元家族墓位于雷塘，今平山乡槐子村。阮元家族墓由阮元祖父母合葬墓、父母合葬墓以及阮元夫妇合葬墓组成，先后共安葬阮家五代及附葬人员20余人。原在墓地南，奉旨建有一座四柱三间冲天式石牌坊，上刻“太子太保体仁阁大学士阮文达公墓道”，今不存。

阮元家族墓园屡遭破坏，现存阮元家族墓茔，有单门石牌坊一座，上方刻有隶书“雷塘阮墓”四字。神道碑虽因年岁久远，风化严重，但所刻碑文尚能辨认。神道碑正面刻《阮昭勇将军琢庵光禄大夫湘圃公昭穆神道碑铭》，碑阴刻《雷塘阮元墓园记》。阮元墓冢前墓碑碑面上首以行书体刻“皇清诰授光禄大夫太傅体仁阁大学士阮文达公墓表”，系清咸丰元年（1851）所立，墓表由兵部侍郎杨文定撰文，记载阮元生平事迹及其儿孙简况。

雷塘阮墓石牌坊

《雷塘阮氏墓图记》石碑

【释文】

雷塘在扬州宋宝祐废城之北,汉谓之"雷波",亦谓之"雷陂"。六朝后称"雷塘"。有上、中、下三塘之分。中塘最大,长亘东南,形如连阜,筑其缺处,可潴水千亩。今惟田中一涧,宽数丈,出其巽方缺处而已。雷塘水源从西北甘泉山来,行十余里,入秦九女涧。又十余里,入上雷塘、中雷塘。又五六里,入下东塘,由槐子河入运河。别有炀帝沟,水出上雷塘之后,由中塘之北而东至辰方,交于中雷塘之水,其迤南之巽方,即元祖昭勇将军墓所向也。元考光禄公墓在祖墓之昭,为子午兼壬丙向,刻立阡表。阡中灰隔深八尺,围四丈,墓铭在灰隔中。墓中不藏寸金片玉。今以弟八世光禄公墓起算,由墓向西北为酉辛间线长一丈五尺,为叔祖恺闻公墓。由墓向西北为酉辛间线长四丈,为祖昭勇将军墓。为坤申间线十六丈,为高祖妣蒋太淑人墓,为曾祖光禄大夫宗尹公暨曾祖妣周太夫人墓,为叔曾祖发庵公之配秦太安人墓。为亥线十八丈,为庶祖妣吉夫人墓。二十一丈,为二伯父庶吉士方训公暨配江安人墓,为四伯父长殇端四公墓。为寅线六丈五尺,为四世祖武德将军尊光公墓。为辰巽间线十九丈五尺,乃至神道碑下。为坤线一百二十丈,乃至墓道石坊及墓庐阮公楼下。为辰线二百三十四丈,为雷塘出水之巽方。炀帝沟,今俗名"杨家涧",在炀帝墓南一里许。此雷塘阮氏墓之大略也。别为图以明之。呜呼!佳城何常,惟德是依耳。祖父以德居此,子孙不以积善行德永保之,是不孝矣!书此刻于神道碑阴,子姓读者,其敬凛之。

神道碑阴刻有《雷塘阮氏墓图记》,为阮元于嘉庆十二年(1807)所撰。

雷塘阡表

【释文】

雷塘阡表

嘉庆十年冬十有二月乙酉，葬我显考湘圃府君于扬州城北中雷塘祖墓之侧。显妣林太夫人先以乾隆四十六年卒，葬于此，遂祔焉。既乞铭，刻纳墓中。越既祥，子元乃表于墓曰：

我府君于雍正十二年二月二十六日，生于祖考琢庵府君湖北官署。三岁，随之湖南。七岁，祖考有征苗之捷，受降止杀，全活甚多。凯旋之日，旌旗蔽山，府君忆及，恒言之。祖考复任广东，命府君归奉大母周太夫人于扬州。府君年二十六，娶显妣林夫人。明年，丁祖考丧暨周太夫人丧，致哀毁，礼无不举。显妣主阃内，不令释、道与丧事，曰："非礼也。"府君年三十一生元。时家益中落，府君耿介守贫，暮行，蹴地得金数镒，坐待觅者，问而归之。以奉大母且遭丧，未就试，及是补国学生。读书治《左氏春秋》，为古文辞。生长行间，耐骑马，善射。熟复司马公《资治通鉴》，于成败治乱、战阵谋略多辨论，举以教元。尝教元射，曰："此儒者事，亦吾家学也。"显妣生于雍正十三年二月四日，考讳廷和，癸酉江都县举人，官福建大田县知县。显妣通书史，明古今大谊，逮事祖姑，尽孝养，举止必衷于礼法。于归次年，丁重丧，乃减食指，遣仆妇，自翦指爪，亲澣濯。元七八岁，口吃，读《孟子》"孟施舍守气"章，不上口，塾师莫能为力，显妣曰："尔姑从我缓缓读。"已而，乃成诵。复手写白居易诸诗，授元读之，教以四声属对之法，元于是能作诗。及为成童，于亲师取友、谨言慎行之道，诲尤切。府君壮岁游楚中。乾隆五十六年，元官詹事，在南书房行走，就养京师。元官山东学政、浙江学政、浙江巡抚，皆迎养。嘉庆五年夏，安南伪总兵盗船及闽盗凤尾等船，勾结数千人，阑浙之松门，元会水陆兵于台州御击之。府君在杭州，冒暑视铸大炮工，济军前之用；时时寄示机宜，元得所受。六月廿二日大风雨，盗船荡覆，元乘风击之，获其余盗及安南伪总兵伪爵侯，府君教也。杭州创建普济堂，冬赈粥，贡院士子万舍皆甃石版，若兹事亦府君教也。府君教元练兵省刑，毋讳灾。嘉庆五年、六年金华、诸暨等县灾，九年、十年浙西灾，府君教元请振恤，以体皇上爱民之心，前后凡蒙恩赈二百数十万口。府君自出俸银一万四千两以助赈，曰："此我数年来俭积之廉俸，今用以救饥民，得用之之道矣。"我阮氏聚族于府城北四十里之公道桥，族姓繁，未有祖祠。府君独出俸钱建祠、置祭田，阖族春秋祀焉。祠侧设塾，延师教子弟，使之读书知学。又于府城文选楼后街建阮氏家庙，遵大清会典一品官制，庙五间、两庑、三门，以少牢祀高、曾、祖、祢四室及东、西祔，曰："受封赠于朝为正一品，犹若庶人祭于寝，可乎？"兹所立庙，为古礼，亦国制也。府君性正直刚毅，仁厚忠诚，生平不为欺人之语，不为刻核之事。与显妣相敬如宾，显妣治家事，不动声色，皆就理，故府君出游无内顾忧。族戚中有学识者，闻显妣论事理，叹曰："真女中丈夫，且世之丈夫犹不及也。"显妣性嗜图籍，亦爱山林，蚤岁从父之官福建，揽西湖、严濑、仙霞岭诸胜，常常言之。乾隆辛丑八月二日，以暑疾卒于扬州。府君于嘉庆十年闰六月十五日，以湿热之疾卒于杭州巡抚署中。以元官封儒林郎、翰林院庶吉士，累封资政大夫、内阁学士兼礼部侍郎加一级、荣禄大夫、户部左侍郎加一级、光禄大夫、户部左侍郎加三级。显妣初赠安人，累赠夫人、一品夫人。呜呼！吾显考蒙祖考清白之业，秉孝慈之德，兼文武之材，弢光积善，以贻于元之身。且考妣惟生元一人，抚之育之，教之勖之，凡元之学有所进，识有所明，少备国家任使者，皆数十年义方之训，劬劳罔极之恩也。兹以合葬，刻石于阡，以表我二亲之德。爰出家牒，乞翰林前辈奉贤陈先生廷庆书石并填讳书先世。男元表。

湘圃公讳承信，字得中。曾祖讳枢良，赠昭勇将军，配蒋淑人，赠淑人。祖讳时衡，封奉政大夫，赠昭勇将军，累赠荣禄大夫、光禄大夫、户部左侍郎，配周太夫人，封宜人、太淑人，赠夫人、一品夫人。父讳玉堂，康熙乙未进士，三等侍卫，赏戴花翎，湖北抚标、湖南九溪、河南卫辉参将，广东钦州游击，议叙头等军功，诰授昭勇将军，累赠资政大夫、荣禄大夫、光禄大夫、户部左侍郎，配汪夫人、继配江夫人，赠封淑人，累赠夫人、一品夫人。湘圃公江夫人出。湘圃公生子一。孙四，曰常生，曰福，曰祜，曰孔厚。

奉贤陈廷庆书石填讳。

陈廷庆(1754—1813)，字兆同，一字桂堂，号古华，别号非翁，奉贤(今属上海市)人。乾隆四十六年(1781)进士，曾任辰州(今湖南沅陵)知府。工诗词，善书法。

此文录自《揅经室集·二集》卷二。

《雷塘阮公楼石刻象记》石碑

【释文】

雷塘阮公楼石刻象记

扬州城北中雷塘,即隋之大雷,《汉书》所谓“雷波”也。其地势自甘泉山来,两水夹地而行数十里,会于塘之东南。元四世祖武德将军尊光公,明天启间,实始葬于此。六世祖曾祖考光禄赠君宗尹公、七世祖考昭勇将军琢庵公、八世考光禄封君湘圃公,皆以昭穆附葬焉。墓西南半里许,有墓庐,庐北有楼三楹,高二丈许。东望松楸、碑石,皆在目前。每当霜草风木,寒雪夜月,嗷然以号,曷可言已。楼中绘四世象,刻于石。焦君循书扁,质言之曰“阮公楼”。庶几先世灵神栖降于此,顾视子孙丙舍无恙,罔所恫也。爰记此,命子常生书石之后,俾子姓世守葺新之。九世孙元敬记,十世孙常生、福、祜、孔厚侍。

《雷塘阮公楼石刻象记》与《雷塘阮公楼石刻象》石刻是2003年在扬州毓贤街阮元家庙宅地发现。当年嵌置在阮公楼壁中,一块是阮元撰、由其子阮常生书写的《雷塘阮公楼石刻象记》,一块是《雷塘阮公楼石刻象》。

此记录自《揅经室集·二集》卷二。

阮元曾祖阮时衡墓

【释文】

道光二十年

诰封昭勇将军，晋赠光禄大夫、宫保、体仁阁大学士宗尹公；淑人晋赠一品夫人周夫人之墓

扬州阮氏六代

墓园内有阮元曾祖阮时衡墓，封土已不明显。墓前保留一通后世重立的墓碑作为标志。

阮昭勇将军琢庵公暨光禄大夫湘圃公昭穆神道碑铭(秦瀛)

【释文】

阮昭勇将军琢庵公暨光禄大夫湘圃公昭穆神道碑铭

太常寺正卿、无锡秦瀛撰,祭酒鲍震书。

琢庵公讳玉堂,字履庭,姓阮氏。系出陈留,宋迁江西,明初徙豪杰实江南,遂居淮安。其后有讳岩者,以明季迁扬州之江都。迨公以武科起家,乃占籍仪征。曾祖考赠武德将军,讳秉谦,妣赠恭人厉氏。祖考赠昭勇将军,讳枢良,妣赠淑人蒋氏。考封奉政大夫、赠昭勇将军,累赠光禄大夫、讳时衡,妣封宜人、晋太淑人,赠一品夫人,周氏。

公长身健臂,善驰射。康熙五十四年赐武进士出身,寻授蓝翎侍卫。雍正元年,改授三等侍卫,戴花翎。三年,出为都司,管湖北抚标中军游击,兼管左营事。十年,部议改抚标中军为参将,即署参将印务。乾隆元年,任苗疆九溪营游击。二年,诏督抚各举所知,总督史贻直疏列公名以闻。五年,横岭苗叛。横岭当城步、绥宁两县,丛山之内连诸苗寨数百,里介楚粤。先是,有逆苗粟贤宇以能察银窖煽动苗众,遂纠合莫宜峒逆苗杨清保,诡太子名杀伤官兵,四出劫掠。公奉檄随镇筸总兵刘名策督兵进剿。贼所在保险,而界溪为诸苗门户。贼悉精锐据山口,抗御尤力。公侦探尽得其地势,率兵薄贼寨,枪炮刀矢并进,杀伤甚多。贼奔溃,遂破界溪。复攻八树寨,克之。乃次第攻克长安、盐井口各寨,飞毛坪、龙家溪、竹林各寨。当是时,刘名策所率诸军,九溪兵最精,而身先士卒,大小十余战,战无不克者,公之功为多。会贵州总督张广泗来湖南总制全军,雅知公,令督诸营兵攻南山。贼运木石断隘口,兵不能进。公率健卒五百人,中夜间道悬岭而下,撤其木石。贼觉来拒。公力战,久之,隘口兵大进,呼声沸山谷,遂合势杀其党八百户,退据南岭,已而遂降。时各山贼寨亦并破,惟横坡山梁陡峻,攻久不下,复奉令督剿。公以奇兵由左路奋登,遂入其寨。凡俘获男妇数千人,苗寨悉平。十三年,擢河南卫辉营参将,寻落职。十六年,纯庙南巡,公迎驾高旻寺。明年,起广东罗定协都司。二十一年,擢钦州营游击。卒于官。公驭士严而有恩,所至有惠政。在九溪时,开北山界兵为樵牧耕莳之地。兵民立祠祀之,至今不衰。性好文史,工赋诗。初封昭勇将军,后以孙官累赠至光禄大夫、户部侍郎。配汪氏,继配江氏,皆封淑人、赠一品夫人。子四:长承德,次承义,次承仁,次即湘圃公。乾隆二十年卒，葬于扬州城北雷塘旧阡。嘉庆十年，湘圃公卒，以昭穆祔焉。

湘浦公讳承信，字得中。初横岭之役俘获生口，经略张广泗欲尽戮，以绝反侧。琢庵公设方便活降苗无算。识者曰："阮氏必有兴者。"时公生七年矣。公将家子，能挽强洞坚，善相马法，喜乘马疾驰千里不假息。然为人恂恂儒者，内行纯笃。江太夫人尝语公曰："尔父转战苗峒，奇绩闻天下。然吾方是时寐不交睫者十，阅月秘之不敢言。慎矣，毋为将！"公闻恻然，遂绝意进取，补国学生，食贫家居。尝往来汉阳数岁，又尝客宣城。及公嗣贵，始就养性豁然，喜施予。尝暮归，得囊金，候其主返之。楚有旧家女鬻于娼，罄囊中金赎之，嫁诸士人。客宣城日，有除夕火其居者，罄所蓄资给之，使结舍。其厚德皆此类。以子官封荣禄大夫，累封光禄大夫、户部左侍郎。配林氏，明敏通书史，先公卒，赠夫人、累赠一品夫人。子一人：元，赐进士出身，翰林院编修，历官詹事府少詹事、正詹事，日讲起居注官，南书房行走，文渊阁直阁事，内阁学士兼礼部侍郎，提督山东、浙江学政，礼部、兵部、户部侍郎，经筵讲官、己未会试总裁官，浙江巡抚。

公虽不仕，然幼读书为古文辞，间览诸史，熟其治乱成败之迹，尤习兵家言。公嗣之抚浙也，击贼海上，制巨舰大炮，自凤尾、箬横、水澳诸著名贼，以次击灭，又督三镇兵，会剿安南夷盗，会大风雨，一夕歼其众，获其大统兵进禄侯伦贵利，亦繇公从容指画之力居多云。辞曰：

桓桓将军，彪国虎臣。畀师一旅，遂靖尔楚。嵘嵘横岭，溪硕箐犷。桀苗我贼，孰霆而殛。孱苗我婴，孰煦而生。桓桓将军，实威且仁。天锡尔世，岁昌月炽。俾引以长，载韬其光。赫赫尔绩，穆穆尔德。世继其休，克大厥猷。雷塘之陇，郁郁双冢。子孙绳绳，视此碑铭。

此碑系阮元家族墓神道碑，立于扬州市邗江区槐泗镇槐子村阮元家族墓甬道上。青石质，竖碑。无碑额，龟趺碑座，碑身高 160 厘米，宽 105 厘米，厚 47 厘米。碑文记载祖父阮昭勇父亲阮承信之功勋。

根据《雷塘庵主弟子记》卷二："（嘉庆十一年）六月，刻《阮昭勇将军琢庵公暨光禄大夫湘圃公昭穆神道碑》成。按：此即太常寺卿无锡秦公瀛所撰。"

录自阮亨《瀛舟笔谈》卷六。

招勇将军阮公神道碑(凌廷堪)

【释文】

招勇将军阮公神道碑

嘉庆元年,内阁学士兼礼部侍郎、提督浙江学政阮伯元先生将为乃祖游击公立石于神道,述先德而纪战功,不远数百里邮行状示其友凌廷堪,属为之铭。廷堪与侍郎交久且厚,不敢以卑贱不文辞也。谨案状:公讳玉堂,字履庭,号琢庵。先世自山阳迁江都,遂为江都人。曾祖秉谦,祖枢良,考时衡,皆潜德不仕。公始占籍仪征,举康熙五十年武乡试。越四年,武会试中式。殿试三甲,分镶蓝旗教习。五十八年,授蓝翎侍卫。雍正元年,迁三等侍卫。三年,授湖北抚标中军游击。十年,会改抚标中军缺,为参将。时岳威信公以大将军西讨准夷,奏以军前某官补其缺,未抵任,公仍以原官署参将事。是年,军政卓异。次年,调广东提标后营游击。巡抚德龄以公驭士严整有律,奏留湖北任,得俞旨。乾隆元年,参将某至自军前,抚臣遂以公署兴国营参将,旋改署苗疆九溪营游击。二年,天子命大吏各举所知,史文靖时总督两湖,以公才守兼优应诏。五年五月,湖南城步、绥宁两县苗叛,据险焚劫,杀伤吏民。公奉檄,率九溪、澧州、洞庭、常德四营兵随镇筸总兵官刘策名往剿。时贼悉精锐屯三界溪山口,公于六月进薄贼寨,身先士卒,奋勇力战。火枪铁丸,掠耳有声,公屹不为动,遂大败贼。三界溪为贼要隘,公首克之,贼势渐蹙。旋攻八树寨,又克之,殪贼几尽。而长安盐井口、客寨、飞毛坪、龙家溪、竹林此五寨者,地势尤险绝,林箐深密,攀登不易。公率兵步行,亲冒矢石,歼其伏兵,鼓锐摧坚,复于一日中次第攻克,诚奇捷也。当是时,贼已大困。而天子虑事权未一,复命经略张广泗总制诸军。甫到,知公谋勇冠诸将,凡军事悉委之。时南山大箐余贼尚扼险抗命,积木石塞路,兵不得进。公统众声言从大路入,以牵缀之,夜简壮士五百人,由间道越岭。腾跃而上,误坠坑,伤膝,血流至踵,裹创,进益力,撤木石以通径。时贼已觉,数千人来拒。公命偃旗息鼓,于山颠俟之,度贼少懈,乃鸣炮直下,贼众骇散。而大路之兵亦至,合击,大破之。获贼所掠巡检印一,及器械粮糒甚夥。残贼仅六七百人,遁伏南岭,詟公之威,诣营请降。公言之经略,经略虞其诈,未许。公力任之,诘朝出谕贼,贼悉众叩军门匍匐乞命。经略命发大炮击之以验诚伪,凡三发皆伏地无敢动者,其感且畏如此。是时各寨并摧破,苗皆退保横坡。经略复命游击区明、李登华偕公往攻。横坡之险如南山,公相度形势,从其左抽戈先登,众从之。尽覆贼巢,前后生擒男、妇三千余人。俘至,经略欲骈诛,公固争,不从,乃从容曰:“执兵抗师之壮夫杀无赦,宜宥其妇女及男子十六岁以下者。”经略雅重公,竟如所请。公乃择其尤黠悍者斩于军门,余宣布天子威德,泣纵遣之。苗庆更生,咸曰:“阮将军活我!”欢呼之声振山谷。于是贼寨悉平。十一年,以军功议叙加等。十三年,迁河南卫辉营参将。十四年,被劾罢归,以诗酒自娱,泊如也。十六年,銮辂南幸,公迎于高旻寺河干。甫奏名,上在舟中顾曰:“是鄂容安所参者?”公对曰:“诺。”乃命以都司起用。盖湖南战绩久契圣衷故也。十七年,授广东罗定协都司。二十一年,迁广东钦州营游击。二十四年十月壬辰,卒于官,年六十有五。公幼有志概,好读书,能文章。仪表修伟,中人仅及其胸。挽强贯札,弦不再控。尤笃于气谊。乡试为仪封张清恪所取士。清恪以言事为忌者所中伤,落职居扬州,忌者阴使人刺之,公佩刀搢矢侍其侧,寝食不离,刺者怖不敢发。未几事白,清恪感公之义,尽以其学授之。后公所至,威爱并著,兵民交颂,虽公之天性过人,亦未尝不渊源于此也。其他懿行及惠政甚多,皆详行状,不具书,书其大者。呜呼!人徒知公战功赫赫,照人耳目,而不知其宅心之厚,行己之端也。徒知侍郎甫逾弱冠即以文章经术受圣天子特达之知,位登清要,为学者坊表,而不知实公隐德有以致之也。世可以知所劝矣。娶汪氏,赠淑人。继娶江氏,封淑人。子男四:长承德、次承义、次承仁,早卒;次承信,即侍郎父。女三,皆适士人。孙男三:长兆麟,扬州营外委千总;次元,即侍郎;次亨,国学生。乾隆二十五年葬于扬州府城北雷塘中坝,以两淑人祔礼也。今公以侍郎贵赠如其官,两淑人亦赠夫人。铭曰:

淮水既深,淮山既崇。灵秀孕毓,实生阮公。桓桓阮公,敦诗说礼。用武起家,宿卫天子。已通六艺,复晓五兵。天子契焉,俾往专城。专城于楚,躬为士先。雅歌投壶,步伐不愆。洞庭之南,苗顽负嵎。公统偏师,貔虎载驱。攻如鬼神,战若风雨。一日五捷,亲援枹鼓。南山、横坡,高入云表。穷林邃箐,不通飞鸟。衔枚贾勇,间道出奇。夺贼所恃,贼乃不支。生杀之柄,阃外是膺。草薙禽狝,天子所矜。苗曰不共,唯公遏之。苗曰既共,唯公活之。胁从罔治,孔武且仁。位不称德,爰启后人。宰木森森,丰碑峨峨。勒公之勋,奕祀不磨。

此碑文录自凌廷堪《校礼堂文集》卷三十四。

阮元祖父阮玉堂墓

【释文】

诰授昭勇将军,赠宫保、体仁阁大学士琢庵阮公之墓

在阮时衡墓的左侧略靠西为阮元的祖父阮玉堂墓。墓东置有墓表。

大清诰封光禄大夫户部左侍郎加三级阮公湘圃暨妻林太夫人合葬墓志铭（孙星衍）

阮承信墓旁石马

【释文】

赐进士及第，山东督粮道，阳湖孙星衍撰文并篆盖。

赐进士出身，日讲官起居注，翰林院侍讲，钱唐梁同书书。

嘉庆十年，星衍遭大母许太恭人之丧，自德州驰书，乞浙江抚部阮云台先生表墓之文，以传太母节行。书到，抚部于闰六月丁光禄公艰归里，以星衍年家子，辱知契最深，伻来，亟命为文，志墓并篆盖，将乞翰林侍讲梁山舟先生书之。星衍不敢以不文辞。

按状：公姓阮氏，讳承信，字得中，又字湘圃，江苏扬州府仪征县人。先世居陈留尉氏，南宋至元明，一迁江西之清江县，再迁江南淮安府。至明嘉靖间，有讳岩者，始迁扬州，生子榆林卫正兵千户讳国祥。国祥子文广。文广子赠武德将军秉谦，为公高祖。子赠招勇将军讳枢良，为公曾祖。子赠光禄大夫时衡，为公祖父。子，康熙乙未科武进士，历官湖北、湖南、河南卫辉营参将，赠光禄大夫讳玉堂，为公父。配汪太夫人。继配江太夫人，实生公。有庶长兄二：曰承义、承仁；嗣兄一，曰承德。

公生将门，少善读书，好《春秋左氏》，熟悉《资治通鉴》古今成败事。娴骑射，能挽强，发矢洞达。习相马法，乘骑驰千里。补国子生，家无儋石储，意泊如也。性伉爽，好施与，尝暮行，蹴得囊金数镒，坐其处至夜分，俟返而求者付之。客游宣城，除夕有贫者或于火毁数十家，公罄所蓄资给之，使结舍。年三十一生抚部公。择师教读甚严，亲授古文辞，称曰："读书当为有用之学，徒钻研时艺，无益也。"抚部以名诸生举乡荐，游学京邸，通经学训诂，声名籍甚。中乾隆五十四年进士，官翰林，大考第一，擢少詹事，以讲官供奉南书房。由正詹擢兵、礼、户部右、左侍郎，先后提学山东、浙江，皆迎公就养。教子以受知愈深，宜以勤慎效万一，在禁近当戒不密，校文当无所不收，勿以一隅之见去取，致有弃材也。高宗纯皇帝尝因抚部公入觐，问及父年，奏以五十有八。上曰："年纪甚小。"时圣寿八十余，故云然。嘉庆四年四月，诰封荣禄大夫、户部左侍郎加一级，其秋，晋封光禄大夫。冬十月，抚部公拜浙江巡抚之命。明年，迎公之节署。是时，闽、浙海盗合夷匪肆劫为患，公指画方略，授抚部公奏制巨舰、大炮遏御之。抚部公会三镇总兵进剿，夜有飓风大雨，乘势击覆盗船无算。又设伏海岛，获其酋豪已下数百人。自是，夷匪不敢窥浙海，闽盗黄葵等先后降，放出难民。公曰："此活千百人，胜于擒获功矣。"六、九年，浙东西水灾，公前后出银万四千两，赈活饥民，命曰："此予省数年养廉所储，今得其用矣。"

先是，公以阮氏自明季迁郡城公道桥，无宗祠，乃捐赀建祠室、祭田，延师设塾，课子弟之能读书者。又建庐雷塘祖墓之侧，以为展谒依慕之所。及年过七十，复呼抚部公语曰："《孝经》：'守其宗庙为卿大夫之孝'。《礼》：'君子将营宫室，宗庙为先'。'今世士夫筑园池、美居室，吾不为也。'"乃命依《国朝会典》："一品家庙五间三门，祀四世"之礼，建祠堂于扬州选楼街，祭田、祭器咸备。今年夏，公始从浙中归，将奉粟主入庙。行至吴门，疾而返。见抚部公，凄然泪下，曰："吾竟不能奉主入庙耶？"乃遣孙常生代行奉主归。公病增剧，以闰六月丙申日酉时卒于节署，春秋七十有二。生平正直刚毅，心事光明，不为欺人语，而天性慈仁，尝称曰："孝友、睦姻、任恤，《周官》之行，士大夫不可以廉俭谢责也。"

配林夫人，福建大田县知县廷和公女，通书史，明古今大义，逮事祖姑尽孝，动止依礼法，遭舅及祖姑之丧，不肯从俗延释道、治忏醮，曰："吾阮氏、林氏皆儒家，无用此。"嫁夫妹，治装甚丰，曰："无减先姑存日也。"抚部公六岁就傅读书，期期口吃。夫人授读曰："尔毋遽，姑从我缓缓读之。"乃成诵如流。累赠一品夫人。乾隆四十六年八月壬申日，卒于里第，得年四十有七。子一：元，巡抚浙江等处，兵部侍郎兼都察院右副都御史。孙四：曰常生，六品荫生；曰福、曰祜、曰祎。将以今年十二月乙酉日，合葬扬州府北雷塘祖茔之侧。

铭曰：殷国受氏，陈留嬗代。烈烈华望，迁于淮海。明德之后，笃生耆英。武事彻札，文学横经。高门有容，大儒之效。用晦以显，作忠移孝。锡命玉阙，问年彤庭。珥貂晨省，拥节郊迎。潢池扫氛，艅艎覆盗。折冲樽俎，寝门有教。拯黎发粟，活人万千。损家纾灾，不费禁钱。乃营丙舍，乃立宗祏。礼器新碑，隋贤旧宅。言归梓里，婴疾苇杭。易箦所憾，敬宗不忘。孟光比德，宣文传学。佳城同室，彤史有作。鲁附制古，燕观礼存。不朽之石，无愧之文。

石马通体银白，矫健温驯，是阮氏家族墓区一大特色。焦循在《雷塘话雨记》中云："光禄公（阮承信）素好马，宫保芸台制军，以石琢一马，立墓道前。"该石正面两腿之间的实心底座处，刻有"嘉庆十二年"五字年款。

此墓志铭录自阮亨《瀛舟笔谈》卷六。

《阮文达公墓志》石碑(柳兴恩)

【释文】

公讳元,姓阮,字伯元,号云台。系出陈留尉氏,屡迁而占籍仪征。曾祖时衡。祖玉堂,康熙乙未武进士,官侍卫,历任游击、参将,赏戴花翎。父承信,国学生。三代以公贵,皆赠如公官。曾祖妣氏周,祖妣汪、江,妣林皆晋一品夫人。代有隐德,笃生我公,以乾隆己酉成进士,改庶吉士,散馆授翰林院编修。大考第一,擢少詹事,转正詹事。历内阁学士,户、礼、兵、工四部侍郎,山东、浙江、广东学政,浙江、河南、福建、江西、广东、云南巡抚,漕运总督,两湖、两广、云贵总督。屡充己未、癸巳会试总裁,经筵讲官,经筵直讲,南书房、懋勤殿、文颖馆行走,日讲起居注官,文渊阁直阁事。荐升协办大学士,体仁阁大学士,管理刑部、兵部事务。以足疾乞休,蒙恩以太子太保致仕在籍,食半俸。道光丙午科重宴鹿鸣,晋太傅衔,赏给全俸。

公生于乾隆甲申正月二十日,以道光二十九年十月十三日薨于太傅私第,年八十有六。遗疏入,赐谥文达,谕赐祭葬。公扬历中外,垂五十年,丰功伟烈,武纬文经,国史碑传详焉。若夫历事三朝,恩眷之隆,赉予之厚,宣风赞日,教养抚绥。洎夫居乡亲睦,提倡后进,嘉惠闾阎,则又有《弟子记》在,多不胜纪。初娶于江州同知衔振箕公女,赠一品夫人。继娶于孔至圣七十一代衍圣公昭焕公女孙,翰林院博士、封衍圣公宪增公女,封一品夫人。侧室氏刘、氏谢俱封恭人,氏唐贻封安人,皆先公卒。子五:长常生,二品荫生,户部主事,累官直隶清河道,署直隶按察使司,亦先公卒;次凯,殇;次福,户部郎中,甘肃平凉府知府;次祜,癸卯科举人,刑部郎中,恩旨以知府遇缺即选;次孔厚,一品荫生。孙十四人:恩海,甲辰恩科举人;恩洪,附学生,历署浙江常山、富阳等县知县;恩浩,附学生;恩光,国学生;恩山,业儒;恩畴、恩来俱附学生;恩喜,增生;恩高、恩亮、恩勤、恩延、恩年、恩寿,俱业儒。曾孙十二人俱幼。

公生营寿圹,先葬孔夫人。惟江夫人葬陈家桥,岁久,不能迁。咸丰元年十二月十六日,公子、公孙葬公于雷塘祖茔之寿圹,乾山巽向,与孔夫人同兆,刘恭人、谢恭人祔焉。以兴恩于公为再传弟子,曾续编《弟子记》末卷,属铭幽石。礼曰:贱不诔贵,敢蒙僭妄之让,谨摭其略,而敬记之。

赐同进士出身,诰授通奉大夫、湖北布政使司、门下晚学生朱士达顿首拜书

小门生丹徒柳兴恩顿首拜撰

世愚侄甘泉张肇岑谨顿首篆盖

公諱元姓阮字伯元號雲臺系出陳留尉氏屢遷而
占籍儀徵曾祖時衡祖玉堂康熙乙未武進士官侍
衛歷任遊擊參將賞戴花翎父承信國學生三代
以公貴皆贈如公官曾祖妣氏周祖妣汪江妣林皆
晉一品夫人代有隱德篤生我公以乾隆己酉成進
士改庶吉士散館　授翰林院編修大考第一擢
少詹事轉正詹事歷內閣學士戶禮兵工四部侍郎
山東浙江廣東學政浙江河南福建江西廣東雲南
巡撫漕運總督兩湖兩廣雲貴總督屢充己未癸巳
會試總裁　經筵講官　經筵直講　南書房懋
勤殿文穎館行走　日講起居注官　文淵閣直
閣事洊升協辦大學士　體仁閣大學士管理刑部
兵部事務以足疾乞休蒙　恩以太子太保致仕在
籍食半俸道光丙午科重宴鹿鳴　晉太傅銜賞
給全俸公生於乾隆甲申正月二十日以道光二十
九年十月十三日薨於太傅私第年八十有六遺疏
入　賜諡文達諭賜祭葬公數歷中外垂五十年
豐功偉烈武緯文經國史碑傳詳焉若夫歷事三朝
恩眷之隆賚予之厚宣風黄日教養撫綏洎夫居鄉
親睦提倡後進嘉惠閭閻則又有弟子記在多不勝

紀初娶於江州同知銜振箕公女贈一品夫人繼娶
於孔至聖七十一代衍聖公昭煥公女孫翰林院博
士封衍聖公憲增公女封一品夫人側室氏劉氏謝
俱封恭人氏唐貤封安人皆先公卒子五長常生二
品廕生戶部主事累官直隸清河道署直隸按察使
司亦先公卒次凱殤次福戶部郎中甘肅平涼府知
府次祜癸卯科舉人刑部郎中　恩旨以知府遇缺
即選次孔厚一品廕生孫十四人恩海甲辰　恩科
舉人恩洪附學生歷署浙江常山富陽等縣知縣恩
浩附學生恩光國學生恩山業儒恩疇恩來俱附生
恩喜增生恩高恩亮恩勤恩延恩年恩壽俱業儒曾
孫十二人俱幼公生營壽壙先葬孔夫人惟江夫人
葬陳家橋歲久不能遷咸豐元年十二月十六日公子
公孫葬公於雷塘祖塋之壽壙乾山巽向與孔夫人
同兆劉恭人謝恭人祔焉以興恩於公爲再傳弟子
曾續編弟子記末卷屬銘幽石禮曰賤不誄貴敢蒙
僭妄之譏謹摭其畧而敬記之
賜同進士出身誥授通奉大夫湖北布政使司門
下晚學生朱士達頓首拜書小門生丹徒柳興恩
頓首拜譔世愚姪甘泉張肇岑謹頓首篆蓋

1982年6月,槐泗乡第二砖瓦厂出土阮元墓志碑。墓志为四块叠起,用子母槽相投,以铁钯钯牢。除最下面一块无字外,其余三块均刻有墓志铭。墓志为邗江文化馆收藏。

朱士达(1775—1854),字公孚,号恕斋。江苏宝应人。学者朱彬次子。为官30年,历县、州、府、道、省外任,清正廉洁,勤政爱民,政绩卓著,咸称循吏高风。著《知足知不足斋诗文集》,修纂安徽《寿州志》。

柳兴恩(1795—1880),原名兴宗,字宾叔,江苏丹徒(今属镇江)人。道光十二年(1832)中江南乡试第七名举人。贫而好学,敦实行。编撰《雷塘庵主弟子记》卷八,记述了阮元归里十二年间事,是阮元晚年的知己。

张肇岑,字兰坡。江苏江都(今扬州)人。工篆隶。喜金石文字。著有《石鼓斋印谱》。

《皇清诰授光禄大夫太傅体仁阁大学士阮文达公墓表》石碑(杨文定)

【释文】

皇清诰授光禄大夫、太傅、体仁阁大学士阮文达公墓表

公讳元,字伯元,又字云台。江苏仪征人。乾隆丙午科举人,己酉恩科进士。殿试二甲第三名,改庶吉士,散馆第一,授职编修。大考第一,授詹事府少詹事、南书房行走,修纂内府书画为《石渠宝笈》。充日讲起居注官。授詹事府詹事,充文渊阁直阁事、石经校勘官。授山东学政,调浙江学政。授内阁学士兼礼部侍郎。嘉庆三年,授兵部右侍郎。调礼部右侍郎。四年己未,恭掌《御制诗文》稿本。调补户部左侍郎,充经筵讲官。命充会试总裁兼署礼部左侍郎,管理国子监算学。授浙江巡抚。十年,丁父忧。十一年,特恩简放福建巡抚,因病力辞,蒙恩谕允开缺。十二年,服阕入都,授浙江巡抚。十四年,因失察科场事罣议,旋赏编修、文颖馆行走。授翰林院侍讲,詹事府詹事,内阁学士兼礼部侍郎。十七年壬申,充大考翰詹事阅卷大臣,命往山西查办事件。授工部右侍郎。奉命审办河南事件。授漕运总督。十九年,调江西巡抚。拿获逆案首伙要犯,赏加太子少保衔,赏戴花翎。调河南巡抚。授两湖总督。二十二年,调两广总督。历署广东巡抚兼署广东学政,并粤海关监督事务。道光六年,调云贵总督。八年,陛见,赐紫禁城骑马。十二年,恩授协办大学士,仍留云贵总督之任。十三年癸巳,陛见,赏七十寿。命充会试总裁。十五年,命充体仁阁大学士,管理刑部、兵部事务。到京任事。兼署都察院左都御史,派充武会试监射大臣,西陵扫青大臣,

恭点孝慎成皇后神位清、汉神字。十六年丙申,充经筵讲官、殿试读卷官、教习庶吉士、乙未庶吉士散馆阅卷大臣,命充正册使,持节册封彤贵妃。十七年,充经筵直讲大臣。钦派留京办事大臣。十八年,钦派留京办事大臣差竣后,因病乞休,温旨慰留。章再上,恩准以大学士致仕,晋太子太保衔,在籍支食半俸,并奉"怡志林泉"之谕。戊戌秋,归里。二十三年,赏八十寿。二十六年,丙午正科距公乡试中式之年已经周甲。监临奏闻,恩准重赴鹿鸣筵宴,晋太傅衔,赏食全俸。二十九年十月,薨于里第,遗疏入,谕赐祭葬,赐谥"文达"。

公生于乾隆二十九年正月二十日,薨于道光二十九年十月十三日,公享寿八十有六。于咸丰元年十二月十六日葬于古江都雷塘之原。正室一品夫人江氏以岁久难迁,仍葬陈家桥阡。继室为至圣裔孙女一品夫人孔氏。侧室刘恭人、谢恭人皆祔焉。子五:长常生,嘉庆元年二品荫生,由户部主事累官清河道,署直隶按察使,先公卒;次凯,殇;次福,户部郎中,甘肃平凉府知府;次祜,癸卯科举人。刑部郎中,候选知府,特恩遇缺即选知府。次孔厚,道光元年一品荫生,特恩交部带领引见。孙十四人:长恩海,甲辰恩科举人、特恩交部带领引见;次恩洪,郡庠生,浙江候补知县,历署常山、富阳知县;次恩浩,邑庠生;次恩光,国学生;次恩山,业儒;次恩畴、次恩来,邑庠生;次恩喜,邑增生;次恩高、次恩亮,俱童生;次恩勤、次恩延、次恩年、次恩寿,俱业儒。曾孙十二人,俱幼。公薨后,邑之士民以乡贤请,浙之士民与粤省、滇省亦次第以名宦请。有功则祀,礼固宜然。公扬历中外,垂五十年。丰功伟烈,武纬文经,国史碑传详焉。若夫历事三朝,恩眷之隆,赉予之厚,宣风赞日,教养抚绥。洎夫居乡亲睦,提倡后进,嘉惠闾阎,则又有《弟子记》在,多不胜纪。文定为癸巳进士,公门下士也,敢觍述其大端,以为后之仰止者告。

赐进士出身,诰授荣禄大夫、兵部侍郎兼都察院右副都御史,巡抚江苏等处地方、提督军务粮饷,加三级,门生杨文定顿首拜撰并书。

咸丰元年□月□日上石。

《阮元墓表》碑高85厘米,宽203厘米,厚17厘米,立于清咸丰元年(1851)。今墓表卧于墓地。

杨文定,字安卿,安徽定远人。道光十三年进士,咸丰元年任江苏巡抚。

阮公墓道残碑

【释文】

……四代光禄大夫太子少保经筵讲官体仁阁大……

阮公墓道残碑发现于 2023 年 4 月。

碑残长 60~70 厘米，上下边缘完整，分大小两块。残碑刻有“四代光禄大夫太子少保经筵讲官体仁阁大”共计 18 字。

《北湖公道桥阮氏墓图记》石碑

【释文】

扬州府西北三十里之大仪镇，地势甚高，其脉自其西南横山来，至大仪特起，复东北行二十里，至黄子湖滑，为九龙冈，即今公道桥镇也。（本名“僧度桥”，官名“僧道桥”。）桥镇距府城四十五里，出府城北门北行，过上雷塘桥、方家巷、雨膏桥（一名火烧桥）。避风庵，渡湖，始达于桥镇。镇居民千余家，有关帝、司徒诸庙。明末，予三世祖奉轩公、四世祖妣厉太恭人挈四子避高杰兵乱，自城逃止于此，因聚族居之。去镇西南二里许，有小桥曰“陈家桥”。大仪以南、甘泉山以北之水，东汇于荒湖北，流经桥南，绕镇而东、而北，为黄子湖矣。陈家桥之北，百步内之平冈，即予三世祖、四世祖妣、高祖孚循公墓所在也。予妻江夫人旧殡雷塘，嘉庆二年，奉光禄公命，卜葬于四世祖妣墓之西北，向西兼南。以予视之，其所谓“乐哉瑕丘”者乎！阮氏宗祠及楼则在镇市之南，面临湖水，西望墓田，近在目前也。因记雷塘墓，遂并图记之。

今甘泉县官册地名曰“公道桥”。而旧时之写者、呼者，则或曰“僧道桥”“僧度桥”“孙大桥”。以余论之，以“僧度桥”为近是。此地乾隆乙巳大旱，水涸，湖底多古石，当是宋时物。宋时桥梁等工，每用度僧牒银为之，苏州度僧桥即其遗制。此桥不及苏州之高，但其用度僧牒银造之，谅亦相同，特无碑记可考耳。附记于此。

公道阮氏墓地，在公道镇西南二里许，陈家桥之北平冈上。阮元三世祖、四世祖妣厉氏、高祖及阮元妻江夫人殡葬于此。

此记录自《揅经室集·二集》卷二。

“宫保阮公侧室唐安人之柩”石刻

【释文】

宫保阮公侧室唐安人之柩

安人，吴县人，以道光十二年二月四日卒于滇，得年四十有五，孙恩光。

唐庆云(1788—1832)，字古霞，江苏吴县(今江苏苏州)人，阮元侧室。唐庆云性慧知书，工花卉虫鱼。著有《女萝亭诗稿》。

1959 年，在江苏扬州市邗江县公道村柏树庄发现了阮元侧室唐安人墓葬，中有紫罗兰翡翠玉柩。

十二　阮公祠碑刻

阮元于清咸丰二年(1852)入祀浙江名宦祠。光绪五年(1879),在杭州吴山重阳庵遗址上建起了阮公祠。阮公祠面阔五间,硬山造,坐西朝东。

民国初年,曾为浙江农会事务所所在地。民国中期,一度为杭州市聋哑学校校舍。此处后渐变为民居。

2007年,在吴山景区整治二期工程中,对阮公祠进行了大修。现在的阮公祠,由主殿、厢房和附房组成,再现昔日格局。

《阮文达公祠记》石碑

【释文】

《礼记·祭法》有曰:“法施于民则祀之”,“以劳定国则祀之”。专祠之祀,率昉于斯。吾乡阮文达公之于浙也,为学政,为巡抚,经术治绩,载在国史,列诸志乘,在乡则祀诸家庙矣,在历官之所则祀诸名宦矣,专祠犹蔑如也。同治戊辰,浙之诸搢绅议请建祠于阮墩,未果。墩以阮名,盖昔日公浚湖之所筑也。越六年癸酉,再申前议,遂呈请中丞具奏。乙亥秋,复请中丞咨部具题,奉旨谕允。初,周太守振绅、卞参军桂生相地于管米山,经营累月,吴山之道士沈际祥知为公祠,愿献重阳福地基址一区,计方千余尺,以经费无出,至戊寅,鼎锐由温处调往杭嘉湖道,请于大府,准动支善后官帑,遂于是年冬兴工,阅己卯十年庚辰夏始落成。祠中享堂、厅事、亭台、花木、廊楹、庖湢,无不备,计费官钱万缗。是役也,吾乡人请为公祠或私也,诸搢绅请为公祠则公矣。请之而至于再,至道士亦愿以地献,是知文达之遗徽,士民犹不忘也。且更有进焉,士民之仰文达也如斯,殆有望于后之官浙者,勉为文达之为,亦将尸而视之耳。若以为吾乡人藉为游宴之所,浅浅乎视吾乡人,亦大非浙之士民之所望也。是为记。

凡经始斯祠诸人,例得书名,爰列于后:奏咨兵部侍郎兼都察院右副都御史、巡抚浙江等处地方、提督全省军务、节制水陆各镇、兼管两浙盐政加三级杨昌浚、呈请内阁学士兼礼部侍郎衔李品芳、前礼部侍郎杜联、前江苏巡抚许乃钊、前江苏按察使应宝时、前山东盐运使郑兰、记名按察使金安清、前署江办按察使记名道江清骥、前江苏盐法道吴兆麟、坐补四川永宁道高应元、广东候补道沈映钤、坐补直隶天津道周家勋、前江苏常镇道蔡世俊、前四川成绵龙茂道濮诒孙、前山东道监察御史周学浚、内阁中书张应昌、翰林院编修俞樾、翰林院编修马传勋、兵部职方司员外郎金曰修、江苏候补知县丁丙、献地道士沈际祥、督工丙子科举人徐恩绶、监生朱兆森。

光绪六年,岁次庚辰,月领节,二品顶戴、特授两浙江南都转盐运使司盐运使、浙江杭嘉湖兵备道仪征方鼎锐作记,命侄观澜书丹。

《阮文达公祠记》碑于2007年重修阮公祠时出土,为光绪庚辰(1880)由阮文达的同乡,仪征人方鼎锐撰文,方观澜书写。据《武林石刻记》记载,此碑记中记述了阮文达公祠修造的缘由、建造的经过、建成时胜状，以及建造诸人的名录。整方碑出土时，后半部分已经漫漶，所幸记述阮公祠建造始末的前半部分保存基本完好，所以此碑具有相应历史价值。

方鼎锐（1823—1883），清末诗人，书法家、藏书家，字子颖，号退斋，江苏仪征人。著《且园倡和诗》《温州竹枝词》《退斋诗稿五卷》等。

方观澜（1832—1921后），江苏仪征人。字紫庭，自号力山遗民，又署方山氏。著有《茧茾书屋诗钞》《方山氏纪年诗》等。

录文自丁丙编撰《武林坊巷志》。

附录一　阮元部分藏砚及砚铭

阮元是藏砚大家，他有印曰："扬州阮伯元氏藏书处曰琅嬛仙馆、藏金石处曰积古斋，藏研处曰谱砚斋，著书处曰揅经室。"据阮亨《瀛舟笔谈》卷七记："兄所藏各砚，尝属奚铁生写《谱砚图》。石庵相国为大书卷首，并赠一砚，仍作铭砚侧云：'宗伯文章，如玉如金。绘图谱砚，寄怀静愔。匪砚之宝，石友是寻。忠义研磨，二人同心。我往公来，交乃逾深。猗欤久要，学海文林。'"阮元家庙东原有谱砚斋，匾额行书"谱砚"二字为名书法家刘镛所题，为阮元藏砚之所。

阮元铭绿端砚 乾隆四十年(1775)

【释文】

乾隆乙未初冬月朔日

南无飒哆喃三藐三菩驮俱胝喃。怛侄他,唵。折隶主隶,准提。娑婆诃。

佛弟子阮元敬刊

砚作长方形,砚面微隆,上端微斜为墨池。砚缘四周起线。砚额阴刻篆文"阿弥陀佛"四字。砚背浅覆手,内刻阮元楷书准提菩萨真言铭。此砚石质细滑,色墨绿。砚面、墨池皆墨锈累累。原配红木盒。

乾隆乙未是乾隆四十年(1775)。

黄易赠重制北齐造像石砚 乾隆五十三年（1788）

【释文】

黄小松赠扬州阮元自用。

吴朱煜得北齐造象片石于正定。

寄钱塘黄易，因以为研，乾隆戊申重制。

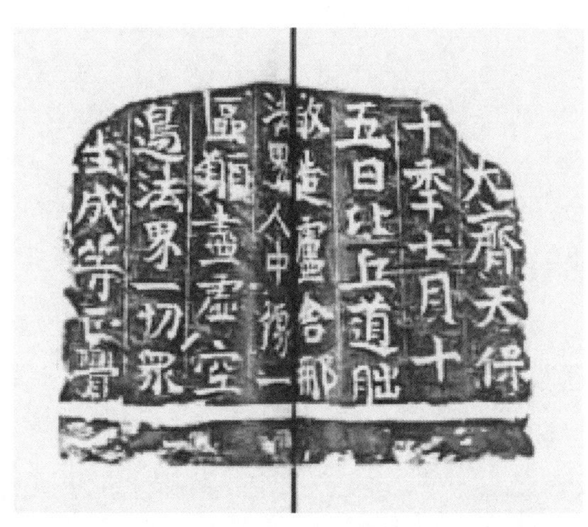

砚底为八行残存的造像题记。题记内容：“大齐天保十年七月十五日，比丘道朏敬造庐舍那法界中人像一区，愿尽虚空边法界，一切众生成等正觉。”

《金石萃编》《全北齐文》《平律读碑记》均录有此造像题记，《金石萃编》《平津碑记》《授堂遗书》有载黄易将此题记残石制砚后送与武虚谷。此外，《金石萃编》还考证了残石出处，即最初出土于济宁普照寺，时造像已矣，只存题记，后转徙藏于正定，由朱豹泉（朱煜）所得，寄赠黄易为砚材。此砚后归阮元，僧达受曾为其手拓砚背造像题记，现藏国家图书馆。罗振玉《海外贞珉录》谓日本东京博物馆藏有此题记未琢成砚时的拓本。

阮元铭砖砚 乾隆五十六年(1791)

【释文】

而德之温,而理之醇;虽磨之而不磷,永葆其性真。岁在辛亥仲春日,题于松雪轩。

此砖砚藏于镇江吴氏。铭文为隶书,下钤椭圆印一,曰“伯元”。砚一侧镌行书:“知其白,守其黑。泉石之精,君子之法,子种孙耕。”另一侧镌两方印,曰“臣伯元印”“阮氏珍藏”。

录自王章涛《阮元年谱》乾隆五十六年谱。

阮元铭“康宁”砚 乾隆五十八年(1793)

【释文】

乾隆癸丑,重华宫茶宴,以《洪范》九“五福”之“三曰康宁”联句。恩赐此砚,因集摹石鼓字铭之。内廷供奉詹事,臣阮元敬识。

张鉴等《雷塘庵主弟子记》所记载砚事,时阮元为詹事府詹事。乾隆癸丑为乾隆五十八年(1793)。

该砚之铭文,后于20世纪70年代初被康生命傅大卣磨去。

傅大卣手拓阮元铭“康宁”砚拓片

傅大卣手拓阮元铭“康宁”砚拓片

回憶在一九七零年夏季由文管處領導認為是凡
該字一名知識份子傳話云：曹一鷗送來令將該硯銘
文全部磨掉。余受令將該硯四周和背面銘文各
掉邊。那位知識份子又說：再將硯池水和牛磨掉一
余勸說：水和牛全世界各國也都有，這不能列入
四舊之應毀掉之物。這樣經余沒有驢到頭腦的人
胡說，將這方硯雕的水和牛保存下來，（這張拓本）成為地球上一個孤本。
一九八九年農曆十一月二十三日補記

傅大卣附记

阮元“鹅群”砚 乾隆五十九年(1794)

【释文】

元得徐天池所藏《鹅群帖》,卷首画鹅,意态逼真。小松司马见而爱之,元曰:“能摹砚背当奉赠。”越日,果持此砚来,其神采出天池上。盖天池所能,小松能之;小松之能,天池所不能耳。甲寅冬,阮元识于小沧浪。

砚背有乾隆五十九年(1794)十二月,黄易(小松)摹及阮元诗。左侧五十九年阮元识。右侧民国二年(1913)吴昌硕诗并记。下侧民国三年(1914)沈汝瑾诗并记。

阮元注《曾子十篇》用砚 嘉庆三年(1798)

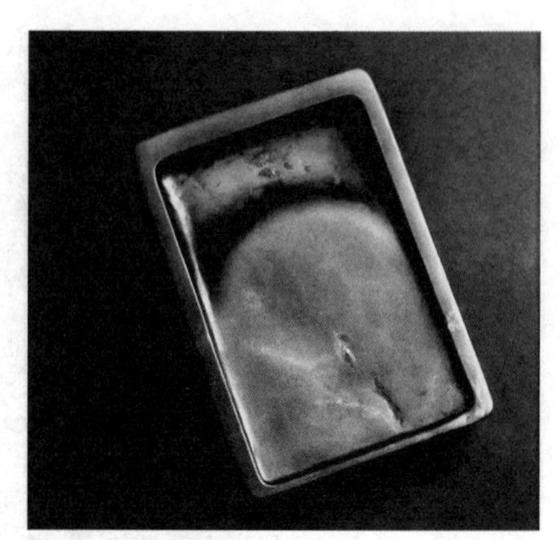

【释文】

中四德,通六艺。省言行,谨身世。测天员,穷礼制。圣所传,贤勿替。

戊午夏,用此砚注释《曾子》十篇,成叙并铭于砚侧。广陵经生阮元识。

戊午为嘉庆三年,时阮氏三十五岁。张鉴《雷塘庵主弟子记》:“嘉庆三年,六月,注释《曾子》十篇成……”,阮元《揅经室集·四集》卷二有《曾子十篇注释序》。

阮元赠朱为弼、陈鸿寿铭竹节形端砚 嘉庆五年(1800)

【释文】

慈竹居,奉大母,写金经,祝长寿。

嘉庆庚申四月,阮中丞师赠茮堂砚,曼生铭,小桐刻。

嘉庆庚申为1800年。砚盒竹节形,砚盖上部雕竹枝叶,下部刻隶书:“慈竹居写经研(砚)”,署楷书款:“曼生为茮堂题,小桐刻。”

朱为弼(1771—1840),字右甫,号茮堂、椒堂等,室名茮声馆,浙江平湖人,嘉庆十年(1805)进士,官漕运总督。小桐,阮元表兄弟林报曾。阮元与陈鸿寿、朱为弼交游甚密。

阮元铭云蝠端砚 嘉庆七年(1802)

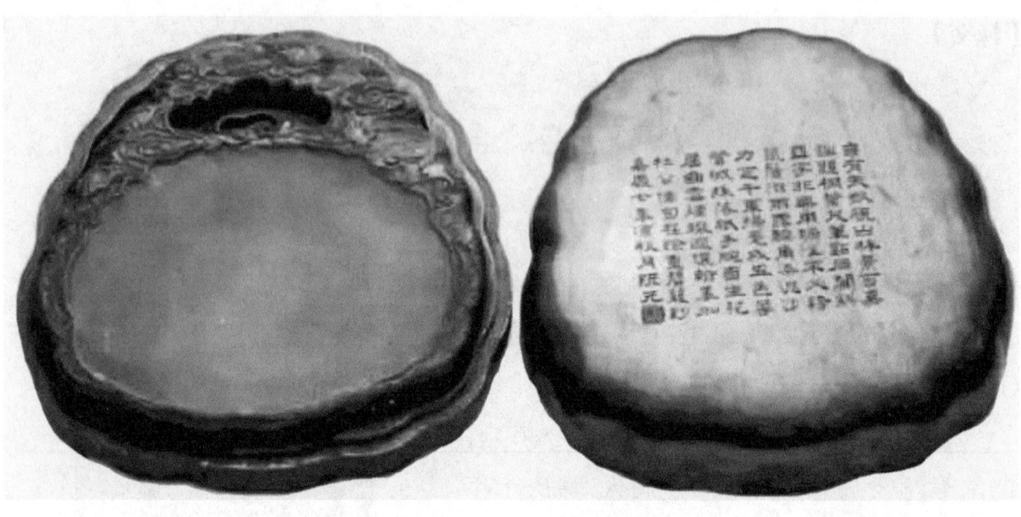

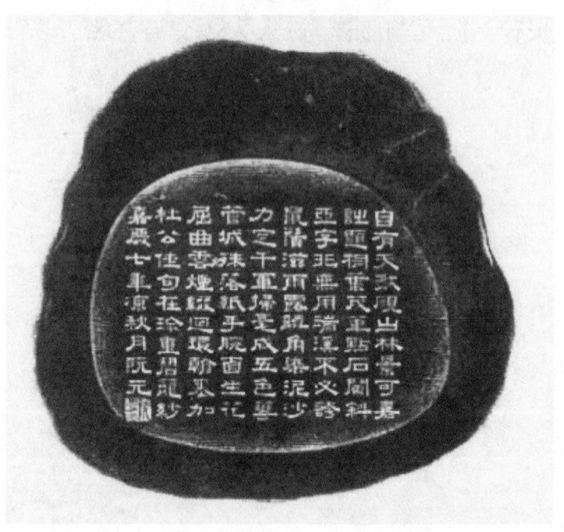

【释文】

自有天然砚，山林景可嘉。诗题桐叶茂，笔点石阑斜。亚字非无用，端溪不必夸。鼠须滋雨露，麟角染泥沙。力定千军扫，毫成五色花。管城殊落纸，手腕直生花。屈曲云烟缀，回环翰墨加。杜公佳句在，珍重碧笼纱。

嘉庆七年凉秋月，阮元。

阮元铭长方素池歙砚 嘉庆十五年(1810)

【释文】

龙有尾,石之髓。文而非坚则腻,自勤磨洗,用之弗替。

庚午仲春,阮元题并刻。

余继明《中国古砚图鉴》载:此砚长28厘米,宽17厘米,石质细腻,呈紫灰色,造型古朴,砚缘边刻工精细,有自然碰伤痕迹。砚侧有阮元庚午仲春隶书刻铭。“庚午”是嘉庆十五年(1810)。

阮元铭揅经室端砚 道光元年(1821)

【释文】

粤溪之石,沕于往古。苔华绣岑,松皮溜雨。磨为巨砚,以镇书府。书以铭之,雷塘庵主。

□(道)光廿年正月廿曰,应茶隐,遂至□(桂)树庵访腾量和尚。看竹吃茶,□听其桂树庵弹琴,归而以端溪璞石砚捐置竹林深处,当久远也。阮元,时年七十有七。

揅经室端砚长37厘米、宽21.5厘米、高16.7厘米。砚体硕大,砚身保留石材原貌,周有黄皮包裹,仅开出砚堂、墨池,简朴大气。

《揅经室集·四集》卷二有《粤溪茶坑天然大砚铭》,正与此铭同,只一字有别,此砚之"苔华绣岑",《揅经室集》作"苔斑绣岑"。砚铭为隶书,有行楷年款"道光元年"。砚面右上方,另有道光十年阮元款行楷铭。因上部略有损伤,有几个字已不可见。两铭题刻时间,相隔近二十年。砚体右侧,有"文治总统"徐世昌篆书"大璞不雕"云云之铭,落款云:"揅经室旧砚,辛酉孟夏归水竹邨人,勒此识之。"

阮元铭山水纹板式端砚 道光元年(1821)

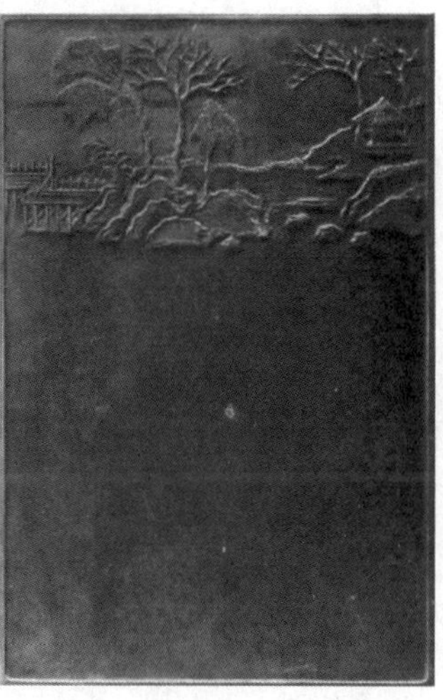

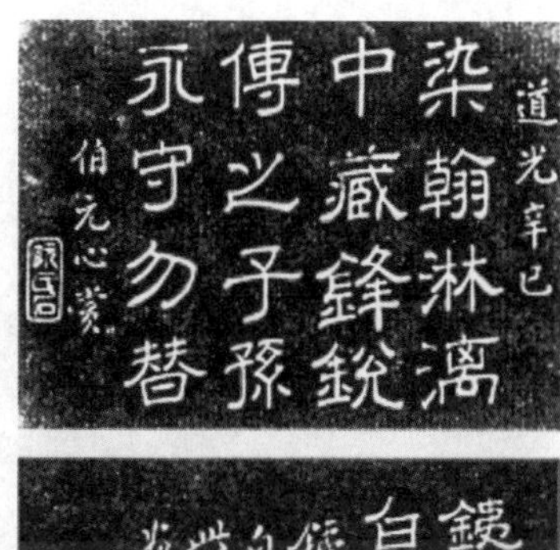

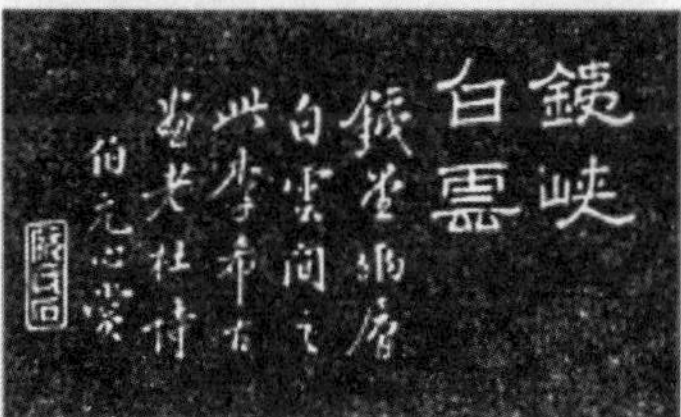

【释文】

道光辛巳。染翰淋漓,中藏锋锐。传之子孙,永守勿替。伯元心赏。

铁峡白云。铁堂幽□,白云间之。此李希古画,老杜诗。伯元心赏。

两砚均长33.2厘米、宽22.2厘米、高2.5厘米,长方形。平板,色紫如肝,有绿豆眼。砚缘窄线凸起,板形砚一端浅浮雕山水纹。

见载于蔡小辉主编《浙江省博物馆典藏大系——聚珍荟宝》。

阮元铭端砚 道光二年(1822)

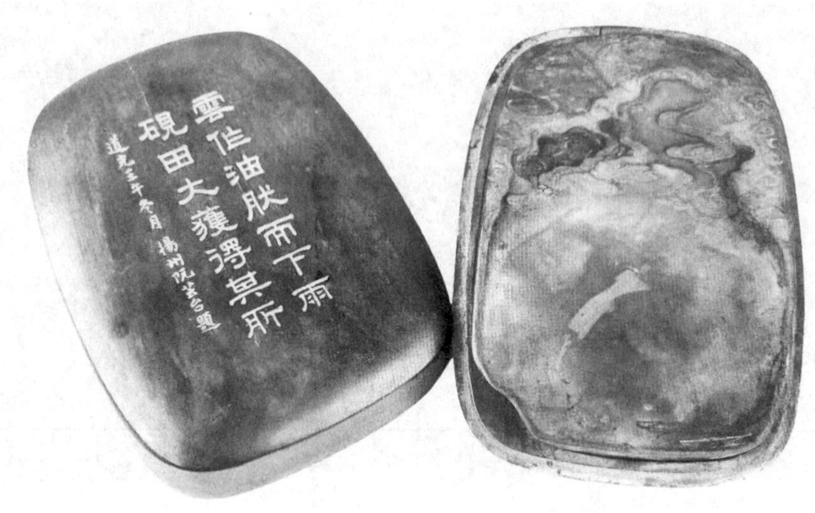

【释文】

云作油然而下雨，砚田大获得其所。

道光壬午冬月，扬州阮芸台题。

砚台为椭圆形，石质温润细腻，墨池四周雕刻云纹。有红木盒盖，上阴刻隶书砚铭。后为行楷款。现藏泰州市博物馆。

小玲珑山馆端砚山 道光二年？（1822？）

【释文】

端溪之石琢为山，阡阡良田在其间。笔耕墨耨期世守，析薪负荷勿偷闲。

福儿来羊城省予，适得此研山，乃铭以□之。芸台老人。

欧忠荣《三老砚事考：黄任·纪昀·阮元》介绍此砚：

小玲珑山馆端砚山长 41 厘米、宽 13 厘米、高 10.9 厘米。砚呈圆雕立体山水形，刻有山石、树木、亭屋、小径、人物，左边平滑处一池塘，可作砚堂之用。砚底刻马曰璐、阮伯元铭文。马氏铭云："山极其高田极腴，磨崖铭翰墨之勋，米家研山定弗如。" 落款："马曰璐铭。" 阮氏铭文后有 "伯元" 小印。砚背有阮伯元收藏章 "雷塘庵主"，并有 "胡昌龄" 款题铭："呼吸湖光饮山绿。道光元年胡昌龄清玩。"

此砚应先为胡氏所得，再入阮元手中。据阮元自记得砚时间约在道光二年（1822），阮福来广州省亲。

“西岳华山庙碑”巨型端砚 道光三年(1823)

【释文】

嘉庆十四年,余摹刻汉延熹华山碑未剪本于北湖祠楼,其右方缺石一块,全缺者七十八字,半缺者三十三字,因以家藏欧阳文忠公华山碑跋墨迹摹补于缺空处。俄入京师,得见成亲王所藏已剪本,虽无碑额题名,而余碑缺字,彼皆未缺,遂借钩入未剪本缺空处。道光三年在广州购端州巨砚材,复摹刻成亲王本未缺之字及后铭词内“民说”二字,同置祠楼。若两石并拓,遂成全碑矣!好古者以两拓本剪补合装为一碑,可留欧公书,而分装之亦可。北湖老人阮元记。

子常生、福、祜、孔厚侍。

家大人摹汉华山碑缺字于端溪石版,福开石之背以为巨砚,非为砚,不知其为端溪佳石也。成亲王有华山碑诗,家大人亦有华山碑诗。福复恭录二诗刻于砚额。道光三年阮福谨记。

由题记可知，阮元于嘉庆十四年（1809）以自藏华山庙碑“四明本”在扬州重摹，后与成亲王永瑆所藏“长垣本”对照，遂钩出“四明本”缺字。

道光三年（1823），阮元在广州购得端州巨砚材，与三子阮福摹刻此砚。该砚呈紫色，质地温润细腻，长 95 厘米，宽 55.5 厘米，厚 4.5 厘米。砚池为条状，正方形砚堂。上端两角作圆角，下端两角作方角。砚额处，阮福以楷书分别铭录成亲王永瑆《题汉西岳华山碑》诗和阮元《题家藏汉延熹华岳庙碑轴子》诗及阮福题识。单字约 1 厘米见方，为正楷。砚背摹刻阮元藏西岳华山庙碑“四明本”所缺，而亲王永瑆所藏“长垣本”保存之字，111 字，隶书，并刻阮元撰有关购巨型砚材及摹刻碑残缺字经过的题记。字迹皆刚劲有力。砚侧铭曰：“端州七十三岁老工梁振馨刻”，隶书一行。

此砚原置扬州公道镇的阮氏宗祠，现藏于扬州博物馆。

包世臣赠阮元砚 道光三年(1823)

【释文】

隋文选楼。子孙永宝用之。

端砚一方,砚呈长方形制,老坑玫瑰紫,砚额阴刻篆书“隋文选楼子孙永宝用之”。砚底有铭文:“此石得之于长安市上,而得此当购回,便有云台吾兄见此甚爱之,因此为赠也。癸未春安吴包世臣。”有阴刻“包伯子”印。砚一侧篆书刻虽经岁月磨痕或过火而斑驳,但依稀可辨二方印“臣伯元印”“阮氏珍藏”。

录自孔祥庆、半知撰《“隋文选楼”藏砚——赏包世臣赠阮元砚》。

阮元赠海源阁冰纹端砚 道光五年(1825)

【释文】

砚评争重大小西洞,然□翡翠砂钉。此则水归洞产也,蕉白处青花浮动,中有金线络绎,嫩润而不拒墨,驾乎西洞之上,信然。揅经室笔记。

海源阁,清杨以增藏书楼。

海源阁冰纹端砚,长 18.4 厘米、宽 14 厘米、厚 2.5 厘米。砚作随形,正背两面皆光素无饰,线纹交错。砚下侧篆书刻“海源阁珍藏”五字。背面右侧斜面有行楷题识,印“伯元”。今藏天津艺术博物馆。

阮元井田砚 道光十三年(1833)

【释文】

心为田,足以养生。以石为田,可以代耕。不浸不旱,千古贞眠,所谓无恶岁也。时道光癸巳秋初,阮元。

此砚端石制,砚池深峻,砚背作田字形,称井田砚。此砚色灰紫,石质坚实细腻。砚侧阮元隶书铭文,书法古雅,词句以砚田为主题,与此砚式相合。

吴兰修赠阮元端砚 道光十四年(1834)

【释文】

著书不可无此眼,传家不可无此砚。

道光十四年得端州水岩砚,寄云台师相。吴兰修铭并记。

吴兰修赠阮元端砚。此砚两侧有吴兰修篆铭并行书题记。

阮元、张廷济铭《眉寿图》端砚 道光二十三年(1843)

【释文】

眉寿图。

余与嘉兴张叔未解元廷济不见者四十余年矣。癸卯四月,来选楼相见不相识。其年七十有六,其眉特长出寸许,世间罕见,此象真眉寿老友矣。道光二十三年四月十二日,颐性老人书于文选楼下。时杂树阴蕃,莺声初来,题曰“眉寿图”。

阮元三十年来自署“节性斋”“节性老人”,今年蒙恩赐“颐性延龄”扁,改署“颐性老人”。叔未侄辛(幸)在此,为余刻“颐性老人”印。

砚作长方形,现面正下方挖长方形堂。砚额及现堂左右两通刻阮元行草长题,下文“颐性老人”四字方印一枚。砚背中央刻张叔未立像一尊。右刻“嘉兴张叔未孝廉六十九画像”,下钤篆文“金石奇缘”“阮氏伯元过眼”长方印各一枚。左下刻行“道光十六年,黄岩方絜为余抚六十九小像”,旁文“张叔未”“廷济”方印各一枚。老坑、色青紫,幼嫩,有金线、火捺、青花、黄膘、石眼等石品,后配红木盒。

张廷济题芸台小像砚 道光二十三年(1843)

【释文】

道光二十三年癸卯夏,承仪征相国阮夫子命题。张廷济。

少筠先生藏伯元小象,拓本供在紫光阁,非执事当差者不得见。张叔未廷济所说必有据,并存此说亦可。吴让之题。

此砚现藏上海博物馆。蠖村石质。长方形,砚堂平坦,墨池凹陷,砚背平,刻芸台(阮元)小像,手抚书案。案陈砚和一枚五铢钱。像右上篆书题“芸台小像”,附红木砚盒。铭文:“道光二十三年癸卯夏,承仪征相国阮夫子命题。张廷济。”像左上有“随(隋)文选楼”阳文篆书印。砚的两侧行书铭:“少筠先生藏伯元小象,拓本供在紫光阁,非执事当差者不得见。张叔未廷济所说必有据,并存此说亦可。吴让之题。”

少筠指嵇枢(1820—1880),甘泉(今扬州)人,据《扬州画苑录》卷二记:“枢字小筠,善画,工写照。凡一着笔,无不神肖…………光绪六年卒,年六十一。”

吴让之即吴熙载(1799—1870),江苏仪征人,包世臣入室弟子,善书画,精篆刻。

此砚上芸台小像的雕刻者不详,根据砚铭知像名是张廷济应阮元所请而题。吴载感到此事有些疑惑,因为阮元的像供在紫禁城的紫光阁,“非执事当差者不得见”,故对于像出现于砚上言语中有些茫然。但在阮元督学浙江时,对张廷济极力推重,来往密切,订为金石交。故吴熙载认为“存此说亦可”。欧忠荣《三老砚事考:黄任·纪昀·阮元》认为是砚甚可疑:“是砚疑为好事者从《眉寿图》中摹刻阮伯元之像于砚背,并据阮、张二人之行迹,虚构而成。砚侧之吴款题识,亦疑从他处移植而来。况此砚无论从琢制、摹像、书刻乃至文字、印章之大小及布局,皆不高明,尤其是‘张廷济’三字落款,几乎‘砸’在伯元头上,古代文人为铭,无此等拙劣作为。”

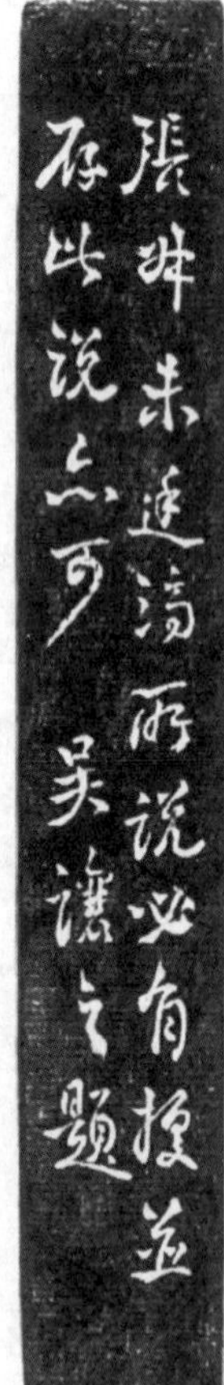
張叔未廷濟所說必有據並
存此說亦可 吳讓之題

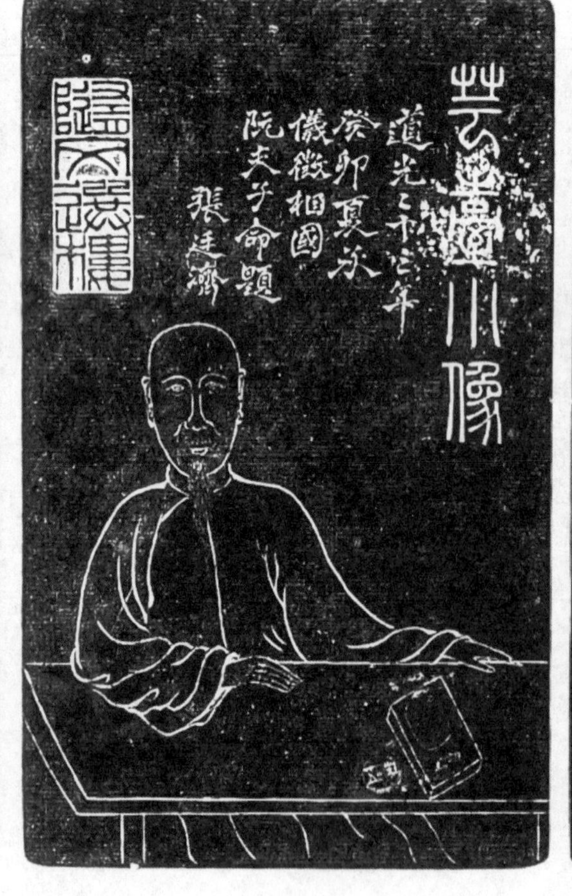
芸臺小像
道光二十三年
癸卯夏於
儀徵相國
阮夫子命題
張廷濟

阮元边款、刘镛书法铭文古砚 道光二十四年(1844)

【释文】

挹寒泉,灌良田,大有年。芸台抚军原题,石庵刘墉并书。

道光二十四年八月二日阮元藏。

刷丝罗纹精品歙砚,长 20 厘米、宽 12.5 厘米、宽 4 厘米。

录自李伟哲《刘墉书法阮元款识合璧之砚》。

阮元藏龙门十品砚

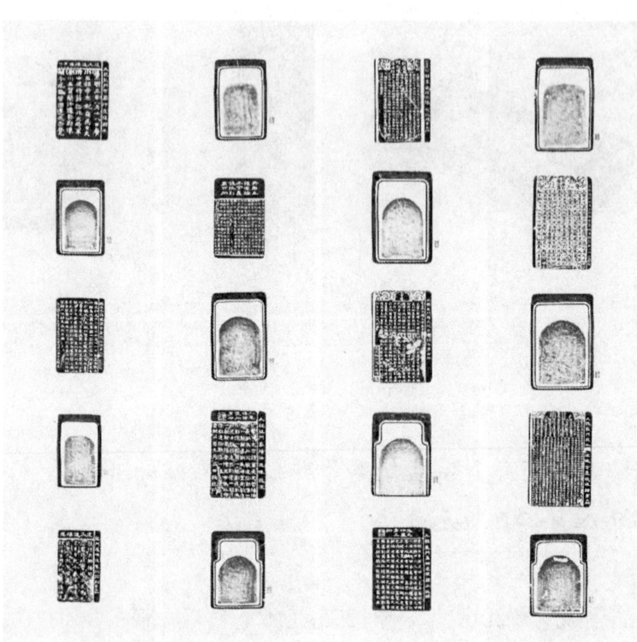

“龙门十品砚”系由钱泳缩临而刊成。本品为四屏条,每砚旁皆钤有“阮元”印。内收《始平公造像记》《孙秋生造像》《魏灵藏造像记》《杨大眼造像记》《高树造像题记》《齐郡王元佑造像记》《云阳伯造像记》《大魏龙门贺兰汗造像记》《魏王元详造像》《龙门孙保造像记》。

阮元藏、钱坫铭端砚

长方端砚，砚池上方稍有破损，有青花、黄龙、鱼脑等石品，有原配红木天地盖盒。底有钱坫左手阴刻篆书“永怀先德，一砚遗留。辟荒揩田，乃亦有秋。子子孙孙，毋恶岁忧。十兰居士左手书铭。泉”。砚一侧有阴刻伊秉绶隶书“嘉庆癸酉四月朔伊秉绶观”，砚另一侧有二方阮元阴文刻印“臣伯元印”“阮氏珍藏”。

录自孙祥庆、半知撰《一方记载古代文人相知相遇故事的端砚——清代钱坫、伊秉绶、阮元砚铭考》。

隋文选楼“阮氏珍藏”铭砚及侧面、反面

另李智、朱育林撰《隋文选楼“阮氏珍藏”铭砚考释》中也提及类似的一块砚台：“扬州市邗江区文管办文物库房内藏有隋文选楼‘阮氏珍藏’铭砚台一方，该砚通长14厘米、通宽9.3厘米、通高2.5厘米，砚身正面阴刻篆字：‘隋文选楼子孙永保用之。’背面阴刻篆字：‘永怀先德，一砚遗留。辟荒瘠田，乃亦有秋。子子孙孙，毋恶岁忧。十兰居士左手书铭。泉。’砚身一侧阴刻有‘臣伯元印’‘阮氏珍藏’两方印。”

琅嬛仙馆端砚山

【释文】

琅嬛仙馆，用端溪石片制砚山，仿元人清溪钓艇小景。

欧忠荣《三老砚事考：黄任·纪昀·阮元》介绍此砚："长 56 厘米、宽 12.4 厘米、厚 3.8 厘米。砚作长条形，两面雕山水。砚面由左向右浅凹琢随形长条状洼池，蜿蜒横贯，可作砚堂或墨池之用。池底平滑，恰如景中小湖泊，右湖面荡一小舟，舟中一渔翁垂钓，湖光山色，恬淡静谧。砚背亦雕山石树木，群峦起伏跌宕，古木郁郁葱葱，并刻铭曰：'琅嬛仙馆用端溪石片制研，仿元人清溪钓艇小景。'（据《中国古砚谱》录出，尺寸以《天津市艺术博物馆藏砚》一书为准）"此砚现藏天津市艺术博物馆。

云林小景砚

【释文】

伯元精玩。

欧忠荣《三老砚事考：黄任·纪昀·阮元》介绍此砚：天津博物馆藏"阮元铭云林小景端砚"，长17.3厘米、宽11.5厘米、厚2厘米。砚呈长方形，左下缺一小角。砚面平滑无雕饰。砚背利用石材天然形态及颜色，雕刻云林景色。砚一侧下方，刻"伯元精玩"四字。

“千石公侯寿贵”砖砚

【释文】

此砖无年月，埴埏坚细无比。向来汉晋砖无此细致，其麻布纹亦从来无此细致，似是加意加工之作。既如此，何无年月？而所有六字，皆是汉字，而非晋字，似人家特造为压胜等事之用，故“千”字上亦不加“一”“二”“万”字，与“常乐未央”钱同意。元。

张廷济藏“千石公侯寿贵”砖砚，高34厘米，宽80厘米。右刻“千石公侯寿贵”六字（阳文），书体间于篆隶之间。左刻阮元跋文一段。行草，9行，整行11字。碑文可见93字。末有“元”字，下有“□”篆方印。

道光二十四年（1844），阮元请人改砖成砚，砚背有阮元题记，由释六舟手书、薛友琴刻，曾以砚文全拓本赠友人。方朔《汉二千石公侯寿贵砖砚文跋》中抄录了“阮文达公砚背自记”：“嘉兴眉寿老门生张解元叔未，赠余八十寿。余谓此汉人特造为吉祥砖，故无年月姓名。麻布纹最坚细，非晋以后也。颐性老人记。甲辰夏，海昌方外六舟书，阳羡薛友琴刻。”

此砖砚内容，地方志未见著录。嘉兴文物处碑刻目录列入1975年在张廷济旧宅及新篁镇粮管所发现的碑刻。

阮元题记录自嘉兴南湖革命纪念馆编《南湖揽秀园碑刻》及王丽霞、陆子康主编《海宁图书馆藏金石拓本》。

阮元铭赠江凤彝荷蟹端砚

【释文】

一甲传胪。

秬香世侄来问字，因以此石赠之并祝。

阮元。

这方紫檀匣荷叶形端砚，就是阮元馈赠江凤彝的珍品。砚长 20 厘米、宽 15 厘米、厚 2.5 厘米。系老坑大西洞端石，色青紫。砚额、砚边呈荷叶状，砚岗正中雕饰一只螃蟹，一对蟹夹（甲字谐音），钳着一根芦（胪字谐音）苇，正对应一甲传胪之意。

江凤彝（生卒不详），字秬，亦名秬香，晚号盥道老人，钱塘（今杭州）人。嘉庆三年（1798）举人。工隶书，嗜金石，搜罗考撰既富且精。

阮元铭隋砖砚

【释文】

此砖得于扬州雷塘土中,隋宫旧物也。阮元记。

阮元寄常生井田砚

【释文】

此是麻坑新砚材，也能磨动麝香煤。五羊市上千钱买，莫认端州官办来。寄常生。

此砚原为魏仰之珍藏。1977年魏仰之赠谢稚柳。后谢稚柳又赠王贵忱。王贵忱《可居丛稿》载："此端溪麻子坑石，肌理润泽，通身碎冰冻纹，长今尺五寸八分，广四寸，厚四分五。砚堂作阳文井字状，砚首处浅刻水槽，砚底用三层间隔法透出阴文井字纹，足见匠心独运之妙。制作精审，无刀刻斧石痕迹，全体圆活厚润，气韵典雅。左侧刻阮元斋名'琅嬛仙馆'四字，于砚底井字中刻其手书自作诗。"

阮元所制赤壁砚山

【释文】

琅嬛仙馆用端溪石凿赤壁

此砚据王贵忱《可居丛稿》:“此砚山是取端溪水坑自然石制作,石质温润,呈老猪肝色,间杂黄色石臕,有山石浑然天成之妙。砚身高市尺九寸四分,砚底长九寸九分,两端趋尖,宽阔处有三寸许。一侧刻有楷书‘琅嬛仙馆用端溪石凿赤壁’的款识……旁刻隶书小字:‘山高月小,水落石出。’宋苏轼贬官黄州(今湖北黄冈),曾作赤壁之游,著有前后《赤壁赋》,‘山高月小,水落石出’语出《后赤壁赋》中。阮氏本东坡遗意,延巧匠略仿黄冈赤壁造形,清严绝壁形似赤壁矶(黄冈赤壁别名)一侧,故名为赤壁砚山。”

雷塘庵主小像端砚

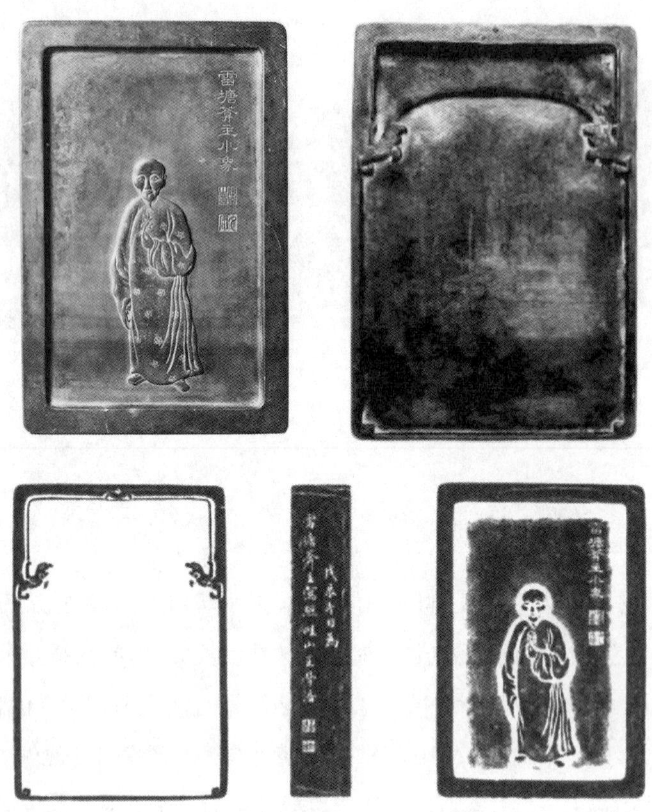

雷塘庵主小像端砚现藏于扬州博物馆。该砚长19.5厘米,宽13.2厘米。砚端石质,呈长方形。砚作窄边浅池,池左右两边各有一只浮雕夔凤。砚台底部浮雕阮元小像。砚底左上角刻“雷塘庵主小像”,下钤“张崟之印”“夕庵”。砚台左侧题“戊辰冬日,为雷塘庵主写照。畦山王学浩。”下钤“王学浩印”“椒畦”。张崟(1761—1829),字宝崖,号夕庵、且翁,江苏丹徒(今镇江)人。善花卉、竹石、佛像,尤擅山水。著有《逃禅阁集》等。王学浩(1754—1832),字孟养,号椒畦,江苏昆山人,乾隆五十一年(1786)举人。

阮元藏唐刘蜕砚

【释文】

《金石契》以为唐陈蜕砚。阮元藏。

此砚毁于大火，如今只存此砚拓片，载于邹安《广仓砚录》。砚作长方形。砚之左侧正中位置，镌一篆字“蜕”；右侧以楷书题云：“《金石契》以为唐陈蜕研。阮元藏。”拓片之砚堂左边位置，钤长方印“积古斋”。砚拓左侧，有邹安题拓文字，云：“吴槎客《拜经楼诗话》谓沈椒园旧藏，后归陈仲鱼。以唐诗人有陈蜕，戏仲鱼曰：‘君家研。’仲鱼为文达弟子，此研因人文选楼，同付一炬。此六舟僧拓本，当时遗管芷湘乡丈者。癸丑适庐。”

阮元铭文紫端砚

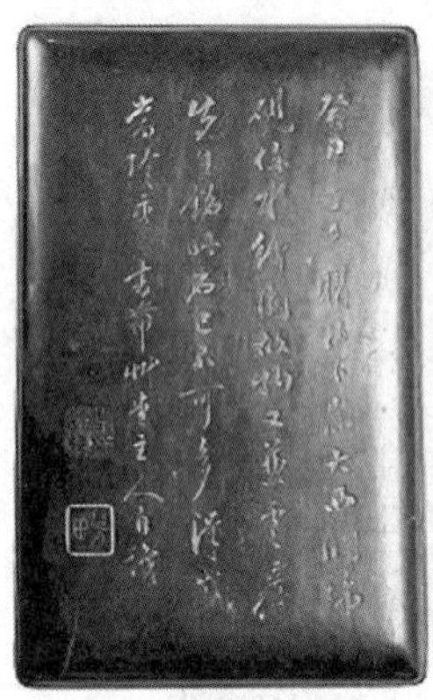

【释文】

天然其品，直而方。静为德兮，寿无疆。

宜永宝之书带堂。

阮元。

此砚为端石所制，长方形。长 17.8 厘米，宽 11.3 厘米，高 5.4 厘米。砚石通体紫黑，砚台配有紫檀木天地盖。

此砚左侧篆书铭“水绘园珍赏”，并篆书“巢民”字方印款，系如皋水绘园主冒襄之物。砚右侧隶书铭。

砚台嵌于紫檀木天地盖中，藏者于盒盖镌铭文：“癸丑冬季，购得下岩大西洞端砚，系水绘园故物。又兼云台先生铭此石，已不可多得，尤当珍重。书带草堂主人自识。”

附录二　阮元砚铭补遗

落日余霞研铭

己未秋日，借邸于京师衍圣公赐第。退直后，少得清暇，因铭研云：

落日就暝，余霞在天。
蝉吟高树，鱼唼凉泉。
蕉花垂露，竹叶含烟。
羊灯纨扇，几席清妍。

白圭诗馆研铭

白圭之玷犹可磨，斯言之玷不可讹，立行有玷更若何？

按：白圭诗馆，阮伯元之斋馆名。

宋砚铭

古人之砚古之式，用以擘经发守墨。
凡事求是必以实，如石坚重效于国。

端溪璞石砚铭

荆山之璞，以为良璧。
曷若不凿之，守其黑于石。

端溪老岩研山铭

端溪一卷，因其自然。
以为砚山，古藓斓斑。

粤溪茶坑天然大砚铭

粤溪之石，泐于往古。
苔斑绣岑，松皮溜雨。
磨为巨砚，以镇书府。
书以铭之，雷塘庵主。

茶坑砚山铭

端溪片玉，松烟所浴。
石壁留红，天池泻绿。
涩浪低生，纤云横束。
画意诗情，大痴一幅。

（以上录自《揅经室集·四集》卷二）

分岁寒杂物二首·温研

俗尘满案拂还多，赖此温温一研磨。
墨暖易干寒易冻，笔尖最好是中和。

（以上录自《揅经室集·四集》诗卷八）

老蚌珠光研，研石中有石纹，圆晕数层，莫知造物之理，镌诗代铭

千年老蚌化为石，中有珠光晕圆白。
南海方诸生古魄，弄霏更向淮南夕。
太极圈成点《周易》，研中物理烦君格。

（以上录自《揅经室集·续集》卷六）

端溪古璞石砚山刻琅嬛仙馆铭

茂先博闻，梦游福地。
元观手钞，琅嬛秘记。
石门洞宫，奇书史志。

嵯峨玉京，金真紫字。
我名书室，窃慕其意。
有犬有童，守此宝笥。
问谁来游，建安从事。
共读此书，铭碑以志。

端溪石大砚山铭

立之为摩崖碑，卧之为巨砚池。
虽非下崖西洞，乃在端崖之外、端溪之湄。
黄龙走气连骨皮，锲墨如泥粗可知。
濡染大笔何淋漓，我视同郁林之石而舟载之。

（以上录自《揅经室集·再续集》卷四）

茶坑石研跋 道光十九年（1839）

此昔时茶坑石玩，其绿纹似竹者。奉赠六舟，以供案头一研。己亥五月十九日，雨中邀六舟登绿野小舟，过双树庵看竹始返。阮元识。

录自释六舟《宝素室金石书画编年录》道光十九年条。

附录三　阮元碑刻年表

乾隆五十八年(1793)十月,鉴定东汉《熹平断碑》并题记;十一月,阮元撰并书《乾隆癸丑仲冬上丁祭曲阜孔庙文》;在《汉永寿元年孔君碑》题记。

乾隆五十九年(1794)春,阮元在曲阜汉府门之鲁王庙二石人后题字;四月,在青州得《秦琅邪台石刻》拓本,题跋并赋诗一首记其事。后以拓本数份,寄赠翁方纲、孙星衍、钱大昕;五月,在泰山跋《秦琅邪台石刻十三行拓本》;冬,作《甲寅冬日过邹宿国模世长第作》,并手书刻于孟府见山堂前有一玲珑精美的太湖石与缘绿楼前廊下石头上;为三台石题碑。

乾隆六十年(1795)闰二月,阮元及其父阮承信等在济南龙洞"浴佛池"题名;三月,在灵岩寺涤公《开堂疏碑》题记;撰《重修郑公祠碑》并书额;七月,撰《历山铭》,由桂馥书;为王文简公士禛立墓道碑;八月,撰并书《小沧浪亭雅集诗序》;十二月,撰《吏部左侍郎谢公墓志铭》。

嘉庆元年(1796),在五峰山阮元撰、书碑文并篆额;三月,在《李斯会稽刻石》与禹陵窆石题名;撰《重修表忠观碑记》,由钱泳书;七月,游本觉寺,在石柱上题记,撰《赠承德郎翰林院庶吉士加一级例晋朝议大夫钱君暨配屠恭人墓志铭》。

嘉庆二年(1797)六月,阮元来六和塔,并于《敕赐开化之寺碑》题记;八月,摹刻天一阁北宋石鼓文并有题跋,置杭州府学;秋,阮元在曝书亭重书集杜甫诗句的楹联:"会须上番看成竹,何处老翁来赋诗"联,并刻石,另刻有阮元和朱彝尊所作的《百字令》。

嘉庆三年(1798)三月,阮元南宋张浚过严子陵钓台诗碑的碑阴题记;作《登江中孤屿谒文丞相祠》并刻石;立夏日,在石门洞题名并刻《重游石门观瀑布一首》;九月,在苏州虎丘题名;秋,在灵岩寺题名;撰并书《西湖始建苏公祠志事》并刻石。

嘉庆四年(1799)三月,阮元撰《重修扬州会馆碑铭》,由史致俨书。

嘉庆五年(1800)四月,阮元撰《大禹陵庙碑》,后由钱泳书写;五月,撰《西湖诂经精舍记》并立碑;撰主持疏浚西湖后,以浚湖葑泥堆积而成一岛,为纪念阮元这次疏浚西湖,人们就把它叫为"阮公墩"。杭州民众送来一奇石,石上一孔,吹之有啸声,阮元题"阮元墩"上"啸石"二字。

嘉庆六年(1801)五月,朱珪撰《文昌帝君庙碑》,碑阴捐助人中有"浙江巡抚阮元,三百两"。

嘉庆七年(1802)三月,阮元捐奉银,资助钱泳先刻《孝经》《论语》石经,后撰《阙里石刻〈孝经〉〈论语〉后记》;四月,于《明兵部尚书赠太傅谥忠肃于公迹像》题记;八月,为仁和县同仁祠题识,后刊石;撰《姜忠肃公祠记》;为南浔师善堂撰铭;在宋高宗赵构御书《道德经》石幢残刻题跋。

嘉庆八年(1803)六月,阮元修金沙港三祠,并为之刻碑记事;九月,书"隋山光寺"石额;撰《胡西棽先生墓志铭》;撰《旌表孝行杨君家传》。

嘉庆九年(1804)正月,撰《嘉庆九年重浚杭城水利记》,由梁同书书,并立碑;三月,撰《龙游县重建通驷桥碑铭》,并立碑;撰并书《青田石门洞天铭》并刻石;撰《诰封刑部山东司员外郎郑君墓志铭》;春,题刻"栝苍古道"篆书;撰《晚钟山房记》;五月,撰《玉环新建学宫记》;题"白苏二公祠"额;九月,撰《扬州阮氏家庙碑》;十二月,撰《陈氏重修青藤书屋记》,由钱泳书立碑;撰《镇海县新建灵山书院记》,由梁同书书,并立碑。

嘉庆十年(1805)三月,撰《诰封刑部山东司员外郎郑君墓志铭》;四月,撰并书《新修严先生祠堂碑铭》;秋,应孙星衍请,撰《诰赠中宪大夫山东兖沂曹济兵备道一凤孙公暨妻许恭人墓表》;冬,得《昙乐造像记》自陕西,嵌置于文选楼壁间,并有题跋;撰《诰封奉政大夫掌陕西道监察御史岁贡生游君墓表》;十二月,撰并书《宁波府重修学宫碑铭》。

嘉庆十一年(1806)六月,扬州太守伊秉绶嘱重刻石鼓十石于扬州学府,后有伊秉绶八十余字的隶书跋语《扬州府学重刻石鼓跋》;撰《雷塘阮氏墓图记》《雷塘阡表》《雷塘阮公楼石刻像记》《北湖公道桥阮氏墓图记》;冬,立《官批阮氏义产章程》石刻;书"甘泉县节烈题名第一碑";为仪征荣园"湘灵峰"题字;曾应古木兰院僧心平之请书"碧纱笼"石额。

嘉庆十二年(1807)正月,立伊秉绶书写"隋炀帝陵";撰《顺昌县训导伊君墓表》;四月,题"天后宫"石额;六月,撰《元大德雷塘龙王庙碑记》及《重修雷塘龙王庙碑阴记》;摹刻《石鼓文》于扬州府学明伦堂;夏,撰《送杨忠愍公墨迹归焦山记》;秋,撰《秋雨庵埋骸碑记》;撰《甘泉山获石记》;撰《扬州隋文选楼铭》;撰《太傅体仁阁大学士大兴朱文正公神道碑》《诰授光禄大夫刑部右侍郎述庵王公神道碑》《山东分巡兖沂曹济道唐公神道碑铭》《瑞州府学教授浦亭阮公墓表》;九十月间,撰《黄珏桥东岳庙记》;十月前,在"重刻杜佑题名"八角石柱题记;十二月,题"魏关内侯散骑常侍嗣宗阮君之墓"。

嘉庆十三年(1808)二月,嵩山太室阙题名;春,钱泳修文穆王墓,请阮元书碑立石;

夏，撰《刘端临先生墓表》；夏秋间，受陈廷庆请，撰《诰封奉直大夫奉贤陈君墓表》；十月，批准立《奉宪禁碑》；冬，题“宋徐定贞先生暨子温节先生之墓”；撰《翰林编修河东盐运使司沈公既堂墓志铭》；撰《宋侍御史屠公神道碑》；嘱钱泳书《褚公庙碑记》。

嘉庆十四年(1809)正二月间，撰《杭州府西海防同知路君墓志铭》；五月，撰《杭州灵隐书藏记》；八月，摹刻《西岳华山碑》《泰山刻石》及《天发神谶碑》，并题跋；撰《金石十事记》。

嘉庆十五年(1810)，撰《翰林院编修彭远峰墓志铭》。

嘉庆十六年(1811)，徐达源在家庙刻《紫藤花馆藏帖》，其中有阮元信札；撰《四川广安州知州阮君墓表》。

嘉庆十七年(1812)仲春，阮元在吴大冀《桃花书屋图》题跋；六月，撰《重修神圣宫碑记》；夏，在《晋祠铭》题记。

嘉庆十八年(1813)，在“重刻杜佑题名”八角石柱又题记。

嘉庆十九年(1814)春，撰《焦山书藏记》；夏，将施行年余的《粮船量米捷法说》刻石嵌于漕运总督府壁间；撰《石刻〈孝经〉〈论语〉等石刻题跋》，将刻成的一百二十四石暂留扬州府学明伦堂。

嘉庆二十年(1815)冬，为《秦邮帖》题记；撰《仲子祠寝殿碑记》。

嘉庆二十二年(1817)三月，阮元题“最先显圣之地”；春，撰《武昌节署东箭亭记》；七月，在《宋拓楚夜雨雷钟篆铭》题跋，并立石；九月，过浯溪题名；药洲园题诗并刻石。

嘉庆二十三年(1818)四月，撰《广州大虎山新建炮台碑铭》；撰《赠河南道监察御史何君墓志铭》。

嘉庆二十四年(1819)正月，撰《隐山铭》，并刻于隐山北洞壁上；七月，与儿子阮福、阮祜、阮孔厚在广州南海神庙祈雨，并题名两处；作《过乌蛮滩诗》并刻石。

嘉庆二十五年(1820)春，请御史中丞陈桂森将《孝经》《论语》石刻等从扬州移置苏州府学敬一亭上；七月，阮元批准立涠洲“封禁碑”；夏，书额“三元及第”石坊；撰《赐按察使衔河南开归陈许兵备道柘田唐君墓志铭》。

道光元年(1821)三月，撰《新建南海县桑园围石堤碑记》，由张岳崧书；四月，批准立《禁止木簰出入陡河告示碑》；八月，撰《女婿张熙女安合葬墓碣》；题“皇清诰赠振威将军、广东水师提督，在宫沈公暨配王太夫人、傅太夫人、董太夫人之墓”。

道光二年(1822)六月，撰《重建贡院碑记》；重刻罗隐云台碑刻。

道光三年(1823)九月，撰《平乐府重建至圣庙碑记》，由刘元基楷书；题“清漓石壁图”。

道光四年(1824)，十二月，撰《学海堂集序》；为允升塔题字：一层“秀发梧江”，三层“观文成化”，五层“光射斗牛”，并作诗：“云山郁蒸，江水澄凝。得此高塔，势欲上腾。梧冈吉士，从此其兴。”

道光五年（1825）十二月，撰《重建肇庆总督行台并续题名碑记》；冬，撰《例赠儒林郎候选州同知兰汀林公墓表》。

道光六年（1826）秋，撰《英清峡凿路造桥记》；为“纯阳观”题额。

道光七年（1827）十一月，在《爨龙颜碑》题记；十二月，书“汉黑水祠”并作题记；作《游黑龙潭看唐梅》二律，并刻石。

道光八年（1828）四月，学海堂弟子吴应逵、林伯桐、张杓、吴兰修、徐荣、熊景星、曾钊、马福安摹刻阮元像立于学海堂中，吴兰修篆额并记；在贵阳翠微阁题诗刻石。

道光十年（1830），撰《毕韫斋母郭孺人墓志铭》。

道光十二年（1832），撰《王念孙墓志铭》。

道光十三年（1833）九十月间，撰《王石臞先生墓志铭》；撰《陈烜墓志》。

道光十四年（1834）九月，撰《修泰州考棚记》，由吴让之书写。

道光十五年（1835）二月，撰《重修滇省诸葛武侯庙记》；在《云贵总督张公重修武侯祠碑记》后侧题记；冬，应汤金钊、梁章钜请，为西岳庙中钱宝甫新立华山碑作题识，后由程恩泽书写，时吴荣光在座。

道光十六年（1836）夏，为《海中仙馆藏真·刘玹神道碑》题跋；为《印心石屋图说》题“御题印心石屋图”；题写《唐田侁及夫人墓碣》；嘱龚自珍代撰《卢坤神道碑铭》。

道光十七年（1837）三月，因龚自珍撰碑文稍嫌简略，重撰《太子少保两广总督世袭一等轻车都尉赠太子太师兵部尚书敏肃卢公神道碑》，铭文乃用龚自珍撰；五月，撰并书《东岳庙斗坛延寿殿碑》。

道光十八年（1838）三月，应叔丈孔宪彝之嘱书录旧文《中庸说》，刻后嵌于孔庙墙上；春，撰《户部右侍郎管钱法堂春海程公神道碑铭》。

道光十九年（1839）正月，篆书“敕授修取郎、世袭翰林院五经博士、增封光禄大夫、衍圣公、孔子七十二代孙怡斋先生墓”；四月，撰并书《王崧墓碑序》；秋冬间，由徐鼒代写《诰封光禄大夫经筵讲官刑部尚书赠太子太保谕赐葬祭史公神道碑铭》，铭文由阮元撰写；撰并书《移建安淮寺碑》。

道光二十年（1840），撰《皇清诰授光禄大夫经筵讲官户部尚书晋赠太子太保谥文安何公神道碑铭》，由何绍基书写。

道光二十一年（1841）七月，撰《江西改建贡院号舍碑记》；为栗毓美神道碑题额“栗公神道碑铭”，由彭邦畴撰文，祁寯藻书丹。

道光二十一年（1841）二月，撰《仪征县沙漫洲岸迁建惠泽龙王庙碑》。

道光二十二年(1842),撰《文学峙亭王君墓表》,书“通儒钟保岐先生墓”。

道光二十三年(1843)四月,题“眉寿图”,并题跋;撰《例授奉直大夫候选布政司理问历加二级北渚阮公墓表》《江都春谷黄君墓志铭》;书“梅植之墓”;撰《京师慈善寺新立顾亭林先生祠堂碑记》。

道光二十四年(1844)八月,题“古茱萸湾”及“保障生灵”。

道光二十五年(1845),题“琼花真本”。

道光二十六年(1846)秋,书“棣园”石额,并为几谷所绘《棣园图》题跋;九月,撰《阮太傅重修太仆祠记》;十二月,黄奭助刻“鲜于伯机扬州诗卷”刻石,置邗上农桑壁间,石刻上有阮元题跋。

道光二十七年(1847)八月,撰《仪征节孝祠记》;十月,撰《罗氏始迁扬两世先茔碣铭》;十二月,撰《扬州南来观音禅寺碑记》。

同治十三年(1874)五月,学海堂重摹《汉大司农高密郑公像碑》杭州诂经精舍拓本,刻石至山亭。

光绪十四年(1888),陶浚宣刻阮元撰《影桥记》碑;刻《阮文达与瞿子玖画像题记》。

参考文献

专著

北京图书馆金石组.北京图书馆藏中国历代石刻拓本汇编.郑州:中州古籍出版社.1989

《安吉林业志》编纂委员会编.安吉林业志.杭州:浙江人民出版社.1993

王章涛.阮元年谱.合肥:黄山书社.2003

北海市地方志编纂委员会.北海史稿汇纂.北京:方志出版社.2006

蔡鸿茹.中华古砚100讲.天津:百花文艺出版社.2007

钟银兰.中国鉴藏家印鉴大全.南昌:江西美术出版社.2008

徐文平.处州摩崖石刻.杭州:浙江古籍出版社.2008

邵泽水.孟府孟庙碑文楹联集萃.北京:中国社会出版社.2011

邵玉贞.西湖孤山.杭州:杭州出版社.2013

金志敏.杭州凤凰山摩崖萃编.杭州:西泠印社出版社.2014

欧忠荣.三老砚事考:黄任·纪昀·阮元.北京:文化艺术出版社.2015

焦循著,阮先辑,孙叶锋整理.北湖小志北湖续志北湖续志补遗.扬州:广陵书社.2017

高旭红.越秀碑刻.广州:广东人民出版社.2017

天一阁博物馆.石鼓墨影:明清以来《石鼓文》善拓及名家临作捃存.上海:上海书画出版社.2018

阮元著,张鑫龙点校.揅经室集.扬州:广陵书社.2023

论文

颜建华,廖妮娅.阮元《研经室集》集外文辑佚(续).湖南大学学报(社会科学版).2006(6)

陈鸿森.阮元揅经室遗文再续辑.中国典籍与文化论丛.2006

王章涛.阮元佚文两篇考辨.扬州文化研究论丛.2009(1)

陈鸿森.阮元揅经室遗文辑存剩稿.书目季刊.2013(3)

徐歆毅.南宋“尚书省敕赐开化寺牒碑”释读.南方文物.2015(4)

王雨.石鼓文的书体问题及石鼓文“阮刻本”.海南热带海洋学院学报.2017(6)

江朝辉.阮元在桂林的摩崖石刻及其书法.中国书法 2017(10)

潘妍艳.阮元揅经室遗文补遗//上海社会科学院《传统中国研究集刊》编辑委员会编.传统中国研究集刊.上海:上海社会科学院出版社.2019(21)

方亮.新见阮元《揅经室集》集外佚文辑释.//陶伯龙主编.扬州学研究.扬州:广陵书社.2020

李霏.《眉寿图》拓本考略.西泠艺丛.2020(7)

倪七一.《重修会稽大禹陵庙之碑》小考.中国书法.2022(12)

数据库

中国金石总录

爱如生《中国金石库初集》

书同文《中国历代石刻史料汇编》

中华经典古籍库

爱如生《中国基本古籍库》

后　记

我与阮公结缘于读高中时，曾任小学校长的邻居家藏《仪征文史资料》，让我产生兴趣。大学期间，我购买了王章涛著《阮元传》，对阮公有了一定了解。与妻子谈恋爱时，她在槐泗镇工作，我们一起去阮公墓地拜谒。后来又读了王章涛的《阮元评传》《阮元年谱》，更加深了对阮公的敬仰。因此，王老章涛一直是我阮元研究的学术导师与精神楷模。

到扬州工作后，我对阮公有进一步了解，后陆续在《扬州日报》《扬州晚报》上发表数篇有关阮公的文章。有一天，忽然接到阮公六世孙阮锡安的电话并来我的单位——邗江实验学校晤谈，赠我《阮元研究论文选》。后在阮锡安的介绍下，参加扬州市阮元文化研究所、扬州阮元文化研究中心的活动，在《阮元文化研究专辑》上发表论文，参加寻访阮元在仪征遗迹的活动。2021 年，我被聘为扬州市阮元文化研究所、扬州阮元文化研究中心研究员，后参与历届阮元文化研究学术年会。

四年前，我又结识了阮氏后裔阮衍喜。衍喜兄对先祖阮元有深入地研究，出版了《阮元山水诗赏读集》。衍喜兄有关阮元研究文章让我受益良多。

2023 年，我参加了由广陵区政协组织、文联原主席曹永森主编的《话说阮元》第五章编写工作。在《话说阮元》这本书的鼓舞下，我想将前几年编著的《阮元碑刻撷萃》付梓。我联系了邗江区政协教文卫体委陈扣礼主任。陈主任曾担任公道中学校长，对阮公也十分敬仰。经陈主任推荐，极具人文关怀的邗江区政协主席朱跃龙欣然同意，将《阮元碑刻撷萃》作为《邗江文史资料》第二十三辑出版。同样，我要感谢母校扬州大学大运河研究院的黄杰院长，将此书列入“扬州大学大运河研究院出版基金资助课题项目”。感谢扬州市广陵区文联、扬州市广陵区阮元文化研究中心对本书的资助，感谢宋凌晨主席、阮锡安所长对本书的关心。感谢巫庆老师为我提供阮元碑刻拓片。感谢穆如兄为本书封面题签。感谢海华弟对书稿作详细校对，指出许多讹错，并提出很多建议。

回想四五年来，为搜集阮元散落在全国的碑刻，我在各大数据库苦苦检索，每有收获，欣喜万分。随着碑刻资料的日见增多，使我对阮公精彩一生更加佩服。但也有遗憾，比如“清漓石壁图”石刻，虽多方搜寻仍未得，曾致电给阳朔县相关部门与广西师范大学专门研究碑刻的江朝辉教授仍未果。

由于笔者视野和能力的限制，书中肯定存在着这样那样的疏漏、不当，乃至错误之处。在此，笔者诚恳地请求读者批评、指正，以期今后不断修订完善。

谨以此书纪念邗江先贤阮元诞辰二百六十周年！

后学罗加岭

2024年10月18日